DAN LAW'R DIAFOL

Hefyd ar gael gan yr un awdur:

Dan yr Wyneb

Dan Ddylanwad

Dan Ewyn y Don

Dan Gwmwl Du

Dan Amheuaeth

Dan ei Adain

Dan Bwysau

Pleserau'r Plismon
(Cyfrol o atgofion)

"Diolch am waith sy'n llifo'n ddidrafferth am fod y Gymraeg yn glir, syml a dealladwy. Dw i'n rhyfeddu pa mor hawdd oedd hon i'w darllen. Diolch hefyd fod gennym yng Nghymru awdur Cymraeg sy'n feistr ar y grefft o ysgrifennu nofel dditectif."
Adolygiad o Dan ei Adain, *Tweli Griffiths, Gwales*

www.carreg-gwalch.cymru

Dan Law'r Diafol

nofel dditectif gan

John Alwyn Griffiths

Hoffwn ddiolch eto i Myrddin ap Dafydd am ei ddiddordeb ac am gyhoeddi'r nofel hon. Hefyd i Nia Roberts am ei gwaith campus yn golygu'r testun a phawb arall yng Ngwasg Carreg Gwalch sy'n gweithio'n ddibynadwy yn y cefndir.

Argraffiad cyntaf: 2019

Rhif rhyngwladol: 978-1-84527-701-7

Mae'r cyhoeddwyr yn cydnabod cefnogaeth ariannol
Cyngor Llyfrau Cymru

Cynllun clawr: Tanwen Haf

Cyhoeddwyd gan Wasg Carreg Gwalch,
12 Iard yr Orsaf, Llanrwst, Conwy, LL26 0EH.
Ffôn: 01492 642031 Ffacs: 01492 641502
e-bost: llyfrau@carreg-gwalch.cymru
lle ar y we: www.carreg-gwalch.cymru

Er cof am Julia

gyda diolch am yr holl gymorth ac anogaeth a gefais ganddi i ysgrifennu dros y degawd diwethaf.

Pennod 1

'Be dach chi'n da 'ma, Sarj?' gofynnodd y plismon ifanc. 'Wyddwn i ddim bod CID yn delio efo hunanladdiadau y dyddiau yma.'

'Pan fyddi di wedi bod yma yng Nglan Morfa dipyn hirach, 'ngwas i,' atebodd Ditectif Sarjant Jeff Evans heb edrych i gyfeiriad ei gyd-weithiwr newydd, 'mi ddoi di i ddallt 'mod i'n rhoi fy nhrwyn i mewn i ba bynnag fusnes dwi'n amau sydd angen fy sylw. Marwolaeth ydi marwolaeth, ac mae ganddon ni i gyd gyfrifoldeb i edrych ar ôl buddiannau'r meirw, beth bynnag ydi'r achos.'

Nid dyna'r ateb roedd PC Dylan Rowlands yn ei ddisgwyl.

Yn haul disglair canol y prynhawn, safai'r ddau mewn iard fawr ar gyrion tref Glan Morfa, y tu allan i un o dri adeilad diwydiannol yr olwg. Er bod drysau'r adeilad agosaf yn llydan agored doedd dim posib gweld dim y tu mewn gan fod y lle mor dywyll. Edrychodd y ditectif sarjant o'i gwmpas, gan nodi bod ffens ddiogelwch o amgylch yr iard, a bod y giât agored yn uchel a chadarn. Roedd dwsin o geir a faniau wedi'u parcio o'i amgylch – cerbydau yn perthyn i'r Cyngor, bob un.

'Oedd y giât yn agored pan gyrhaeddaist ti?'

'Oedd, yn gilagored efo jyst digon o le i rywun gerdded drwyddi. Roedd clo clap wedi'i gau yn sownd yn y gadwyn agored, a byddai angen allwedd i agor hwnnw cyn ail-gloi'r lle,' atebodd PC Rowlands. Doedd o ddim wedi gweithio efo Jeff o'r blaen, ond roedd wedi sylweddoli ar ôl munudau'n unig yn ei gwmni fod y ditectif sarjant yn disgwyl atebion manwl a chywir i'w gwestiynau. Er hynny, doedd o ddim wedi disgwyl cael ei groesholi ynglŷn â manylion fel hyn mewn achos o hunanladdiad.

'Be am ddrysau mawr yr adeilad 'ma?' gofynnodd Jeff iddo.

'Roedd y rheiny'n gilagored hefyd. Fi agorodd nhw led y pen fel hyn i gael gwared â ffiwms yr egsôst.'

'Pwy ydi o, a sut gawson ni wybod am y sefyllfa?'

'Un o fecanics y Cyngor, dyn o'r enw Steve Morris, ydi o fel dwi'n dallt.'

'Be oedd o'n ei wneud yn ei waith ar bnawn Sadwrn, tybed?' gofynnodd Jeff. 'Mae hwn yn lle prysur iawn yn ystod yr wythnos, siŵr gen i – mae'n edrych fel petai nifer go helaeth o bobl yn gweithio yma yn trin holl gerbydau'r Cyngor, ond wyddwn i ddim bod staff y Cyngor yn gweithio ar benwythnosau.'

'Dim syniad,' atebodd y cwnstabl. 'Ei wraig, Siân Morris, ddoth ar ei draws o, a hi ffoniodd ni. Mi ddoth hi yma i chwilio amdano gan nad aeth o adra i gael ei ginio,' parhaodd. 'Gwneud dipyn o *overtime* oedd o, fel dwi'n dallt ganddi hi. Dyma lle roedd hi pan gyrhaeddon ni, yn torri'i chalon, druan. Roedd 'na blismones efo fi, ac aeth honno â hi adra. Dwi'n meddwl ei bod hi'n bwriadu aros efo hi am y tro, nes i aelod o'r teulu neu ffrind gyrraedd.'

'Dyn yn gweithio oriau ychwanegol, er mwyn ennill mwy o arian, mae'n debyg, yn lladd ei hun? Mae hynny'n od.' Oedodd Jeff, 'Pwy sydd wedi bod i mewn yn yr adeilad yma heddiw?'

'Wn i ddim pa mor bell i mewn yr aeth Mrs Morris. Digon pell i ddarganfod ei gŵr yn farw, yn sicr, ac am wn i, fi a'r blismones ydi'r unig rai eraill sy wedi bod yma. Roedd y garej yn llawn mwg egsôst. Pan agorais y drysau mi welais y bibell yn arwain o gefn y car i mewn iddo drwy ffenest drws y gyrrwr. Roedd yn ddigon hawdd gweld bod rhywun yn eistedd yn sedd y gyrrwr, ac roedd yr injan yn dal i droi. Mi rois i hances boced dros fy ngheg a 'nhrwyn cyn agor y drws, diffodd yr injan a rhedeg allan i'r awyr iach. Ffoniais am gymorth yn syth wedyn.'

'Mi wnest yn dda iawn. Wyt ti'n siŵr ei fod o wedi marw?'

'Ewch i weld drosoch eich hun, Sarj, ond does 'na ddim amheuaeth yn fy meddwl i.'

'Galwa'r meddyg er mwyn cadarnhau, wnei di?'

Penderfynodd Jeff beidio â cherdded i mewn i'r adeilad cyn i'r meddyg gyrraedd. Ni wyddai yn iawn pam, dim ond bod rhyw gynnwrf bach cyfarwydd yng ngwaelod ei stumog yn awgrymu y dylai fod yn wyliadwrus.

Ymhen ugain munud, cyrhaeddodd Dr Prydderch.

'Dyna gêm golff arall wedi'i sbwylio gan yr heddlu,' meddai, gan hanner gwenu i gyfeiriad y plismyn.

'Pwy fysa'n bod yn feddyg i'r heddlu, d'wch,' atebodd Jeff. 'Wnawn ni mo'ch cadw chi'n hir, Doctor. Marwolaeth sydyn sy ganddon ni – dim ond isio i chi gadarnhau ei fod o wedi marw sydd.'

Cerddodd y ddau i mewn i'r garej fawr a rhoddodd Jeff y goleuadau ymlaen ar ôl darganfod y switsh tu ôl i'r drws. Roedd arogl y mygdarth yn gryf yn eu ffroenau. Edrychodd Jeff o'i gwmpas – yn ogystal â'r car roedd tair lorri ludw yn perthyn i'r Cyngor yng nghefn y garej a dau gar, rhai preifat yn ôl pob golwg, yn nes at y drws. Roedd boned un, BMW coch tua teirblwydd oed, ar agor. Sylwodd fod offer a thaclau trwsio ceir, cadachau ac ati wedi'u gadael yn dwt ar feinciau neu mewn blychau pwrpasol ymysg drymiau o olew – yn union fel y byddai Jeff wedi disgwyl ei weld mewn gweithle o'r fath. Roedd y cyfan yn edrych fel unrhyw garej arall ... heblaw am un peth, sef y corff yn yr Audi du.

Gofynnodd Jeff i PC Rowlands ddarganfod pwy oedd perchnogion y ddau gar, cyn cerdded yng nghwmni'r meddyg at yr Audi. Roedd tâp du llydan wedi'i ddefnyddio i gysylltu peipen ddŵr i beipen wacáu'r car – un â digon o hyd ynddi i gyrraedd drwy ffenestr y gyrrwr. Roedd pen arall y beipen yn gorwedd ar y llawr tu allan i'r car, yn amlwg wedi disgyn o'r gofod bychan yn nhop y ffenest pan agorwyd y drws gan PC Rowlands. Doedd dim byd arall yn agos i'r car heblaw un sbaner ar lawr ger y beipen.

'Arhoswch am funud, plis, Doctor,' gofynnodd Jeff. 'Rhowch eiliad i mi edrych ar betha cyn i chi symud dim.'

Safodd y ditectif ychydig droedfeddi i ffwrdd oddi wrth yr Audi, ei ddwylo yn ei bocedi. Nid dyma'r tro cyntaf iddo fod mewn sefyllfa debyg, a gwyddai o brofiad mai hwn oedd y cyfle gorau a gâi i ddysgu cymaint â phosib am leoliad marwolaeth Steve Morris. Edrychodd yn fanwl ar y corff. Gwisgai oferôls glas un darn oedd â'r botwm uchaf yn agored. Roedd ei wddf a'i wyneb – ei ben i gyd, hyd y gwelai Jeff – yn hynod chwyddedig a phinc, ei geg a'i lygaid yn hanner agored a'i ddwylo, oedd hefyd wedi chwyddo, yn gorffwys ar ei bengliniau.

Roedd popeth arall i'w weld yn eitha arferol ar yr olwg gyntaf, ond ar ôl ystyried ymhellach sylweddolodd Jeff fod dau beth allan o'r cyffredin. Y cyntaf oedd bod y feisor haul wedi'i dynnu i lawr o flaen sedd y gyrrwr, a'r clawr dros y drych wedi'i dynnu'n ôl. Wnaeth hynny fawr o argraff ar Jeff i ddechrau, nes iddo sylwi ar y drych ôl. Roedd y drych hwnnw wedi'i droi i un ochr ac at i lawr, i wynebu'r gyrrwr. Ni fyddai'n bosib i'r gyrrwr weld allan drwy'r ffenestr ôl – roedd ei ongl yn awgrymu ei fod wedi'i osod yn fwriadol er mwyn i'r gyrrwr allu gweld ei wyneb ei hun. Dau ddrych yn wynebu'r gyrrwr, felly. Rhyfedd iawn, meddyliodd Jeff, ond allai o ddim gweld unrhyw gysylltiad rhwng hynny a marwolaeth Steve Morris chwaith.

Edrychai'n debyg mai gweithio ar y BMW oedd Steve y bore hwnnw, er ei fod yn eistedd yn farw yn yr Audi. Pam nad oedd y golau ymlaen yn y garej cyn i'r heddlu gyrraedd, tybed? Edrychodd Jeff ar y sbaner oedd ar y llawr, oedd yn edrych damed yn rhy fawr i gael ei ddefnyddio i wneud unrhyw waith o dan fonet y BMW. Ni welai dystiolaeth a fyddai'n awgrymu unrhyw fath o ymladd na thrais.

'Be dach chi'n feddwl, Doctor?' gofynnodd Jeff.

Aeth Dr Prydderch yn agosach a theimlodd rannau o'r corff: y gwddf, y bochau a'r dwylo.

'Wel, does dim rhaid i mi ddweud wrthoch chi ei fod o wedi marw, a hynny ers tair neu bedair awr. Mae arwyddion bod rigor mortis yn dechrau ... ylwch,' meddai, gan symud bysedd y corff. 'Fel arfer, mae hyn yn dechrau o fewn pedair awr ar ôl marwolaeth,' esboniodd. 'Heb os, marwolaeth o ganlyniad i anadlu carbon monocsid sydd i'w weld yn y fan hyn. Mae'r arwyddion yn glir – y corff yn binc a chwyddedig. Ond nid patholegydd ydw i, fel y gwyddoch chi. Cewch wybod mwy ar ôl y PM, siŵr gen i. Gyda llaw, be dach chi'n wneud o hwn, Sarjant

Evans?' gofynnodd, gan dynnu sylw'r ditectif at dalcen Morris.

Gwelodd Jeff farc du-las tebyg i gylch, tua dwywaith maint pishyn deg ceiniog, uwchben un llygad. Dim ond amlinell. 'Man geni, ella?' awgrymodd. 'Ond un rhyfedd ar y diawl.'

'Anodd deud,' atebodd Dr Prydderch. 'Mae effaith y gwenwyn wedi newid cyflwr ei groen o gymaint. Rwbath arall i'r patholegydd ei ystyried ... os dach chi'n meddwl bod angen.'

Wedi i'r meddyg adael cerddodd Jeff o amgylch yr adeilad gan gymryd digon o amser i nodi popeth allai fod o ddiddordeb iddo. Nid oedd unrhyw arwydd nad hunanladdiad oedd achos marwolaeth Steve Morris, ond eto ni allai ateb dau gwestiwn pwysig. Pam oedd o wedi dewis gweithio oriau ychwanegol y bore hwnnw os oedd o'n mynd i'w ladd ei hun – a pham gwneud hynny hanner ffordd drwy job ar y BMW? Er cyn lleied o wybodaeth oedd ganddo, doedd dim i wneud i Jeff feddwl fod Steve Morris yn bwriadu cyflawni hunanladdiad pan gyrhaeddodd y garej y bore hwnnw.

Daeth PC Rowlands i'r drws. 'Sarj,' meddai, 'Morris ei hun oedd bia'r Audi a dyn o'r enw Roy Simpson sy'n byw yn Llwyn yr Eos ydi perchennog y BMW.'

'O! Roy Glwyddog, ia?'

'Dach chi'n 'i nabod o, Sarj?'

'Ddim yn bersonol. Un o gynghorwyr y sir ydi o. Bob tro mae o'n agor ei geg, does dim byd ond rwtsh a chelwydd noeth yn dod allan ohoni.'

Gwnaeth Jeff benderfyniad. Roedd o erbyn hyn yn teimlo'n ddigon anesmwyth ynglŷn â'r sefyllfa i alw ffotograffydd a swyddogion lleoliad trosedd i'r garej. Ffoniodd yr Uwch-arolygydd Irfon Jones, ac ar ôl gorffen adrodd yr holl hanes, ychwanegodd, 'Does gen i ddim bwriad o wneud unrhyw ddatganiad byrbwyll. Chwarae'n saff ydw i, dyna'r cwbwl.'

'Y tro cynta i mi dy weld ti'n chwarae'n saff erioed, Jeff Evans,' chwarddodd yr Uwch-arolygydd. Roedd y ddau yn adnabod ei gilydd yn dda ac wedi gweithio ochr yn ochr ers blynyddoedd. 'Ond os wyt ti'n teimlo y dylet ti gymryd y cam hwnnw, mi fydda i yn dy gefnogi di.'

Wedi iddo orffen yr alwad, gwelodd Jeff fod PC Rowlands yn sgwrsio â dyn yng ngiât yr iard. Edrychai'n debyg bod y gŵr yn mynnu cerdded i mewn a bod y plismon ifanc yn gwneud ei orau i'w atal rhag gwneud hynny.

'Pwy ydach chi?' gofynnodd Jeff.

'Idris Lloyd, fforman y lle 'ma. Be sy'n bod? Digwydd pasio o'n i a gweld bod y giât yn agored a phlismyn yn bla dros y lle.'

Cyflwynodd Jeff ei hun gan astudio'r dyn oedd yn sgwario o'i flaen. Roedd o yn ei chwedegau cynnar, yn dal ac wedi colli'r rhan helaethaf o'i wallt, ac yn gwisgo dillad hamdden smart. Ond roedd rhywbeth yn ei lygaid oedd yn awgrymu ei fod yn ddyn call a phrofiadol, ac am y rheswm hwnnw cymerodd Jeff ato'n syth. Anaml roedd hynny'n digwydd.

'Mae dyn wedi marw yma heddiw,' meddai Jeff.

'Be, damwain? Rhywun wedi torri mewn a disgyn neu rwbath? Mi ddigwyddodd hynny ddwy neu dair blynedd yn ôl, a dyna pam y rhoddwyd y ffens fawr 'ma rownd y lle.'

'Na. Un o'ch staff chi,' atebodd Jeff. Doedd dim rheswm

i beidio â dweud y gwir wrtho. 'Steve Morris,' ychwanegodd, a gwelodd Jeff ergyd ei eiriau'n taro'r gŵr. Ni ddwedodd air am sawl eiliad er ei bod yn amlwg fod ei feddwl ar garlam.

'Dwi'm yn dallt,' meddai o'r diwedd. 'Hogyn ifanc ffit a chryf fel fo.'

'Ffit, meddach chi?' oedd ymateb Jeff, yn neidio ar y cyfle yn syth. Doedd dim diben osgoi'r amheuaeth oedd yn dechrau ei gorddi. 'Oedd 'na rwbath yn ei boeni o? Unrhyw arwydd o salwch meddwl?'

Am yr ail waith, newidiodd wyneb Idris Lloyd. Ni fu'n rhaid i Jeff ddweud mwy.

'Peidiwch â deud ei fod o wedi gwneud amdano'i hun.'

'Dyna sut mae pethau'n edrych ar hyn o bryd, Mr Lloyd, ond ma' hi'n gynnar i ddechrau barnu.'

'Na ... na, coeliwch fi. Steve Morris fysa'r dwytha i wneud niwed iddo fo'i hun. Roedd o'n addoli ei deulu bach, a fysa fo ddim yn eu brifo nhw am bris yn y byd. Na, fysa fo ddim yn gwneud y fath beth.'

'Be oedd o'n wneud yma ar bnawn Sadwrn, medda chi?'

Y tro yma, aeth Idris Lloyd yn ddistaw am reswm arall na allai Jeff ei ddirnad.

'Wel, chi ydi'r fforman, Mr Lloyd. Pam oedd o yma heddiw?'

'Fedra i ddim deud, wir,' atebodd. 'Wn i ddim pam y bysa fo yma. Do'n i ddim wedi rhoi unrhyw waith ychwanegol iddo fo, er ei fod o'n gwneud ofyrteim swyddogol o dro i dro.'

'Faint o bobl sy'n gweithio fel mecanics o dan eich gofal chi ar y safle yma, Mr Lloyd?'

'Hyd at ddwsin.'

'Faint ohonyn nhw sydd ag allwedd i fynd a dŵad fel y mynnon nhw?'

'Neb. Fi fydd yn agor a chau'r iard bob bore a nos.'

'Wel, mae'n amlwg fod gan Steve allwedd nid yn unig i'r iard ond i'r garej hefyd. Oeddech chi'n ymwybodol o hynny?'

Am y tro cyntaf, roedd Lloyd yn fud. Dim ond codi ei ysgwyddau wnaeth o, gan awgrymu nad oedd ganddo syniad.

Doedd y fforman ddim yn dweud y cwbwl wrtho, gwyddai Jeff gymaint â hynny. Oedd ganddo rywbeth i'w guddio, tybed?

Pennod 2

Plismones agorodd y drws pan gyrhaeddodd Jeff gartref Steve a Siân Morris, tŷ diymhongar ar stad weddol newydd Yr Hen Fragdy nid nepell o ganol tref Glan Morfa. Edrychai'r tai sgwâr fel petaent wedi'u cynllunio'n benodol yn gartrefi cyntaf i gyplau ifanc.

'Pwy arall sy 'ma?' gofynnodd Jeff iddi gan amneidio i mewn drwy'r drws.

'Neb eto,' atebodd. 'Mae ei theulu o ochrau Dinbych ar y ffordd.'

'Sut mae hi?'

'Fel 'sach chi'n disgwyl.'

Hebryngwyd Jeff i'r lolfa fechan. Tŷ twt a glân, meddyliodd Jeff wrth edrych o'i gwmpas – roedd y dodrefn yn chwaethus heb fod yn ddrud, a doedd dim ôl gwario ar dechnoleg a gajets. Yn eistedd ar y soffa roedd dynes yn ei hugeiniau, yn sychu'i llygaid cochion â hances bapur oedd yn llawer rhy wlyb i wneud y gwaith. Er bod golwg ar ei hwyneb, ei dillad yn flêr a'i gwallt du cwta heb ei gribo, gallai Jeff weld ei bod hi'n ddynes dlos. Wrth ei hochr cysgai merch fach – tua blwydd oed, dychmygodd Jeff.

Gwyrodd Jeff ar un ben-glin o flaen y weddw newydd a chyflwyno'i hun iddi mor dyner ag y gallai. Prin y gallai Siân Morris edrych arno, ond doedd y ditectif ddim ar frys i ddechrau siarad â hi. Roedd o wedi bod yn yr un sefyllfa yn llawer rhy aml, gwaetha'r modd, a gwyddai nad oedd

16

diben ceisio pwyso am wybodaeth nes ei bod hi'n barod. Estynnodd hances bapur lân o focs oedd ar y bwrdd coffi a'i chynnig iddi.

'Mae'n ddrwg gen i,' meddai Siân, ar ôl ei defnyddio i chwythu ei thrwyn.

'Does dim angen ymddiheuro,' atebodd Jeff. Oedodd ennyd cyn parhau. 'Mae'n ddrwg iawn gen i am eich colled chi, a dwi'n sylweddoli faint o sioc rydach chi wedi'i chael, ond mae 'na ddyletswydd arna i i ddarganfod yn union be ddigwyddodd heddiw. Dwi'n siŵr eich bod chi'n deall hynny, Siân.'

Nodiodd ei phen heb edrych arno. 'Gofynnwch be liciwch chi,' meddai, gan sychu'i thrwyn ac estyn am hances arall.

'Pryd welsoch chi Steve ddwytha?' gofynnodd Jeff.

'Rhwng hanner awr wedi wyth a naw y bore 'ma.'

'Lle oedd o'n mynd?'

'Allan i weithio. Mi ddeudodd o y bysa fo'n ôl erbyn amser cinio er mwyn i ni gael pnawn bach neis efo'n gilydd.'

'Gweithio ar ddydd Sadwrn?'

'Dyddiau Sadwrn, weithiau ar ddydd Sul ac ambell dro gyda'r nos yn yr haf fel hyn.'

'Gweithio ofyrteim i'r Cyngor oedd o?'

'Weithia, ond roedd o'n gwneud gwaith iddo fo'i hun yn reit aml hefyd. Wn i mo'r manylion, Sarjant. Roedd o'n prynu a gwerthu ceir hefyd, ambell waith. Mi wnâi rwbath i ddod â mwy o arian i'r tŷ 'ma. Prynu ceir o ocsiwn a'u gwerthu'n lleol, neu dyna oedd o'n ddeud wrtha i, beth bynnag.'

Cododd Jeff ei aeliau. 'Be dach chi'n awgrymu?'

'Pan o'n i'n disgwyl y fechan, wel ... mi wyddoch chi sut ma' hi. Wyddwn i ddim yn union lle roedd o'n mynd bob tro, ond ella mai hel meddyliau o'n i.'

'Ai dyna pam aethoch chi i'r garej heddiw – i wneud yn siŵr mai fanno oedd o?'

Dechreuodd Siân wylo eto. 'Ia, ond dwi'n difaru f'enaid rŵan 'mod i wedi ei amau o.'

'Pryd ddaru chi benderfynu gwneud hynny ... mynd i'r garej, felly?'

'Ro'n ni'n ei ddisgwyl o adra tua'r un 'ma. Mi ddisgwyliais tan bron i hanner awr wedi dau cyn cael y mỳll, a dyma fi'n cychwyn i lawr i'r depo, a'r fechan yn y goets efo fi.' Roedd y dagrau'n llifo erbyn hyn, ac oedodd Jeff er mwyn rhoi cyfle iddi ddod ati ei hun.

'Mae hyn yn hynod o bwysig, Siân. Allwch chi gofio oedd y giât i'r iard yn agored pan gyrhaeddoch chi yno?'

'Na – wedi'i chau yn sownd, a doedd yna ddim golwg o'i gar o gwmpas. Mi ddechreuais feddwl ei fod o wedi palu clwydda wrtha i am fod yn ei waith, ond yna sylwais nad oedd y gadwyn rownd cliced y giât, ac mi fedrais ei hagor hi'n ddigon handi.'

'A be am ddrws y garej?'

'Roedd hwnnw'n gilagored, ond fysach chi byth wedi sylwi ar hynny o'r tu allan i'r iard. Mi oedd yn rhaid i mi ddefnyddio fy holl nerth i'w agor ymhellach, a dyna pryd ddaru'r ogla fy nharo fi. Gwaeddais ei enw ddwy neu dair gwaith ... ro'n i'n gwybod bryd hynny bod rwbath mawr o'i le.'

'Pa mor bell aethoch chi i mewn?' gofynnodd Jeff.

'Cam neu ddau yn unig. Ond roedd hynny'n ddigon i mi weld ein car ni, ac er nad oedd y golau ymlaen mi welais y beipen a siâp ei gorff o tu mewn i'r car ... a'r holl fwg.'

'Be wnaethoch chi, Siân?'

'Panicio. Dim byd arall. Roedd y mwg yn fy nhagu, felly mi es i ag Anni fach allan yn syth, a ffonio 999. Wyddwn i ddim be arall i'w wneud. Dwi'n difaru f'enaid rŵan na fyswn i wedi mynd i mewn i drio'i helpu o.'

'Fysach chi ddim wedi medru gwneud unrhyw beth, Siân. 'Dan ni'n credu bod effaith y mygdarth wedi'i ladd o ddwyawr cyn i chi ei ddarganfod o. Ond mae'n rhaid i mi ofyn hyn,' meddai Jeff yn ofalus, 'oedd rhywbeth yn poeni Steve?'

'Ddaru Steve ddim lladd ei hun,' meddai'r ferch yn bendant. 'Dim y Steve Morris roi'n i'n ei nabod. A na, doedd 'na ddim byd o gwbwl yn ei boeni o. Wn i ddim be ddigwyddodd yn y garej 'na heddiw, ond dwi'n sicr na wnaeth Steve ladd ei hun.'

'Be sy'n eich gwneud chi mor bendant?'

'Ei agwedd o tuag at fywyd. Roedd y cyfnod dreuliodd o yn y fyddin wedi'i ddysgu o sut i fod yn dwt a glân, a meddwl yn glir. Welwch chi pa mor daclus ydi'r tŷ 'ma. Ei waith o ydi hynna i gyd, nid fi. Roedd o wedi cynllunio'i ddyfodol – ein dyfodol ni – yn fanwl, fel y bysan ni'n cael bywyd cyfforddus. Mi aeth o i'r fyddin er mwyn gweld dipyn o'r byd, ond yn bennaf i ddysgu crefft peiriannydd – fi berswadiodd o i adael cyn i ni briodi, ond dwi'n meddwl ei fod o wedi cael digon erbyn hynny beth bynnag.'

'Pryd adawodd o'r fyddin, felly?'

'Dwy flynedd a hanner yn ôl, ac mi briodon ni dri mis yn ddiweddarach. Mi oedd o'n lwcus i gael gwaith yma yng Nglan Morfa fel roedd o wedi'i obeithio. Wrth gwrs mae hi wedi bod yn anodd, ond mi oedd popeth yn disgyn i'w le yn union fel roedd o isio.'

'Anodd, ddeudoch chi?'

'Ia,' atebodd Siân, yn sychu'i thrwyn a'i dagrau unwaith eto. 'Mi oedd o wedi safio digon o arian am flaendal ar y tŷ 'ma tra oedd o yn y fyddin, ond roedd taliadau misol y morgais ar ôl hynny yn uchel. Mwy nag yr oedd o wedi bargeinio amdano. Dyna pam roedd yn rhaid iddo weithio cymaint o ofyrteim i'r Cyngor.'

'A phrynu a gwerthu ambell gar, meddach chi?'

'Ychydig dwi'n wybod am hynny.'

'Mae'n ddrwg gen i ofyn, ond be am eich bywyd priodasol chi, Siân?' gofynnodd Jeff. 'Oedd petha'n hapus?'

'Gweddol. Na, gwell na gweddol 'swn i'n deud, er ein bod ni'n cael ambell ffrae bob hyn a hyn.'

'Am be?'

'O, arian a ballu, y ffaith fod ganddo fo ddigon o bres i fynd allan ar nos Wener a dod adra wedi cael llond ei fol o gwrw. Mi oedd o'n prynu ambell beth drud iddo fo'i hun hefyd, a finna'n trio byw mor gynnil ag y medrwn i. Ond roedd o'n deud mai drwy'r hogia nos Wener, fel roedd o'n eu galw nhw, yr oedd o'n cael y cysylltiadau i ennill mwy o arian nag yr oedd y Cyngor yn ei dalu.'

'Oedd o'n gamblo?'

'Nagoedd. Byth, hyd y gwn i.'

'Ylwch, Siân, mae'n rhaid i mi fod yn drwyadl. Ga i ofyn am eich sefyllfa ariannol chi?'

'Choeliwch chi byth, Sarjant, ond does gen i ddim syniad,' ochneidiodd Siân trwy ei hances wlyb. 'Steve oedd yn edrych ar ôl yr arian, a doedd o byth yn gadael i mi wybod y manylion. Does gen i ddim syniad, hyd yn oed, faint oedd o'n ei ennill.'

'Mae'n ddrwg gen i, ond mae'r amgylchiadau yn fy

ngorfodi i holi ynglŷn â hyn. Oes 'na ddatganiadau banc yma yn rhywle? Rhaid i mi sefydlu, welwch chi, oedd 'na rywbeth yn ei boeni o ... rhywbeth nad oeddech chi'n gwybod amdano.'

'Wel mae 'na gwpwrdd i fyny'r grisia lle'r oedd o'n cadw petha fel'na, a do'n i byth yn cael mynd iddo fo, ond rŵan ... wel, mi wn i lle mae'r goriad.'

Cododd Siân Morris ac aeth allan o'r ystafell. Daeth yn ei hôl ymhen ychydig funudau yn cario ffeil yn llawn datganiadau banc. Edrychodd Jeff trwyddynt yn frysiog, a sylwodd yn syth mai enw Steven Morris yn unig oedd arnynt, a bod y swm yn y cyfrif banc yn symud o ddu i goch yn gyson bob mis. Roedd rhai misoedd yn dangos dyled reolaidd o gannoedd o bunnau ond bod y ddyled yn cael ei chlirio bob hyn a hyn o gyfrif arall.

Dechreuodd Jeff deimlo'n anghyfforddus. Roedd o wedi gweld a chlywed digon i amau bod marwolaeth Steve Morris yn fwy na hunanladdiad, ac anaml iawn y byddai'n anghywir.

'Ga i fynd â'r rhain efo fi, os gwelwch chi'n dda, Siân?' gofynnodd. 'Dwi ddim isio cymryd mwy o'ch amser chi nag sydd raid ar ddiwrnod fel heddiw.'

Dechreuodd Siân wylo eto. 'Sut dwi'n mynd i fedru talu'r morgais a magu'r fechan ar fy mhen fy hun, heb gyflog yn dod i'r tŷ?'

'Does dim rhaid i chi feddwl am hynny rŵan,' oedd yr unig ateb allai Jeff ei roi iddi. 'Ond mae gen i ofn bod un peth y bydd rhaid i mi ofyn i chi ei wneud ... dod i'r marwdy i adnabod y corff. Ryw dro fory, ella. All rhywun ddod efo chi?'

'O. Ia ... siŵr iawn. Mae fy chwaer ar ei ffordd. Mi ddaw hi efo fi.'

Cydiodd Jeff y ffeil llawn datganiadau banc a chododd ar ei draed gan roi cerdyn yn llaw Siân. 'Mae fy rhif ffôn personol i ar hwnna. Mae croeso i chi roi caniad i mi ryw dro, ddydd neu nos, os cofiwch chi rwbath dach chi'n meddwl sy'n berthnasol. Mi gysyllta innau os bydd unrhyw newydd.

'Diolch i chi, Sarjant Evans. Ond tybed fedrwch chi aros nes bydd fy chwaer wedi cyrraedd? Dwi ddim isio bod yma ar fy mhen fy hun.'

'Mi fydd PC Jones yn fama yn aros cyn hired ag yr ydach chi ei hangen,' cadarnhaodd Jeff, gan amneidio i gyfeiriad y blismones yng nghornel yr ystafell. Nodiodd hithau ei phen mewn cydsyniad.

'Un peth bach arall, Siân,' meddai wrth droi am y drws, 'oedd gan Steve unrhyw farc ar ei dalcen? Craith, man geni, anaf diweddar, y math yna o beth?'

Edrychodd Siân yn ddryslyd arno. 'Nagoedd wir. Dim byd o'r fath.'

Cerddodd Jeff allan cyn iddo orfod esbonio mwy. Roedd y ferch druan wedi gorfod delio â hen ddigon heddiw.

Eisteddodd Jeff yn ei gar y tu allan i'r tŷ. Roedd amgylchiadau darganfod corff Steve Morris yn awgrymu'n gryf mai achos o hunanladdiad oedd hwn, ond doedd y darnau ddim yn ffitio. Pam fyddai dyn a chanddo deulu ifanc yn dibynnu arno yn gwneud y fath beth, yn enwedig ag yntau'n cynllunio'u dyfodol mor drylwyr. Ond ar y llaw arall, roedd Steve Morris wedi ceisio cuddio'r ffaith ei fod yn y gwaith ar fore Sadwrn drwy geisio gwneud i'r giât ymddangos fel petai wedi'i chloi, a chau drws y garej bron yn dynn. Pam nad oedd y golau y tu mewn i'r garej ymlaen? Allai 'run mecanic weithio yn y tywyllwch. Er hynny, roedd yn rhaid i Jeff ystyried na fyddai dyn oedd yn bwriadu lladd ei hun am dynnu sylw at ei leoliad. Ond pam cyflawni'r weithred ar ganol trin car y cynghorydd lleol? Oedd Idris Lloyd, y fforman, yn gwybod mwy nag yr oedd o'n ei ddatgelu, tybed?

Roedd gormod o atebion yn eisiau ar hyn o bryd, a doedd Jeff ddim yn hapus.

Pennod 3

Byddai wedi bod yn well gan Jeff fynd adref i dreulio gweddill ei ddydd Sadwrn yng nghwmni ei deulu, ond roedd yn teimlo rheidrwydd i ymweld â'r Cynghorydd Roy Simpson. Roedd perchennog y BMW a oedd yn cael ei drin gan Steve Morris yn ddyn adnabyddus yn ardal Glan Morfa, er nad oedd Jeff erioed wedi'i gyfarfod. Ugain mlynedd yn ôl, roedd wedi dechrau prynu pysgod i lawr yn yr harbwr a'u gwerthu o gefn fan fechan o gwmpas yr ardal, ond câi'r busnes hwnnw ei redeg bellach gan ei fab, Aeron, oedd yn dipyn o lembo fel ei dad, o'r hyn a glywsai Jeff. Symudodd Simpson a'i deulu o dŷ teras ger y cei i dŷ mwy tua'r un adeg ag y llwyddodd i gael ei ethol yn ddiwrthwynebiad i'r Cyngor Sir. Erbyn hyn, ac yntau yn ei chwedegau, roedd ganddo fys ym mhob brywes a digon o ddylanwad yn y siambr i ddenu nifer o ddilynwyr i'w grŵp annibynnol. Bu'n faer ar Lan Morfa ddwywaith, ac er nad oedd o'n cario'r teitl hwnnw bellach, roedd pawb yn ymwybodol mai fo oedd yn rhedeg y sioe. Roedd ei enw a'i lun yn y wasg bron yn wythnosol, ac nid am y rhesymau iawn bob tro. Bu llu o gwynion yn ei erbyn o a'i ddilynwyr dros y blynyddoedd, ac amheuaeth eu bod yn llwgr, ond ni chyflwynwyd tystiolaeth i'r heddlu yn swyddogol.

Cofiodd Jeff i Roy fod ar gyrion ymchwiliad i dwyll o fewn y Cyngor rai blynyddoedd ynghynt, pan adeiladwyd marina yn y dref ag arian amheus iawn, ond doedd dim tystiolaeth ei fod yn rhan o'r drygioni hwnnw ar y pryd. Er hynny, roedd Roy Glwyddog wedi cael ei ddal allan yn palu celwydd yn y siambr amryw o weithiau – a doedd neb yn ddigon dewr i'w wrthwynebu oherwydd maint ei ddylanwad. Feiddiai neb ychwaith ddefnyddio'i lysenw o fewn tafliad carreg iddo fo na'i gefnogwyr agosaf, rhag ofn.

Erbyn hyn, roedd Roy wedi darganfod bod llawer iawn mwy o arian i'w wneud drwy hawlio lwfans i fynychu cyfarfodydd Cyngor na gweithio diwrnod gonest o waith, a sicrhaodd ei fod yn aelod o bob pwyllgor posib, gan gynnwys y Pwyllgor Cynllunio. Fo hefyd oedd â chyfrifoldeb dros adrannau'r Priffyrdd, Eiddo a Rheoli Gwastraff.

Am hanner awr wedi pump y prynhawn hwnnw, parciodd Jeff ei gar ar gowt Llwyn yr Eos, tŷ gweddol fawr a chyfforddus a arferai fod yn ffermdy, ar gyrion y dref. Roedd tipyn o wahaniaeth rhwng y cartref hwn a'r tŷ bach dwy lofft ger y cei, meddyliodd yn sinigaidd.

Daeth y dyn ei hun i'r drws yn gwisgo siwt dridarn ddu a fu unwaith yn smart. Heddiw, edrychai fel petai Roy Simpson wedi bod yn cysgu ynddi am bythefnos, a doedd cadwyn aur ei oriawr yn hongian o un boced i'r llall yn gwneud dim i wella ei ymddangosiad. Dyn bach byrdew oedd o gyda gwallt du blêr, ac roedd mwy o'i grys i'w weld rhwng gwaelod ei wasgod a'i drowsus nag oedd yn weddus. Dangosodd Jeff ei gerdyn gwarant swyddogol iddo.

'Dwi'n gwbod pwy ydach chi,' meddai'r cynghorydd yn swta drwy beth bynnag roedd o'n ei gnoi'n flêr. Camodd ymlaen gan dynnu'r hen ddrws derw ynghau ar ei ôl, yn gadarnhad nad oedd Jeff am gael ei wahodd i'r tŷ.

'Ynglŷn â'ch car chi,' dechreuodd Jeff, yn benderfynol o beidio â rhoi modfedd iddo. 'Y BMW.'

Culhaodd llygaid Simpson wrth geisio ystyried pwrpas yr ymweliad. Yr heddlu yn holi am ei gar – nid plismon mewn iwnifform ond ditectif sarjant. Doedd hynny ddim yn beth arferol.

'Be amdano fo?' gofynnodd.

'Lle mae'r car ar hyn o bryd?'

'Mater i mi ydi hynny.'

'Na, Mr Simpson, mae'n fater i'r heddlu heddiw. Mi ofynna i eto. Lle mae'ch car chi?' Gwelodd Jeff yr olwynion yn troi.

Oedodd Roy am ennyd cyn ateb. 'Cael ei drin,' meddai.

'Gan bwy?'

'Cyfaill i mi.'

'Enw'ch cyfaill, os gwelwch yn dda?'

'Dim o'ch busnes chi.'

'Yn lle mae o'n cael ei drin?'

'Wn i ddim.'

'Pryd ydach chi'n disgwyl y car yn ei ôl? Ydach chi'n mynd i'w gasglu?'

Plethodd Simpson ei freichiau yn amddiffynnol a lledodd ei draed. 'Mater i mi ydi hynny.'

Er bod y cynghorydd yn gyndyn o wirfoddoli unrhyw wybodaeth, roedd o wedi ateb mwy nag un cwestiwn yn barod. Roedd rhywbeth yn amlwg yn gyfrinachol ynglŷn â'r trefniant rhyngddo fo a Steve Morris, ond beth? Pa fantais oedd i un o fecanics y Cyngor drin car aelod o'r Cyngor yng ngarej y Cyngor ar ddydd Sadwrn? Roedd Jeff wedi cael hen ddigon o chwarae gemau. Roedd hi'n amser newid tac.

'Fydd hi ddim yn bosib i chi gael y car yn ôl heno, Mr Simpson. Mi fydd o yn nwylo'r heddlu.'

'Argian, pam? Pa hawl sy ganddoch chi i'w feddiannu o?'

'Am ei fod o'n gysylltiedig â marwolaeth Steve Morris, a bydd angen ei archwilio'n fanwl.' Gwelodd Jeff fod yr wybodaeth wedi gwneud argraff, ond roedd cwestiwn nesaf Simpson yn annisgwyl.

'Be, damwain?' gofynnodd. 'Gobeithio bod y car yn iawn. Does gan neb arall hawl i'w ddreifio fo yn ôl telerau'r yswiriant, dim ond fi a'r wraig.'

Oedodd Jeff yn fwriadol, a dewis peidio â chadarnhau amheuon Roy. 'Sut fath o gyfaill oedd Steve Morris i chi? Tydach chi ddim hyd yn oed wedi gofyn be ddigwyddodd iddo fo.'

Nid atebodd Simpson.

'Gewch chi ymlacio, Mr Simpson, meddai Jeff. 'Mae eich car chi'n iawn. Marwolaeth sydyn Mr Morris sydd o ddiddordeb i'r heddlu.'

Newidiodd agwedd Simpson yn syth. 'Y ... wel, ym, well i chi ddŵad i mewn felly, Ditectif Sarjant.'

Dilynodd Jeff y cynghorydd drwy'r cyntedd ac i mewn i lolfa foethus ond blêr lle'r oedd Roy Simpson, yn ôl pob golwg, wedi treulio'r rhan fwyaf o'r dydd. Roedd y set deledu yn y gornel yn dangos gêm bêl-droed ac roedd papur newydd a'i holl atodiadau yn flêr dros y soffa ledr a'r bwrdd coffi ynghyd â thri mŵg yn hanner llawn o goffi oer. Eisteddodd Jeff ar yr unig gadair wag a diffoddodd Roy y teledu. Am y tro cyntaf edrychai'n bryderus.

'Pryd welsoch chi Steve Morris ddwytha?' gofynnodd Jeff.

'Tua hanner awr wedi naw y bore 'ma.'

'Yn lle?'

'Fan hyn. Ddoth o yma i nôl fy nghar i er mwyn rhoi syrfis deugain mil o filltiroedd iddo fo.'

'Lle oedd Morris yn mynd i drin y car, Mr Simpson?'

'Duw a ŵyr. Rhyngddo fo a'i betha.'

'Os mai fo aeth â'ch car chi oddi yma, sut ddaeth o yma? Mi ydach chi yn byw filltir dda allan o'r dref.'

'Welais i mohono fo yn cyrraedd. Ella'i fod o wedi cael lifft, neu gerdded hyd yn oed, hyd y gwn i.'

Sylwodd Jeff ei fod yn dechrau aflonyddu wrth ateb y cwestiwn. 'Ddudsoch chi nad oes yswiriant i neb ond i chi a'ch gwraig yrru'r BMW.'

'Gwir, Sarjant. O'n i'n cymryd bod ganddo fo ei yswiriant ei hun.'

'Gadewch i mi ofyn i chi yn strêt, Mr Simpson. Ddaru chi yrru eich car i lawr i garej y Cyngor er mwyn cael gwneud y gwaith?'

Gwelodd Jeff fwy o aflonyddu, a'r tro hwn cododd Roy Glwyddog ar ei draed cyn ateb.

'Dwi'n cymryd mai yn y fan honno ddigwyddodd y ddamwain, y farwolaeth, neu beth bynnag. Peth annoeth iawn fysa i ddyn yn fy safle fi adael i ddyn sy'n cael ei gyflogi yn fecanic gan y Cyngor drin fy nghar i yng ngarej y Cyngor dros y penwythnos, dach chi ddim yn meddwl?'

'Be ydi'ch ateb chi felly? I mi fod yn berffaith siŵr.'

'Naddo wir. Fues i ddim yn agos i'r garej heddiw.'

'Sawl gwaith mae Steve wedi trin eich car chi cyn heddiw, Mr Simpson?'

'Dim ond unwaith.'

'Be am eich ceir blaenorol?'

'Wel do, ym, unwaith neu ddwy bob hyn a hyn, wyddoch chi.'

'Dan pa amgylchiadau?'

'Yr un peth â heddiw. Wn i ddim oedd o'n mynd â nhw i garej y Cyngor i wneud y gwaith neu beidio. Deudwch wrtha i, be ddigwyddodd i Steve?'

'Dydan ni ddim yn gwybod yn iawn eto,' atebodd Jeff, 'ond doedd ei farwolaeth o ddim yn naturiol. Sut oedd o pan welsoch chi o bore 'ma?'

'Iawn, am wn i.'

'Oedd 'na rywbeth ar ei feddwl o, fysach chi'n deud?'

'Na. Yr un Steve Morris ag arfer oedd o. Ond cofiwch chi mai dim ond hanner munud ro'n i yn ei gwmni o. Dim ond digon o amser i roi'r goriadau yn ei law a gofyn pryd fyddai o'n dod â'r car yn ôl.'

'Un cwestiwn arall,' meddai Jeff, wrth godi i ymadael. Roedd o wedi nodi cyn lleied o emosiwn a ddangosodd y cynghorydd o glywed am y farwolaeth ddisymwth. 'Faint oeddech chi'n ei dalu i Steve Morris am wneud y gwaith?'

'Beth bynnag oedd o'n godi.'

'Dipyn llai na fasa un o garejys BMW yn ei godi, ma' siŵr,' meddai Jeff. 'Neu unrhyw garej arall yn y dref.' Doedd o ddim yn disgwyl ateb. 'Ffonia i chi pan fydd hi'n gyfleus i chi nôl y car, Mr Simpson. Fory ryw dro fydd hi, mae'n debyg.'

Pan gododd Jeff i adael, galwodd Simpson arno'n frysiog.

'Gwrandwch, Sarjant. Peidiwch â mynd. Steddwch i lawr am funud, plis,' plediodd.

Gobeithiodd Jeff fod mwy o wybodaeth i ddod. 'Be sy?' gofynnodd.

'Ylwch, Sarjant Evans. Mae 'na bob math o oblygiadau i hyn i gyd. Fy nghar i'n cael ei drin gan rywun sy'n cael ei gyflogi gan y Cyngor, a hynny yn adeilad y Cyngor pan mae'r lle ar gau dros y penwythnos. Wel, wyddoch chi, be ddeudith pobl? Dwi'n ddyn mewn safle amlwg, ac mae gen i enw da ...'

Arhosodd Jeff yn fud, gan adael i Simpson ymbalfalu am ei eiriau.

'Sarjant bach, fedra i ddim fforddio cael fy nhynnu i mewn i'r fath helynt. Dwi'n siŵr rŵan, rhyngddoch chi a fi, y medrwn ni ddod i ryw fath o ... ddealltwriaeth. Cadwch fy enw i allan o hyn i gyd, wnewch chi, plis? Awn ni i nôl fy nghar i rŵan, chi a fi, a fydd neb ddim callach, a dwi'n addo i chi na wna i byth anghofio'r ffafr. Rwbath dach chi isio, ryw dro. Mi fedra i fod yn gyfaill arbennig o ddefnyddiol i chi.'

'Mae'n amlwg bod eich dull chi o ymddwyn ac o drin pobl yn wahanol iawn i f'un i, Mr Simpson. Ymchwiliad i farwolaeth sydyn sydd gen i ar fy mhlât heddiw, mater sy'n rhaid ei ystyried yn fanwl ac yn gyfiawn, heb gelu dim o'r dystiolaeth, beth bynnag fydd y canlyniadau.'

'Ond Jeff ...'

Cerddodd Jeff allan o'r lolfa o flaen Simpson heb air arall, a chafodd gip ar ddynes ganol oed yn diflannu rownd cornel y cyntedd. Roedd Mrs Simpson wedi bod yn gwrando, ar bob gair, tybiodd.

Ymhen ugain munud roedd yn ôl yng ngorsaf yr heddlu, a dysgodd fod y ffotograffwyr a swyddogion lleoliadau trosedd yr heddlu yn dal i fod wrth eu gwaith yn y garej. Doedd dim y gallai ei wneud, felly, heb ymyrryd â'u gwaith hwy. Cludwyd corff Steve Morris i'r marwdy ym Mangor eisoes, ac ni fyddai canlyniadau'r profion angenrheidiol ar y corff ar gael tan ddechrau'r wythnos.

Wrthi'n ystyried ei sgwrs efo Roy Simpson oedd Jeff, gan geisio asesu ei onestrwydd, pan ganodd y ffôn ar ei ddesg. Un o'r plismyn wrth y dderbynfa oedd yn galw.

'Mae 'na ddynes ar y ffôn yn mynnu cael gair efo chi, Sarj, ond wneith hi ddim rhoi ei henw.'

'Rho hi trwodd.' Disgwyliodd Jeff am eiliad neu ddwy. 'Helô,' meddai pan glywodd yr alwad yn cael ei throsglwyddo.

'Helô ... chi oedd yn ein tŷ ni hanner awr yn ôl?'

'Pwy sy'n siarad?' gofynnodd.

'Mrs Anwen Simpson,' meddai.

'Os mai chi ydi gwraig Roy Simpson, wel ia, fi oedd acw.'

'Wel, mae o'n deud celwydd noeth wrthach chi. Ddaeth Steve Morris na neb arall i nôl ei gar o bore 'ma. Roy aeth â fo i lawr yno, ac mi ddoth Steve â fo yn ei ôl ymhen tua ugain munud mewn Audi du.'

'Fu Roy allan wedyn ryw dro yn ystod y dydd?'

'Naddo. Uffern diog ydi o pan mae o'n cael y cyfle. Yn y tŷ 'ma oedd o drwy'r dydd yn darllen y papur a sbio ar y teledu.'

Methai Jeff yn lân â deall. 'Pam ydach chi mor awyddus i ddeud hyn i gyd wrtha i?' gofynnodd.

'Fi 'sa'r dwytha i achwyn arno fo tasa'r diawl yn cadw'i bidlan yn ei boced, lle ma' hi i fod.'

Clywodd Jeff glic i ddynodi bod yr alwad wedi darfod.

Pennod 4

Roedd Jeff wedi penderfynu y byddai'n rhaid iddo weithio rhan o'r diwrnod canlynol, er mai diwrnod o orffwys oedd dydd Sul i fod, ond cyn hynny treuliodd ddwyawr yn y pwll nofio yng nghwmni'i blant, Twm a Mairwen. Rhyfeddodd fod y ddau wedi cymryd at y dŵr mor ifanc, ac edmygodd Twm yn nofio yn ôl ac ymlaen ar hyd y pwll. Roedd Mairwen fach hithau'n medru nofio ar draws lled y pwll heb lawer o gymorth, a hithau'n ddim ond tair oed. Ôl llaw Meira oedd ar lwyddiannau'r plant, gwyddai hynny, gan fod ei wraig yno i godi'r slac pan fyddai o'n cael ei alw i'w waith ar oriau anghymdeithasol. Yn llawer rhy fuan, ynganodd Jeff y geiriau hynny oedd wastad yn gwneud i'w galon suddo, 'Allan o'r dŵr rŵan, y ddau ohonach chi – mae gwaith Dad yn galw.'

Gwyddai Jeff nad oedd yn rhoi chwarae teg i'w blant, ond gobeithiai y byddent yn deall ei sefyllfa ymhen amser. Roedd Meira'n deall, ac roedd yn rhaid i hynny wneud y tro ar hyn o bryd. Ystyriodd fwy nag unwaith ofyn am gael gadael y CID er mwyn gweithio shifftiau wyth awr rheolaidd bob dydd, ond dyna lle roedd ei galon, ac ers blynyddoedd bellach, ni allai ddychmygu ei hun yn gysylltiedig ag unrhyw adran arall o'r heddlu.

Cofiodd wrth helpu'r plant i newid nad oedd pethau'n deg iawn ar Siân Morris a'i merch chwaith, ond sut oedd cyfleu sefyllfa felly i'w blant ei hun pan oedden nhw'n cwyno a thynnu'n groes? Doedd dim posib iddyn nhw ddeall mai sefyllfaoedd trist fel hyn oedd yn tueddu i reoli ei fywyd proffesiynol – marwolaeth, trais rhywiol, ymosodiadau brwnt, dwyn, lladrata, twyll, colled; un achos ar ôl yn llall yn ddi-baid. Diolchodd i'r nefoedd am hafan a chariad ei deulu bach.

Tu ôl i'w ddesg ychydig ar ôl hanner awr wedi deg dechreuodd edrych drwy ddatganiadau banc Steve Morris. Oedd anawsterau ariannol yn ei boeni ddigon iddo ladd ei hun? Er nad oedd ei wraig yn credu'r fath beth, gwyddai Jeff o brofiad y gallai pobl mewn poen a gwewyr meddyliol guddio'r gwir yn ddigon rhwydd.

Dechreuodd wneud nodiadau o'r ffigyrau o'i flaen a darganfu fod cyflog misol Steve Morris, ar ôl talu treth incwm ac ati, o gwmpas £1,750. Roedd y morgais ychydig dros saith gant a hanner bob mis, oedd yn gadael llai na mil i fyw arno. Roedd yn rhaid talu holl filiau'r cartref o hwnnw, yn dreth, tanwydd a faint fynnir o bethau eraill. Doedd y swm ddim wedi newid fawr dros y ddwy flynedd ddiwethaf, ac ystyriodd Jeff pa mor anodd oedd hi i deulu ifanc ddechrau byw ar waelod yr ysgol ariannol. Dim rhyfedd fod Steve Morris wedi teimlo'r angen i wneud gwaith goramser. Gwelodd Jeff dystiolaeth o incwm ychwanegol ymysg y datganiadau o'i flaen – gwnaed nifer o daliadau eraill i'r cyfrif yn fisol. Cyn belled ag y gwelai, mewn arian parod y gwnaethpwyd y taliadau hyn, ac roedd cyfartaledd y taliadau rhwng tri ac wyth cant o bunnau bob mis. Swm sylweddol, ystyriodd Jeff. Ambell dro roedd siec am rai miloedd o bunnau yn mynd allan o'r cyfrif ac un arall yn dod i mewn am dipyn mwy ddyddiau yn ddiweddarach. Gwelodd hefyd fod symiau yn dod i mewn i'r cyfrif o gyfrif arall, ond nid oedd modd iddo weld ai cyfrif yn enw Morris ei hun oedd hwnnw ai peidio. Diddorol. Wrth dwrio ymhellach i'r ffeil, gwelodd Jeff fod gan Steve Morris gyfrif arall yn ei enw ei hun, un nad oedd byth mewn dyled. Roedd cannoedd o bunnau ynddo y rhan fwyaf o'r amser, ac roedd arian yn cael ei symud o hwnnw i'r cyfrif arall fel yr oedd angen talu biliau. Doedd hi ddim yn debygol fod Siân yn gwybod am y cyfrif hwn, meddyliodd.

Doedd dim dwywaith mai drwy'r taliadau ychwanegol hyn yr oedd Morris yn dal deupen llinyn ynghyd. Gallai Jeff weld nad oedd yr ymadawedig yn cael cymaint â hynny o waith goramser swyddogol gan y Cyngor – doedd ei gyflog misol ddim yn newid llawer o fis i fis, dim ond hanner canpunt yma ac acw, ac anaml iawn oedd hynny. Ffynonellau eraill oedd i'w enillion ychwanegol – pobl fel y Cynghorydd Roy Simpson, dychmygodd Jeff. Oedd Steve yn gwneud yr holl waith hwnnw yng ngarej y Cyngor, tybed? Ar dir y Cyngor? Yn amser y Cyngor, hyd yn oed? Os felly, faint oedd y fforman, Idris Lloyd, yn ei wybod? Ac yn bwysicach, faint oedd hwnnw wedi'i gelu pan holwyd ef y diwrnod cynt?

Nid oedd corff Steve Morris wedi cael ei adnabod yn swyddogol hyd yn hyn, a byddai'n rhaid i'r broses honno, er mor boenus fyddai i Siân, ddigwydd cyn y post mortem fore trannoeth. Felly, gwnaeth Jeff drefniadau i'w chyfarfod hi yn y marwdy yn Ysbyty Gwynedd ym Mangor am dri o'r gloch y prynhawn hwnnw.

Roedd hi'n pigo bwrw wrth i Jeff sefyll tu allan i ddrws y marwdy ychydig cyn tri. Gwelodd dri pherson yn cerdded tuag ato o gyfeiriad y maes parcio, y tristwch o'u hamgylch yn amlwg fel petai cwmwl anweledig uwch eu pennau. Siân oedd yn y canol, gyda dyn un ochr iddi a merch ychydig hŷn na hi yr ochr arall, y ddau â'u breichiau amdani i'w chefnogi yn ei galar annisgwyl. Wnaeth yr un o'r tri gyfarch Jeff. Doedd dim angen, rywsut. Roedd pawb yn gwybod beth oedd y dasg o'u blaenau.

Hebryngodd Jeff nhw trwodd i'r capel gorffwys bychan lle'r oedd dyn ifanc mewn côt wen laes yn eu disgwyl. Edrychodd Siân i fyny ar y groes addurnedig oedd ar y wal uwchben y gynfas wen a orchuddiai'r corff, a dechreuodd ei chorff grynu. Cododd ei llaw dde at ei cheg a gafaelodd y ddau arall amdani'n dynnach. Amneidiodd Jeff tuag at y swyddog ac yn araf tynnodd hwnnw'r gynfas i lawr i ddinoethi'r pen a'r ysgwyddau. Anadlodd Siân yn gyflym ac yn ddwfn – unwaith yn unig. Ni ddywedodd air.

Gwelodd Jeff fod y rhan fwyaf o'r lliw pinc hyll a welodd ar y corff y diwrnod cynt wedi pylu, a bod lliw'r croen bellach yn llwydfelyn difywyd, annaturiol. Diolchodd nad oedd wyneb Steve yn dangos arwydd o'i ddioddefaint, ond sylwodd fod y cylch tywyll ar ei dalcen yn fwy amlwg erbyn hyn. Edrychodd Jeff i gyfeiriad Siân a nodiodd hithau ei phen.

'Steve,' meddai'n ddistaw ac yn grynedig. 'Be 'di hwnna ar ei dalcen o?' gofynnodd, cyn i Jeff gael cyfle i gyfeirio ato.

'Dyna'r marc y gwnes i sôn amdano ddoe,' meddai. 'Wyddwn i ddim ai man geni neu graith oedd o.'

'Welais i mo hwnna o'r blaen. Doedd o ddim yna pan adawodd o'r tŷ 'cw bore ddoe.'

Dechreuodd meddwl Jeff garlamu, a gadawodd y tri yn y capel gorffwys i alaru.

Gyrrodd Jeff yn ôl i gyfeiriad Glan Morfa. Anaml iawn roedd achos o hunanladdiad yn mynnu cymaint o'i sylw, ac roedd rhywbeth ynglŷn â'r achos hwn yn ei wneud yn anesmwyth iawn. Gŵr ifanc oedd yn gweithio yn ei amser hamdden er mwyn ennill mwy o arian i'w deulu – ai dyma'r math o ddyn fyddai'n lladd ei hun? Beth am natur y gwaith, a'i gwsmer y diwrnod hwnnw ... a'i gwsmeriaid eraill, pwy bynnag oedd y rheiny? A'r dirgelwch mwyaf: y marc ar ei dalcen? Doedd gan Jeff ddim amheuaeth erbyn hyn fod yr hen deimlad hwnnw a gawsai yng nghrombil ei stumog yr un mor ddibynadwy ag erioed.

Pennod 5

'Wyt ti wedi bod mewn PM o'r blaen?' gofynnodd Ditectif Sarjant Jeff Evans i'r heddwas ifanc wrth iddo gyrraedd y marwdy ym Mangor.

'Wel, naddo, a deud y gwir,' atebodd PC Dylan Rowlands.

'Wel gwranda, 'ngwas i. Does 'na ddim byd i ti boeni amdano, a does dim rhaid i ti sefyll yn rhy agos os nad ydi hynny'n dy siwtio di. Buan y doi di i arfer yn y job yma, coelia di fi. Ddeudis i wrthat ti ddoe bod edrych ar ôl buddiannau'r meirw yn rhan o'n gwaith ni, pa ffordd bynnag maen nhw'n cyfarfod eu Creawdwr. Wel, mae 'na un arall efo'r un cyfrifoldeb â ni, mwy o gyfrifoldeb na'r heddlu hyd yn oed, a'r patholegydd ydi hwnnw. Ac mae'n bwysig ein bod ni'n cydweithio efo fo bob amser. Mi fydd Patholegydd y Swyddfa Gartref, Dr Tayte, isio gwybod yn union be ddigwyddodd ddoe, a bydd angen i ti, gan mai ti oedd y plismon cyntaf i gyrraedd y corff, ddeud wrtho'n union sut oedd petha. Dwi'n gobeithio dy fod ti wedi gwneud nodiadau manwl yn dy lyfr bach du.'

'Do, Sarj,' atebodd. Edrychai PC Rowlands dipyn yn nerfus, ond gwyddai'r ddau y byddai Jeff yn gefn iddo petai angen.

Cyflwynodd Jeff y ddau i'w gilydd a gwrandawodd yn astud ar y plismon ifanc yn rhoi ei araith, oedd yn cael ei recordio gan y patholegydd drwy'r teclyn bach oedd yn ei law. Cyrhaeddodd John Owen, swyddog lleoliadau trosedd yr heddlu, yno yn annisgwyl wrth i'r heddwas orffen siarad.

'Be ti'n wneud yma?' gofynnodd Jeff iddo.

'Rwbath diddorol iawn wedi dod i'r fei ynglŷn â hyn i gyd bore 'ma, Jeff,' meddai. 'Ond mi all ddisgwyl nes bydd y PM drosodd, neu nes bydd Dr Tayte yn dod ar draws rhywbeth sy'n gysylltiedig â'r hyn ffeindiais i.'

Dechreuodd Dr Tayte ei archwiliad gan siarad i mewn i'r recordydd wrth ei ochr a defnyddio'i gyllell finiog i wneud y toriad hir cyntaf o'r ên yr holl ffordd i lawr i waelod abdomen y corff, ac yna'i agor yn llydan i ddinoethi'r holl organau mewnol. Ni allai Jeff na John, y ddau yn hen lawiau, guddio'r wên ar eu hwynebau pan welsant PC Dylan Rowlands druan yn troi'n welw a brasgamu at y drws. Trodd y ddau yn ôl at y patholegydd a'i wylio wrth ei waith am yr awr nesaf.

Wedi i Tayte orffen tynnodd ei fenig rwber a throdd at y ddau.

'Wel,' meddai. 'Mae gen i rai atebion i chi, ond nid y cyfan. Pwy sy'n rheoli'r ymchwiliad yma?' gofynnodd.

'Fi, ar hyn o bryd,' atebodd Jeff. 'Pam?'

'Am nad ydi pob peth ddim fel maen nhw'n ymddangos, ac mi fydd yn rhaid i chi riportio canlyniad y PM i'ch uwch-swyddogion ar unwaith,' meddai. 'Dwi naw deg naw y cant yn sicr mai anadlu nwy carbon monocsid a'i lladdodd o, felly bydd yn rhaid i mi wneud profion ar ei waed i fod yn berffaith siŵr o hynny. Ond,' meddai, gan oedi i sicrhau ei fod yn cael holl sylw'r ddau, 'mae 'na ddau farc ar y corff sy'n gwneud i mi amau'n gryf nad hunanladdiad oedd o. Y cyntaf, 'drychwch, ydi hwn.'

Dilynodd y ddau Dr Tayte i ben y slab metel lle

gorweddai'r corff, ac yn y fan honno dangoswyd cefn pen Steve Morris iddynt. I ddechrau cyfeiriodd y patholegydd at friw a chlais sylweddol ar yr ochr allan i'r croen. Yna tynnodd hanner uchaf ei benglog o'i le i ddinoethi'r ymennydd. Dangosodd farc ar ochr allan yr asgwrn oedd yn cyfateb i leoliad y clais, a phwysleisiodd nad oedd marc cyfatebol i'w weld ar ochr fewnol asgwrn y penglog.

'Mae hwn yn anaf a ddigwyddodd dipyn o amser cyn iddo farw, ac mae'n gyson â chael ei daro efo rhywbeth caled a thrwm. Mae modd cadarnhau hynny oherwydd y gwaedu a ddigwyddodd. Ond doedd y trawiad ddim yn ddigon i'w ladd. Welwch chi nad ydi'r penglog wedi torri, a does dim niwed i'r ymennydd chwaith.'

Fflachiodd delwedd o'r sbaner a welodd Jeff ar lawr y garej y prynhawn cynt i'w feddwl. 'Be fysa canlyniad hynna?' gofynnodd.

'Digon i'w wneud o'n anymwybodol am gyfnod, efallai,' atebodd y patholegydd. 'Ond dim digon i'w ladd o.'

Tynnodd John Owen nifer o luniau o'r pen.

'A'r ail farc?' gofynnodd Jeff.

'Y marc ar ei dalcen? Tatŵ ydi hwn. Tydi o ddim yn un da, fel gwelwch chi, ac mi fyswn i'n fodlon betio fy enw da mai ychydig cyn iddo farw y rhoddwyd o yno. Ia, cyn iddo farw. Tra oedd o'n fyw,' pwysleisiodd.

'Ac yn anymwybodol, dach chi'n meddwl,' awgrymodd Jeff.

'Efallai, ond dim o anghenraid,' atebodd Dr Tayte.

'Arhoswch am funud,' torrodd John Owen ar eu traws. 'Dwi'n meddwl fod yr ateb i'r cwestiwn hwnnw gen i. Ar ôl i mi ddod â'r corff yma neithiwr a gofalu bod ei ddillad i gyd mewn bagiau di-haint, archwiliais bob darn ohonyn nhw. Roedd goriad y garej a goriad clo giât yr iard ym mhoced ei oferôl, ond roedd rwbath yn od am lewys ei oferôls. Fedrwn i yn fy myw â dallt pam roedd gwaelod y ddwy lawes yn grychau i gyd, yn wahanol i weddill y dilledyn. Edrychais yn fanylach efo chwyddwydr, a chanfod gweddillion rhyw sylwedd gludiog arnyn nhw. Mae'n edrych yn debyg bod rhywun wedi defnyddio rhyw fath o dâp gludiog ar ei arddyrnau.'

'Be allai hynny olygu, heblaw'r esboniad mwyaf amlwg?' gofynnodd Jeff.

'Mae 'na fwy,' parhaodd John Owen, heb ei ateb. 'Mi es i'n ôl at y car a defnyddio'r chwyddwydr i archwilio'r llyw. Mae 'na olion tebyg yn y fan honno.'

'Sy'n awgrymu llofruddiaeth,' cadarnhaodd Jeff. 'Mwy nag awgrymu. Mae Steve Morris wedi cael ei daro o'r cefn ac yn anymwybodol, wedi cael ei roi i eistedd yn sedd gyrrwr ei gar ei hun ac yna'i rwymo i'r llyw. Yna, mae'r llofrudd wedi cysylltu'r beipen rwber i'r beipen wacáu, rhoi'r pen arall i mewn yn y car a thanio'r injan.'

'Mwy na hynny eto,' meddai'r patholegydd. 'Yn y cyfamser, mae pwy bynnag sy'n gyfrifol wedi cymryd ei amser i roi tatŵ ar ei dalcen. Cofiwch fod yn rhaid i inc tatŵ gymysgu efo gwaed pwy bynnag sy'n cael y tatŵ er mwyn gwneud y marc, a dydi corff marw ddim yn gwaedu. Mae rhywbeth tebyg i nodwydd yn cael ei defnyddio i dorri'r croen i'r siâp sy'n cael ei arlunio gan yr artist tatŵ, ond fyddai'r argraff byth yn cymryd heb i'r person fod yn fyw ar y pryd.'

'Ma' raid ei fod o'n anymwybodol felly,' awgrymodd Jeff, 'neu mi fysa fo'n gwingo a gweiddi nerth esgyrn ei ben.'

'Arhoswch am funud,' meddai'r patholegydd. Aeth yn ôl at y corff a defnyddiodd ei chwyddwydr er mwyn archwilio o gwmpas ceg, trwyn a bochau'r corff yn fanwl. Yna, defnyddiodd swabiau i gymryd samplau oddi ar y croen yn y fan honno. 'Dyna pam ddaru o ddim gweiddi,' meddai ar ôl gorffen. 'Roedd yr un tâp, neu rywbeth tebyg, wedi'i roi ar draws ei geg er mwyn ei ddistewi. Mi wnawn ni brofion ar y swabiau 'ma hefyd.'

'Oedd ganddo fo datŵs eraill?' gofynnodd Jeff gan geisio edrych i fyny ac i lawr corff Steve Morris.

Roedd dau: rhai digon syml, baner o ryw fath ar un fraich a chyllell fechan ar y fraich arall, ond dim byd tebyg i'r cylch amaturaidd ar ei dalcen. Penderfynwyd nad oedd cysylltiad rhyngddynt.

'Oes rwbath arall y dylwn i fod yn ymwybodol ohono ar hyn o bryd, Doctor?' gofynnodd Jeff.

'Un peth,' atebodd y patholegydd. 'Mi welwch fod 'na hen friw ar figwrn ei law dde. Welwch chi'r hen grachen?' gofynnodd, gan amneidio ati.

'Fel petai o wedi bod yn cwffio,' awgrymodd Jeff.

'Bosib,' atebodd y patholegydd. 'Neu fecanic yn brifo'i law wrth weithio mewn lle cyfyng.'

'Faint ydi oed y briw?'

'Dwy, dair wythnos cyn ei farwolaeth,' atebodd Dr Tayte.

'Be ti'n feddwl, Jeff?' gofynnodd John Owen ar ôl iddynt adael yr adeilad.

'Duw a ŵyr,' meddai. 'Welais i erioed ffasiwn lofruddiaeth yn fy nydd. Gwna dy adroddiad reit handi wnei di plis, John. Mae'r amser wedi dod i mi alw am y cafalri.'

Defnyddiodd Jeff ei fôn symudol i alw'r Uwch-arolygydd Irfon Jones er mwyn dechrau ar y camau priodol i achos o lofruddiaeth. Rhoddwyd y tâp glas arferol o amgylch iard garejis y Cyngor, a phlismon i wylio'r safle ddydd a nos.

Ar ôl cyrraedd yn ôl i Lan Morfa, tasg gyntaf Jeff oedd ymweld â Siân Morris. Roedd dygymod â marwolaeth sydyn ac annisgwyl yn ddigon anodd, ac allai Jeff ddim dirnad sut aflwydd roedd y fam ifanc yn mynd i dderbyn y ffaith mai llofruddiaeth oedd achos marwolaeth ei gŵr.

Pennod 6

Roedd hi'n tynnu at ganol y prynhawn cyn i Jeff gyrraedd yn ôl i orsaf heddlu Glan Morfa, a'r car cyntaf iddo'i weld yn y maes parcio yng nghefn yr adeilad oedd un y Ditectif Brif Arolygydd Lowri Davies. Roedd y cafalri wedi cyrraedd o'i flaen, felly.

Roedd Lowri ac yntau wedi gweithio ochr yn ochr â'i gilydd yn eitha llwyddiannus ddwywaith o'r blaen, a theimlai Jeff ryddhad na fyddai'n gorfod cyfiawnhau ei ffordd unigryw o blismona i bennaeth newydd unwaith yn rhagor. Ar ei ben ei hun y byddai o'n hoffi gweithio ar ymchwiliad mawr fel hwn gan ddilyn ei drwyn, ac nid pawb oedd yn cytuno â'i ddull anghonfensiynol o fynd o gwmpas ei ddyletswyddau. Gwyddai fod Lowri'n derbyn mai felly roedd o'n cael y canlyniadau gorau, ond doedd pawb ddim mor hyblyg.

Wedi dechrau braidd yn chwithig i'w perthynas broffesiynol, roedd y ddau wedi dod i ddeall ei gilydd yn eitha da bellach. Roedd natur a dull y Ditectif Brif Arolygydd hithau o weithio yn wahanol iawn i'r arfer, ond buan y dysgodd Jeff sut fòs oedd hi ac yn rhyfeddol, roedd y ddau yn cyd-dynnu'n dda ac yn parchu'r naill a'r llall ... wel, gan amlaf.

Camodd Jeff yn sionc i fyny'r grisiau a brasgamu yn syth i'w swyddfa. Cafodd dipyn o sioc pan welodd ddyn nad oedd o'n ei adnabod yn eistedd tu ôl i'w ddesg, a safodd yn stond yn y drws.

'Pwy ydach chi, a be dach chi'n wneud yn fy swyddfa i?'

'Swyddfa yn perthyn i Heddlu Gogledd Cymru ydi hon, a Ditectif Arolygydd Saunders, Heddlu Gogledd Cymru ydw i. Dwi yma yn ddirprwy i'r Ditectif Brif Arolygydd Lowri Davies,' atebodd y dieithryn yr un mor swta.

'Waeth gen i pwy na be ydach chi, dach chi'n eistedd tu ôl i'm desg bersonol i,' atebodd Jeff heb hyd yn oed ceisio bod yn groesawgar na chwrtais.

Safodd Brian Saunders ar ei draed, ac yn annisgwyl, estynnodd ei law i gyfeiriad Jeff. 'Dwi'n cymryd mai Ditectif Sarjant Evans ydach chi. Dwi wedi clywed lot o sôn amdanoch chi,' meddai. Er gwaethaf tôn ei eiriau cyntaf, roedd awgrym o wên ar ei wyneb.

Ysgydwodd Jeff ei law lipa, bron fel petai wedi cael ei orfodi i wneud hynny. Roedd y gŵr o'i flaen yn dalach na Jeff o gryn dipyn, ymhell dros ei ddwy lath, yn fain ac yn gyhyrog. Dyn smart, yn ei dridegau hwyr, amcangyfrifodd Jeff, ei wallt du wedi'i dorri'n fyr ac wedi'i gribo'n dwt gydag awgrym o olew trwyddo. Roedd ei aeliau yn dywyll a'i lygaid yn siarp. Yn wahanol iawn i'r ffordd roedd Jeff yn dewis gwisgo i ddod i'w waith, roedd hwn mewn siwt las tywyll a streipen olau trwyddi, crys glas golau a thei a oedd, yn amlwg, yn golygu ei fod yn aelod o rywbeth neu'i gilydd – sefydliad milwrol, efallai.

'Mae ymchwiliad mawr i lofruddiaeth, fel y gwyddoch chi, Sarjant Evans, yn dod â nifer fawr o staff o ardaloedd ledled gogledd Cymru i orsafoedd bychain fel hon, ac yn aml mi fyddan nhw'n cymryd drosodd. Does 'run swyddfa arall ar fy nghyfer i, felly bydd yn rhaid i ni'n dau rannu hon dros dro.'

Mi oedd gan y dyn bwynt, roedd yn rhaid i Jeff

gyfaddef, ond doedd o ddim yn hoff o'r trefniant – yn enwedig gan fod y dyn wedi gwneud ei hun yn gyfforddus yno yn ei absenoldeb. Roedd ganddo gof o glywed mai dim ond naw mlynedd o brofiad oedd gan Saunders yn yr heddlu a'i fod wedi ymuno ar ôl gyrfa o bymtheg mlynedd yn swyddog yn y fyddin, ac wedi derbyn medalau yn dilyn rhyw ddigwyddiad yn Afghanistan. Yn ôl y sôn, ei yrfa yn y fyddin oedd ei fywyd, hyd yn oed ar ôl iddo ymuno â'r heddlu. Wedi dweud hynny, roedd wedi llwyddo i gael ei ddyrchafu yn gyflym iawn hyd yma, a'r disgwyl oedd y byddai'n cyrraedd uchel rengau'r heddlu yr un mor sydyn.

'Wel, mi wn i lle i ffeindio desg arall i chi,' datganodd Jeff. 'Fi fydd yn eistedd y tu ôl i honna. Mi wna i drefniadau i ddod â'r llall yma mewn munud. Mae 'na ddigon o le,' ychwanegodd.

Culhaodd llygaid Saunders. 'Sut fyddwch chi'n cyfeirio at rywun uwch na'ch rheng eich hun yn yr heddlu fel arfer, Sarjant Evans?' gofynnodd Saunders.

'Dibynnu,' atebodd Jeff, ond cyn iddo gael cyfle i ymhelaethu sylweddolodd fod rhywun arall yn yr ystafell.

'A, dwi'n gweld eich bod chi'ch dau wedi cyfarfod yn barod.' Daeth llais y Ditectif Brif Arolygydd Lowri Davies o gyfeiriad y drws. 'Gorau oll. Ewch i'r cantîn a dewch â thair paned o goffi draw i'm swyddfa i er mwyn i ni gael dysgu mwy am y farwolaeth 'ma.'

'Mi a' i i'w nôl nhw,' meddai Jeff cyn iddo gael ei atgoffa mai fo oedd yn dal y rheng isaf o'r tri – rhywbeth a oedd, yn ôl pob golwg, yn bwysig i'r Ditectif Arolygydd newydd.

'Reit, Ditectif Sarjant Evans,' meddai Lowri ymhen deng munud, ar ôl i Jeff ddychwelyd. 'Corff yn cael ei ddarganfod yn dilyn llofruddiaeth bnawn Sadwrn, a dyma ni ar y pnawn Llun canlynol heb ddechrau ymchwiliad mawr. Be 'di'r sgôr?'

Bron nad oedd Jeff yn disgwyl y math hwn o feirniadaeth. Dyma oedd ffordd uniongyrchol, ddi-lol Lowri o weithio.

'Roedd popeth yn awgrymu mai hunanladdiad oedd achos y farwolaeth,' dechreuodd, gan sylwi fod Brian Saunders yn gwneud nodiadau brysiog mewn llyfr bach ar ei lin. Adroddodd Jeff bob manylyn yn bwyllog, gan orffen â chanlyniad y PM a ddaeth yn gynharach y diwrnod hwnnw. 'Dyna'r dystiolaeth, a hwnnw, ynghyd â barn y pathologydd, arweiniodd fi i benderfynu mai cael ei lofruddio wnaeth Steve Morris. Yn ystod y PM y daeth popeth i'r wyneb. Mi sylwch 'mod i wedi trefnu archwiliad gwyddonol a lluniau ddydd Sadwrn a ddoe, er nad oeddwn i'n bendant ar y pryd y byddai eu hangen. Mi wnes i hynny am nad o'n i'n berffaith hapus efo'r sefyllfa o'r dechrau.'

'Mae Ditectif Sarjant Evans yn cael rhyw deimlad yng ngwaelod ei stumog bob hyn a hyn, Brian,' esboniodd Lowri, 'a dyna pryd mae ei drwyn o'n cymryd drosodd. Mae rhai yn ei alw 'yr afanc' – all o ddim peidio cnewian am wybodaeth mewn sefyllfa fel hon.'

'Well gen i ystyried tystiolaeth bob amser, yn bersonol,' atebodd Saunders. 'Gwybodaeth y medrwch chi ei rhoi ar bapur er mwyn i eraill allu ei hystyried a'i hadolygu dros amser. Gwell na rhyw deimlad ym mol rhywun.'

Mae gan hwn lot i'w ddysgu, meddyliodd Jeff; byddin, Afghanistan, Ditectif Arolygydd neu beidio. 'Wel mi weithiodd yr hen fol y tro yma,' meddai, gan wenu i gyfeiriad Lowri er mwyn dangos i'r DA newydd ei bod hi, o leia, yn deall – ac yn gwerthfawrogi.

'Do, wir, Jeff,' cytunodd Lowri, yn sylweddoli nad oedd yn ddau wedi dechrau ar delerau da, 'a dyna pam y bydd hi o fantais i ni, Brian, i ddefnyddio Jeff fel rhyw fath o gerdyn gwyllt, os liciwch chi, i fynd a dod mwy neu lai fel y mynno; i ddilyn ei drwyn, ochr yn ochr â'r ymchwiliad, ac adrodd yn ôl ar ganlyniadau ei ymholiadau i ni ein dau yn ddyddiol, wrth gwrs, neu'n amlach os oes angen. Mae'r math hwn o drefniant wedi bod yn llwyddiannus yn y gorffennol.'

Sylwodd Jeff fod Brian Saunders yn ysgwyd ei ben yn araf o'r naill ochr i'r llall. Nid dyna oedd y ffordd filwrol o wneud pethau, mae'n rhaid.

'I ba gyfeiriad ddylen ni ymestyn yr ymchwiliad, yn eich barn chi, Ditectif Sarjant?' gofynnodd Saunders. 'Mae'n siŵr fod ganddoch chi syniadau, gan eich bod chi wedi cael dau ddiwrnod yn hwy na ni i ymgyfarwyddo â'r amgylchiadau.'

'Dilyn gwaith Steve Morris fyswn i. Ei waith i'r Cyngor a pha bynnag jobsys eraill roedd o'n eu gwneud er mwyn chwyddo'i gyflog. Dwi'n amau bod ganddo fusnes arall, un reit sylweddol, yn rhedeg ochr yn ochr â'i waith arferol.'

'Reit,' meddai Lowri. 'Mi fydd yr holl gyfrifiaduron a'r ffonau ychwanegol i'r tîm ymchwil wedi'u cysylltu cyn nos heno, a bydd dwsin o dimau o dditectifs yma, ynghyd â staff o sifiliaid i'n cefnogi ni, ar gyfer y gynhadledd am chwarter wedi naw bore fory. Yn y cyfamser, Jeff, wnewch chi roi adroddiad o bopeth sydd wedi digwydd hyd yma ar y system gyfrifiadurol, os gwelwch yn dda?'

Cymerodd dair awr dda iddo wneud hynny, ac erbyn iddo droi am adref am wyth o'r gloch roedd llawr uchaf yr adeilad wedi'i drawsffurfio ar gyfer yr holl weithwyr ychwanegol. Roedd Lowri Davies yn brysur ar y ffôn yn ei swyddfa ei hun a'r Ditectif Arolygydd Brian Saunders y tu ôl i'w ddesg newydd yng nghornel swyddfa Jeff, yn paratoi gwaith ar gyfer y timau yn y bore.

Dechreuodd y cantîn, ac yna'r ystafell gynhadledd, yng ngorsaf heddlu Glan Morfa, lenwi ychydig wedi naw fore trannoeth, gyda nifer o'r ditectifs wedi teithio milltiroedd lawer o'u gweithleoedd arferol ledled gogledd Cymru. Rhyw awyrgylch ddigon rhyfedd oedd ar foreau fel hyn, myfyriodd Jeff – awyrgylch o gyfarchion a chellwair rhwng pobl nad oeddynt wedi gweld ei gilydd ers yr ymchwiliad mawr diwethaf i gael ei gynnal yn y rhanbarth. Roedd yn anodd credu mai digwyddiadau hynod ddifrifol – yn yr achos hwn, colled enbyd Siân Morris – ddeuai â phawb ynghyd. Parhaodd y sgwrsio a'r cellwair nes i Lowri Davies gerdded i mewn, a Brian Saunders wrth ei chwt. Tawelodd yr ystafell wrth i'r ddau eistedd y tu ôl i fwrdd ar y llwyfan bychan ym mhen yr ystafell. Cofiodd Jeff y tro cyntaf i'r Ditectif Brif Arolygydd annerch cynulleidfa debyg o'r un safle. Y tro hwnnw, roedd ei siwt dridarn wrywaidd a'i dull o arwain criw o dditectifs sinigaidd wedi gwneud argraff a achosodd gryn dipyn o glebran yn eu mysg. Ond erbyn hyn, er nad oedd ei dewis o wisg wedi newid roedd hi wedi tyfu yn ei swydd ac wedi ennill eu parch. Roedd edrychiad ac ymarweddiad Saunders, ar y llaw arall, yn ffitio'n union i ddelwedd arferol dyn o'i safle. Safodd Lowri Davies ar ei thraed ac edrych o'i chwmpas ar y ddau ddwsin a mwy o dditectifs oedd o'i blaen.

'Reit,' meddai. 'Un peth cyn dechrau. Dwi'n sylweddoli fod nifer ohonoch chi wedi teithio hyd at ddwyawr i ddod yma bore 'ma, a diolch i chi am hynny. Ond ga i'ch atgoffa chi mai ystafell gynhadledd ydi hon ac y dylech adael eich cwpanau coffi neu de, a'ch brecwast petai'n dod i hynny, yn y cantîn o hyn ymlaen.' Oedodd i edrych ar y rhai euog er mwyn gwneud ei phwynt. 'Iawn,' parhaodd. 'Mae ganddon ni lofruddiaeth i'w datrys. Gan fod y rhan fwyaf ohonon ni wedi gweithio efo'n gilydd o'r blaen dwi'n ffyddiog y byddwn ni'r un mor llwyddiannus y tro hwn.'

'Da iawn,' meddai Jeff wrtho'i hun yng nghefn yr ystafell. 'Mae pawb ar dy ochr di yn barod, mechan i.'

'Amheuaeth o hunanladdiad oedd yr achos i ddechrau,' parhaodd. 'Hynny yw, tan yr archwiliad post mortem ddoe. Yn ffodus, bu i Ditectif Sarjant Jeff Evans sicrhau fod archwiliad gwyddonol wedi'i gynnal yn fuan wedi i'r corff gael ei ddarganfod, a bod y safle wedi'i warchod rhag cael ei lygru. Mae lleoliad y drosedd – garej y Cyngor Sir – yn dal i fod ar gau heddiw, a dyna sut y bydd pethau'n aros nes y byddwn ni wedi gorffen ein harchwiliad manwl yno.'

Parhaodd Lowri Davies drwy rannu adroddiad Jeff yn araf ac yn fanwl, gan sicrhau fod pob manylyn wedi'i nodi.

'Ditectif Sarjant Evans, ddowch chi ymlaen os gwelwch yn dda i arwain trafodaeth am y digwyddiad?'

Doedd Jeff ddim wedi disgwyl cael ei alw i siarad, ond doedd dim ots ganddo. Wyddai neb fwy na fo am y digwyddiad hyd yma, ac roedd y ffeithiau, a'i ddamcaniaeth am y seicoleg y tu ôl i'r llofruddiaeth, ar flaen ei dafod.

'Mae amgylchiadau'r achos yma'n rhyfedd iawn,' dechreuodd, gan anadlu'n ddwfn a chymryd ei amser er mwyn sicrhau fod yr holl wybodaeth yn cael ei throsglwyddo'n eglur a threfnus. 'Doedd o ddim yn anarferol i Steve Morris fod yn gweithio yng ngarej y Cyngor y tu allan i oriau arferol ei waith,' parhaodd, 'a bydd yn rhaid i'r ymchwiliad astudio amgylchiadau hynny'n drwyadl. Y rheswm dwi'n pwysleisio hyn ydi fy mod i'n credu bod y llofrudd yn ymwybodol o hynny, un ai am ei fod o'n gyfarwydd efo'i symudiadau yn bersonol neu am ei fod wedi ymchwilio, cynllunio a pharatoi'r llofruddiaeth yn ofalus.'

Edrychodd o'i gwmpas eto er mwyn hel ei feddyliau. 'Dyma rediad y digwyddiadau fel dwi'n eu gweld nhw,' parhaodd. 'Mae Steve Morris yn cael ei daro ar gefn ei ben, mwy na thebyg efo'r sbaner a ganfuwyd gerllaw ar lawr y garej. Roedd yr ergyd yn ddigon i'w daro'n anymwybodol er mwyn i'r llofrudd allu ei godi a'i roi i eistedd yn sedd gyrrwr ei gar ei hun, yr Audi du. Gallwn gymryd, felly, fod y llofrudd yn reit gryf yn gorfforol. Yna, mae hi'n edrych yn debyg fod y dioddefwr wedi cael ei rwymo yn y fan honno gan ddefnyddio tâp gludiog i ddal ei ddwylo a'i arddyrnau yn sownd yn y llyw. Erbyn hyn rydan ni wedi darganfod bod olion o'r un tâp gludiog ar sedd y gyrrwr hefyd, yn cyfateb i le fyddai cefn pen Morris yn gorffwys. Felly, yn ogystal â bod ei ddwylo ynghlwm i'r llyw, roedd ei ben wedi'i rwymo'n llonydd hefyd fel na allai weiddi am gymorth – mae'n ymddangos fod y tâp wedi gorchuddio'i geg ac wedi'i lapio rownd y sedd. Yna, mae'n ymddangos fod gan y llofrudd ddigon o amser i roi tatŵ ar ganol talcen Morris mewn inc glas tywyll neu ddu. Cylch gweddol fychan ydi o, tua dwywaith maint darn deg ceiniog. Mae llun ohono yn y ffeil. Dydi'r tatŵ ddim yn hynod o amlwg, fel y cewch chi weld, ond mae o yna, yn sicr, a job reit amaturaidd oedd hi yn ôl pob golwg. Gallwn gasglu fod Steve Morris wedi deffro ar ôl effaith y trawiad erbyn hynny, neu ar fin deffro.

'Peth arall sy'n awgrymu'n gryf ei fod wedi deffro cyn marw ydi bod drych ôl y car a'r drych yn y feisor haul o'i flaen wedi'u gosod fel bod Mr Morris yn gallu gweld ei wyneb ei hun tra oedd o'n eistedd yno. Ia, gwylio'i hun yn marw. Wedi gwneud hyn i gyd, cysylltodd y llofrudd beipen rwber i beipen wacáu'r car gan ddefnyddio mwy o dâp gludiog, a rhoi'r pen arall drwy ffenest y gyrrwr cyn tanio'r injan a chau'r drws. Pwy all ddychmygu beth oedd yn mynd drwy feddwl Steve Morris ar y pryd? Gwyddai ei fod am farw, yn ddiymadferth ac yn gweld eiliadau olaf ei fywyd. A phwy all ddychmygu'r hyn oedd ym meddwl y llofrudd?' Oedodd Jeff eto i adael i'r wybodaeth daro'n galed. 'Wyddon ni ddim ble oedd y llofrudd pan oedd Morris yn mygu, ond mae un peth yn sicr – daeth yn ei ôl wedi i Morris anadlu digon o'r carbon monocsid i'w ladd. Wedi i'r aer glirio, ac ar ôl sicrhau ei bod yn ddiogel iddo ddychwelyd, llwyddodd i ddiffodd injan y car. Dim ond ychydig funudau fyddai eu hangen i Morris farw, yn ôl y patholegydd. A be mae o'n ei wneud wedyn? Tynnu'r holl dâp gludiog ymaith a gosod breichiau'r ymadawedig ar ei bengliniau. Yna, mae o'n aildanio'r injan, cau'r drws a diflannu.

'Be dwi'n ei weld yn rhyfeddol ydi hyn,' ychwanegodd Jeff gan gymryd cam neu ddau i un ochr y llwyfan ac yna'n ôl i'r canol, 'pam mynd i'r drafferth o wneud i'r llofruddiaeth edrych fel hunanladdiad os oedd o'n mynd i roi tatŵ ar dalcen y dyn? Ar y naill law mae'n edrych fel petai'n ceisio cuddio'r ffaith mai llofruddiaeth oedd y weithred, ac ar y llaw arall yn gadael neges ar ffurf tatŵ. Neges i bwy, a beth ydi'r neges? Welais i erioed lofruddiaeth o'r fath o'r blaen yn fy nydd. Mae elfen o artaith yn fama, ac er nad seicolegydd ydw i, mi fyswn i'n taeru bod yr angen i ladd Morris yn y dull eithriadol hwn yn werth y risg o gael ei ddal drwy ddychwelyd i'r safle. Beth yn y byd oedd Steve Morris wedi'i wneud i haeddu'r fath driniaeth?' Trodd Jeff i gyfeiriad Lowri Davies, cystal â dweud ei fod wedi gorffen.

'Be wyddoch chi hyd yma am y gwaith ychwanegol roedd o'n ei wneud, Sarjant Evans, i'r Cyngor neu fel arall?' gofynnodd hithau.

Dywedodd Jeff gymaint ag a wyddai. 'Mae'r goblygiadau'n amlwg,' meddai i gloi. 'Oedd ei benaethiaid yn y Cyngor yn ymwybodol o'r gwaith roedd o'n ei wneud ar geir personol pobl? Mi fyswn i'n synnu petaen nhw. Ond, ar y llaw arall, be am y gwaith roedd o'n ei wneud i bobl ddylanwadol o fewn y Cyngor? Pobl fel y Cynghorydd Roy Simpson? Wn i ddim. Mae incwm sylweddol wedi dod i boced Steve Morris yn ychwanegol i'w gyflog drwy'r Cyngor – oes bosib fod gan hynny rywbeth i'w wneud â'i lofruddiaeth? Mae'n anodd gen i gredu, wir, ond fedra i ddim meddwl ble arall i ddechrau chwilio am atebion ar hyn o bryd.'

Diolchodd Lowri iddo ac yna trodd at ei chynulleidfa.

'Dyna'r holl wybodaeth ar hyn o bryd. Oes unrhyw gwestiynau?' gofynnodd.

Yn rhyfeddol, doedd dim.

'Reit,' parhaodd. 'Mae digon o ymholiadau wedi cael eu paratoi i chi i gyd. Ymholiadau trwyadl i gefndir Steve Morris, ei gyfeillion a'i deulu, yn bell ac agos, ei gyd-weithwyr a'i gwsmeriaid personol, ei symudiadau ac unrhyw wybodaeth arall amdano yn ystod y misoedd diwethaf. Holwch bobl sy'n byw o fewn golwg i'r iard lle roedd o'n gweithio neu unrhyw un sy'n pasio yn aml, yn enwedig ar fore Sadwrn – mynd â chi am dro, efallai? Rhaid i ni hefyd holi pob artist tatŵ. Mi ddechreuwn ni efo rhai gogledd Cymru, i weld oes un ohonyn nhw wedi dod ar draws neu wedi clywed am datŵ cylch o'r math hwn. Rhaid canfod gwneuthurwr y beipen a ddefnyddiwyd i gario'r mygdarth o'r beipen wacáu drwy ffenest y car, a'r tâp gludiog, a dysgu pwy sy'n eu gwerthu yng ngogledd Cymru hefyd. Ditectif Arolygydd Saunders fydd fy nirprwy yn ystod yn ymchwiliad hwn. Dewch at un ohonon ni os oes ganddoch chi unrhyw gwestiynau neu fater pwysig i'w drafod cyn y gynhadledd nesaf. I ffwrdd â chi, a dewch yn ôl yma erbyn hanner awr wedi pump os gwelwch yn dda.'

Deng munud yn ddiweddarach, eisteddai Lowri Davies yn ei swyddfa a'i thraed i fyny ar y ddesg yn ôl ei harfer.

'Isio 'ngweld i?' gofynnodd Jeff.

'Steddwch i lawr,' meddai. 'Diolch i chi am hynna. Sori na wnes i mo'ch rhybuddio chi o flaen llaw. Meddwl wnes i mai chi fyddai'r un gorau i gyflwyno'r holl sefyllfa i bawb. Reit – isio gofyn i chi o'n i be ydi'ch cynlluniau chi am weddill y dydd,' meddai.

'Cario 'mlaen efo'r hyn wnes i mo'i orffen ddoe ac echdoe, am wn i,' eglurodd. 'Mi fyswn i'n lecio cael gair eto efo Idris Lloyd, fforman y garej, gan 'mod i'n gwybod dipyn bach mwy erbyn hyn am waith answyddogol Morris. Hefyd, wnes i ddim tarfu'n ormodol ar Siân Morris wedi iddi ddysgu mai llofruddiaeth oedd achos marwolaeth ei gŵr. Dwi angen mynd yn ôl ati heddiw i ofyn cwestiynau mwy addas iddi, dan yr amgylchiadau newydd, a chael golwg ar eiddo personol Steve Morris.'

Pennod 7

Daeth Jeff o hyd i Idwal Lloyd, fforman garej y Cyngor, ar dir diffaith ger yr iard lle darganfuwyd corff Steve Morris – a lle'r oedd y mecanics eraill i fod yn gweithio'r diwrnod hwnnw. Roedd cryn ddwsin ohonyn nhw'n sefyll yno hefyd, â'u dwylo ym mhocedi eu hoferôls yn disgwyl am ryw fath o gyfarwyddyd. Stopiodd Jeff ei gar gerllaw a cherddodd Idwal Lloyd i'w gyfeiriad.

'Pryd gawn ni fynd i mewn, Sarjant?' gofynnodd. 'Dwi'n synnu eich bod chi yma cyhyd. Mae 'na dwn i'm faint o waith yn ein disgwyl ni bore 'ma.'

Edrychodd Jeff i mewn i'r iard drwy'r ffens heibio i'r tâp glas a gwyn cyfarwydd oedd ar draws y giât i rwystro mynediad i bawb ond yr heddlu.

'Fydd hi ddim yn hir rŵan,' cysurodd Jeff ef. 'Mi ga i fwy o fanylion i chi mewn munud, ar ôl i ni gael sgwrs fach. Ddowch chi i mewn i'r car ata i os gwelwch chi'n dda, Mr Lloyd?'

Eisteddodd y fforman yn sedd y teithiwr.

'Wna i ddim gwastraffu dim o'ch amser chi, Mr Lloyd. Mi wyddom ni erbyn hyn nad hunanladdiad oedd achos marwolaeth Steve Morris. Rhywun lladdodd o.'

Edrychodd Idwal Lloyd yn ei flaen mewn syndod heb ddweud gair na dangos emosiwn.

'Ac fel y gwyddoch chi,' parhaodd Jeff, 'mae ymchwiliad i lofruddiaeth yn waith mwy manwl o lawer nag un i hunanladdiad. Ac ar ddechrau'r ymchwiliad yma mae 'na rywbeth yn fy mhoeni fi ... dwi'n siŵr y medrwch chi ddychmygu be ydi hwnnw.' Trodd Lloyd i'w wynebu, ond parhaodd yn fud wrth geisio penderfynu sut i ateb.

'Dewch rŵan, Mr Lloyd. Mae 'na dri pheth amlwg sy'n codi cwestiynau mawr. Y cyntaf ydi'r ffaith ei fod o yn y garej yn gwneud gwaith ar ddydd Sadwrn heb i chi fod yn ymwybodol o hynny. Yr ail ydi bod ganddo fo, mecanic heb gyfrifoldebau ychwanegol, oriad i fynd a dod fel y mynnai. A'r trydydd ydi rwbath ddeudoch chi wrtha i bnawn Sadwrn, pan oeddech chi'n sôn am waith ychwanegol swyddogol Morris yn y garej. Mae'n amlwg i mi, felly, eich bod chi'n gwybod am y gwaith answyddogol roedd o'n ei wneud. Ac mae'n amlwg i mi hefyd fod rwbath yn mynd ymlaen dan yr wyneb yma.'

Nid atebodd Idris Lloyd yn syth. Gwelodd Jeff yr olwynion yn troi yn nyfnder ei feddwl.

'Iawn,' meddai o'r diwedd. 'Ro'n i'n gwybod na fysa 'na unrhyw ddaioni yn dod o hyn i gyd. Dwi wedi amau ers tro bod Steve yn gwneud gwaith answyddogol yn y garej yn ei amser ei hun, a hynny heb i mi fod yn gwybod. Wel, doeddwn i ddim ar y dechrau, beth bynnag, ond mi ddois i i amau. A dyna'r gwir i chi.'

'Be ddechreuodd godi'r amheuaeth?' gofynnodd Jeff.

'Olew yn diflannu,' atebodd. 'A hylif brêc hefyd. Gallwch ddychmygu ein bod ni'n defnyddio dipyn go lew o'r ddau mewn lle fel hyn, ond roedd cryn dipyn mwy nag y dylai yn cael ei ddefnyddio. Dechreuais fesur faint oedd ar ôl ar nos Wener ac ailfesur yn gynnar ar fore Llun. Doedd 'na ddim colled bob penwythnos, ond dechreuodd y golled gynyddu wrth i amser fynd heibio. Mi wnes i fwy o ymchwil a darganfod fod partiau ceir yn cael eu harchebu i'r garej ar gyfer cerbydau nad ydi'r Cyngor yn eu defnyddio. Ffilters a disgiau brêcs, er enghraifft, a llawer mwy. Mi holais o gwmpas yr hogia sydd wedi gweithio i mi am flynyddoedd, y bois dwi'n eu trystio, a dyna lle ges i'r awgrym ... hynny ydi, bod Steve yn defnyddio'r garej fel petai'n fusnes iddo fo'i hun pan oedd y lle ar gau.'

'Sut oeddech chi'n teimlo ar gownt hynny?' Astudiodd Jeff ei wyneb, yn chwilio am unrhyw arwydd a fyddai'n datgelu diffyg gonestrwydd Idris Lloyd.

Culhaodd llygaid Lloyd. 'Ro'n i o 'nghof,' meddai.

Penderfynodd Jeff yn syth ei fod yn dweud y gwir. 'Be ddigwyddodd wedyn?' gofynnodd.

'Wel, doedd gen i ddim tystiolaeth, wrth gwrs, ond penderfynais ei alw i'r swyddfa ar ôl i bawb arall fynd adra un noson, a gofyn iddo fo yn blwmp ac yn blaen. Wyddoch chi be, Sarjant, ddaru o ddim byd ond gwenu arna i a deud nad oedd o'n gwneud unrhyw waith answyddogol.'

'Oeddech chi'n ei goelio fo?'

'Nag oeddwn, siŵr iawn. Ond fedrwn i wneud dim ynghylch y peth ar y pryd ... wel, dim ond un peth. Ei ddal o wrthi. Gadewais lonydd iddo am ryw fis, ac yna mi ddois i draw yma ar benwythnos. Roedd pobman ar gau, hyd yn oed y clo ar y giât fawr, a doedd dim byd anarferol i'w weld o gwbl. Er hynny, defnyddiais fy ngoriad fy hun i agor y giât ac yna ddrws y garej. Dyna lle roedd o, yn hapus braf, a'i ben dan fonet rhyw Fercedes mawr coch a'i gar o'i hun wedi'i barcio tu mewn i'r garej, allan o'r ffordd. Ia, wedi'i guddio o'r golwg.'

'A dyna'r holl dystiolaeth oeddech chi ei angen, felly. O ble cafodd o'r goriadau?'

'Wn i ddim wir, Sarjant, ond chafodd o mohonyn nhw gen i, mae hynny'n saff i chi.'

'Pryd oedd hyn?'

'Tua chwe mis yn ôl, ond wn i ddim ers pryd roedd o wedi bod wrthi.'

'Ond mae'n amlwg mai cario 'mlaen ddaru o, hyd y penwythnos dwytha 'ma,' meddai Jeff. 'Sut felly?'

'Wel, wedi i mi ei ddal o a'i ddwylo'n fudur, fel petai, doedd gen i ddim dewis ond riportio'r mater i'r penaethiaid, a dyna wnes i. Yn fy holl amser yn gweithio i'r Cyngor, wnes i 'rioed ddychmygu y byswn i'n gorfod gwneud y fath beth. Doedd o ddim yn benderfyniad hawdd. Meddyliais yn hir ac yn galed, ond doedd gen i ddim dewis, nagoedd?'

'At bwy aethoch chi, Mr Lloyd?'

'Y cyfarwyddwr sydd â chyfrifoldeb dros ein hadran ni, John Humphreys.'

'A be ddigwyddodd ar ôl hynny?'

'Choeliwch chi byth, Sarjant. Ymhen yr wythnos mi ges i lythyr personol swyddogol o adran personél y Cyngor yn dweud bod toriadau i staff yr adran ar y gorwel, ac y byddai hwn yn amser da i mi ymddeol yn gynnar.'

'Oedd hynny'n gysylltiedig, dach chi'n meddwl?'

'Siŵr iawn ei fod o.'

'Oes gan John Humphreys ddigon o ddylanwad i allu gwneud hynny?'

'Wel, fel hyn ma' hi, ylwch, Sarjant Evans. Os ydach chi'n ymgymryd ag unrhyw achos yn y Cyngor yma, a hynny ddim yn cyd-fynd â bwriad un neu ddau o uwch-swyddogion neu aelodau'r Cyngor, y tebygrwydd ydi bod y rheiny'n closio at, a chefnogi'i gilydd, a does gan un bach fel fi ddim gobaith yn eu herbyn nhw. Maen nhw'n bobl bwerus iawn, fel rhyw fath o faffia bach.'

'Diddorol,' meddai Jeff. 'Pwy ydi mêts John Humphreys felly?'

Meddyliodd Idris Lloyd am ennyd cyn ateb. 'Does dim rhaid i chi edrych fawr pellach na'r Cynghorydd Roy Simpson a'i giwed. Ond peidiwch â deud mai fi ddeudodd hynny.'

'Wyddech chi mai ar ei gar o roedd Steve yn gweithio ddydd Sadwrn?'

Chwarddodd Idris Lloyd. 'Na wyddwn wir, Sarjant, ond dwi'n synnu dim. Ac, a deud y gwir wrthoch chi, nid pasio'r garej ar hap oeddwn i ddydd Sadwrn. Isio gweld o'n i os oedd y miri'n dal i ddigwydd. Mae'n edrych yn debyg fod Morris wedi cael digon o ryddid, felly.'

'Oedd Steve Morris yn trin ceir llawer o aelodau a swyddogion y Cyngor?'

'Heb os nac oni bai,' atebodd. 'Synnwn i ddim fod 'na bla o lygredd o flaen ein trwynau ni, a Duw a ŵyr pa mor uchel i fyny'r ysgol mae o'n codi. Ond mae 'na lawer mwy na hynny iddi 'swn i'n deud. Mi wyddoch chi, ma' siŵr, bod aelodau a swyddogion y Cyngor yn cael benthyg arian drwy'r adran gyllid i brynu car os ydyn nhw'n defnyddio'u ceir eu hunain ar gyfer gwaith y Cyngor. Ac ar delerau eitha da hefyd. Mi wn i am fwy nag un sydd wedi cymryd mantais o'r cyfleuster ac wedi prynu eu ceir o ocsiwn drwy Steve Morris. Dwi ddim yn deud bod dim o'i le ar hynny, cofiwch, ond dyna i chi rwla gwerth twrio ynddo am fwy o firi.'

'Dwi'n teimlo drostoch chi, Mr Lloyd, yn gorfod gweithio dan y fath amgylchiadau. Trio gwneud rwbath ynglŷn â'r mater a chael bygwth colli'ch swydd am eich trafferth. Sefyllfa ofnadwy, wir.'

'Oedd wir, Sarjant, ond mae 'na fwy nag un ffordd o gael Wil i'w wely, fel y gwyddoch chi.'

Penderfynodd Jeff beidio â holi Lloyd ynglŷn â'i frawddeg olaf, er ei bod hi'n ddiddorol iawn. 'Dwi'n ddiolchgar i chi am fod mor agored, Mr Lloyd,' meddai. 'Rŵan ta, mi a' i i holi pryd gewch chi a'ch dynion fynd yn ôl i mewn i'r garej.'

Wedi iddo adael, tybiodd Jeff fod ganddo fwy na digon o wybodaeth i ddechrau tyllu i gyfeiriad ail fusnes Steve Morris, ond penderfynodd holi Siân yn gyntaf, a chwilio'r cartref am unrhyw ddogfennau yn ymwneud â'r gwaith answyddogol. Oedd cysylltiad rhwng y gwaith answyddogol a'i lofruddiaeth? Roedd wedi'i ddarbwyllo eisoes nad llofruddiaeth arferol oedd hon, os oedd y ffasiwn beth yn bod. Edrychai'n debygol mai dialedd oedd y tu ôl i'r ymosodiad ar Steve Morris – bod y llofrudd am iddo brofi rhywbeth dychrynllyd, a hynny fwy na thebyg i dalu rhyw bwyth yn ôl. Oedd y pwyth hwnnw'n gysylltiedig â phrynu a gwerthu ceir neu ddefnyddio eiddo'r Cyngor i drin ceir, tybed? Oedd y math hwn o lofruddiaeth, a'r ffordd y'i cyflawnwyd, ynghlwm â'r Cyngor?

Roedd brawd yng nghyfraith Siân Morris yn gofalu amdani pan alwodd Jeff – Richard Hughes, y dyn a'i hebryngodd hi i'r marwdy. Eisteddodd y tri yn y lolfa, a dros baned ceisiodd Jeff sefydlu sut oedd y weddw yn ymdopi. Roedd yn amlwg iddo fod y sioc o ddarganfod ei gŵr yn farw, a'r darganfyddiad ei fod wedi'i lofruddio, yn dal yn amrwd, felly ceisiodd Jeff fod mor dyner ag y gallai wrth ddechrau ei holi.

'Mi gawn ni afael ar bwy bynnag wnaeth hyn, Siân,' meddai, 'ond yn gynta, mae'n rhaid i ni'r heddlu wneud bob math o ymholiadau, a gofyn cwestiynau nad ydyn nhw'n ymddangos yn berthnasol ar hyn o bryd. Coeliwch fi, mi fyddwn ni'n edrych ar bopeth yn drwyadl. Ac mae'n rhaid i minnau ofyn cwestiynau i chi fydd yn anodd i'w gofyn a'u hateb. Ydach chi'n deall?'

Nodiodd Siân ei phen i nodi ei bod.

'Ydi Steve wedi bod mewn cysylltiad â phobl ddrwg neu gas, rhywun allai ei ladd o?'

Ysgydwodd Siân ei phen yn fud. Yna, ar ôl oedi am ennyd, gofynnodd y cwestiwn cyntaf a ddaeth i'w meddwl.

'Ydi o wedi gwneud rwbath o'i le, Sarjant? Ai dyna pam y cafodd o ei ladd?'

'Fedra i ddim deud eto, Siân, ond mae 'na un neu ddau o betha wedi dod i'n sylw ni yn barod, ac mae'n rhaid i mi ofyn i chi am fwy o wybodaeth. Mae'r cwestiynau dwi am eu gofyn ar hyn o bryd yn gysylltiedig â'r gwaith ychwanegol roedd Steve yn ei wneud yn y garej tu allan i oriau gwaith.'

'Wn i ddim o'r manylion,' atebodd Siân, gan gymryd llymaid o'i the â dwylo crynedig.

'Pryd ddechreuodd y gwaith?' gofynnodd.

'Anodd cofio. Blwyddyn a hanner yn ôl, ella mwy. Dim yn hir ar ôl iddo fo ddechrau gweithio i'r Cyngor.'

'A be am yr adegau pan oedd o'n mynd i'r tai ocsiwn i brynu ceir?'

'Cyn belled ag y cofia i, mi ddechreuodd hynny tua'r un pryd. Anaml iawn roedd o'n mynd i ddechra, ond roedd o'n mynd yn reit aml yn ystod y naw mis dwytha.'

'Reit aml?'

'Ia, dwywaith neu dair y mis, efallai mwy.'

'Ella y medra i'ch helpu chi yn fama,' meddai Richard Hughes, yn cyfrannu i'r sgwrs am y tro cyntaf. 'Mi wyddwn i fod hyn yn mynd ymlaen ers blwyddyn o leia. Mi ddaeth Steve efo fi i Swydd Caer chydig dros flwyddyn yn ôl. Isio car go lew o'n i, ac mae 'na rai da i'w cael yn y fan honno er bod tipyn o filltiroedd ar gloc y mwyafrif ohonyn nhw. Fel y gwyddoch chi, ma' hi'n fanteisiol mynd â rhywun sy'n gwybod ei ffordd o gwmpas ceir efo chi. Tra oeddan ni yno, mi ddywedodd fod 'na bres bach del i'w wneud os oedd rhywun yn prynu'r car iawn a'i werthu ymlaen wedyn. Mi ddeudodd ei fod o wedi dechrau prynu ceir o'r fan honno ac o ocsiynau eraill yng ngogledd-orllewin Lloegr, a bod ganddo gwsmeriaid da yn aros amdanyn nhw.'

'Pwy oedd y cwsmeriaid?' gofynnodd Jeff.

'Dim syniad,' atebodd Richard.

Cododd Siân ei hysgwyddau i awgrymu nad oedd hithau ddim callach chwaith.

'Oedd o'n dod â cheir adra yma, Siân?' gofynnodd Jeff, 'neu oedd ganddo fo le i'w cadw nhw i ddisgwyl cwsmer?'

'Welais i 'rioed gar diarth yn agos i'r lle 'ma, a chyn belled ag y gwn i, doedd ganddo ddim lle i'w cadw nhw chwaith.'

'Sgwn i oedd ganddo fo gwsmer parod ar gyfer pob car roedd o'n brynu?' gofynnodd Richard.

'Mae hynny'n sicr yn rwbath i'w ystyried,' atebodd Jeff cyn troi i wynebu Siân. 'Mi ddaethoch chi â datganiadau banc i lawr o'r llofft i mi ddydd Sadwrn, Siân. Oedd 'na fwy o bapurau yn perthyn i Steve yn yr un lle ag y ffeindioch chi'r rheiny?'

'Oedd, llond bocs,' cadarnhaodd.

'Ga i 'u gweld nhw, os gwelwch yn dda?'

'Mi a' i i'w nôl nhw rŵan os liciwch chi.'

'Na, mi fysa'n well gen i gael golwg arnyn nhw fy hun, os ydi hynny yn iawn efo chi. Dwi ddim isio methu 'run manylyn. Mae hynny'n bwysig.'

Edrychodd Siân ar Richard a nodiodd hwnnw. 'A chroeso,' meddai yntau. 'Mi ddangosa i lle c nhw. Yn y llofft bach, ia, Siân?'

Cadarnhaodd Siân hynny.

'Oes 'na unrhyw bapurau yn rhywle arall yn y tŷ, Siân?' gofynnodd Jeff.

'Nagoes,' atebodd hithau. 'Mi oedd o'n cadw popeth efo'i gilydd, a do'n i ddim yn cael mynd yn agos at waith papur y tŷ na'r materion ariannol.'

Hebryngwyd Jeff i'r drydedd ystafell wely, un eithriadol o fychan heb le i chwipio chwannen. Doedd dim dodrefn yno heblaw'r cwpwrdd oedd dan glo. Roedd yn hwnnw ddillad nad oeddynt yn cael eu gwisgo, ac un bocs yn cynnwys anfonebau – rhai anffurfiol a dweud y lleiaf, a'r rheiny wedi'u hysgrifennu mewn llawysgrifen flêr. Doedd dim rhif cyfresol ar yr un ohonyn nhw, er bod dyddiad ar bob un. Roedd nifer o fagiau plastig yno hefyd, yn llawn papurau. Yn sicr, doedd dim lle nag amser i Jeff chwilio drwy'r cyfan yn y llofft fach. Aeth â'r cyfan i lawr y grisiau.

'Rhaid i mi fynd â'r rhain efo fi,' meddai wrth Siân.

'Iawn, os gwnân nhw helpu,' atebodd hithau.

'Fedrwch chi gadarnhau mai llawysgrifen Steve sydd ar y rhan fwya o'r anfonebau yma?' gofynnodd.

Wedi edrych trwy'r papurau, cadarnhaodd hynny.

Daeth yr amser i Jeff ofyn y cwestiwn anoddaf un.

'Wyddoch chi am unrhyw reswm pam y bysa rhywun yn gwneud y fath beth i Steve, Siân?' Edrychodd Jeff arni'n ysgwyd ei phen yn araf, y dagrau'n disgyn i lawr ei bochau coch.

'Cyn belled ag y gwn i, Sarjant Evans, dyn da oedd Steve, yn gwneud ei orau i edrych ar ôl ei deulu. Oedd, mi oedd o'n lecio mynd allan am beint ar nos Wener, ond doedd o byth yn meddwi'n ormodol, a hyd y gwn i, mi oedd o'n cael ei barchu gan bawb. Na, fedra i ddim meddwl am neb fysa'n gwneud niwed iddo fo.' Cododd Siân ei hwyneb ac edrych yn syth i lygaid Jeff. 'Tydi o ddim yn gwneud synnwyr i mi, a fedra i ddim dallt be oedd y cylch 'na welais i ar ei dalcen o yn yr ysbyty.'

'Na finnau chwaith, Siân,' meddai Jeff, gan godi ar ei draed. 'Rydan ni'n amau mai rhyw fath o datŵ oedd o, ac mae'n siŵr o fod yn golygu rwbath i rywun.'

Rhoddodd Richard help llaw iddo gario'r dogfennau i'r car tu allan.

'Sut yn y byd ddaru pwy bynnag laddodd o roi tatŵ iddo fo?' gofynnodd Richard pan oedd allan o glyw ei chwaer yng nghyfraith.

'Mi gafodd o'i rwymo i'r car,' esboniodd Jeff. 'Ond peidiwch â deud hynny wrth Siân, plis. Ma' hi wedi gorfod dygymod â mwy na digon yn barod.'

Pennod 8

Erbyn amser cinio roedd Jeff wedi dychwelyd i orsaf yr heddlu i ganol bwrlwm y ditectifs ychwanegol – nifer yn dogfennu canlyniadau eu hymholiadau, rhai yn gwneud ymchwil ac eraill yn y cantîn yn damcaniaethu ynglŷn â marwolaeth Steve Morris dros baned o de neu blât o fwyd. Gwenodd Jeff wrth edrych arnynt. Roedd wedi gweld yr un sefyllfa droeon ar ddiwrnod cyntaf ymchwiliad mawr fel hwn dros y blynyddoedd. Roedd gan bawb farn wahanol ynglŷn â phwy oedd yn gyfrifol ac yn y cantîn byddai pob opiniwn yn cael ei drafod i'r eithaf. Doedd dim byd o'i le ar hynny, meddyliodd, yn enwedig ar adeg fel hyn pan oedd gwir angen ysbrydoliaeth.

Wedi iddo gael tamaid o fwyd, dechreuodd Jeff bori drwy'r pentyrrau o ddogfennau a gariodd o gartref Steve Morris. Wrth eu rhoi mewn trefn darganfu nad oedd gwaith papur y mecanic mor flêr ag y tybiodd – er nad oedd rhifau ar yr anfonebau roedd dyddiad ar bob un, ac er bod y llawysgrifen yn ddigon blêr a'r papurau yn bell o fod yn lân, nid oedd yn anodd eu darllen na dirnad manylion y fasnach. Gwelodd fod rhai ohonynt yn gysylltiedig â thrin ceir ac eraill yn ymwneud â phrynu a gwerthu. Yn rhyfeddol, doedd enw llawn y cwsmer ddim ar 'run o'r anfonebau yn ymwneud â thalu am drin ceir, dim ond enwau cyntaf: Eric, Meirion, Idwal, Dafydd, Meic, Paul ac yn y blaen, ond roedd rhif cofrestru'r modur wedi'i gofnodi.

Tybed a wnaeth hynny i geisio celu neu amddiffyn y perchennog? Ond os felly, pam cofnodi rhif y car? Pam ysgrifennu anfoneb o gwbl? Dros yr awr nesaf, rhoddodd Jeff yr anfonebau hyn mewn trefn yn ôl y dyddiad, a throi ei sylw tuag at yr anfonebau oedd yn berthnasol i brynu a gwerthu ceir.

Buan y daeth i'r amlwg fod Steve Morris wedi prynu a gwerthu yn agos i ddeg ar hugain o geir yn ystod y flwyddyn flaenorol – llawer mwy nag yr oedd Jeff wedi'i ddisgwyl. Gwelodd anfonebau gwerthiant o bedwar tŷ ocsiwn gwahanol yng ngogledd Cymru a swydd Caer – yn amlwg, roedd Steve yn hoffi delio â'r un cwmnïau dro ar ôl tro. Arnynt roedd manylion y ceir a'r pris a dalwyd, mewn arian parod gan amlaf, a'r anfoneb wedi'i gyfeirio at Steve Morris yn bersonol.

Yna daeth Jeff ar draws anfonebau gwerthiant yr un ceir gan fusnes o'r enw Moduron Morfa, ac arnynt roedd y prisiau wedi'u chwyddo gryn dipyn. Roedd yr anfonebau gwerthiant hyn wedi'u cyfeirio at y prynwyr, ac unwaith eto, dim ond eu henwau cyntaf a ddefnyddiwyd. Roedd dyddiad pob un ychydig ddyddiau ar ôl pryniant y car hwnnw o'r ocsiwn, a dim un yn hwy na phythefnos ar ôl i Morris brynu'r car yn y lle cyntaf. Edrychai'n debyg felly ei fod yn prynu ceir i ordor ar gyfer cwsmeriaid parod, ac yn masnachu dan yr enw Moduron Morfa pan oedd yn eu gwerthu er ei fod yn defnyddio'i enw ei hun i'w prynu. Pam hynny, meddyliodd Jeff? Oedd anfonebau Moduron Morfa yn cael eu dangos i rywun nad oeddent i wybod mai Steve oedd y tu ôl i'r gwerthiant? Dyna'r unig reswm y gallai Jeff feddwl amdano i egluro'r sefyllfa anghyffredin.

Roedd hi'n tynnu at hanner awr wedi chwech cyn iddo

orffen rhoi trefn ar yr holl ddogfennau. Rhoddodd y cwbl i un o'r staff atodol a oedd yn gweithio'r shifft hwyr, gan ofyn iddi gofrestru'r cwbl ar system gyfrifiadurol yr ymchwiliad a chasglu manylion perchnogion y ceir oddi ar gyfrifiadur cenedlaethol yr heddlu: perchennog pob car yr oedd Steve Morris wedi ei drin yn ogystal â'r rhai y bu iddo eu prynu a'u gwerthu. Yna aeth i chwilio am Lowri Davies a Brian Saunders er mwyn manylu ar waith y dydd.

Wrth iddo orffen egluro'r cyfan, gallai Jeff weld bod Lowri Davies yn ysu i ychwanegu ei stori ei hun.

'Mi ges i alwad ffôn gan brif swyddog Swyddfa Archwilio Cymru gynna,' meddai. 'Mae ei adran o ar fin dechrau ymchwiliad swyddogol i weithgareddau'r Cyngor Sir yma. Mae'n edrych yn debyg ei fod o wedi clywed am lofruddiaeth Steve Morris gan eu bod eisoes yn cadw golwg ar lygredd a thwyll yn y Cyngor, ac y gall hynny fod yn gysylltiedig â'n hymchwiliad ni.'

'Rargian,' synnodd Jeff, 'sut gafodd o afael ar wybodaeth fel'na mor handi, deudwch?'

'Wn i ddim wir,' atebodd Lowri. 'Ac nid fy lle fi oedd gofyn. Mi gysylltodd o rhag ofn y byddai eu hymchwiliad nhw yn amharu ar ein hachos ni mewn rhyw ffordd. Eglurais nad oedd hynny'n debygol, ond mi ddwedais wrtho am gysylltu efo fi unrhyw bryd, yn enwedig petai ei staff o yn dod ar draws unrhyw wybodaeth fyddai o ddiddordeb i ni.'

Diddorol iawn, myfyriodd Jeff. Efallai fod mwy nag un ffordd o gael Wil i'w wely wedi'r cwbwl.

Pan groesodd drothwy ei gartref rhuthrodd Twm a Mairwen i'w freichiau.

'Reit, stori gan Dad i'r ddau ohonoch chi cyn mynd i'r gwely heno,' meddai Jeff, gan ddechrau ymlacio'n braf.

'Gêm o bêl-droed yn yr ardd gynta,' ebychodd Twm.

'Ia, ia!' cytunodd Mairwen.

'Hanner awr a dim mwy,' cyfaddawdodd Jeff. 'Ewch i nôl y bêl, 'ta.' Trodd i gyfeiriad Meira a'i chofleidio hithau. 'Dos i agor potel o win coch i ni, wnei di, cariad? Dwi ddim yn mynd yn ôl i'r swyddfa heno.'

Cyrhaeddodd Jeff ei waith am hanner awr wedi saith fore trannoeth er mwyn gweld canlyniadau'r ymholiadau i berchnogion y ceir a nodwyd ar anfonebau Steve Morris o flaen pawb arall. Er nad fo oedd yn arwain yr ymchwiliad i'w lofruddiaeth, ei batsh o oedd Glan Morfa a theimlai ryw gyfrifoldeb dros yr ardal a'i phobl.

Dechreuodd bori drwy'r wybodaeth oedd wedi cyrraedd dros nos. Pobl leol oedd wedi prynu ceir drwy Moduron Morfa yn bennaf – rhai ohonynt yn enwau cyfarwydd i Jeff ac yn gweithio ar lefel reit uchel yn y Cyngor – ond roedd un neu ddau o'r tu allan i'r ardal. Fel y disgwyl roedd enw Richard Hughes, brawd yng nghyfraith Steve Morris, ar y rhestr, ynghyd â dyn o'r enw David McBryde o Enniskillen yng Ngogledd Iwerddon. Braidd yn bell i ddod i brynu car ail law, ystyriodd Jeff.

Ni ddysgwyd fawr ddim yn ystod y gynhadledd y bore hwnnw. Doedd yr ymholiadau, hyd yma, ddim wedi canfod neb fu'n ymddwyn yn amheus yng nghyffiniau'r garej, er bod pawb yn y dref i weld yn ymwybodol fod Morris yn un da am drin neu werthu ceir yn rhad.

Cododd Lowri Davies ei llaw i gyfeiriad Jeff, oedd yng nghefn yr ystafell yn ôl ei arfer.

'Fedrwch chi ymhelaethu ynglŷn â'r anfonebau ddaethoch chi o dŷ Morris ddoe, Ditectif Sarjant Evans?' gofynnodd.

Dywedodd Jeff yr hanes. 'Pobl leol sydd wedi prynu'r rhan fwyaf,' eglurodd, 'ac, wrth edrych ar brisiau'r pryniant a'r gwerthiant, mae'n amlwg ei fod o'n gwneud arian da iddo fo'i hun – dwy neu dair mil o bunnau bob tro.'

'Oes bosib ei fod o wedi pechu yn erbyn rhywun yn y broses, dach chi'n meddwl?' gofynnodd y DBA.

'Wedi pechu digon i gael ei ladd?' atebodd Jeff. 'Anodd deud.'

'Reit,' datganodd Lowri Davies. 'Rhaid i ni ddilyn y trywydd hwn ar fyrder. Dwi am yrru timau i'r tai ocsiwn heddiw er mwyn cael yr hanes o'r safbwynt hwnnw, a'r holl waith papur. Mi fydd rhai eraill ohonoch chi yn mynd i gyfweld y rheiny a brynodd geir ganddo yn ystod y flwyddyn ddiwetha, a'r rhai roedd Morris yn trin eu ceir nhw. Ewch i weld y Ditectif Arolygydd Saunders ar ddiwedd y gynhadledd hon i gael eich dyletswyddau personol.'

Jeff oedd y cyntaf i fynnu sylw Saunders ar ddiwedd y gynhadledd. 'Mae dau enw ar y rhestr o bobl brynodd geir gan Steve,' meddai, 'yr hoffwn i eu cyfweld nhw fy hun.'

'Pam?' gofynnodd Saunders heb godi 'i ben o'r sgrin o'i flaen.

'Am fy mod i'n amau'n gryf fod rwbath o'i le ynglŷn â threfniant Morris o brynu ceir yn enw ei hun a'u gwerthu gan ddefnyddio enw busnes. Mae un dyn ar y rhestr, Meirion Owen, yn ddirprwy i gyfarwyddwr yr Adran Gynllunio. Yn ôl pob golwg mae o wedi prynu car drwy Morris, ac mae cofnod i'r un car gael ei drin ganddo yn ddiweddarach. Dydi Owen ddim yn un o'r bobl fwya gonest yn y byd – roedd amheuaeth rai blynyddoedd yn ôl ei fod o wedi derbyn rhyw fath o gildwrn i ddylanwadu ar gais cynllunio, ond doedd dim digon o dystiolaeth i'w gyhuddo. Bu digon o fân-siarad ar y pryd, a phawb yn gwybod be oedd yn mynd ymlaen, ond ches i ddim digon o dystiolaeth i fynd â'r peth ymhellach.' Gwelodd Jeff fod Saunders yn ystyried ei ymateb yn fanwl.

'A be sy'n gwneud i chi feddwl bod cysylltiad rhwng eich amheuaeth chi'r adeg honno a llofruddiaeth Morris rŵan?' gofynnodd Saunders, gan godi ei ben o'r sgrin am y tro cyntaf.

'Dim byd uniongyrchol,' atebodd Jeff. 'Nid y llofruddiaeth ei hun chwaith, ond y posibilrwydd fod twyll neu ymddygiad anonest ynglŷn â phryniant y ceir. Wna i ddim credu bod natur dyn fel Meirion Owen yn newid o un flwyddyn i'r llall. Os oedd o'n ddyn anonest dair neu bedair blynedd yn ôl, mae o'n anonest heddiw. Dwi'n ffyddiog y medra i dyrchu i waelod y mater – mi agorith ei geg yn ddigon handi i achub ei groen ei hun. Un felly ydi o. Dyn heb asgwrn cefn.'

Tarodd Saunders ei fysedd ar y bysellfwrdd o'i flaen a chwydodd y peiriant argraffu wrth ei ochr res o bapurau yn dynodi fod y gwaith o holi Meirion Owen yn cael ei roi i Ditectif Sarjant Jeff Evans. 'A'r enw arall?' gofynnodd.

'Dim ond un enw sydd ar y rhestr o brynwyr o'r tu allan i'r ardal, heblaw brawd yng nghyfraith Morris. Rhywun o'r enw McBryde o Enniskillen. Gweld hynny'n beth rhyfedd ydw i. Ma' raid bod rhyw gysylltiad rhyngddo fo a Morris. Mi wna i'r ymholiad hwnnw hefyd os liciwch chi. Mater o alwad ffôn ydi o.'

'Iawn,' atebodd Saunders. 'Mi sylwoch chi, dwi'n siŵr, mai enw Meirion Owen ydi'r unig un sy'n ymddangos ar y rhestr brynu a'r rhestr trin ceir?'

Gwenodd Jeff.

'Dim ond i chi beidio â gadael i'r trwyn 'na'ch arwain chi i dir anial,' rhybuddiodd Saunders.

Pennod 9

Gwyddai Jeff na fyddai'n beth call martsio i mewn i Adran Gynllunio'r Cyngor mewn sgidiau hoelion mawr a mynnu gweld Meirion Owen. Na, taro arno y tu allan i'w swyddfa oedd y dacteg orau, i osgoi unrhyw sylw diangen a chlebran ymysg staff y Cyngor. Wedi'r cyfan, gweithwyr y Cyngor oedd y mwyafrif o'r enwau ar anfonebau Steve Morris a buan y byddai manylion unrhyw ymweliad swyddogol â swyddfa Owen ar wefusau pawb yn yr adeilad. Dewisodd Jeff eistedd yn ei gar yn y maes parcio lle gallai weld car Owen, Mercedes A180 CDI brynwyd mewn ocsiwn gan Steve Morris am ddeng mil o bunnau ychydig dros flwyddyn ynghynt. Yn ôl anfoneb Moduron Morfa prynodd Owen yr un car ddyddiau yn ddiweddarach am dair mil ar ddeg o bunnau. Roedd tair mil o elw mewn ychydig ddyddiau yn swm sylweddol, myfyriodd Jeff.

Yn sydyn, cafodd Jeff ei ddychryn gan gnoc ar ffenest ei gar. Neidiodd allan o'r cerbyd.

'Rargian, be ti'n neud yn fy nychryn i fel'na, y diawl? Ma' 'na sawl un wedi cael ei arestio am lai.'

Ian Jones, un o ymchwilwyr Swyddfa Archwilio Cymru oedd yn sefyll wrth ei ochr. 'A be ti'n neud yn pendwmpian ganol dydd fel hyn, Jeff? Amser i ti ddeffro.'

Chwarddodd y ddau. Roeddynt yn adnabod ei gilydd ers blynyddoedd ac wedi gweithio ochr yn ochr ar achosion o dwyll a lladrata yn y sector gyhoeddus sawl tro.

'Paid â deud mai chdi sy wedi cael dy benodi i arwain yr ymchwiliad 'ma i weithredoedd y Cyngor?' gofynnodd Jeff. 'Mi glywais i ddoe fod ganddoch chi fusnes yma, ond wn i ddim am be yn union chwaith.'

'Wel fedra i ddim datgelu gormod ar hyn o bryd, Jeff, ond 'dan ni wedi dod yn ymwybodol o sawl peth sy angen sylw yma, yn cynnwys gwaith answyddogol Steve Morris. Dyna pam ffoniodd y bòs 'cw dy fòs di ddoe.'

'Ac o ble gawsoch chi'r wybodaeth felly?' holodd Jeff yn obeithiol.

Gwenodd Ian a chyffwrdd ei fys yn ei drwyn. 'Dim jyst chdi sydd â hysbyswyr o gwmpas y lle 'ma, sti.'

Gwenodd Jeff yn ôl, ond penderfynodd beidio â sôn am yr hyn a ddywedodd Idwal Lloyd wrtho ynglŷn â chael Wil i'w wely. 'Ga i ofyn hyn, ta?' parhaodd. 'Be fydd canolbwynt dy ymchwiliad di?'

'Fydd 'na ddim ffiniau, Jeff, ond mae nifer o bethau wedi dal ein sylw, ers peth amser, a deud y gwir.'

'Fel?'

'Arian sylweddol yn cael ei wastraffu. Cytundebau yn mynd allan i gwmnïau sy'n rhy agos i rai o'r aelodau neu'r swyddogion sy'n eu dyfarnu nhw, a chwmnïau eraill wedi rhoi tendr am bris llawer llai. Dydi'r cyhoedd ddim yn cael gwerth eu harian o bell ffordd. Mewn mwy nag un achos, mae perthnasau i berchnogion y cwmnïau sy'n cael eu ffafrio yn cael swyddi da yn y Cyngor tra bod ymgeisydd gwell o'r hanner yn cael ei esgeuluso. A dydi hynny ddim ond dechrau.'

'Yr un hen stori felly?' meddai Jeff, gan ysgwyd ei ben. 'Llygredd, llygredd a mwy o lygredd. Sut nad oes neb yn ddigon dewr i agor ei geg, dŵad?'

'Am fod y diawliaid drwg sydd wrthi mewn safleoedd dylanwadol ac yn ddialgar tu hwnt. Mae 'na ambell un sy'n trio cwyno yn cael eu symud allan o'r ffordd i swyddi salach am lai o gyflog ac ati, ac mae 'na sôn i rai gael eu bygwth yn gorfforol tu allan i'r gwaith hefyd. Mae 'na goblyn o le 'na, Jeff, coelia di fi.'

'Ydi Roy Glwyddog – sori, Roy Simpson – yn un ohonyn nhw?' gofynnodd Jeff yn bwmp ac yn blaen.

Chwarddodd Ian. 'Fo sy'n rheoli'r cwbl, ac mi fyddwn ni'n edrych yn fanwl ar bob cytundeb sy'n gysylltiedig â fo, a phob penderfyniad amheus sydd wedi'i wneud gan bob panel roedd o'n eistedd arno. Mae 'na sawl un wedi honni fod merched wedi'u penodi i swyddi da iawn ar ôl cysgu efo fo, a Duw a helpo unrhyw un sy'n ei groesi. Dialedd ydi un o'i hobïau o, yn ôl pob golwg.'

'Sgwn i ydi o'n ddigon treisgar i ladd rhywun?' gofynnodd Jeff.

Cododd Ian ei ysgwyddau, cystal â dweud nad oedd ganddo syniad.

Cyn i Jeff gael cyfle i bwyso am fwy o wybodaeth, cerddodd Meirion Owen drwy ddrws ffrynt pencadlys y Cyngor. Roedd dau ddyn arall efo fo: Roy Simpson ei hun a John Humphreys, y cyfarwyddwr oedd â chyfrifoldeb dros Idwal Lloyd a'i ddynion yn y garej. Doedd Jeff ac Ian ddim ond rhyw hanner can llath oddi wrthynt, ac edrychodd y tri i'w cyfeiriad. Gwahanodd y giwed yn syth – cerddodd Owen am ei gar, a'r ddau arall i gyfeiriadau gwahanol.

'Wela i di eto,' meddai Jeff wrth Ian, 'a chadwa mewn cysylltiad.'

Roedd hi'n amser cinio, sylweddolodd Jeff. Gwyddai

nad oedd Owen yn byw ymhell, a phenderfynodd ei ddilyn. Parciodd Owen ei gar o flaen ei dŷ ar stad fechan foethus yr olwg, a chyn iddo roi'r allwedd yng nghlo'r drws ffrynt roedd Jeff y tu ôl iddo.

'Mr Owen? Ditectif Sarjant Evans. Hoffwn i gael gair efo chi.' Doedd dim rhaid i Jeff ddangos ei gerdyn swyddogol na chyflwyno ei hun mewn gwirionedd – anodd iawn fyddai i Owen anghofio'i gyfarfod dair blynedd ynghynt, ac roedd Jeff yn sicr ei fod wedi'i adnabod ym maes parcio'r Cyngor.

'Be rŵan? Dwi ar fy nghinio, ddyn,' atebodd Owen yn swta. 'Gwnewch apwyntiad i 'ngweld i,' meddai, gan dynnu'r allwedd o'r clo heb ddatgloi'r drws. 'Cysylltwch â fy ysgrifenyddes. Ma' hi'n siŵr o wneud lle i chi ymhen diwrnod neu ddau.'

'Nid mater cynllunio ydi hwn, Mr Owen. Mater o lofruddiaeth. Llofruddiaeth Steve Morris. Mater sy'n haeddu cydweithrediad heb i mi orfod disgwyl.'

Gwagiodd Owen ei ysgyfaint mewn un ochenaid drom ac uchel i bwysleisio faint o boendod iddo oedd ymweliad Jeff. 'Well i chi ddod i mewn 'ta,' meddai o'r diwedd, gan roi'r allwedd yn ôl yn nhwll y clo ac agor y drws.

Dilynodd Jeff y dyn blin drwy'r drws ffrynt ac i mewn i'r gegin, lle'r oedd plât o fwyd a chling-ffilm drosto wedi'i adael ar y bwrdd a nodyn wrth ei ochr. Darllenodd Owen y nodyn a'i roi yn ei boced. Roedd yn amlwg nad oedd Mrs Owen gartref.

'Reit ta, dowch yn reit handi,' gorchmynnodd Owen. 'Be sy gan lofruddiaeth Mr Morris i'w wneud efo fi?'

Buasai Jeff wedi medru dilyn ei gynllun cyntaf, gan ofyn iddo'n bwyllog pa mor dda roedd o'n adnabod Morris ac a oedd unrhyw fath o berthynas rhyngddyn nhw, yn bersonol neu fel arall, ac yn y blaen. Ond wfft i'w ddyletswydd i fod yn gwrtais a phroffesiynol. Doedd o ddim yn hoff o gwbl o'r gŵr o'i flaen, ac roedd ei agwedd heddiw wedi taflu olew ar y fflamau.

'Isio gwybod manylion pryniant eich car chi oeddwn i, Mr Owen. Y Mercedes tu allan. Yr un y gwnes i ei ddilyn yma,' ychwanegodd, dim ond i roi ychydig mwy o bwysau arno.

Gwelodd Jeff y datganiad yn ei daro fel dwrn cyntaf paffiwr, yn union fel yr oedd wedi'i fwriadu, gan gadarnhau nad oedd popeth fel y dylai fod ynglŷn â phryniant y car, er na wyddai Jeff o hyd beth yn union oedd o'i le.

Ni ddywedodd Owen air.

Dewisodd Jeff y cwestiwn nesaf yn ofalus. 'Oeddech chi yn yr ocsiwn pan brynwyd y car?' gofynnodd.

'Oeddwn,' meddai, ei lais yn ddigon crynedig i gadarnhau unwaith yn rhagor nad oedd popeth ar yr ochr iawn i'r gyfraith.

'Faint daloch chi am y car?'

Llyncodd Owen yn galed a dechreuodd chwysu. 'Tair mil ar ddeg,' meddai.

'Sut? Arian parod, drafft banc 'ta be?'

'Ylwch, Sarjant. Oes raid i mi fynd drwy hyn i gyd rŵan? Does ganddo fo ddim byd i'w wneud â llofruddiaeth Steve druan.'

'Mater i mi ydi penderfynu hynny. Atebwch y cwestiwn, os gwelwch yn dda.'

Eisteddodd Meirion Owen ar gadair wrth ochr y bwrdd a rhoi ei ben yn ei ddwylo. 'Talu Steve Morris wnes i. Fo dalodd y tŷ ocsiwn ar y diwrnod.'

'Faint dalodd o?'

Nid atebodd Owen ac nid edrychodd ar Jeff. Ni chododd ei ben chwaith nes i Jeff ofyn iddo edrych ar y darn o bapur oedd yn ei law. Rhoddodd anfoneb gwerthiant y Mercedes gan y tŷ ocsiwn o flaen ei drwyn, yr un a ddangosai fod Morris wedi talu deng mil am y car, a hynny mewn arian parod. Ar ôl gadael digon o amser i'r wybodaeth wneud ei marc, dangosodd Jeff yr ail anfoneb, yr un a oedd yn dogfennu gwerthiant yr un car iddo fo gan Fodurdy Morfa, ddyddiau yn ddiweddarach, am dair mil ychwanegol. Roedd Jeff yn dechrau mwynhau ei hun.

'Be dwi ddim yn ei ddallt,' meddai Jeff cyn hir, 'ydi pam fod anfoneb arall, rai dyddiau wedyn, yn dangos fod y car wedi'i werthu i chi am bris llawer uwch.'

Nid atebodd Owen.

'Pam talu cymaint mwy, a chithau'n gwybod yn iawn faint dalwyd amdano yn yr ocsiwn?' gofynnodd Jeff eto.

Ni ddaeth ateb.

'Ddaru rywun ariannu'r pryniant i chi?' Gamblodd Jeff ei fod ar y trywydd iawn.

'Oes raid i ni fynd drwy hyn i gyd, Sarjant Evans?' gofynnodd. 'Mi golla i fy swydd. Mae gen i wraig, plant a morgais i feddwl amdanyn nhw.'

'O ble ddaeth yr arian i dalu am y car, Mr Owen?'

Ar ôl oedi ymhellach a sychu'r chwys oddi ar ei dalcen, atebodd. 'Cael benthyciad gan y Cyngor wnes i.'

'Lle mae'r gwaith papur?' gofynnodd Jeff. 'Rhaid i mi gael ei weld o.'

'Yn fy nesg, yn fy swyddfa yn yr Adran Gynllunio.'

Tynnodd Jeff ei ffôn symudol o'i boced a tharo'i fys ar y sgrin.

'Be dach chi'n neud?' gofynnodd Owen.

'Trefnu i blismon fynd i'w nôl o, wrth gwrs,' atebodd. 'Neu fysa'n well ganddoch chi taswn i'n mynd yno efo chi rŵan?'

Cododd Owen o'i gadair wedi gwylltio'n lân. 'Damia chi. Yma yn y tŷ mae'r papurau. Does gynnoch chi ddim byd gwell i'w wneud, a dyn wedi cael ei lofruddio yn y dre 'ma, ddyn?'

'Y cytundeb ariannu, plis.'

Diflannodd Meirion Owen i'r ystafell nesaf a dilynodd Jeff mewn pryd i'w weld yn tynnu amlen allan o ddrôr mewn cist. Rhoddodd yr amlen yn nwylo Jeff. 'Dyna fo. Gobeithio'ch bod chi'n hapus rŵan,' meddai.

Cymrodd Jeff ychydig eiliadau i ddarllen cynnwys y cytundeb. Roedd ynddo gopi o anfoneb Modurdy Morfa hefyd, a gwelodd fod y cais wedi'i arwyddo gan Owen ei hun. Yn ôl y cytundeb roedd Owen wedi prynu'r car am dair mil ar ddeg o bunnau gan Fodurdy Morfa ac wedi talu blaendal o ddwy fil a hanner i'r gwerthwr, a hynny'n gadael deng mil a hanner i'w fenthyca gan y Cyngor.

'Dwi'n cymryd yn ganiataol y bu'n rhaid i chi dalu blaendal am y car cyn i'r Cyngor fenthyca arian i chi,' meddai Jeff.

'Cywir,' atebodd, heb edrych i lygaid Jeff.

'Faint?'

'Rhaid i bawb dalu o leia deg y cant o bris y car.'

'Faint daloch chi?'

'Dim,' atebodd ar ôl oedi.

'Felly mi gawsoch chi ddeng mil a hanner gan y Cyngor i brynu car gwerth deng mil, ac roedd pum cant dros ben. Be ddigwyddodd i hwnnw?'

'Mi aeth o i boced Steve Morris am ei drafferth.'

'Ydach chi'n meddwl y bysa'r Cyngor wedi rhoi'r arian i chi petaen nhw'n gwybod y gwir?'

'Naf'san, wrth gwrs, ond dwi wrthi'n rhoi'r mab 'cw drwy'r coleg ac mi wyddoch chi faint ma' hynny'n gostio ... ac ro'n i wedi ffansio'r Merc,' Gwyddai Meirion Owen fod ei gelwyddau yn chwalu o'i amgylch.

'Dim dyna ydi diwedd y gân, nage?' parhaodd Jeff. 'Mae Steve Morris wedi bod yn trin y car wedyn, yn tydi? Yng ngarej y Cyngor, ac yn ddigon rhad dwi'n siŵr. Oeddech chi'n gwybod ei fod o'n defnyddio cyfleusterau ac offer y Cyngor i wneud y gwaith?'

Cododd Owen ei ysgwyddau. Beth oedd hynny o'i gymharu â'r twyll yn erbyn ei gyflogwyr?

'Wel, nid dyma'r lle i drafod peth fel hyn. Dwi'n eich arestio chi am dwyllo'r Cyngor. Mi gewch chi dwrnai i lawr yn y stesion 'cw os dach chi isio un.'

Ar ôl iddo gloi Meirion Owen mewn cell i ddisgwyl am gyfreithiwr aeth Jeff i fyny'r grisiau i ddweud y cyfan wrth Lowri Davies a Brian Saunders. Doedd yr wybodaeth ddim yn hanfodol i'r ymchwiliad i lofruddiaeth Steve Morris, ond roedd yn rhaid rhybuddio'r ditectifs oedd ar fin holi'r rhai a brynodd geir gan Morris ynglŷn â'r sefyllfa. Roedd Jeff yn fodlon rhoi bet nad Meirion Owen oedd yr unig un fu'n rhan o'r twyll.

Erbyn gyda'r nos, roedd nifer o ddynion yn y celloedd ar y llawr isaf yng ngorsaf heddlu Glan Morfa – gweithwyr y Cyngor, dynion mewn swyddi uchel, i gyd wedi'u cyhuddo o'r un math o dwyll â Meirion Owen. Roedd Prif Weithredwr y Cyngor yn methu â deall sut roedd y fath beth wedi gallu digwydd dan drwynau pawb. Mewn gwirionedd, roedd yr ateb i'r cwestiwn hwnnw yn reit syml, gan fod y swyddog yn yr Adran Gyllid a oedd yn gyfrifol am arolygu pob cais dan y cynllun benthyg arian wedi prynu car gan Steve Morris yn yr un modd.

Er hynny, ac er yr holl dwyll a'r llygredd, doedd neb ddim callach pwy oedd yn gyfrifol am ladd Steve Morris.

Pennod 10

Roedd y gynhadledd am hanner awr wedi naw y bore canlynol yn ddiddorol a dweud y lleia. Ers i Meirion Owen gael ei arestio roedd saith arall wedi cael profiad o weld waliau mewnol llawr isaf gorsaf heddlu Glan Morfa, i gyd wedi'u cyhuddo o dwyll yn erbyn y Cyngor cyn cael eu rhyddhau. Roedd amgylchiadau pob achos yn debyg iawn: gweithwyr y Cyngor yn cynllwynio ochr yn ochr â Steve Morris i chwyddo prisiau ceir er mwyn benthyca arian heb dalu blaendal fel y dylent, ac yn cyflwyno dogfennau ffug yn dystiolaeth. Roedd eraill, yn swyddogion ac aelodau o'r Cyngor, wedi cyfaddef i gael trin eu ceir yn rhad a hwythau'n ymwybodol, neu o leia yn amau, bod cyfleusterau ac adnoddau'r Cyngor yn cael eu defnyddio heb awdurdod. Doedd pawb yn y Cyngor ddim wrthi – fel yr awgrymodd y fforman, Idwal Lloyd, clic bach oedd yn euog, ond bod y clic hwnnw'n cynnwys dynion pwysig a dylanwadol fel Roy Simpson. Un yn unig o'r rhai a arestiwyd oedd heb unrhyw gysylltiad â'r Cyngor – twyll tebyg yn erbyn cwmni hurbwrcas oedd trosedd hwnnw.

Roedd sibrydion ynglŷn â'r arestiadau eisoes wedi cyrraedd pob cornel o'r dref gan fod cysylltiad â llofruddiaeth Steve Morris, ond gwyddai'r Ditectif Brif Arolygydd Lowri Davies a'i thîm mai cysylltiad bregus iawn ydoedd.

'Reit,' meddai Lowri wedi i'r wyth achos gael eu trafod yn fanwl, 'Gallwn ddweud yn sicr erbyn hyn nad oedd Steve

Morris yn ddyn cwbl onest a didwyll, a'i fod yn gysylltiedig â llygredd a thwyll ehangach yn ardal Glan Morfa. Mae hyn yn cryfhau fy amheuaeth fod rhywun yn rhywle wedi cymryd yn ei erbyn. Oedd Morris wedi gwrthod helpu rhywun i brynu car? Oedd o'n bwriadu achwyn ar rywun anonest, a hwnnw am gau ei geg o am byth? Rhaid i mi gyfaddef ei bod hi'n anodd ystyried y gallai hynny ysgogi llofruddiaeth mor erchyll, yn enwedig o gofio'r artaith a ddioddefodd Morris.' Trodd ei phen i gyfeiriad y Ditectif Arolygydd Brian Saunders. 'Oes 'na rywbeth wedi dod o'r ymholiadau i'w orffennol?'

'Dim byd o bwys hyd yma,' atebodd hwnnw. 'Treuliodd ei ddyddiau cynnar yn ochrau Rhuthun. Ar ôl iddo adael yr ysgol, aeth i hyfforddi'n gipar ar stad saethu fawr yng nghyffiniau'r Bala. Wnaeth o ddim gorffen ei brentisiaeth yn y fan honno. Mae'n amlwg mai ceir oedd ei betha fo yn hytrach nag adar, a doedd o ddim yn cyd-dynnu'n dda iawn efo'r prif gipar chwaith. Ymunodd â'r fyddin yn 2012, ac yno, yn y Corfflu Logisteg Brenhinol, y dysgodd grefft peiriannydd. Gadawodd y fyddin ychydig dros ddwy flynedd a hanner yn ôl er mwyn priodi, ar ôl gwasanaethu am gyfnodau byr mewn nifer o wledydd tramor. Does dim byd yn gysylltiedig â'i yrfa yn y fyddin o ddiddordeb i ni – a beth bynnag, roedd hynny reit bell yn ôl. Yn y presennol y dylen ni edrych am y llofrudd, dwi'n credu.'

'Beth am y gŵr o Ogledd Iwerddon a brynodd gar gan Morris, Ditectif Sarjant Evans?' gofynnodd Saunders pan welodd fod Jeff yn ffidlan efo'i ffôn symudol yng nghefn yr ystafell. 'Chi oedd yn mynd i ymchwilio i'r cysylltiad hwnnw, os cofia i'n iawn. Triwch ddangos diddordeb, os gwelwch yn dda,' ychwanegodd.

Trodd pawb i gyfeiriad Jeff a dechreuodd un neu ddau o'r ditectifs ddamcaniaethu o dan eu gwynt ynglŷn â'r tensiwn amlwg rhwng Saunders ac yntau.

'Heb gael cyfle i holi eto, DA,' meddai. 'Mae hynny ar fy rhestr i ar gyfer y bore 'ma.'

'Defnyddiwch "syr" neu "Ditectif Arolygydd" pan fyddwch chi'n cyfeirio ata i, os gwelwch yn dda, Sarjant. Nid "DA",' cyfarthodd Saunders.

Creodd y cerydd ddistawrwydd ar hyd ac ar led yr ystafell ac roedd y syndod yn amlwg ar wyneb Lowri Davies hyd yn oed.

'Wel? Amdani, bobl,' oedd unig ateb Saunders.

Wedi i'r cyfarfod orffen, aeth Lowri Davies at Saunders.

'Be oedd hynna efo Jeff, Brian?'

'Mae'n hen bryd iddo fo sylweddoli pwy ydi'r bòs o gwmpas y lle 'ma. Mae o'n mynd a dod fel y mynno fo, mae o'n flêr a tydi o ddim yn dangos owns o barch tuag at swyddogion o reng uwch, a dyna lle oedd o, mewn cyfarfod pwysig, yn ffidlan efo'i ffôn yn lle cymryd sylw.'

Dewisodd Lowri beidio â thaeru.

Pan gyrhaeddodd Saunders yn ôl i'r swyddfa roedd Jeff yn eistedd tu ôl i'w ddesg a'i draed i fyny arni, yn union fel yr oedd o – a Saunders petai'n dod i hynny – wedi gweld Lowri Davies yn eistedd droeon. Nid dyma arferiad Jeff ond roedd Saunders wedi deffro'r diafol y tu mewn iddo. Roedd yn gyrru neges destun ar ei ffôn ac ni chododd ei lygaid pan ymddangosodd Saunders trwy'r drws.

'Amser gwaith ydi hwn,' meddai Saunders yn siarp. 'Gweithgaredd amser hamdden ydi gyrru neges destun.'

'Fel mae'n digwydd bod,' atebodd Jeff, 'neges yn

ymwneud â gwaith dwi'n ei gyrru, DA,' meddai'n herfeiddiol heb godi ei ben o sgrin ei ffôn na stopio teipio.

'Be ddeudis i lai na deng munud yn ôl?' Cododd Saunders ei lais. '"Syr" neu "Ditectif Arolygydd" ydi'r ffordd i gyfeirio ata i.'

Cododd Jeff ar ei draed a rhoddodd y ffôn yn ôl yn ei boced yn hamddenol. Edrychodd yn syth i lygaid Saunders. 'Hyd y gwn i,' meddai'n ddistaw ac yn bwyllog, 'tydach chi ddim wedi cael eich urddo'n farchog gan y Frenhines, a dyna'r unig amgylchiad y cewch chi'r teitl "syr" gen i. Dydi'r gair ei hun ddim yn ennyn parch. Os liciwch chi, wrth gwrs, mi gewch chi fy ngalw fi'n Ditectif Sarjant Evans, Q.P.M. – wedi'r cwbwl, dyna ydi fy nheitl iawn i.'

Gallai Jeff weld o wyneb Saunders nad oedd yn ymwybodol ei fod wedi derbyn y Queen's Police Medal gan y Frenhines rai blynyddoedd ynghynt, yn dilyn ymchwiliad llwyddiannus i atal terfysgwyr rhag niweidio'r wlad, ac ni roddodd gyfle iddo ymateb.

'Dwi'n mynd allan i ateb y neges 'ma,' meddai, ar ei ffordd drwy'r drws. 'Twll dy din di,' ychwanegodd dan ei wynt pan oedd o'n ddigon pell.

Anaml iawn roedd Nansi'r Nos yn mynnu ei weld ar frys, ac roedd Jeff yn ei hadnabod yn ddigon da erbyn hyn i beidio ag anwybyddu neges fel hon gan ei hysbysydd gwerthfawr.

Daeth Nansi'r Nos, neu Dilys Hughes i roi iddi ei henw iawn, yn fwy na hysbysydd iddo dros y pymtheg mlynedd diwethaf. Nid 'cyfeillion' oedd y gair cywir i ddisgrifio'u perthynas, ond roedd o'n meddwl y byd ohoni. Datblygodd perthynas broffesiynol rhyngddynt, a dim byd mwy, er y byddai Nansi wedi neidio ar y cyfle i glosio ato, mewn mwy nag un ffordd. Diolchodd Jeff fod Meira yn deall y sefyllfa ryfedd. Roedd yr hen Nansi wedi bod yn gymorth mawr iddo dros y blynyddoedd a'r ditectif yntau yn ddigon parod i fflyrtio efo hi er mwyn ei chadw'n hapus, ond fyddai'r llinell byth yn cael ei chroesi. Yn y dyddiau cynnar roedd Nansi yn ferch ddigon atyniadol yn ei ffordd ei hun, ond bellach roedd alcohol, cyffuriau a deiet gwael wedi gadael eu hôl.

Ni fu'n rhaid i Jeff ddisgwyl yn hir amdani yn eu man cyfarfod arferol ym mhen draw'r traeth. Brasgamai tuag at ei gar yn ei holl ogoniant, ei jîns glas tyn wedi'u stwffio i mewn i bâr o fŵts du oedd yn cyrraedd at ei phengliniau, a'i bronnau trwm yn bownsio'n afreolus o dan ddefnydd tenau ei chrys T gwyn gyda phob cam. Yn annisgwyl, agorodd Nansi ddrws cefn y car ac eistedd yn y sedd ôl yn union y tu ôl i Jeff. Lapiodd ei breichiau o amgylch ei wddf a'i frest cyn plygu ymlaen a brathu llabed ei glust chwith yn ddigon caled i wneud iddo neidio.

'Rargian, be s'arnat ti, ddynas?' gwaeddodd.

'Ty'd i'r set gefn 'ma'r hync, i mi gael gafael ynddat ti'n iawn.'

'Rho'r gorau iddi, ar f'enaid i, Nansi, a ty'd i ista i'r ffrynt 'ma i ni gael siarad yn gall.'

Ufuddhaodd Nansi.

'Wel, be sy mor bwysig?' gofynnodd Jeff ar ôl iddi wneud ei hun yn gyfforddus yn sedd y teithiwr.

'Dipyn o wybodaeth wnaiff dy helpu di efo'r mwrdwr 'ma, ella,' atebodd, gan edrych arno'n awgrymog.

'Ty'd 'ta. Dwi'n glustiau i gyd.'

Cymerodd Nansi ychydig funudau i ddweud ei hanes, ac ar ôl iddi orffen eisteddodd Jeff yn ôl yn ei sedd heb ddweud gair, yn syllu ar wagle'r môr a'r gorwel o'i flaen.

'Ydi hynna'n help, Jeff?' gofynnodd.

'Ydi. Ydi wir, Nansi bach. Mi fydd yn help mawr. Yn sicr, doeddan ni ddim yn gwybod hynna o'r blaen.'

Estynnodd Jeff ei waled o boced ôl ei drowsus a chynigodd ddau bapur ugain punt iddi.

'Na, dwi'm isio fo, Jeff,' meddai. 'Pryna botel o fodca ryw dro a ty'd â hi draw acw efo dau wydryn, ac mi gei di dalu i mi bryd hynny.'

'Bihafia dy hun, ddynas.' Defnyddiodd Jeff ei fys canol i dynnu gwddf isel ei chrys T allan fymryn, ac efo'r llaw arall rhoddodd yr arian papur yn nhywyllwch ei mynwes. 'Rŵan 'ta, dos,' meddai gyda winc, 'rhag ofn i mi ddechra cambihafio.' Cofiodd am rywbeth yn sydyn cyn iddi gamu o'r car. 'O, gwranda, cyn i ti fynd, wyt ti'n gwybod rwbath am ddyn o'r enw Roy Simpson? Wn i ddim fysat ti wedi dod ar ei draws o ...'

'Y boi 'na ar y cownsil? Wn i amdano fo – mae 'i lun o yn y papur rownd y ril, ond na, dwi rioed wedi dod ar ei draws o yn bersonol. Nabod 'i fab o'n well: Aeron.'

'Hwnnw sy'n gwerthu pysgod o fan o gwmpas y lle 'ma?'

'Aeron pysgod a gwymon fyddan ni'n 'i alw fo.'

'Pysgod a gwymon?'

'Ia, am 'i fod o'n gwerthu gwymon hefyd.'

'Be, i'w roi ar yr ardd yn lle tail, ti'n feddwl?'

Chwarddodd Nansi. 'Paid â bod mor blydi naïf, Jeff, ar f'enaid i. O'n ni'n meddwl dy fod ti'n dditectif efo mymryn o brofiad. Gwymon! Wîd 'de? Mae o'n gwerthu hwnnw o'r fan wrth werthu pysgod. Dyna i ti ffordd dda o guddio'r ffaith dy fod ti'n delio, 'de?'

'Be mae o'n werthu?'

'O, 'mond dipyn o ganabis, ond mae gynno fo stwff i'w werthu bob dydd.'

'Fyddi di'n prynu gynno fo, Nansi?'

'Dim ond weithia, pan fydda i'n stŷc.'

'Wel, ma' gin i ormod ar fy mhlât i droi fy sylw at fater bach fel'na. Hwyl i ti, a watsia ar ôl dy hun.'

Gwyliodd Jeff Nansi'n diflannu i'r pellter gan feddwl am yr hyn ddywedodd hi wrtho am Steve Morris. Byddai'r wybodaeth yn rhoi'r hwb angenrheidiol i'r ymchwiliad a fyddai'n codi calon pawb, ond gwyddai na allai garlamu ymlaen ar ei ben ei hun y tro hwn. Byddai'n rhaid iddo rannu'r manylion.

Pan gyrhaeddodd yn ôl i orsaf yr heddlu, dysgodd fod Lowri Davies a Brian Saunders mewn cyfarfod gyda'r Dirprwy Brif Gwnstabl, Tecwyn Williams. Aeth Jeff yn syth at ei gyfrifiadur er mwyn dechrau teipio adroddiad fyddai'n cyflwyno'r wybodaeth a gafodd gan ffynhonnell anhysbys.

Yn yr adroddiad, cofnododd Jeff fod Steve Morris wedi cyrraedd ardal Glan Morfa yn ddi-waith, a'i fod wedi gweithio am gyfnod byr iawn yn fecanic yn Garej Aberceirw ar gyrion y dref. Roedd y garej honno wedi cau ers dau neu dri mis ac, yn ôl pob golwg, methiant ariannol oedd y rheswm am hynny. Andy Braithwaite oedd enw'r perchennog, dyn a ddaeth i'r ardal bum mlynedd ynghynt pan brynodd fusnes bychan y garej a oedd yn trin a gwerthu ceir. Roedd yn cyflogi un dyn arall yn ogystal â Steve Morris. Yn ôl y sôn, gadawodd Morris y garej ar delerau eitha da pan gafodd swydd yn y Cyngor Sir. Ond yn ystod y misoedd canlynol aeth busnes Garej Aberceirw yn fethiant, ac ni allai Braithwaite dalu ei ddyledion. Dilynwyd

86

y methiant hwnnw gan nifer o achosion yn Llys y Sir a'r Uchel Lys, a chyn bo hir gwnaethpwyd Braithwaite yn fethdalwr. Disgynnodd holl fyd Braithwaite o amgylch ei draed ond roedd o'i gof pan glywodd fod Morris yn prynu a gwerthu ceir i bobl leol, heb sôn am drin ceir hefyd, ar y slei. Roedd nifer o gwsmeriaid Morris yn hen gwsmeriaid i Garej Aberceirw, ac roedd hynny'n corddi Braithwaite. Rhoddodd y bai am fethiant ei fusnes yn gadarn ar ysgwyddau Morris. Bythefnos cyn llofruddiaeth Morris, cawsai Braithwaite a Morris eu gweld yn dadlau yng nghefn tafarn y Rhwydwr. Aeth y ddadl o ddrwg i waeth a datblygodd y ffrae yn sgarmes, er na pharhaodd hynny fwy nag ychydig eiliadau.

Pan glywodd Jeff yr hanes gan Nansi'r Nos cofiodd yn syth am y briwiau ar figwrn llaw dde Morris – yn sicr roedd hynny'n tueddu i gadarnhau fod 'na wir yn y stori. Argraffodd Jeff gopi o'r adroddiad ac aeth i lawr y coridor i chwilio am ei feistri.

Gwelodd Lowri Davies, Brian Saunders a'r Dirprwy Prif Gwnstabl, Tecwyn Williams, yn cerdded tuag ato. Roedd Jeff wedi gweithio'n glòs gyda'r Dirprwy ddwywaith o'r blaen ac roedd gan y ddau barch mawr tuag at ei gilydd. Gwenodd y ddau.

'Jeff, sut ydach chi?' gofynnodd y Dirprwy yn syth gan estyn ei law tuag ato.

'Dwi'n iawn, diolch. Ardderchog a deud y gwir, Mr Williams,' atebodd Jeff, gan gymryd ei law. 'A chitha?'

'Iawn, diolch. A Meira a'r plant?'

'Siort orau, diolch yn fawr.'

Erbyn hyn roedd Brian Saunders yn corddi. Pwy oedd hwn i haeddu'r fath gyfeillgarwch gan y Dirprwy Brif

Gwnstabl? Sylwodd Jeff fod Lowri yn gwenu o glust i glust, yn amlwg yn mwynhau'r foment.

'Galw draw wnes i er mwyn sicrhau fod yr ymchwiliad yma'n cael yr holl gyfleusterau angenrheidiol. Dyna'r cwbwl,' meddai Tecwyn Williams, a throdd i ymadael gyda winc i gyfeiriad Lowri Davies. 'Dach chi'n lwcus iawn, Ditectif Brif Arolygydd, i gael dyn fel Jeff Evans yn rhan o'ch tîm chi. Dyn profiadol ac un da mewn unrhyw amgylchiad.' Yna diflannodd heb air arall.

Er na ddywedodd air o'i ben, roedd yn ddigon hawdd gweld bod Brian Saunders yn lloerig, ond dewisodd Jeff ei anwybyddu.

'Cyn i chithau fynd,' meddai Jeff wrth y ddau. 'Mae 'na ddatblygiad pwysig. Gawn ni air yn eich swyddfa chi plis, DBA?'

Arweiniodd Lowri Davies y ffordd, ac ar ôl i'r tri eistedd i lawr rhoddodd Jeff gopi o'i adroddiad bob un iddynt. Gwyliodd hwy'n astudio'r geiriau yn fanwl fwy nag unwaith. Cododd Lowri ei phen o'r diwedd.

'O ble gawsoch chi hwn?' gofynnodd.

'Gan ffynhonnell anhysbys,' atebodd Jeff.

'Oedd o rywbeth i'w wneud â'r neges destun 'na gawsoch chi gynna?' gofynnodd Saunders.

'Fel deudis i, ffynhonnell anhysbys ydi tarddiad yr wybodaeth.' Y peth olaf roedd Jeff eisiau ei wneud oedd dweud rhywbeth a fyddai'n arwain Saunders i ymyrryd â'i hysbysydd gwerthfawr. Byddai'n siŵr o orchymyn iddi gael ei chyfweld gan un neu ddau o'i ddynion o, er mwyn ceisio pwmpio mwy o wybodaeth allan ohoni. Roedd Jeff yn sicr nad oedd gan Nansi fwy i'w ddweud.

'Sut ddaru ni fethu'r ffaith fod Morris wedi gweithio yn Garej Aberceirw?' gofynnodd Lowri.

'Am na fu o yno am fwy na phythefnos neu dair wythnos,' atebodd Jeff, 'a hynny beth amser yn ôl.'

'Sut allwn ni gadarnhau'r ffrwgwd tu ôl i'r Rhwydwr?' gofynnodd Saunders. 'Tyst i'r digwyddiad fysa'n handi.'

'Mae canlyniad y post mortem ganddon ni hefyd, cofiwch,' pwysleisiodd Jeff. 'Roedd Morris wedi cael niwed i figwrn ei law dde. Olion arferol rhoi dwrn i rywun, ia ddim?'

'Mae hynny'n wir,' cadarnhaodd Lowri.

'Be ydi'n cam nesa ni felly?' gofynnodd Jeff yn hyderus.

Saunders atebodd y tro hwn. 'Mi wnawn ni adael i chi wybod os bydd angen i chi wneud rhywbeth, Sarjant Evans,' meddai. 'Beth ddaeth o'r ymholiad arall hwnnw yng Ngogledd Iwerddon?' gofynnodd, i newid pwnc y sgwrs.

'Byth wedi cael cyfle,' atebodd Jeff. 'Dydach chi ddim yn meddwl bod hwn yn fater pwysicach?'

'Peidiwch chi ag anghofio pwy sy'n rheoli'r ymchwiliad yma, Sarjant Evans.' Roedd llais Saunders yn caledu. 'Dwi'n rhoi gorchymyn i chi wneud yr ymholiad hwnnw yn Enniskillen cyn gynted â phosib, a dilyn y cwbl i'r eithaf – beth bynnag sydd angen ei wneud – cyn troi at ddim byd arall. Deall?'

Cododd Jeff o'i gadair a gadawodd yr ystafell yn siomedig. Fel arfer, y drefn mewn amgylchiadau fel hyn oedd mai'r plismon a ddaeth ar draws yr wybodaeth fyddai'n cael y gwaith o ddilyn y peth ymhellach. Nid bod hynny'n digwydd bob tro, ond roedd Jeff yn sicr fod Saunders yn yr achos hwn â'i fryd ar ei ffrwyno, a rhoi llai o ryddid iddo yn yr ymchwiliad. Sylwodd hefyd nad oedd

Lowri Davies wedi rhoi ei phig i mewn. Byddai hithau'n ddigon parod i roi ei barn fel arfer. Pwy, erbyn hyn, oedd yn arwain yr ymchwiliad?

Yn ystod y prynhawn trodd Jeff ei sylw yn ufudd at David McBryde o Enniskillen. Ffoniodd Wasanaeth Heddlu Gogledd Iwerddon, ac ar ôl rhoi ychydig o'r cefndir gofynnodd iddynt geisio darganfod beth oedd amgylchiadau pryniant y car oddi wrth Steve Morris, ymchwilio i orffennol McBryde a chymryd datganiad tyst ganddo. Ar ôl gorffen yr alwad honno, dechreuodd chwilio cronfa ddata'r ymchwiliad er mwyn ymgyfarwyddo â'r holl wybodaeth arni. Doedd dim yno i dynnu ei sylw. Cafodd sioc pan ddarganfu fod Saunders wedi rhoi'r dasg o ymchwilio i Garej Aberceirw, y perchennog ac unrhyw weithiwyr eraill i ddau dditectif o ran arall o Heddlu Gogledd Cymru. Roedd o wedi derbyn na fyddai'n cael y gwaith hwnnw ei hun, ond roedd Jeff yn ei weld yn rhyfedd i Saunders beidio â defnyddio ditectifs oedd yn gyfarwydd â'r ardal i wneud y gwaith. Nid Jeff yn unig oedd yn cael ei gadw hyd braich oddi wrth y darganfyddiad pwysicaf hyd yma, ond yr heddlu lleol i gyd.

Yn ystod y gynhadledd am hanner awr wedi pump y noson honno, adroddodd Lowri Davies nad oedd llawer mwy o wybodaeth ynglŷn â gwaith answyddogol Morris. Roedd pedwar dyn arall wedi cael eu harestio yn ystod y dydd, dau o'r rheiny'n swyddogion yn y Cyngor, am yr un math o dwyll â'r lleill; ond doedd dim i awgrymu fod cysylltiad rhwng hynny a llofruddiaeth Steve Morris. Yna, galwodd ar y Ditectif Arolygydd Saunders i ymhelaethu ar fater oedd o ddiddordeb pellach.

Yn awdurdodol, cododd Saunders ar ei draed a dechrau

brasgamu o amgylch y llwyfan bach gyda'i ben i lawr, yn rhwbio'i ên. Yn ddramatig, cododd ei ben er mwyn syllu ar draws yr ystafell gan edrych i fyw llygaid cymaint o'r ditectifs o'i flaen ag y gallai. Pawb ond Jeff. Dechreuodd wrth adrodd yr un peth yn union ag a ddywedodd Jeff yn gynharach wrtho fo a Lowri.

'Mae nifer o ymholiadau wedi'u gwneud yn ystod y prynhawn 'ma,' ychwanegodd. 'Dipyn o hen bry ydi Braithwaite. Mae wedi'i gael yn euog o nifer o droseddau, dros gyfnod o flynyddoedd. Cafodd ei erlyn gan Dîm Safonau Masnach Canolbarth Lloegr cyn iddo symud i ardal Glan Morfa, ac roedd amheuaeth ei fod yn trin a gwerthu ceir wedi'u dwyn – ond heb y dystiolaeth angenrheidiol i'w gyhuddo aeth y mater ddim ymhellach. Rydym wedi cadarnhau ei fod o'n flin ofnadwy ynghylch ei sefyllfa ariannol, a'i fod yn gweld bai, yn rhannol, beth bynnag, ar Steve Morris am hynny. Mae perchennog tafarn y Rhwydwr wedi clywed iddo ymladd â Morris ar y nos Wener bythefnos union cyn llofruddiaeth Morris, ond welodd o ddim. Rŵan 'ta, dyma i chi fwy o wybodaeth ddiddorol. Mae gan Braithwaite fab o'r enw Charles Edward. Dyn yn ei dridegau ydi o sy'n byw yn Aston yng nghanolbarth Lloegr fel rheol, er ei fod wedi dechrau treulio cryn dipyn o amser yma efo'i dad yn ddiweddar. Mae gan Charlie Braithwaite euogfarnau am dreisio – GBH gyda'r bwriad o achosi niwed difrifol – a hefyd un am geisio lladd. Daeth allan o'r carchar flwyddyn yn ôl. Dyn sy'n byw ar ymylon yr is-fyd troseddol yn Birmingham ydi o, ac yn ôl y sôn, does neb yn dewis ei dynnu i'w pennau. Dychmygwch felly beth fyddai'r canlyniad petai ei dad yn gweld bai ar Morris am fethiant ei fusnes, ac wedyn bod

Morris wedi cael ffrwgwd â'i dad. Oes 'na reswm i feddwl na fyddai dyn fel Charlie Braithwaite nid yn unig yn barod i ladd, ond yn barod i ddefnyddio artaith hefyd? Mi adawa i i chi ateb y cwestiwn hwnnw.'

Aeth yr ystafell yn ddistaw.

'Mi fyddwn yn ymweld â Mr Braithwaite a'i fab y peth cynta bore fory,' parhaodd Saunders. 'Y bwriad ydi taro arnyn nhw am chwech yn y bore. Mae'r cynllun wedi'i baratoi a byddaf yn defnyddio pedwar tîm i wneud y gwaith. Yn syth wedyn mi fydd tîm yn archwilio garej a thŷ Braithwaite â chrib mân. Byddwn yn chwilio am beipen a thâp gludiog tebyg i'r rhai a ddefnyddiwyd yn ystod y llofruddiaeth, yn ogystal ag unrhyw beth arall fydd o ddiddordeb.'

Eisteddai Jeff yng nghefn yr ystafell yn ôl ei arfer. Allan o'r golwg, ac allan o'r ymchwiliad hefyd, roedd hi'n ymddangos. Sioe'r Ditectif Arolygydd Saunders oedd hon bellach, ac yn ôl pob golwg roedd o'n cymryd dipyn mwy o ddiddordeb yn yr wybodaeth ddaeth gan Nansi'r Nos erbyn hyn, er nad oedd tyst i'r ymladd rhwng Braithwaite a Morris.

Ond roedd Jeff yn dechrau anghofio am ei siom o gael ei adael allan o'r cyrch ar eiddo Braithwaite y bore canlynol. Yn y cyfamser, ac yn annisgwyl, roedd mater bach arall wedi cymryd rhan helaeth o'i sylw.

'Oes rhywbeth arall?' gofynnodd Lowri Davies.

'Oes,' meddai Saunders yn hyderus. 'Ditectif Sarjant Evans. Dwi'n dal i ddisgwyl am ganlyniad eich ymholiad chi ynglŷn â'r dyn o Enniskillen, David McBryde – un o'r rhai a brynodd gar gan Morris. Dilyn y mater i'r eithaf ddeudis i.' Roedd tôn ei lais yn awgrymu nad eisiau ychwanegu at wybodaeth yr ymchwiliad oedd o, ond cyhoeddi i bawb yn yr ystafell pa mor rhwystredig oedd gorfod disgwyl mor hir i Jeff wneud un alwad ffôn syml.

Penderfynodd Jeff godi ar ei draed i ateb cyn i Saunders roi gorchymyn iddo wneud. 'Mae gen i ran o'r ateb i chi, DA, ond nid y cwbl.' meddai, gan ddefnyddio'r talfyriad o deitl Saunders yn fwriadol. 'Mi ffoniais yr heddlu yn Enniskillen yn gynharach gan ofyn iddyn nhw gyfweld Mr McBryde, ond fydd hynny ddim yn bosib.'

'Pam ddim?' gofynnodd Saunders.

'Mae Mr McBryde wedi marw. Fe'i llofruddiwyd ddwy flynedd yn ôl.'

'Faint mwy ddysgoch chi ynglŷn â llofruddiaeth McBryde, Sarjant Evans, a pham na ddaethoch chi ata i ynghynt, yn hytrach na chyhoeddi'r newyddion yn y gynhadledd?' gofynnodd Saunders pan oedd y tri yn ôl yn swyddfa Lowri Davies.

'Am ei bod hi'n amlwg eich bod chi'n brysur yn paratoi at bore fory,' atebodd Jeff, 'a beth bynnag, newydd gael yr wybodaeth ychydig funudau ynghynt oeddwn i. Ac i ateb eich cwestiwn cynta chi, mae sefyllfa fel hon yn haeddu sylw personol yn fy marn i, ac mae gen i docyn i hedfan o Fanceinion i Belfast am hanner awr wedi wyth bore fory.'

'A phwy yn enw'r Tad roddodd yr awdurdod i chi wneud hynny?' Cododd Saunders ei lais.

'Wel chi, wrth gwrs, Ditectif Arolygydd Saunders,' atebodd Jeff yn sinigaidd. 'Dilyn y mater i'r eithaf, beth bynnag sydd ei angen – dyna oedd eich geiriau chi os dwi'n cofio'n iawn. A dyna'n union dwi'n wneud.'

Gwelodd Jeff fod Lowri Davies yn gwenu'n slei.

'Ond, ond, doedd hynny ddim yn golygu i chi ...'

'Mae Sarjant Evans yn llygad ei le, Brian,' meddai Lowri, gan dorri ar draws Saunders cyn iddo orffen ei frawddeg. 'Mi fyswn i wedi rhoi gorchymyn i rywun o'r fan hyn fynd yno yn bersonol i ymchwilio, a phwy well na Sarjant Evans? A rhaid i minnau eich atgoffa chi mai dilyn y mater i'r eithaf, beth bynnag sydd angen, *oedd* eich gorchymyn chi, yn union fel mae Ditectif Sarjant Evans yn dweud.'

Gwyddai Jeff mai ennill y frwydr wnaeth o, nid y rhyfel. Ond roedd hi'n tynnu am saith o'r gloch, a phenderfynodd fynd adref. Byddai angen iddo godi'n gynnar yn y bore.

Pennod 11

Ar ôl cychwyn ar ei thaith fer o Fanceinion am hanner awr wedi wyth y bore canlynol, disgynnodd yr awyren yr oedd Jeff Evans arni drwy'r cymylau ysgafn a glanio'n esmwyth ar un o redfeydd Maes Awyr Rhyngwladol Belfast. Roedd wedi gwneud trefniadau i dditectif ifanc ei gyfarfod a'i yrru'r wyth deg a thri o filltiroedd i Enniskillen, gan deithio i'r de o Lough Neagh ac yna ar hyd yr A4. Gwyliodd Jeff y dirwedd amaethyddol, oedd yn debyg iawn i ogledd Cymru, yn gwibio heibio iddo. Trueni, meddyliodd, fod gwlad mor brydferth wedi profi'r fath helyntion gwleidyddol.

Cyrhaeddodd Enniskillen ymhen dwyawr – tref braf a glân oedd â chastell yn edrych i lawr dros ei phoblogaeth o bedair mil ar ddeg. Er hynny, allai Jeff ddim peidio â meddwl am y ffrwydrad dychrynllyd fu yno ar Sul y Cofio yn Nhachwedd 1987.

Roedd olion dyddiau'r 'trafferthion' yn amlwg yng Ngorsaf Heddlu Queen Street – roedd wal garreg uchel yn amgylchynu'r adeiladau oddi mewn iddi, a weiren bigog dorchog ar ei phen mewn rhai mannau. Stopiodd y car o flaen drws mawr metel ger gwarchodfa oedd â bariau trwm a gwydr trwchus dros ei ffenestri – i atal bwledi, tybiodd Jeff. Roedd pwy bynnag oedd ar ddyletswydd yn amlwg yn adnabod gyrrwr y car, ac agorwyd y drws mawr iddynt. Wrth aros iddo lithro yn araf i un ochr, diolchodd Jeff fod plismona gymaint yn haws yng Nghymru.

Ar ôl parcio'r car, hebryngwyd ef gan y ditectif ifanc i mewn i'r adeilad, ac i swyddfa ym mhen draw coridor hir. Cyflwynwyd ef yno i'r Ditectif Arolygydd Casey, a gododd i gyfarch Jeff gyda gwên.

'Bore da,' meddai Jeff. 'Ditectif Sarjant Jeff Evans, Glan Morfa CID.' Ysgydwodd y dynion ddwylo'i gilydd yn gadarn.

'Ryan Casey,' atebodd y dyn a safai o'i flaen. 'Ond mi wnaiff Ryan yn iawn, Jeff.'

Chwa o awyr iach, meddyliodd Jeff, ar ôl bod yng nghwmni Brian Saunders. Edrychai Ryan Casey ychydig yn iau na Jeff, tua deugain oed, ac er nad oedd yn dal iawn edrychai'n hynod o ffit, fel petai'n rhedeg milltiroedd bob bore. Roedd ei wallt cyrliog du yn ymylu ar fod yn flêr, ac er ei fod yn gwisgo tei roedd honno'n llac o amgylch ei wddf gan fod botymau uchaf ei grys yn agored. Ar y ddesg wrth ei ymyl roedd pentyrrau o bapur a allai fod mewn rhyw fath o drefn. Am ryw reswm, cymerodd Jeff ato'n syth.

'Reit,' meddai Ryan, 'cyn i ni ddechrau trafod busnes, paned.' Gofynnodd i'r ditectif ifanc am goffi. 'A titha, Jeff?'

'Coffi yn champion – du, heb siwgr, os gweli di'n dda, Ryan.'

Eisteddodd y ddau am rai munudau yn mân-siarad yn gyffredinol am eu gwaith. Dysgodd Jeff fod problemau Ryan Casey yn ddigon tebyg i'w rai o ei hun yng Nglan Morfa, heblaw am y sectyddiaeth oedd yn mudferwi dan wyneb cymunedau Enniskillen.

'Reit, llofruddiaeth David McBryde,' meddai Ryan. 'Fi oedd pennaeth yr ymchwiliad i'w farwolaeth, a dwi'n cofio manylion yr achos yn dda. Dwi'n barod i rannu popeth sgin i yn y gobaith y cawn ni ryw fath o ddatrysiad.'

'Diolch yn fawr,' meddai Jeff. 'Dwi'n gwerthfawrogi hynny. Dwi'n cymryd nad oes neb wedi'i gyhuddo o'r llofruddiaeth.'

'Cywir.'

'Unrhyw syniad pwy oedd yn gyfrifol?'

'Fy marn i, gan nad oes tystiolaeth i amau i'r gwrthwyneb, ydi mai mater sectyddol oedd o. A deud y gwir, mae rhai o'r amgylchiadau yn tueddu i f'arwain i at y ddamcaniaeth honno. Ond yn gyntaf, Jeff, deud wrtha i pam fod gen ti ddiddordeb – be ydi'r cysylltiad â gogledd Cymru? Dydi sectyddiaeth ddim yn broblem yng Nghymru, fel dwi'n dallt.'

'Nac'di wir, dwi'n falch o ddeud.' Treuliodd Jeff ugain munud da yn rhoi cymaint o wybodaeth â phosib i Casey ynglŷn â llofruddiaeth Steve Morris.

'Mi wela i rŵan pam ddoist ti draw. Fedrwn ni ddim osgoi'r tebygrwydd rhwng y ddwy lofruddiaeth – mae mwy i hyn na chysylltiad pryniant y car. Ond gad i mi roi'r cefndir i ti. Hogyn sengl oedd David McBryde. Collodd ei fam pan oedd o'n ifanc iawn ac yna'i dad pan oedd o yn ei arddegau. Mi fu i mewn ac allan o drwbwl pan oedd o'n llanc, ond roedd gan McBryde un ddawn arbennig – roedd o'n arlunydd da ofnadwy. Petai o wedi cael addysg a chyfle i fynd i goleg, mi fysa fo'n enwog bellach, siŵr i ti. Yn lle hynny, gwnaeth ei fywoliaeth fel arlunydd tatŵ ac roedd ganddo stiwdio fechan yn y dref. Dyna lle roedd o'n byw hefyd.'

Dechreuodd Jeff gyffroi ar glywed y gair 'tatŵ'.

'A' i â chdi yno yn nes ymlaen,' parhaodd Ryan Casey. 'Hen garej oedd hi ar un adeg ond roedd McBryde wedi addasu'r adeilad fel bod digon o le iddo fyw a gweithio yno, a hyd yn oed cadw ei gar dan do hefyd. Mae'n swnio chydig yn od, efallai, ond roedd o'n sych, yn gynnes ac yn ddigon cyfforddus. Rhwng 2010 a 2012 roedd ganddo fusnes bach reit ddel, os oes y fath beth ym myd arlunwyr tatŵs – mi wyddost ti pa mor boblogaidd ydyn nhw'r dyddiau yma, ac mae 'na lawer iawn o alw amdanyn nhw mewn gwlad fel hon lle mae dwy ochr i'r gymuned.'

'A phob hogyn ifanc isio dangos ei ffyddlondeb i'r naill ochr neu'r llall drwy gael tatŵ addas, debyg,' awgrymodd Jeff.

'Dyna fo, yn hollol.'

'Pa ochr i'r ffens oedd McBryde?' gofynnodd Jeff.

'Bryd hynny, 'run. Wrth i ni ymchwilio i'w farwolaeth mi ddysgon ni ei fod o'n rhoi tatŵs i bobl o'r ddwy ochr, yr unoliaethwyr a'r cenedlatholwyr – yr UDA a'r UVF ar un ochr a'r IRA a'r INLA ar yr ochr arall. Tatŵs gwahanol ar gyfer y ddwy ochr, a McBryde yn feistr ar eu harlunio nhw i gyd.'

'Digon o gyfle i ennill arian da, felly?' meddai Jeff. 'Peth rhyfedd ei fod o'n cael ei ffafrio gan y ddwy ochr.'

'Dyna, dwi'n amau, ydi'r rheswm y cafodd ei ladd, Jeff. Gad i mi esbonio. Ein cred ni ydi nad oedd y naill ochr na'r llall yn gwybod ei fod yn rhoi tatŵs i'r ochr arall. Efallai fod hynny'n anodd i rywun, bob parch i ti, sy'n anghyfarwydd â'r ffordd hon o fyw ei gredu, ond doedd neb yn gwybod i ba ochr roedd David McBryde yn perthyn. Hynny ydi, ddim tan iddo ymuno â byddin Prydain yn gynnar yn 2012. Fyddai'r IRA na'r INLA fyth wedi maddau iddo.'

Myfyriodd Jeff yr ar wybodaeth. Doedd o erioed wedi dod ar draws sefyllfa debyg o'r blaen.

'Ddaru McBryde ddim aros yn y fyddin yn hir,'

parhaodd Casey. 'Daeth allan yn niwedd 2016, ac efallai mai ei gamgymeriad mwyaf oedd dychwelyd i'w hen gynefin. Tydi pobl Enniskillen byth yn anghofio. Ond nid fel arlunydd tatŵ y daeth yn ôl i'r ardal, ond fel arlunydd arwyddion. Wn i ddim pam. A does dim tystiolaeth iddo arlunio 'run tatŵ wedi iddo ddod adre. Serch hynny, roedd ei fusnes newydd yn eitha llwyddiannus, nid yn unig yng Ngogledd Iwerddon ond i'r de o'r ffin hefyd.'

'Roedd pawb yn gwybod ei fod yn ôl, felly.' meddai Jeff.

'Yn hollol, y ddwy ochr. Roedd o hyd yn oed yn gweithio allan o'r un adeilad. Un bore, y trydydd o Ebrill ddwy flynedd yn ôl, cafwyd drws ei gartref yn agored a McBryde yn farw y tu mewn.'

'Be oedd achos ei farwolaeth?' gofynnodd Jeff.

'Dyma lle mae tebygrwydd rhwng dy lofruddiaeth di yng ngogledd Cymru a llofruddiaeth McBryde,' atebodd Casey. 'Cafodd ei rwymo, a rhoddwyd rwbath dros ei geg i'w gadw'n ddistaw. Dydi nodweddion fel hyn ddim wedi bod yn anghyffredin yn y rhan yma o'r byd dros yr hanner canrif ddiwethaf, mae'n ddrwg gen i ddeud. Mae sawl un wedi cael ei rwymo a'i arteithio, neu ei saethu yn ei bengliniau. Cael ei ddagu wnaeth McBryde, efo rhyw fath o raff na chawson ni hyd iddi, ond does dim posib deud am ba hyd y bu o'n fyw ar ôl iddo gael ei glymu a'i ddistewi.'

'Tebyg iawn i'n hamgylchiadau ni,' cytunodd Jeff.

'Mae 'na fwy,' ychwanegodd Ryan Casey. Edrychodd i fyw llygaid Jeff wrth estyn amlen drwchus allan o ddrôr yn ei ddesg. Agorodd yr amlen a thynnu ffolder allan ohoni oedd yn cynnwys nifer o luniau yn ymwneud â'r achos. Chwiliodd Casey am lun arbennig a'i wthio ar draws y ddesg.

Rhewodd Jeff pan welodd y llun. Llun o wyneb David McBryde oedd o. Ar ei dalcen, reit yn y canol, roedd marc a edrychai'n debyg i datŵ. Roedd yn debyg i gylch, fel yr un ar dalcen Steve Morris, ond o edrych yn fanylach gwelodd Jeff ei fod yn debycach i'r brif lythyren 'D'. Nid tatŵ proffesiynol oedd hwn chwaith, ond un a edrychai fel petai wedi cael ei lunio gan rywun hollol ddibrofiad, yn union yr un fath â'r un ar dalcen Steve Morris. Tybed nad cylch oedd y tatŵ ar dalcen Morris, ond y llythyren 'O', neu 'D' arall, efallai, wedi'i hargraffu ychydig yn lletchwith? Ceisiodd Jeff gymharu'r ddwy lofruddiaeth. Roedd y ddau ddyn wedi'u rhwymo a'u distewi cyn rhoi tatŵ ar eu talcennau. Achos y ddwy farwolaeth oedd rhyw fath o fygu, un drwy ddefnyddio carbon monocsid a'r llall drwy ddefnyddio rhyw fath o raff. Rhaid bod y ddwy lofruddiaeth yn gysylltiedig.

'Beth oedd dy farn di am y tatŵ, Ryan?'

'Wedi ystyried ei gefndir, yr esboniad mwyaf derbyniol i ni oedd bod 'D' yn sefyll am *defector*. Dyna'r fath o neges fyddai cenedlaetholwyr yn ei gadael, ond rhaid i mi ddeud na chlywais i erioed am y fath beth yn cael ei wneud i gorff neb o'r blaen.'

'Dim tan rŵan,' awgrymodd Jeff. 'Ydi hyn yn newid dy feddwl di? Oes posib nad oedd llofruddiaeth McBryde yn gysylltiedig â sectyddiaeth?'

'Anodd gen i gredu hynny,' atebodd y Gwyddel. 'Gad i mi droi dy resymu di ar ei ben. Oedd gan Steve Morris gysylltiad â'r rhan yma o'r byd? Oedd ganddo gysylltiad â'r fyddin? Oedd 'na reswm i genedlaetholwyr Gogledd Iwerddon fod eisiau gwneud niwed iddo yntau hefyd?'

'Wel, do, mi fu Morris yn y fyddin ar un adeg, mae hynny'n wir,' cyfaddefodd Jeff.

'Dyna ti,' atebodd Casey. 'Fu o'n gwasanaethu yng Ngogledd Iwerddon? Er bod y fyddin wedi gadael Gogledd Iwerddon yn swyddogol ers 2007, dwi'n siŵr fod 'na rai wedi bod yn gwasanaethu'n gudd yma ar ôl hynny.'

'Mae'n rwbath y dylen ni ei ystyried, yn sicr,' atebodd Jeff.

'Ond gan ein bod ni wedi dod â'r fyddin i mewn i hyn i gyd, mae 'na fater arall y dylet ti wybod amdano, Jeff. Tua phedwar mis ar ôl marwolaeth McBryde, a ninna'n dal i ymchwilio'n galed i'r achos, mi ges i ymweliad annisgwyl gan swyddog o heddlu byddin Prydain: yr Is-gapten Farquarson, a doedd o ddim yn ddyn y bysat ti'n cymryd ato yn handi iawn.'

'O, pam ddim?' gofynnodd Jeff.

'I ddechrau, ei agwedd o, yn edrych i lawr ar bawb arall ac yn siarad fel petai ganddo daten boeth yn ei geg. Roedd dyn arall efo fo ond wnaeth hwnnw ddim yngan gair, a ches i ddim hyd yn oed wybod ei enw fo. Roedd y ddau'n gwisgo'u dillad eu hunain yn hytrach nag iwnifform, a'u bwriad oedd dysgu cymaint â phosib ynglŷn â llofruddiaeth McBryde. Ond ar y llaw arall, doedd Farquarson ddim yn fodlon datgelu pam roedd o isio'r wybodaeth chwaith. Mi wnes i ddallt cymaint â hyn – marwolaeth sydyn milwr, rhyw Corporal Allsop, oedd ar ei feddwl o, ond wnâi o ddim dweud mwy.'

'Marwolaeth sydyn, medda chdi? Jyst disgyn yn farw? Damwain, hunanladdiad, llofruddiaeth 'ta be?'

'Doedd ganddo mo'r awdurdod i ddeud, medda fo, ond mi ges i'r argraff mai gwneud esgusodion oedd o. Wn i ddim hyd heddiw pam fod y cwbl mor gyfrinachol.'

'Pryd bu'r Allsop 'ma farw?'

'Ychydig cyn i Farquarson ddod draw. Mis Awst, ddwy flynedd yn ôl.'

'Bedwar mis ar ôl llofruddiaeth McBryde. Oedd 'na gysylltiad?'

'Mae'n rhaid bod, ond fel ro'n i'n deud, 'sat ti'n taeru fod y cyfan yn gyfrinach swyddogol. A chan ei fod o wedi deud cyn lleied wrtha i, mi ddewisais innau wrthod rhannu 'ngwybodaeth efo fo. Yr unig beth arall roedd o'n fodlon ei ddeud oedd bod Allsop yn un o'r hyfforddwyr yng nghanolfan hyfforddi'r fyddin pan oedd McBryde yn recriwt yno yn nechrau 2012. Mi adawodd Farquarson yn y diwedd, gan ddweud ei fod o'n fodlon nad oedd cysylltiad rhwng y ddwy farwolaeth.'

'Oeddet ti'n ei goelio fo, Ryan?'

'Fyswn i ddim yn trystio'r un gair ddeudodd o. Reit,' meddai, 'be am i ni fynd am ginio, ac yna mi a' i â chdi i weld lle oedd David McBryde yn byw. Fyddwn ni ddim angen y car ar ddiwrnod braf fel heddiw.'

Cerddodd y ddau dditectif yn hamddenol am ddeng munud i far o'r enw Horseshoe and Saddlers. Synnwyd Jeff pa mor brydferth a thaclus oedd Enniskillen, ac roedd pawb a basiodd i'w gweld yn gwrtais a hwyliog. Allai o ddim egluro pam, ond nid dyna oedd o wedi'i ddisgwyl o gofio bod gorsaf yr heddlu wedi'i diogelu â waliau a weiren bigog.

Yn ôl y croeso a gawsant yn y dafarn, roedd yn ddigon hawdd gweld bod Ryan Casey yn gwsmer cyson, a bod pawb yn ei barchu. Roedd Jeff bron â llwgu gan nad oedd wedi bwyta ers iddo adael ei gartref yng Nglan Morfa yn oriau mân y bore, felly dilynodd gyngor Ryan ac archebu byrger cig eidion cartref a pheint o Guinness. O fewn ychydig funudau cyrhaeddodd ei blât, a gwenodd Jeff pan welodd fod mynydd o salad a sglodion go iawn i fynd efo'r byrger.

Wedi iddynt orffen bwyta, cerddodd y ddau yn yr haul braf i ardal o'r dref nad oedd yn edrych hanner mor raenus â'r hyn a welsai Jeff cyn cinio. Ar gornel un stryd roedd adeilad carreg unllawr ac arno do sinc, yn sefyll ar ei ben ei hun. Roedd arwydd yn y ffenest: Arwyddion McBryde. Roedd y gwaith argraffu ar yr arwydd yn wych, yn arddangos crefft yr artist i'r eithaf er bod yr haul wedi dechrau gadael ei ôl arno. Sylwodd Jeff fod y drws mawr wrth ochr y ffenestr, oedd ddirfawr angen côt o baent, yn ddigon llydan i yrru car drwyddo.

Cerddodd y ddau rownd i ochr yr adeilad lle tynnodd Ryan allwedd o'i boced i agor drws arall o faint cyffredin.

'Mae gen ti oriad i'r lle 'ma o hyd?' gofynnodd Jeff yn syn.

'Oes,' atebodd. 'Gan nad oes ganddo deulu agos, a neb o'r teulu estynedig ag unrhyw ddiddordeb mewn gwneud dim ynghylch y lle, mae'r cwbl yn union fel y gadawyd o.'

Aeth y ddau i mewn, ac yn syth, daeth arogl tamp i ffroenau Jeff. Roedd y cyflenwad trydan i'r adeilad wedi'i ddiffodd ond roedd digon o oleuni naturiol yn dod drwy'r ffenestri i Jeff allu gweld yn weddol dda. Roedd yno ddwy ystafell, un bob ochr i'r drws, a rhoddodd Jeff ei ben i mewn i'r ddwy yn sydyn. Edrychai'r un ar y llaw dde fel stiwdio datŵs, ac ymddangosai mai yn yr un ar y llaw chwith roedd McBryde wedi bod yn byw gan fod cegin, soffa a gwely yno. Cerddodd ar ôl Ryan i lawr coridor byr a gwelodd Ford Mondeo gwyn o'i flaen – y rhan hon o'r adeilad oedd yn cael ei defnyddio'n garej.

'Hwn oedd y car a brynodd McBryde gan Steve Morris,'

meddai Jeff, 'tua thair wythnos cyn iddo'i gael ei ladd, yn ôl pob golwg. Oedd hynny'n gyd-ddigwyddiad?'

'Wn i ddim, ond mi allwn gymryd yn ganiataol fod y ddau wedi cyfarfod bryd hynny.'

'Gwir,' cytunodd Jeff, gan sefyll â'i ddwylo yn ei bocedi fel y byddai'n arfer ei wneud ym mhob lleoliad trosedd, yn meddwl am y garej arall y bu'n sefyll ynddi rai dyddiau ynghynt.

'Yn fama oedd y car pan ffeindiwyd y corff,' meddai Casey.

'Oes gen ti ryw syniad pam oedd McBryde yn cadw'i gar dan glo fan hyn yn hytrach nag allan ar y stryd?' gofynnodd Jeff.

'Na,' atebodd Ryan, 'ond mi wn i nad oedd o wedi codi yswiriant na threth arno ar ôl ei brynu. Doedd 'na ddim byd yn y car chwaith – dim arwydd o gwbl fod McBryde wedi'i ddefnyddio fo ar ôl ei brynu.'

Cerddodd y ddau yn araf i'r ystafell fyw a oedd yn amlwg wedi'i gadael yn union fel ag yr oedd adeg y llofruddiaeth. Roedd hi'n eitha twt, yn union fel y byddai Jeff yn disgwyl gweld cartref cyn-filwr. Yr un mor dwt â thŷ Steve Morris, myfyriodd Jeff. Roedd set deledu yn erbyn un wal a'r soffa o'i blaen, a chadair bren yng nghanol yr ystafell.

'Yn y gadair yna y rhwymwyd o,' esboniodd Ryan, 'a dyna lle y cafwyd ei gorff o.'

'Be ddefnyddiwyd i'w rwymo fo?' gofynnodd Jeff.

'Tâp gludiog,' oedd yr ateb. 'Roedd o'n dal wedi'i rwymo pan gyrhaeddon ni.'

Ysgydwodd Jeff ei ben yn araf. 'Tâp gludiog ddefnyddiwyd gan ein llofrudd ninnau hefyd. Oedd rhywun wedi torri i mewn i'r adeilad?'

'Dim hyd y gwyddon ni. Doedd dim tystiolaeth o hynny, beth bynnag. Ella fod McBryde yn adnabod pwy bynnag a'i lladdodd o, ac wedi'i wahodd o i mewn.'

'Ac yn y fan hon y rhoddwyd y tatŵ ar ei dalcen, felly,' meddai Jeff.

'Ia,' atebodd Casey. 'Rhoi tatŵ i'r tatŵydd. Mi wnaethon ni brofion a darganfod mai inc o'r enw Black Buddha ddefnyddiwyd. Er bod gan McBryde inc o'r un teip yn ei stiwdio, roeddan ni'n eitha sicr nad inc o botel McBryde oedd o gan fod pob potel yn y stiwdio ar gau, a dim arwydd eu bod wedi cael eu hagor ers misoedd lawer. Cofia nad oedd McBryde wedi rhoi tatŵ i neb ar ôl iddo ymuno â'r fyddin. Ond mae'n bosib, wrth gwrs, fod y llofrudd wedi defnyddio un o boteli inc McBryde ac yna mynd â hi efo fo ... i'w defnyddio eto, efallai? Does ganddon ni ddim ffordd o wybod hynny.'

Byddai'n rhaid i Jeff gadarnhau pa fath o inc a ddefnyddiwyd i roi'r tatŵ ar dalcen Steve Morris.

'Ond eto, ella ddim,' ychwanegodd Ryan. 'Wyddon ni ddim am y nodwydd chwaith. Oedd o wedi dod ag un efo fo, wedi paratoi ymlaen llaw, neu ai penderfynu rhoi'r tatŵ ar ôl gweld offer McBryde wnaeth o? Pwy a ŵyr. Ac mae'n rhaid i ti gofio, Jeff, ein bod ni wedi ystyried mai llofruddiaeth sectyddol oedd hon. Hynny yw, nes i ti ddod yma heddiw.'

Cerddodd y ddau draw i'r stiwdio mewn distawrwydd. Yno, gwelodd Jeff nifer o lampau pwerus yr olwg a chadair debyg i un deintydd. Roedd gwely yno hefyd ar gyfer y cleientiaid hynny oedd angen gorwedd i gael eu tatŵ. Yn blastr ar hyd y waliau roedd lluniau sampl o datŵs, ac yng nghanol twmpath o nialwch gwelodd Jeff ffolder fawr yn llawn o fwy byth o ffotograffau o waith McBryde. Roedd y tatŵs yn gymysgedd o faneri a gwahanol batrymau yn dynodi y naill ochr neu'r llall o raniad y wlad. Mewn ffolder arall roedd lluniau tra gwahanol – pryfed, nadroedd ac amrywiol fwystfilod, rhai ohonynt wedi'u tatwio ar rannau o gyrff na fyddent fel arfer yn gweld golau dydd.

'Ych a fi,' ebychodd Jeff. 'Pwy ddiawl fysa isio'r fath betha sglyfaethus ar eu crwyn am byth?'

'Mae 'na bob math o bobl yn y byd 'ma, Jeff,' atebodd Casey. 'Crafu'r wyneb ydan ni, hyd yn oed yn ein swyddi ni.'

'A diolch byth am hynny.'

Roedd Jeff wedi gweld digon, ac wedi cael argraff eitha da o fywyd David McBryde, a'i farwolaeth annisgwyl.

Yn ôl ym mhencadlys yr heddlu yn Enniskillen, cafodd gopi o'r adroddiad manwl i lofruddiaeth David McBryde. Ffarweliodd â Ryan Casey cyn cael ei yrru'n ôl i westy ger maes awyr Belfast, am noson dda o gwsg cyn hedfan yn ôl i Fanceinion am saith o'r gloch y bore canlynol.

Pennod 12

Roedd hi'n hwyr y bore erbyn i Jeff gyrraedd yn ôl i orsaf heddlu Glan Morfa, a bron i wythnos wedi mynd heibio ers i gorff Steve Morris gael ei ddarganfod. Cerddodd yn hyderus i fyny'r grisiau ac yn syth i mewn i'w swyddfa lle gwelodd y Ditectif Arolygydd Brian Saunders yn eistedd tu ôl i'r ddesg yng nghornel yr ystafell, yn troi ei sylw bob yn ail o'r papurau o'i flaen i sgrin ei gyfrifiadur. Cododd ei ben pan glywodd Jeff yn cyrraedd.

'Ddrwg gen i eich bod chi wedi dilyn eich trwyn yn ofer, a gwastraffu cymaint o'ch amser yng Ngogledd Iwerddon,' meddai gyda gwên sinigaidd.

'O, sut felly?' gofynnodd Jeff gan roi ei gês, oedd yn llawn o'r dogfennau a gafodd gan Ryan Casey, i lawr ar ei ddesg ei hun.

'Am ein bod ni, yn eich absenoldeb chi, Sarjant Evans, wedi bod ar y trywydd priodol. Mi fetia i fy ngheiniog olaf mai yng Ngarej Aberceirw y cawn ni'r ateb i'r llofruddiaeth hon.'

'O, ia? Gawn ni weld,' atebodd Jeff, heb ymhelaethu rhagor.

Cododd Jeff y ffôn ar ei ddesg a deialodd rif, yn gwybod y byddai Saunders yn gwrando ar bob gair. Atebwyd yr alwad.

'Ga' i siarad â'r Ditectif Arolygydd Casey, os gwelwch yn dda?' Yna oedodd Jeff cyn parhau. 'Ditectif Sarjant

Evans, Heddlu Gogledd Cymru.' Oedodd unwaith yn rhagor, am dipyn hwy y tro hwn. 'Helo, Ryan,' parhaodd, 'Jeff sy 'ma. Dim ond galwad sydyn i ddiolch i ti am dy holl amser ddoe, ac am dy groeso.' Saib arall. 'Do wir, mi wnes i ddysgu llawer mwy nag o'n i wedi'i ddisgwyl, diolch, ac mi oedd y cwbl yn ddiddorol iawn ... iawn, Ryan, mi fydda i'n siŵr o wneud, a diolcha i Brendan drosta i am y lifft i'r maes awyr, os gweli di'n dda.'

Rhoddodd y ffôn i lawr a chlywodd Saunders yn ochneidio'n uchel. Gwenodd Jeff.

'Reit,' meddai Jeff ar ôl tacluso'i ddesg. 'Mae gen i ddatganiad difyr i chi, ond does dim pwynt i mi wneud hynny ddwywaith. Ydi Lowri yn ei swyddfa?' gofynnodd.

'Ydi, mae'r Ditectif Brif Arolygydd Davies yn ei swyddfa. Sawl gwaith sy raid i mi ddeud wrthach chi am eich anffurfioldeb, Sarjant Evans? Nid yng nghwmni eich cyfaill Gwyddelig newydd ydach chi rŵan.'

'Fyswn i ddim yn deud ein bod ni'n gyfeillion,' atebodd Jeff. 'Cyd-weithiwr yn unig. A hen foi iawn ydi o hefyd, rhaid mi ddeud.' Roedd Jeff yn mwynhau ei hun.

Ysgydwodd Saunders ei ben a daeth rhyw sŵn grwgnach o waelod ei wddf mewn arwydd o anghytundeb. Aeth y ddau drwodd i swyddfa Lowri Davies.

'Mae Sarjant Evans eisiau siarad efo ni ynglŷn â'i ymholiadau yn Enniskillen,' meddai Saunders, 'ond efallai y dylwn i ddweud wrtho fo am ein gwaith da ni yn y fan yma gyntaf.'

'Fel mynnwch chi, Brian,' atebodd Lowri.

Doedd gan Jeff ddim gwrthwynebiad, y naill ffordd neu'r llall.

'Dwi'n ffyddiog ein bod ni ar y trywydd iawn yn mynd

ar ôl Braithwaite a'i fab,' dechreuodd Saunders yn hyderus. 'I ddechrau, mae ganddon ni dyst a welodd y ddau yn ymladd yng nghefn tafarn y Rhwydwr ar y nos Wener cynt, wythnos cyn llofruddiaeth Morris, ac mae'r tyst hwnnw wedi gwneud datganiad.'

'Pam fu o mor hir yn dod yn ei flaen efo'r wybodaeth?' gofynnodd Jeff. 'Mae pawb a'i gi yn y dref 'ma'n gwybod am lofruddiaeth Steve Morris erbyn hyn.'

'Am fod y tyst yn gwybod mai Andy Braithwaite oedd un o'r ddau oedd yn ymladd, ond doedd ganddo ddim syniad pwy oedd y llall. Oherwydd hynny, ddaru o ddim gwneud y cysylltiad. Dim ond ychydig eiliadau barhaodd y cwbl, ond mae'n amlwg mai Morris gafodd y gorau ar Braithwaite, gan iddo'i daro efo dwrn ei law dde cyn gadael, nes oedd Braithwaite ar ei din. Clywodd y tyst Braithwaite yn gweiddi ar ei ôl nad dyna fyddai'i diwedd hi. Mi wyddoch ein bod ni wedi trefnu i fynd ar ôl Braithwaite fore ddoe, ond doedd o na'i fab, Charlie, ddim ar gyfyl y lle. Mi gawson ni warant i fynd i mewn i'r garej a thŷ Braithwaite, ac yn y garej mi ddaethon ni o hyd i beipen rwber yr un fath â'r un a ddefnyddiwyd i ladd Morris. Darganfuwyd mwy nag un rôl o dâp gludiog yno hefyd, ac mae un ohonynt yn eithriadol o debyg i'r tâp a ddefnyddiwyd i gysylltu'r bibell rwber i beipen wacáu'r car. Gyrrwyd nifer o eitemau i'r labordy, yn cynnwys y rholiau tâp a'r beipen rwber.'

'Be 'di canlyniad yr ymholiadau i werthiant peipiau rwber trwy ogledd Cymru?' gofynnodd Jeff.

'Pibell ddŵr wedi cael ei gwneud gan gwmni Draper oedd hi.' Lowri Davies atebodd. 'Mae un siop ger Bangor yn eu gwerthu, ond nunlle arall nes na'r gogledd-ddwyrain, swydd Caer a Glannau Merswy. Mae ymholiadau yn cael eu gwneud yn y llefydd hynny, yn ogystal ag yng nghanolbarth Lloegr lle mae Charlie Braithwaite yn byw. Torrwyd yr un a ddefnyddiwyd i ladd Morris hefo cyllell neu rywbeth tebyg – mi wnaiff y labordy gymharu'r toriad hwnnw â phen y beipen a gafwyd yng ngarej Aberceirw i weld ydyn nhw'n cyd-fynd.'

'Mae 'na filoedd o bibellau tebyg o gwmpas y wlad 'ma felly,' meddai Jeff. 'A 'dan ni'n dibynnu ar ganlyniadau profion fforensig. Mae hynny'n dipyn i'w ofyn.'

'Peidiwch â bod yn negyddol, Ditectif Sarjant,' ebychodd Saunders. 'Mi gawson ni dâp gludiog yn Garej Aberceirw hefyd.'

'A be ydi gwneuthuriad hwnnw?' gofynnodd Jeff.

'Duck Tape,' atebodd Saunders.'

Chwarddodd Jeff. 'Rargian, mae hwnnw i'w gael ym mhob tref drwy'r wlad 'ma.' Jeff ysgwydodd ei ben y tro hwn. 'Ac mae'n siŵr bod hwnnw wedi mynd i'r labordy am yr un math o archwiliad,' meddai'n anghrediniol.

'Dyma sy'n ddiddorol,' parhaodd Saunders heb gydnabod sylw Jeff. 'Doedd neb o gwmpas pan oedden ni'n chwilio'r lle, fel ro'n i'n deud. Mi wydden ni fod Andy Braithwaite, sy'n ŵr gweddw, o gwmpas yr ardal hyd at nos Wener, wythnos i heno, ac mi welwyd ei fab o, Charlie, o gwmpas tua'r un adeg. Ni welwyd 'run ohonyn nhw ar ôl y noson honno – hynny yw, y noson cyn i Morris gael ei lofruddio. Mae sôn hefyd fod gan Andy Braithwaite lygad ddu ar ôl y digwyddiad yn y Rhwydwr. Mae ymholiadau yn cael eu gwneud yng nghyffiniau Aston gan ddau o'n timau ni.'

'Felly, yr unig beth sy ganddon ni ydi Duck Tape a pheipen ddŵr Draper na allwn ni eu cysylltu â lleoliad y llofruddiaeth hyd yma. Tydi hynny'n ddim llawer o dystiolaeth i fetio'ch ceiniog olaf arni, nac'di?' Edrychodd Jeff yn syth i lygaid Saunders.

'Wel ... mae o'n ddechrau da.' Cododd Saunders ei lais. 'A pheth arall, pan gafodd Charlie Braithwaite ei garcharu am geisio lladd – yn yr achos hwnnw roedd dyn arall wedi ceisio ymosod ar ei wraig. Aeth Charlie ar ei ôl ymhen rhai dyddiau a hanner ei ladd efo handlen caib. Mi aeth i ddial ar ddyn a oedd wedi brifo un o'i deulu. Welwch chi? Dyna'n union sydd wedi digwydd yma hefyd, 'swn i'n amau. Mae Steve Morris wedi taro Andrew Braithwaite, ac mae'r mab yn dod i ddial ar Steve. Be dach chi'n feddwl o hynna, Ditectif Sarjant? Mae'r MO yn union yr un fath.' Edrychai Saunders yn falch iawn ohono'i hun.

'Reit,' torrodd Lowri ar eu traws. 'Gawn ni wybod be ddysgoch chi yn Enniskillen, Jeff?'

Rhoddodd Jeff yr holl hanes iddynt ac yna eisteddodd yn ôl i dderbyn pa bynnag feirniadaeth oedd yn siŵr o ddod o gyfeiriad Saunders. O leia roedd Lowri Davies yn edrych fel petai'n ystyried y ffeithiau yn fanwl.

'Mi fedra i weld yr IRA yn gwneud y math yna o beth yng Ngogledd Iwerddon, ond does dim awgrym eu bod nhw ynghlwm yn llofruddiaeth Morris,' dadleuodd Saunders. 'A dwi ddim yn meddwl bod marc bach ar dalcen y ddau yn ddigon o reswm i wneud cysylltiad. Mae'r ddwy lofruddiaeth mor bell oddi wrth ei gilydd: y dyddiadau, y pellter daearyddol a'r amgylchiadau. Does dim digon o debygrwydd yn fy marn i.'

'Wel oes siŵr iawn mae 'na debygrwydd, ddyn. Lle mae'ch synnwyr cyffredin chi?' Tro Jeff oedd hi i godi ei lais. 'Mae'r ddau yn cael eu taro o'r cefn, y ddau yn cael eu rhwymo efo tâp gludiog, a thatŵ yn cael ei grafu ar dalcen y ddau. Wn i ddim lle ddiawl ddysgoch chi fod yn dditectif!'

Cododd Saunders ar ei draed, wedi gwylltio'n gacwn a'i wyneb yn goch.

'Dewch,' meddai Lowri'n gadarn, i geisio cadw'r ddysgl yn wastad. 'Eisteddwch i lawr Brian, da chi. Mae gennych chi'ch dau bwyntiau da, ac o'm safbwynt i mae hynny'n fanteisiol. Y mwya o syniadau gawn ni, gorau'n y byd. Reit. Mi ydach chi, Brian yn ffyddiog eich bod chi ar y trywydd iawn. Dilynwch y trywydd hwnnw yn union fel rydach chi wedi'i wneud hyd yma. A Jeff, dilynwch chithau'ch trwyn, fel y byddwch chi'n gwneud, i gyfeiriad y cysylltiad â llofruddiaeth David McBryde.' Gwenodd arno'n slei. Wedi gweithio law yn llaw efo Jeff yn y gorffennol, roedd hi'n ffyddiog y byddai'n darganfod rhywbeth gwerth ei gael.

'I bwy ydw i'n adrodd yn ôl?' gofynnodd Jeff. Fyddai dim yn waeth ganddo na cheisio rhesymu â Saunders ar faterion mor bwysig.

'I mi,' meddai Lowri cyn i Saunders gael ei big i mewn, gan obeithio y byddai'r ddau yn gallu rhannu'r un swyddfa heb daeru gormod â'i gilydd. Yn bwysicach byth, doedd hi ddim am i'r ffaith eu bod yn anghytuno mor ffyrnig dreiddio i lawr i glustiau gweddill y tîm.

'O, un peth arall,' meddai Jeff wrth adael y swyddfa. 'Ydan ni'n gwybod pa fath o inc a ddefnyddiwyd i roi'r tatŵ ar dalcen Morris?'

'Ydan, siŵr iawn,' cyfarthodd Saunders cyn i Lowri gael cyfle i ateb. 'Inc o'r enw Black Buddha.'

'Wel, dyna i chi gysylltiad arall â llofruddiaeth McBryde felly,' atebodd Jeff yn nawddoglyd. 'Dyna ddefnyddiwyd ar ei dalcen yntau hefyd.'

'Inc cyffredin ym myd tatwio, yn ôl ein hymholiadau ni,' meddai Saunders yn hunanfoddhaus.

Am un o'r gloch, aeth Jeff i weld Siân Morris. Roedd wedi ffonio i ddweud ei fod am alw – gwyddai mor erchyll oedd y cyfnod hwn iddi, a doedd o ddim am achosi mwy o loes.

Ar ei phen ei hun yr oedd hi, heblaw am ei merch oedd yn cysgu mewn cot yng nghornel yr ystafell, yn rhy ifanc i wybod bod ei byd bach wedi newid am byth.

'Panad?' gofynnodd Siân. Doedd hi ddim mor ddagreuol heddiw, sylwodd Jeff. Peth rhyfedd yw dod i arfer â sefyllfa mor ofnadwy, a dechrau byw drachefn.

'Na, dim diolch,' atebodd Jeff. 'Newydd gael cinio ydw i.'

'Mae 'na wythnos wedi bod yn barod, Sarjant Evans, a 'dan ni byth wedi medru dechrau gwneud trefniadau. Pam mae petha'n cymryd mor hir?'

'Mae'n ddrwg gen i ddeud mai fel hyn ma' hi mewn achosion o lofruddiaeth, Mrs Morris. Wnaiff y crwner ddim rhyddhau'r corff mor fuan ag y buasai mewn amgylchiadau arferol.

'Eisteddwch,' cynigiodd Siân. 'Oes 'na ryw newydd, 'ta?'

'Oes, mae 'na un neu ddau o bethau wedi codi. Dyna pam y dois i draw. Rhaid i mi ofyn mwy o gwestiynau i chi, os ca' i.'

'Cewch, siŵr iawn. Rwbath i gael gafael ar bwy bynnag wnaeth hyn,' ychwanegodd yn benderfynol.

'I ddechrau, dwi isio holi am friw bychan oedd ar figwrn llaw dde Steve yr wythnos cyn iddo farw.'

'Do, mi welais i hwnnw. Pan ofynnais iddo amdano, mi ddeudodd ei fod wedi brifo'i hun wrth dynnu olwyn oddi ar lorri yn ei waith.'

'Oeddach chi'n coelio hynny?'

'Doedd gen i ddim rheswm i beidio.'

'Oes 'na rywun o'r heddlu wedi bod yma'n gofyn yr un cwestiwn i chi?'

'Na – ydach chi'n meddwl ei fod o wedi bod yn cwffio efo rywun? Dim un fel'na oedd Steve. Fysa fo byth yn codi twrw efo neb.'

'Mae hynny'n bosib,' atebodd Jeff. Ni allai gredu nad oedd Saunders wedi gyrru rhywun i'w holi hi am y briw. 'Hefyd,' parhaodd, 'ydi'r enw David McBryde yn golygu rwbath i chi?'

Meddyliodd Siân am ennyd. 'Na, dwi ddim yn meddwl.'

'Dyn o ogledd Iwerddon oedd o, ac mi brynodd gar gan Steve ychydig dros ddwy flynedd yn ôl. Yna, tua phythefnos ar ôl derbyn y car, cafwyd hyd iddo'n farw ... wedi'i lofruddio.'

Gwelodd Jeff ar ei hwyneb fod y stori'n canu cloch.

'Ydw, dwi'n cofio rwbath rŵan, ond wyddwn i ddim mai David McBryde oedd ei enw fo, na'i fod o wedi cael ei lofruddio. Mi aeth Steve â'r car drosodd ar y fferi o Gaergybi a chyfarfod y dyn rwla yn Nulyn, os dwi'n cofio'n iawn. Ro'n i'n gweld y peth yn od – rhywun o Werddon yn prynu car o Gymru – ond mi ddeudodd Steve mai ffrind iddo fo o ddyddiau'r fyddin oedd y cwsmer, a wnes i ddim holi mwy. Wedyn, ymhen dyddiau – pythefnos neu fis ella, dwi'm yn cofio'n iawn – mi oedd Steve yn isel iawn ei ysbryd ac yn ymddwyn dipyn yn wahanol, yn nerfus, mewn ffordd. Doedd hynny dim yn debyg iddo fo o gwbl. Roedd o'n cau deud wrtha i be oedd yn bod i ddechrau, ond roedd yn ddigon hawdd gweld bod 'na rwbath yn pwyso ar ei feddwl. Ar ôl i mi ddal i'w holi mi gyfaddefodd fod un o'i gyfeillion o'r fyddin wedi'i ladd. Ddaru o ddim sôn mai cael ei lofruddio ddaru o. Wnes i mo'r cysylltiad rhwng y farwolaeth a gwerthiant y car – doedd dim rheswm i mi wneud.'

'Wyddoch chi pwy ddeudodd wrth Steve am lofruddiaeth Mr McBryde?'

'Na ddeudodd o ddim. Rhywun arall o'r fyddin, ella?'

'Un peth arall,' parhaodd Jeff. 'Roedd gan Steve ddau gyfrif banc: cyfrif y tŷ, lle roedd ei gyflog o'n mynd a'r biliau'n cael eu talu ohono, ac wedyn un arall, lle roedd swm mwy sylweddol o arian.'

'Faint?' gofynnodd Siân yn syth.

'Cannoedd, yn hytrach na miloedd.'

'Wn i ddim am hynny. Fel ro'n i'n deud, fo oedd yn edrych ar ôl y materion ariannol, nid fi. Ro'n i'n cael arian parod ganddo i fynd i siopa. Sori, fedra i ddim deud mwy wrthach chi.'

Felly roedd Steve Morris wedi bod yn isel ei ysbryd wedi iddo glywed bod David McBryde wedi'i ladd – dipyn yn nerfus, hyd yn oed, yn ôl ei wraig. Oedd o'n gwybod, felly, mai cael ei lofruddio wnaeth McBryde? A phwy, tybed, a ddywedodd wrtho am farwolaeth ei gyd-filwr?

Ymhen tri chwarter awr, fel yr oedd Jeff yn gadael cartref Siân Morris, cafodd alwad yn gofyn iddo fynd ar unwaith i swyddfeydd y Cyngor i gyfarfod y Prif Weithredwr, Mr Osian Edwards. Yn chwilfrydig, trodd lyw'r car i gyfeiriad pencadlys y Cyngor.

Cafodd Jeff ei hebrwng i swyddfa Mr Edwards gan ei ysgrifenyddes, ac i'w syndod, nid y Prif Weithredwr yn unig oedd yn disgwyl amdano. Roedd y Cynghorydd Roy

Simpson a John Humphreys, Cyfarwyddwr Priffyrdd a Chludiant y Cyngor, yn eistedd un bob ochr i Edwards. Roedd y ddau, mewn un ffordd neu'i gilydd, ynghlwm â'i ymholiadau i lofruddiaeth Steve Morris, a gwyddai hefyd nad oedd ganddynt enw da yn y gymuned. Byddai'n rhaid iddo fod yn wyliadwrus.

'Dewch i mewn, Ditectif Sarjant,' meddai Edwards heb godi o'i gadair.

Wnaeth y ddau arall ddim codi chwaith, a chafodd Jeff ddim gwahoddiad i eistedd. Doedd ganddo ddim bwriad sefyll o'u blaenau fel rhywun o flaen ei well, felly pan welodd gadair wag mewn cornel bachodd ar y cyfle i'w nôl a'i chario at y ddesg lle eisteddai'r lleill.

'Gwnewch eich hun yn gyffordus,' meddai Edwards yn goeglyd. 'Mi ddo i'n syth at y pwynt. Rydan ni i gyd yn dallt fod yr ymchwiliad i lofruddiaeth Mr Morris yn haeddu sylw trwyadl, ac mae'n anffodus bod rhai elfennau o'r mater yn effeithio ar y Cyngor 'ma. Be ydan ni ddim yn ei ddallt ydi pam fod yn rhaid i chi, yr heddlu, ymglymu Swyddfa Archwilio Cymru yn eich ymholiadau?'

'Tydan ni ddim,' atebodd Jeff, wedi'i synnu at y cwestiwn.

'Ylwch, Sarjant. Mi ydw i, yn fy safle yn Brif Weithredwr, yn berffaith fodlon rhoi pob cymorth i chi, ond pam oedd yn rhaid i chi alw ar yr archwiliwr, Mr Ian Jones, i ddod yma? Mae o'n gwneud ei orau i dynnu'r swyddfeydd yma'n griau a cheisio rhoi ei fys ar ryw ddrygioni dychmygol. A tydi hynny ddim yn helpu neb – chi na ninnau.'

'Fel y deudais i funud yn ôl, wnes i ddim, a ddaru neb arall yn yr heddlu chwaith, gysylltu â Swyddfa Archwilio Cymru.'

'Ond Sarjant, fe'ch gwelwyd chi'n siarad efo Mr Ian Jones tu allan i'r swyddfeydd yma ddeuddydd yn ôl. Fedrwch chi ddim gwadu hynny.'

'Do, gan y ddau ddyn yma. Cyd-ddigwyddiad oedd hynny, ac fel dwi'n dallt mae gan Swyddfa Archwilio Cymru berffaith hawl a phob awdurdod i wneud be fynnon nhw yma, ac unrhyw ran arall o'r sector gyhoeddus, yn cynnwys yr heddlu.'

'Mae'n ymddangos i ni fod eich bryd chi ar geisio gwneud niwed i rai pobl o fewn y Cyngor, a'ch bod chi'n defnyddio'r Archwiliwr i wneud eich gwaith budr chi.'

Cododd Jeff ar ei draed. 'Dwi wedi cael hen ddigon o'r lol yma,' meddai. 'Y cwbwl sydd ar feddwl yr heddlu ar hyn o bryd ydi cael gafael ar bwy bynnag laddodd Steve Morris. Ond os oes 'na droseddau eraill yn dod i'n sylw ni tra byddwn ni wrthi, wel, mi fydd yn rhaid i ni ymchwilio i'r rheiny hefyd. Siŵr gen i y medrwch chi werthfawrogi hynny.'

Doedd y ddau o boptu i Edwards ddim wedi agor eu cegau, ond gwyddai Jeff mai eu bwledi hwy roedd y Prif Weithredwr yn eu tanio. Beth oedd pwynt hyn i gyd, meddyliodd? Oedden nhw'n gobeithio y byddai ganddo'r awdurdod neu'r modd i roi stop ar waith Ian Jones? Dim peryg. Ceisio'i roi dan bwysau oedd eu cynllun, am ei fod wedi gwrthod cais Simpson i gelu ei ran o yn nigwyddiadau'r diwrnod pan laddwyd Morris. Rhoddodd ei ddwy law ar y ddesg rhyngddyn nhw a gwyrodd i gyfeiriad y tri.

'Rŵan 'ta,' meddai mewn llais distaw ond cadarn. 'Os oes un ohonoch chi wedi prynu car gan Steve Morris, a bod rhywbeth o'i le ar y ffordd y cafodd y pryniant ei ariannu, neu os ydi'ch ceir chi wedi cael eu trin ganddo yn rhad yng ngarej y Cyngor, rŵan ydi'r amser i ddeud. Does dim rhaid i *chi* agor eich ceg, Mr Simpson. Mi ydach chi ar y rhestr yn barod ac mi fyddwch yn cael eich cyfweld ar amser fydd yn gyfleus i ni.'

Disgwyliodd am ennyd ond ni ddaeth unrhyw ymateb, ddim gan 'run o'r tri. Trodd ar ei sawdl a gadawodd yr ystafell heb air arall.

Wedi i Jeff adael, eisteddodd y tri yn fud am sawl eiliad hir. Roedd Roy Simpson yn crynu gan ddicter, ei dymer bron â berwi drosodd. Fo oedd y cyntaf o'r tri i agor ei geg.

'Mae angen dysgu gwers i hwnna.'

Pennod 13

Ceisiodd Jeff roi trefn ar bopeth yn ei feddwl wrth baratoi i roi manylion ei ymholiadau diweddaraf ar system gyfrifiadurol yr ymchwiliad: dau ddyn wedi'u llofruddio o fewn ychydig dros ddwy flynedd. Dau ddyn oedd yn adnabod ei gilydd ac wedi cyfarfod ychydig cyn i'r cyntaf gael ei lofruddio. Roedd cyfnod go helaeth rhwng y ddwy lofruddiaeth, ond roedd dau datŵ tebyg ar eu talcenni a'r ddau wedi treulio amser yn y fyddin. Ac ar ben hynny, roedd swyddog o heddlu'r fyddin wedi bod yn holi Ryan Casey ynglŷn â llofruddiaeth McBryde. Yn ôl pob golwg roedd hynny yn ymwneud â marwolaeth milwr arall, Corporal Allsop. Er nad oedd ganddo syniad sut y bu'r dyn hwnnw farw, doedd Jeff ddim yn credu mewn cyd-ddigwyddiadau – yn enwedig dan amgylchiadau fel hyn. Rhaid bod cysylltiad. Trodd ei feddwl at y car a brynodd McBryde gan Steve Morris. Beth oedd cefndir y pryniant hwnnw, a pham nad oedd McBryde wedi prynu car yn nes i'w gartref?

Gwnaeth Jeff nifer o alwadau ffôn i wahanol adrannau o'r fyddin, ac erbyn iddo orffen gwyddai fod yr Is-gapten Farquarson, a oedd yn aelod o Heddlu Brenhinol y Fyddin, yn gweithio o bencadlys yr adran honno yn agos i Fareham yn ne Lloegr. Gadawodd neges yn y fan honno yn gofyn i'r swyddog roi galwad ffôn yn ôl iddo.

Dechreuodd Jeff durio drwy gronfa ddata'r ymchwiliad, a darganfu fod cyn-berchennog y Ford Mondeo gwyn a brynodd McBryde wedi cael ei holi gan ddau o dditectifs yr ymchwiliad. Dyn o'r enw Selwyn Rees oedd hwnnw, a doedd ganddo ddim cysylltiad â'r Cyngor o gwbl, er ei fod, yn ôl pob golwg, yn un o'r criw y byddai Steve Morris yn eu cyfarfod ar nos Wener yn nhafarn y Rhwydwr. Roedd yr un math o dwyll â'r achosion eraill wedi digwydd pan brynodd Rees y Mondeo, sef bod pris y car wedi'i godi er mwyn peidio gorfod talu blaendal i'r cwmni hurbryniant. Nid oedd Rees wedi cadw'r Mondeo yn hir cyn ei werthu i McBryde drwy Steve Morris, a hynny ymhell cyn iddo orffen talu ei ddyled fisol i'r cwmni a fenthycodd yr arian iddo i brynu'r car. Y cwmni cyllido oedd berchen ar y Mondeo pan werthwyd y car i McBryde, felly roedd Selwyn Rees wedi'i ddwyn o berchnogaeth y cwmni hwnnw. Roedd chwe mil a hanner o ddyled ar ôl, a gwelodd Jeff fod Rees wedi'i gyhuddo'r diwrnod cynt o dwyll. Oedd McBryde yn gwybod mai'r cwmni cyllido oedd perchen y Mondeo, tybed? Ai dyna pam roedd y car wedi'i guddio dan do yng nghartref McBryde yn Enniskillen? Ni welai Jeff bwynt mynd ymhellach i lawr y trywydd hwnnw gan fod Rees erbyn hyn wedi talu'i ddyled i'r cwmni. Penderfynodd fynd adref – roedd o angen seibiant, os mai seibiant oedd y gair priodol i ddisgrifio awr neu ddwy o chwarae efo'r plant a darllen stori iddyn nhw cyn amser gwely. Efallai y câi fwynhau potel o win a phryd distaw yng nghwmni Meira cyn eistedd yn yr ystafell haul yn ei chesail i wylio'r haul yn machlud dros y gorwel. Doedd o'n haeddu dim llai ar ôl wythnos mor galed.

'Be sy wedi digwydd i dy gar di, Meira?' gofynnodd Jeff wrth ruthro drwy ddrws y tŷ.

Cerddodd Meira tuag ato o gyfeiriad y gegin yn gyflymach na'r arfer, ac roedd yn ddigon hawdd gweld ei bod hi wedi cynhyrfu, er ei bod hi'n ceisio'i gorau i guddio hynny. 'Fedra i ddim bod yn sicr lle ddigwyddodd o,' meddai. 'Bosib mai tu allan i'r ysgol, pan es i mewn i nôl y plant. Dyna ble gwnes i sylwi arno fo, beth bynnag.'

'Faint o'r gloch oedd hi?'

'Rhwng tri a chwarter i bedwar.'

Cerddodd y ddau allan i archwilio'r difrod yn fanwl. Roedd llinell wedi'i chreu gan rywbeth tebyg i hoelen wedi cael ei chrafu'n ddwfn ar hyd ochr sedd teithiwr y Passat, o un pen i'r llall. Roedd yn ddigon hawdd gweld bod y difrod yn fwriadol yn hytrach nag yn ddamweiniol.

'Tu allan i'r ysgol, medda chdi? Pa mor siŵr wyt ti o hynny?'

'Tydw i ddim. Ti'n gweld, mi fues i yn y llyfrgell cyn hynny, a phan es i'n ôl i'r car yn y maes parcio, mi es i'n syth at ddrws y gyrrwr. Mae'n bosib ei fod wedi digwydd yn y fan honno. Wedyn mi barciais o flaen yr ysgol jyst cyn i Mairwen ddod allan o'r ysgol feithrin am dri, ac aros ar yr iard i sgwrsio efo rhai o'r mamau eraill nes i Twm ddod o'r ysgol am hanner awr wedi. Ella'i bod hi'n chwarter i bedwar cyn i mi fynd yn ôl at y car. Ond eto, doedd y car ddim ymhell o 'ngolwg i, a welais i neb amheus ar gyfyl y lle ... wrth gwrs, mi welais i'r llanast yn syth pan es i â'r plant rownd i'r ochr arall i agor y drws cefn.'

'Pam na wnest ti fy ffonio fi, cariad?'

'I be, Jeff, a titha mor brysur? Be 'sat ti 'di medru 'i wneud? Dim mwy na fi. Holais o gwmpas, a dwi wedi ffonio rhai o'r mamau eraill rhag ofn eu bod nhw wedi sylwi ar rwbath. Wedyn mi es i'n ôl i'r llyfrgell i ofyn a oedd CCTV yn y maes parcio. Nagoes, yn anffodus, nac yn agos i'r ysgol chwaith, gwaetha'r modd.'

'Wel, mi wnest ti gymaint â phosib. Mi fydda i'n anghofio weithiau dy fod tithau wedi bod yn dditectif ar un adeg.' Gwenodd arni. 'Be ydi dy gasgliadau di?'

'Pam fy nghar i? Fedra i ddim meddwl 'mod i wedi tynnu'n groes i neb, na bod gan rywun rwbath yn f'erbyn i. Be amdanat ti?'

'Wel mi fydda i'n tarfu ar bobl bron yn ddyddiol, fel y gwyddost ti, ond pam dial arna i drwyddat ti?'

Ceisiodd Jeff feddwl am y posibiliadau a daeth ei gyfarfod yn swyddfa Prif Weithredwr y Cyngor yn gynharach yn y dydd i flaen ei feddwl. Na. Roedd y rhain yn bobl uchel yn eu cymuned, mewn un ffordd o leia, a dim ond awr oedd wedi mynd heibio rhwng diwedd y cyfarfod hwnnw a'r difrod i'r car. Diystyriodd y syniad. Rhoddodd ei fraich o amgylch Meira a cherddodd y ddau yn eu holau i'r tŷ.

Nid dyma'r fath o noson yr oedd o wedi'i rhag-weld. Llamodd ei feddyliau i wahanol gyfeiriadau, ond doedd dim rhaid iddo fyfyrio rhyw lawer. Wedi dweud hynny, efallai mai plant y dref oedd yn camymddwyn, ond os na, pam targedu Meira? Beth bynnag oedd y gwir, doedd ganddo ddim tystiolaeth yn y byd i'w arwain at y troseddwr.

Fore trannoeth, y peth cyntaf a ddaeth i feddwl Jeff oedd bod wythnos union wedi pasio ers i gorff Steve Morris gael ei ddarganfod. Er ei bod yn ddydd Sadwrn, cyrhaeddodd ei swyddfa i ganolbwyntio ar ddarganfod mwy am farwolaeth Corporal Allsop – doedd dim gair wedi cyrraedd o swyddfa'r Is-gapten Farquarson a doedd Jeff ddim yn un am ddisgwyl. Ar ôl cynhadledd y bore, a ildiodd ddim gwybodaeth newydd, aeth yn ôl i'w swyddfa i ffonio Farquarson unwaith yn rhagor. Roedd Saunders wedi mynd i swyddfa Lowri Davies ar ôl y gynhadledd a gobeithiai Jeff y câi lonydd – am gyfnod, o leia.

'Farquarson,' atebwyd y ffôn mewn llais Seisnigaidd coeth.

Doedd Jeff ddim wedi bod yn ffyddiog o gael ateb dros y penwythnos felly cafodd siom ar yr ochr orau. Cyflwynodd ei hun ac egluro'i fod yn rhan o'r ymchwiliad i lofruddiaeth dyn o'r enw Steven Morris yng Nglan Morfa.

'A, ia, mi glywais i ddoe eich bod chi wedi bod yn holi amdana i.'

'Dyna chi,' atebodd Jeff, 'ac mi wnes i ofyn i chi fy ffonio'n ôl. Mae llofruddiaeth yn fater sy'n haeddu ymateb brys.'

'Wel, dyma ni rŵan. Sut fedra i'ch helpu chi? Aelod o heddlu'r fyddin ydw i, nid o heddlu Prydain.'

Doedd hwn ddim yn ddechrau da, ystyriodd Jeff. 'Dwi'n credu bod cysylltiad rhwng llofruddiaeth Steve Morris yma a llofruddiaeth dyn o'r enw David McBryde yn Enniskillen.' Disgwyliodd Jeff am ymateb na ddaeth ar unwaith.

'Dwy lofruddiaeth sydd y tu hwnt i'm cyfrifoldeb i,' meddai Farquarson o'r diwedd. Roedd yn amlwg ei fod o wedi meddwl cryn dipyn cyn ateb.

'Edrych ar y cysylltiad rhwng y ddwy lofruddiaeth a llofruddiaeth Corporal Allsop ydw i. Chi sydd â'r awdurdod yn y fan honno, dwi'n dallt.' Doedd gan Jeff ddim tystiolaeth i awgrymu mai llofruddiaeth oedd achos marwolaeth Allsop, ond roedd yn lle da i ddechrau procio. Unwaith eto, nid atebodd Farquarson yn syth.

'Mae'n ddrwg gen i, Sarjant Evans, ond does gen i ddim

awdurdod i ddatgelu unrhyw wybodaeth am farwolaeth Corporal Allsop i chi na neb arall y tu allan i'r fyddin. Mater mewnol ydi o.'

Sylwodd Jeff nad oedd o wedi gwadu mai llofruddiaeth oedd hi.

'Ond mae 'na gysylltiad efo llofruddiaeth David McBryde, yn does, neu fysach chi ddim wedi mynd yr holl ffordd i Enniskillen i drafod y mater efo'r Ditectif Arolygydd Casey.'

'Do, mi fues i yno fel rhan o'n ymchwiliad mewnol manwl ni. Ar ôl siarad â'r Ditectif Arolygydd Casey, penderfynais nad oedd cysylltiad.'

'Be wnaeth i chi fynd i Enniskillen yn y lle cyntaf, felly?'

'Am fod Preifat McBryde wedi bod yn recriwt yn y ganolfan hyfforddi lle roedd Corporal Allsop yn dysgu yn ôl yn 2012.'

'Mor bell yn ôl a hynny?'

'Mi ddwedais ein bod ni wedi ymchwilio'n fanwl.'

'A lle oedd y ganolfan hyfforddi honno?'

'Lle o'r enw Barics Blackstock,' atebodd.

Byddai tynnu dannedd wedi bod yn haws na llusgo'r wybodaeth allan o enau'r Is-gapten Farquarson, ond roedd Jeff yn llwyddo, yn ara deg.

'Ai dyna ble bu Allsop farw ddwy flynedd yn ôl?'

'Ia, ond fel y dwedais i, does gen i mo'r awdurdod i ddweud mwy.'

Ar hynny, cerddodd y Ditectif Arolygydd Saunders i mewn i'r swyddfa ac aeth i eistedd y tu ôl i'w ddesg. Gwnaeth ymdrech, ond dim ond ymdrech wan yn unig, i geisio esgus nad oedd o'n gwrando.

'Fedrwch chi gadarnhau 'ta, Is-gapten Farquarson, a

oedd Corporal Allsop yn hyfforddi ym Marics Blackstock am yr holl amser rhwng y cyfnod pan oedd McBryde yn recriwt yno hyd at 2016? Mae hynny dros bum mlynedd, o leiaf.'

'Doedd o ddim,' atebodd Farquarson. 'Bu'n gwasanaethu yn Afghanistan am gyfnod cyn dychwelyd i Blackstock. Ylwch, Sarjant Evans, dwi wedi dweud hynny fedra i wrthoch chi rŵan. Fedra i ddim dweud mwy.'

'Dim ond un peth arall, os gwelwch yn dda, Is-gapten Farquarson. Oedd 'na Steve neu Steven Morris yn recriwt ym Marics Blackstock tua'r un amser ag yr oedd David McBryde yno? Ac oedd Corporal Allsop yn hyfforddi Morris hefyd? Oedd y tri yn adnabod ei gilydd?'

'Fedra i ddim ateb eich cwestiwn chi, Sarjant. Chlywais i mo'r enw Steve Morris tan i chi ofyn amdano rŵan. Dyna chi, dyna ddiwedd ein sgwrs ni.'

'Dach chi ddim wedi cadarnhau mai llofruddiaeth oedd achos marwolaeth Corporal Allsop,' meddai Jeff, gan geisio tynnu un darn arall o wybodaeth o enau'r swyddog.

'Nid dyna oedd canlyniad ein hymchwiliad ni. Hunanladdiad oedd y cofnod swyddogol, ac mae'r mater wedi'i gau.'

Aeth y ffôn yn farw a rhoddodd Jeff dderbynnydd ei ffôn ei hun yn ôl ar y crud.

Eisteddodd yn ôl yn ei gadair a chodi ei sodlau ar y ddesg o'i flaen. Dechreuodd ddyfalu. Bu'r Is-gapten Farquarson yn gynnil iawn â'i wybodaeth. Pam, tybed? Oedd o'n ceisio cuddio'r hyn a ddigwyddodd yn y ganolfan hyfforddi gan fod y marwolaethau amheus ym marics Deepcut rhwng 1995 a 2002 yn dal i fod yn fyw yng nghof pobl? Er bod nifer o ymchwiliadau i'r digwyddiadau yno wedi'u cynnal dros y blynyddoedd, a chwest newydd i un o'r marwolaethau wedi'i ailagor yn ddiweddar, doedd neb, yn enwedig teuluoedd y rhai a gollodd eu bywydau, yn fodlon â'r canlyniadau. Oedd arwyddocâd bod marwolaeth Corporal Allsop, beth bynnag oedd yr achos, a llofruddiaeth David McBryde wedi digwydd wrth i'r awdurdodau baratoi ar gyfer y cwest newydd? Oedd Allsop, McBryde a Steve Morris, yn ymwybodol o rywbeth a ddigwyddodd ym marics Blackstock?

'Beth oedd hynna?' Daeth cwestiwn y Ditectif Arolygydd Saunders â Jeff allan o'i fyfyrdod.

'Dwi ddim yn siŵr eto,' atebodd Jeff. 'Pan fydd gen i fwy o wybodaeth mi wna i adroddiad i Lowri.'

'Dwi'n siŵr y bydd y *Ditectif Brif Arolygydd Davies* yn gwerthfawrogi hynny, Sarjant,' atebodd Saunders.

Anwybyddodd Jeff y sylw a deialodd rif arall. Ymhen deng munud, roedd wedi cysylltu ag adran gofnodion y fyddin a darganfod fod David McBryde a Steve Morris wedi treulio amser yn recriwtiaid efo'i gilydd ym marics Blackstock yn nechrau 2012, pan oedd Allsop yn hyfforddi yno am y tro cyntaf. Dysgodd hefyd mai un o Groesoswallt oedd Allsop, ac yn byw yno cyn ymuno â'r fyddin.

'Dwi ddim yn cymeradwyo'r ffaith eich bod chi wedi mynd y tu ôl i gefn Is-gapten Farquarson, sy'n uwch-swyddog yn y fyddin, er mwyn cael gwybodaeth ychwanegol, Sarjant Evans,' meddai Saunders, gan gadarnhau ei fod wedi bod yn clustfeinio ar bob gair.

'Mae mwy nag un ffordd o gael Wil i'w wely,' atebodd Jeff. 'Dwi'n mynd i weld ydi Lowri yn ei swyddfa.' Ni ddisgwyliodd am ymateb cyn cerdded allan o'r ystafell.

Curodd ar ddrws swyddfa Lowri Davies a chafodd

wahoddiad i eistedd. I'w syndod fe'i dilynwyd gan Brian Saunders, ac eisteddodd yntau i lawr hefyd. Gwyddai Jeff na allai Lowri ddweud dim – wedi'r cwbl Saunders oedd ei dirprwy, ac o fewn yr awr byddai'r wybodaeth yr oedd o am ei roi iddi ar y system gyfrifiadurol i bawb ei weld. Doedd dim rheswm felly i gadw'r sgwrs yn gyfrinachol.

Wedi iddi wrando ar Jeff yn astud, eisteddodd Lowri Davies yn ôl yn ei chadair.

'Mae hyn yn wybodaeth ddiddorol iawn,' cytunodd.

'Ddim o anghenraid,' mynnodd Saunders cyn iddi gael cyfle i ychwanegu gair arall. 'Mae'n wir fod y tri yn Blackstock ar yr un pryd, ond mae hynny chwe blynedd yn ôl, a mwy.'

'Ac mae'r tri wedi'u lladd,' ategodd Lowri.

'Dau: cafodd McBryde a Morris eu llofruddio, ond hunanladdiad oedd achos marwolaeth Allsop,' atebodd Saunders yn gyflym. 'A dwi'n bell o fod wedi fy narbwyllo fod cysylltiad rhwng hynny a llofruddiaeth y ddau. Yn fy marn i mae gormod o amser wedi mynd heibio. McBryde yn cael ei ladd fis Ebrill 2017 a Morris rŵan, dros ddwy flynedd yn ddiweddarach. A hyd y gwyddon ni doedd 'na ddim cysylltiad rhwng y tri am dros bum mlynedd cyn hynny. Heblaw am bryniant y Mondeo, wrth gwrs.'

'Peidiwch ag anghofio marwolaeth Allsop yn Awst 2017, bedwar mis ar ôl llofruddiaeth McBryde,' ategodd Jeff.

'Ond mae'r Is-gapten Farquarson wedi cadarnhau mai hunanladdiad oedd y digwyddiad hwnnw,' mynnodd Saunders, 'ac mae'r achos wedi cau. Cymrwch fy ngair i fod aelodau o Heddlu Brenhinol y Fyddin yn ddynion proffesiynol dros ben, ac os ydi'r Is-gapten Farquarson yn credu mai hunanladdiad oedd achos marwolaeth Allsop, wel mae hynny'n ddigon da i mi.'

'Pam nad ydi o'n fwy parod i rannu gwybodaeth felly, yn eich barn chi?' gofynnodd Jeff.

'Pam ddylai o?' atebodd Saunders yn syth. 'Does ganddo fo ddim dyletswydd i rannu unrhyw wybodaeth efo rhywun sydd â'i fryd ar ymyrryd ag ymchwiliad mewnol y fyddin, un sydd wedi'i gau fisoedd lawer yn ôl.'

'Efallai bod rheswm arall,' cynigiodd Lowri. 'Mae amheuaeth garw wedi codi ynglŷn ag ymchwiliadau swyddogol heddlu'r fyddin yn dilyn y pedair marwolaeth yn Deepcut ugain mlynedd yn ôl. Mae'r briwiau hynny'n agored hyd heddiw. Adeg marwolaeth Allsop yn Blackstock, beth bynnag oedd y rheswm am hynny, roedd y fyddin yn paratoi i ailagor cwest arall, un o rai gwreiddiol Deepcut. Y peth diwethaf mae Farquarson eisiau ei wneud ar hyn o bryd ydi ailagor unrhyw graith, yn gyfiawn neu beidio. Ond mae 'na dair marwolaeth ac, yn fy marn i, mae cysylltiad rhwng y tair, waeth faint o amser fu rhyngddynt. Dwi'n cytuno efo Sarjant Evans – ddylen ni ddim anwybyddu hyn.'

Roedd fel petai Lowri wedi darllen ei feddwl, rhyfeddodd Jeff.

Edrychodd Lowri ar Brian Saunders a oedd, wrth reswm, yn anghytuno.

'Dim iws i chi ysgwyd eich pen, Brian,' meddai. 'Fi ydi pennaeth yr ymchwiliad, a dyna ydi fy mhenderfyniad i.'

'Os felly,' atebodd Saunders. 'Pan fyddwch chi'n nodi'ch penderfyniad yn y llyfr polisi, dwi'n mynnu eich bod chi'n nodi ynddo hefyd fy mod i'n anghytuno'n chwyrn.'

Nid oedd Lowri wedi disgwyl y fath gais. Anaml y byddai unrhyw ddirprwy yn anghytuno gymaint â phennaeth nes ei fod yn mynnu cofnodi'r faith yn gyhoeddus.

'Os mai dyna dach chi'n ddymuno, Brian,' meddai. Yna trodd i wynebu Jeff. 'Lle mae'r trwyn enwog 'na am eich arwain chi nesa, Sarjant Evans?'

Sylwodd Jeff, er y tensiwn a allai godi o gais Saunders, ei bod hi wedi parhau i gyfarch ei dirprwy â'i enw cyntaf. 'Mae'r trwyn 'ma'n mynd i gyfeiriad marwolaeth Corporal Allsop,' meddai, os ydi'r Is-gapten Farquarson, neu unrhyw un arall, yn licio hynny neu beidio.'

Doedd dim rhaid gofyn pwy oedd yr 'unrhyw un arall'.

Ar hynny, daeth plismones ifanc i mewn i'r ystafell a rhoi tamaid o bapur yn llaw Saunders. 'Meddwl y bysach chi isio gweld hwn yn syth,' meddai, cyn troi ar ei sawdl a mynd.

Cymerodd Saunders ychydig eiliadau i ddarllen y nodyn a daeth gwên fach i'w wyneb. 'Mae Andrew Braithwaite wedi'i arestio yn Birmingham bore 'ma. Esgusodwch fi. Mae gen i waith i'w wneud.'

'Peth rhyfedd na wnaeth o adael i chi wybod mwy,' meddai Jeff ar ôl i Saunders adael, 'yn lle jyst mynd fel'na.'

'Dim ots,' atebodd Lowri. 'Mi ga i'r holl hanes mewn munud. Ydach chi'n hapus efo'r trywydd mae'ch ochr chi o'r ymchwiliad yn ei gymryd?'

'Ydw, tad, diolch i chi. Heblaw am un peth,' ychwanegodd.

'O?'

'Fedrwch chi ddim ffeindio swyddfa arall iddo fo, na fedrwch?'

'Rhaid i bawb ddysgu sut i gyd-dynnu, Jeff,' meddai. 'Cofiwch chi hynna.'

Pennod 14

Dim ond hanner awr dda oedd ar Jeff ei hangen ar y ffôn ac ar gyfrifiadur cenedlaethol yr heddlu i ddysgu mai un teulu yn unig o'r enw Allsop oedd yn byw yng Nghroesoswallt – dynes o'r enw Margaret a dau fachgen yn eu harddegau a oedd mewn miri efo'r heddlu yn gyson. Swnio'n addawol, a pham gwastraffu amser? Dim ond amser cinio oedd hi, a byddai digon o amser i yrru yno, cyfweld y fam a theithio'n ôl cyn nos. Gofynnodd i un o'r plismyn lleol sicrhau fod Margaret Allsop gartref, a neidiodd i mewn i un o geir yr heddlu. Byddai yno ymhen dwy awr a hanner, amcangyfrifodd, ond roedd y traffig yn drwm a'r glaw yn drymach ar hyd y ffordd, a chymerodd y daith bron i dair awr. Parciodd ei gar y tu allan i dŷ Cyngor blêr ar stad nad oedd ymhell o ganol y dref. Edrychodd o'i gwmpas ar blant yn chwarae yng nghanol y glaw a diolchodd nad ei gar ei hun roedd o'n ei adael yn y fath le. Cododd ei goler rhag y gwynt a'r glaw a mentrodd allan.

Roedd y giât i'r ardd, os gellid galw'r anialwch a welai o'i flaen yn ardd, yn hongian ar un colfach, y glaswellt heb ei dorri a dant y llew yn hawlio mwy nag y dylai o'r hyn a oedd i fod yn lawnt y ddwy ochr i'r llwybr mwdlyd. Troediodd yn ofalus rhag sathru ar y baw ci a edrychai fel petai wedi bod yno ers peth amser, a chnociodd yn ysgafn ar y drws gan fod y gwydr ynddo wedi cracio. Gwelodd gyrten y ffenest yn symud ac ymhen dim, agorwyd y drws.

O'i flaen safai dynes fer yng nghanol ei phedwardegau a oedd yn cario llawer mwy o bwysau nag oedd yn iach iddi. Petai wedi mynd i'r drafferth o wisgo bronglwm byddai hynny wedi helpu rhywfaint, meddyliodd. Syllodd y ddynes arno'n fud heb fath o emosiwn.

'Ditectif Sarjant Evans, CID Glan Morfa,' cyflwynodd Jeff ei hun. 'Dwi'n cymryd mai chi ydi Margaret Allsop, chwaer Mike.'

'Well i chi ddod i mewn ... os oes rhaid,' ychwanegodd.

Nid dyma'r croeso cynhesaf iddo ei gael. Trodd y ddynes a cherddodd i mewn i'r tŷ gan ddisgwyl i Jeff ei dilyn.

Roedd y tu mewn i'r tŷ bron yr un mor flêr â'r ardd, ac arogl saim a chŵn gwlyb yn gymysg drwy'r lle. Doedd fawr o ddodrefn yn yr ystafell fyw, dim ond dwy gadair, soffa a set deledu fawr yn y gornel yn dangos un o raglenni Sky.

Dysgodd cyn cychwyn o Lan Morfa mai dynes sengl oedd Margaret, yn ddi-waith ac yn derbyn budd-daliadau gan y llywodraeth. Dwyn a lladrata oedd diddordebau ei meibion.

'Isio siarad efo chi am Mike ydw i.'

'Braidd yn hwyr, tydi?' atebodd. Gollyngodd Margaret ei chorff yn drwm ar y soffa o'i flaen.

'Ydi wir,' atebodd Jeff, gan eistedd ar un o'r cadeiriau gwag heb dynnu ei gôt. Doedd ganddo ddim bwriad o wneud hynny. 'Chi oedd ei unig chwaer o? Oedd ganddo unrhyw deulu arall?'

'Ylwch, cyn i mi ateb mwy, dwi isio gwybod pam dach chi'n gofyn hyn i gyd. Mae 'na ddwy flynedd ers i Mike farw.'

'Digon teg,' meddai. ''Dan ni'n ymchwilio i farwolaeth

yng Nglan Morfa, ac ella bod 'na debygrwydd rhwng hynny a marwolaeth Mike.'

'Glan Morfa? O, lle neis. Es i ar fy ngwyliau yno pan o'n i'n blentyn.'

Ochneidiodd Jeff, ac ailadrodd ei gwestiwn cyntaf. 'Oedd gan Mike unrhyw deulu arall?'

'O. Ia ... na. Mi gollon ni'n rhieni flynyddoedd yn ôl, a wnaeth o 'rioed briodi. Y fyddin, meddwi a hel merched oedd ei betha fo. Doedd ganddo ddim diddordeb mewn unrhyw gyfrifoldebau tu allan i'r fyddin. Mi oedd o'n 'i gwneud hi'n iawn tra oedd o yn y fyddin, cofiwch, dim 'fatha fi yn fama yn chwilio am ryw fath o fodolaeth, a'r hogia 'cw'n creu dim byd ond blydi trafferth i mi.'

'Oedd o'n dod yma i'ch gweld chi'n aml?' gofynnodd Jeff.

'Ambell dro, pan oedd o ar wyliau o'r fyddin, ond, na, ddim yn aml iawn.'

'Pryd oedd y tro olaf i chi 'i weld o?'

'Tri neu bedwar mis cyn iddo fo farw. Roedd o wedi bod dramor yn rwla. Wnes i ddim gofyn lle, ond roedd ganddo bythefnos i ffwrdd cyn gorfod mynd yn ôl i wneud cyfnod arall yn y pencadlys.'

'Blackstock?'

'Ia, dyna chi.'

'Be wyddoch chi am ei farwolaeth o?'

Dechreuodd Margaret rowlio sigarét yn ei llaw cyn ateb. Llyfodd y papur, ei rhoi yn ei cheg a'i thanio. Ddaru Jeff ddim ymdrech i'w brysio hi.

'Dim ond be ddeudon nhw wrtha i. A doedd hynny ddim gwerth ei goelio tasach chi'n gofyn i mi. Chydig iawn ges i i'w wneud efo'r cwbl. Y fyddin gymerodd drosodd ...

doedd y modd ddim gin i i wneud dim fy hun, welwch chi, ac fel ro'n i'n deud doeddan ni ddim wedi bod mor agos â hynny ers blynyddoedd. Wnes i ddim hyd yn oed boddro mynd yno, a deud y gwir wrthach chi. Y fyddin oedd ei deulu agosaf o. Mi oedd o wedi'i gladdu neu ei losgi neu beth bynnag ddaru nhw iddo fo cyn i mi droi rownd.'

'Doeddech chi ddim yn agos, oeddach chi'n deud?'

'Dim o gwbl. 'Mond isio rwla i roi ei ben i lawr oedd o pan oedd o'n dod yma rhwng un post a'r llall.'

'Sut gawsoch chi wybod ei fod o wedi marw, Margaret?'

'Ryw ddyn mawr posh mewn iwnifform smart ddoth yma ben bore ryw ddiwrnod. Mi oedd ganddo fo ddreifar a bob dim, dyn mawr efo trwyn cam, ond ddaru hwnnw ddim dod i mewn i'r tŷ. Dim ond agor drws cefn y car i'r llall ddod allan. Ond yr un ddaeth i mewn 'ma, sa fo rywfaint mwy ffâr bac, 'sa'i lais o wedi cychwyn o rwla'n agos i'w din o.' Tynnodd ar ei sigarét ac anadlodd y mwg yn ddwfn i mewn i'w hysgyfaint. 'Deud ddaru o fod ganddo newydd drwg i mi.'

'Pwy oedd o?'

''Rhoswch am funud bach rŵan i mi drio cael cofio 'i enw fo. Mendelssohn neu rywbeth felly dwi'n meddwl.'

'Farquarson?' awgrymodd Jeff.

'Ia, dyna fo.'

'A be ddeudodd o oedd achos marwolaeth Mike?'

'Deud ei fod o wedi cael ei ffeindio wedi crogi'i hun ddaru o.'

'A be oeddach chi'n feddwl o hynny?'

'Mike? Crogi ei hun? Dim blydi peryg. Welais i 'rioed mohono fo'n isel ei ysbryd. Yr unig beth oedd yn ei boeni o oedd lle oedd y peint nesa neu'r ddynas nesa'n dod. Mike? Ddaru Mike ddim crogi ei hun, saff i chi.'

Dyma'r ail waith o fewn wythnos i Jeff glywed yr un geiriau gan ddwy ddynes mewn sefyllfaoedd tebyg. Roedd Siân Morris wedi bod yr un mor bendant, cofiodd. 'Ddeudodd Farquarson rwbath arall ynglŷn â'r crogi?' gofynnodd.

'Mi ddeudodd fod y peth wedi digwydd mewn coedwig tu allan i'r camp. Rhaff wedi'i chlymu i gangen coeden a rownd ei wddw fo, a dyna sut gawson nhw hyd iddo fo yn hongian. Nes i 'rioed feddwl y bysa Mike yn gwneud y fath beth, a dwi ddim yn coelio hyd heddiw chwaith – a wna i byth.' Chwythodd Margaret fwy o fwg allan drwy ei ffroenau.

'Glywsoch chi rwbath am unrhyw gwest?' gofynnodd Jeff.

'Naddo, dim byd o flaen llaw, ond mi ges i wybod bod 'na un wedi bod, ac mai'r canlyniad oedd hunanladdiad.'

'Soniodd Farquarson am unrhyw farciau ar gorff Mike?'

Ysgydwodd Margaret ei phen wrth geisio cofio.

'Marciau fel tatŵ?' ychwanegodd Jeff.

'Naddo. Mi oedd gan Mike datŵs, wrth gwrs. Sawl un ar draws ei gorff ym mhob man. Mi wyddoch chi fel mae'r milwyr 'ma.'

'Rwbath ar ei dalcen o?'

'Argian na – milwr oedd Mike, nid ryw blydi pync ddiawl.'

Roedd yn rhaid i Jeff chwerthin, yn enwedig wrth ystyried y golwg oedd arni hi. 'Wel, diolch i chi, Margaret,' meddai. Os fydda i angen gofyn rwbath arall, mi wna i gysylltu eto.'

'Gwrandwch, cyn i chi fynd,' meddai Margaret. 'Mi oedd 'na un peth arall ro'n i'n 'i weld yn rhyfedd. Mi ofynnodd hwnnw, y boi ddoth yma, i mi os oedd 'na rywun wedi bod yma'n chwilio amdano fo ... Mike dwi'n feddwl.'

'Pryd?'

'Yn yr wythnosau neu'r misoedd cyn iddo fo farw, am wn i. Ac mi ofynnodd a wyddwn i am rywun neu rwbath oedd yn ei boeni o. Ddeudis i nad oeddwn i. Doedd Mike ddim yn un i boeni am ddim byd a Duw a helpo rhywun fysa'n trio'i boeni o.'

'Be oedd y tu ôl i hynny, dach chi'n meddwl?'

'Dim syniad, wir. Ond mi wn i na fysa dim byd yn ei yrru o i ladd ei hun, coeliwch chi fi. Gobeithio bod hynna'n rhywfaint o help i chi, Sarjant. Gymerwch chi banad o de cyn i chi fynd adra?'

'Na, dim diolch i chi, Margaret.' Gobeithiodd nad oedd wedi ateb yn rhy gyflym.

Roedd y glaw wedi arafu a'r traffig wedi ysgafnhau erbyn iddo gychwyn am adref. Gyrrodd oddi yno a'r wybodaeth newydd yn troi yn ei ben. Roedd Michael Allsop yn un arall nad oedd yn debygol o ladd ei hun, ym marn ei berthynas agosaf. Yn debyg i David McBryde, rhaff oedd yn gyfrifol am y farwolaeth. Doedd yr amgylchiadau ddim yn hynod o debyg, ond wedi ystyried hynny, rhaff oedd rhaff, a chael eu tagu gan raff wnaeth y ddau. Doedd yr un MO ddim yn bell o'r llall, a doedd yr hyn ddigwyddodd i Steve Morris ddim mor wahanol chwaith. A pham oedd Farquarson wedi gofyn i Margaret oedd rhywun wedi bod yn chwilio am ei brawd? Byddai'n rhoi cyflog mis i gael gwybod oedd marc tebyg i datŵ ar dalcen Allsop pan ddarganfuwyd o'n hongian oddi wrth y goeden. Roedd yr wybodaeth honno gan yr Is-gapten Farquarson, yn sicr, ond doedd hwnnw ddim yn debygol o'i rhannu. Oedd 'na ddrws cefn i fanylion yr achos, tybed?

Dechreuodd cwestiwn arall godi'i ben. Dau ddyn wedi'u llofruddio hyd yn hyn, efallai tri. A'r tri â chysylltiad â barics Blackstock. Oedd o'n chwilio am lofrudd cyfresol?

Pennod 15

Roedd y cyffro fel petai'n llifo mewn tonnau anweledig pan lanwodd ystafell y gynhadledd fore trannoeth gan fod digwyddiadau'r diwrnod cynt wedi hidlo'u ffordd i glustiau'r ditectifs a'r staff atodol. Yn ôl Lowri Davies, a ddechreuodd annerch y cyfarfod, arestiwyd Andrew Braithwaite, perchennog Garej Aberceirw, yn Birmingham y diwrnod cynt a daethpwyd â fo i Lan Morfa yn ystod y gyda'r nos. Yna dewisodd Lowri roi cyfle i'w dirprwy gymryd y llyw.

'Dim ond Andrew Braithwaite, y tad, sydd dan glo hyd yma,' meddai Saunders wrth godi ar ei draed yn awdurdodol a hyderus. 'Mae ei fab, Charlie yn dal ar ffo, ac mae'n amlwg ei fod o'n gwybod ein bod ni ar ei ôl o. Tydi'r tad ddim wedi cael ei holi'n fanwl eto ond, fel y disgwyl, mae o'n gwadu'r llofruddiaeth. Be mae o wedi'i ddweud ydi ei fod o wedi dianc o'r ardal hon ar y dydd Sul ar ôl clywed am farwolaeth Steve Morris. Fel y gwyddoch chi, cael ei drin fel achos o hunanladdiad oedd y farwolaeth bryd hynny, felly pam dianc, meddach chi? Mae ganddo gryn dipyn i'w egluro, ac mi fydd yn cael ei gyfweld yn swyddogol yn ddiweddarach heddiw.'

'Lle mae o wedi bod am yr wythnos ddwytha?' gofynnodd un o'r ditectifs.

'Hyd y gwyddon ni,' atebodd Saunders, 'roedd o'n symud o un lle i'r llall, yn rêl ffoadur, yn aros efo teulu neu gyfeillion. Mae 'na ddau o'n timau ni wedi aros yn Birmingham i geisio darganfod pwy yn union ydyn nhw, a'u holi nhw er mwyn darganfod be ddeudodd Braithwaite wrthyn nhw. Efallai ei fod o wedi trafod y llofruddiaeth ... cawn wybod mwy cyn bo hir, gobeithio.'

'Lle a sut gafodd o ei arestio?' gofynnodd yr un llais.

'Lwc mwnci,' atebodd Saunders. 'Cael ei stopio ddaru o gan ddau o blismyn traffig lleol am yrru trwy olau coch bore ddoe, ac mi ffeindion nhw'n syth ein bod ni ar ei ôl o. Mae swyddogion fforensig yn mynd trwy ei gar o rŵan, a dan ni'n gobeithio cael eu hadroddiad cyntaf nhw cyn diwedd y dydd. Mi fydd nifer o ymholiadau ychwanegol i'w gwneud ar ôl i ni gyfweld Andrew Braithwaite yn hwyrach heddiw, a dwi'n ffyddiog ein bod ni'n symud ymlaen i'r cyfeiriad cywir.'

Roedd pawb ar fin codi o'u seddau pan siaradodd Lowri Davies. 'Arhoswch am funud, os gwelwch yn dda,' meddai. 'Ditectif Sarjant Evans, wnewch chi roi crynodeb o'ch ymholiadau chi, plis? Ar eich traed, os gwelwch yn dda.'

Cododd Jeff yng nghefn yr ystafell, yn ymwybodol ei fod ar fin tywallt dŵr oer dros hyder a gobaith Saunders heb sôn am obeithion pawb arall yn yr ystafell.

'Dwi wedi bod yn dilyn trywydd hollol wahanol i'r gweddill ohonoch chi,' dechreuodd, a thrwy gornel ei lygaid gwelodd Saunders yn ysgwyd ei ben yn araf ac yn gwenu'n llechwraidd. 'Treuliais ddiwrnod yng Ngogledd Iwerddon yn dysgu am amgylchiadau llofruddiaeth dyn yno – artist tatŵs ar un adeg – dyn o'r enw David McBryde. Roedd ganddo yntau datŵ ar ei dalcen pan ganfuwyd ei gorff, un tebyg i'r un a adawyd ar dalcen Steve Morris, ond mae'n debygol mai'r llythyren 'D' oedd hwnnw yn hytrach na

138

chylch. Gwnaeth hynny i mi feddwl nad cylch oedd ar dalcen Steve Morris, ond y llythyren "O". Ar ôl holi ymhellach, dwi wedi darganfod bod y ddau, Morris a McBryde, wedi bod yn y fyddin ac wedi mynd trwy gyfnod o hyfforddiant efo'i gilydd ym marics Blackstock yn nechrau 2012. Un o'r hyfforddwyr oedd yn eu dysgu yn y fan honno ar y pryd oedd gŵr o'r enw Corporal Allsop, a darganfuwyd ei gorff yntau fis Awst ddwy flynedd yn ôl, bedwar mis yn unig ar ôl llofruddiaeth McBryde. Yn Blackstock y digwyddodd hynny – roedd o'n crogi efo rhaff o gangen coeden. Yn ôl heddlu'r fyddin, oedd â'r awdurdod i ymchwilio, achos o hunanladdiad oedd o. Mi es i weld chwaer Allsop yng Nghroesoswallt ddoe ac mae hi'n bendant na fyddai ei brawd byth wedi lladd ei hun. Doedd o ddim y teip, medda hi, i wneud y fath beth.'

'Sut na fedrwch chi gymryd gair swyddog o heddlu'r fyddin mai hunanladdiad oedd achos marwolaeth Allsop?' gofynnodd Saunders. 'Dim ond dyfalu all ei chwaer wneud, siŵr gen i. Nid hi gynhaliodd yr ymchwiliad.'

'Am fod cyd-ddigwyddiadau wedi codi na alla i eu hanwybyddu. Mae'r tri wedi marw o fewn tua dwy flynedd i'w gilydd, a'r tri yn adnabod ei gilydd o'u dyddiau yn Blackstock yn nechrau 2012. A pheidiwch ag anghofio bod rhywun wedi ceisio ein darbwyllo ni mai hunanladdiad oedd marwolaeth Steve Morris hefyd.'

'Fel hyn dwi'n gweld y sefyllfa, Sarjant Evans,' meddai Saunders eto, yn mynnu datgan ei farn yn gyhoeddus. 'Mae ganddoch chi ddau gorff a marciau ar eu talcenni. Mae'r IRA, yn ôl eich adroddiad chi ar gronfa ddata'r ymchwiliad, yn cael eu hamau o ladd McBryde a rhoi'r llythyren 'D' ar ei dalcen sy'n sefyll am '*defector*', am ei fod wedi ymuno â'r fyddin Brydeinig. Dyna mae heddlu Gogledd Iwerddon yn ei gredu, ynte?'

'Ia,' atebodd Jeff. Doedd ganddo ddim dewis ond cytuno, er ei fod yn gwneud hynny'n anfodlon.

'Oes 'na unrhyw dystiolaeth neu amheuaeth fod yr IRA yn gysylltiedig â llofruddiaeth Steve Morris?'

Roedd yn rhaid i Jeff gyfaddef nad oedd. Gwyddai'n iawn pa drywydd roedd Saunders yn ei ddilyn.

'Ac mae'r unig gysylltiad arall, sef perthynas y dynion yn y fyddin, yn mynd yn ôl dros chwe blynedd i'r flwyddyn 2012. Felly, dwi'n awgrymu bod yn rhaid i ni gymryd y farn, a honno o le da, mai hunanladdiad oedd achos marwolaeth Allsop. Does dim sôn am datŵ ar gyfyl talcen corff Allsop, nagoes? Ac mae'r creadur wedi'i gladdu bellach, felly mi gawn ni anghofio am y fath bosibilrwydd.'

'Dyna sut mae petha'n edrych. Ond am ryw reswm roedd heddlu'r fyddin yn gynnil iawn â'r wybodaeth a roddwyd i mi, a tydw i ddim yn hapus o gwbl efo'r sefyllfa honno. Yn sicr, mae angen tyrchu mwy i'r cyfeiriad hwnnw.'

Torrodd Lowri Davies ar eu traws cyn i'r ddadl fynd yn hyll o flaen pawb.

'Ac mi ydw i'n hapus i chi wneud hynny ar hyn o bryd, Sarjant Evans, ond i chi adrodd yn ôl i mi yn ddyddiol, yn ôl ein cytundeb. Iawn?'

Gwyddai Jeff nad oedd o'n gwastraffu ei amser.

Yn ôl yn ei swyddfa trodd ei feddwl at y tatŵs. Beth oedd eu hystyr, a pham eu rhoi ar y cyrff yn y lle cynta? Os mai negeseuon oedden nhw, i bwy? I'r heddlu, i deuluoedd yr ymadawedig, neu rywun arall?

Penderfynodd Jeff yrru neges e-bost i bencadlys pob heddlu trwy Brydain, yn gofyn am wybodaeth ynglŷn ag unrhyw lofruddiaethau ers 2012 lle'r oedd tatŵs neu farciau anarferol wedi cael eu hargraffu ar dalcenni'r cyrff. Ond roedd angen iddo gael awdurdod uwch-swyddog i wneud hynny, felly disgwyliodd i Lowri ddod yn ôl i'w swyddfa yn hytrach na mynd at Saunders. Doedd ganddi hi ddim gwrthwynebiad.

Treuliodd Jeff weddill y dydd yn nodi canlyniadau ei ymdrechion hyd yma ar system yr ymchwiliad.

Am bump o'r gloch y prynhawn eisteddodd yng nghefn yr ystafell gynhadledd unwaith eto. Yn ôl Saunders roedd Braithwaite wedi cael ei holi yng nghwmni ei gyfreithiwr am y rhan fwyaf o'r dydd, ond roedd yn dal i wadu gwneud unrhyw niwed i Steve Morris. Roedd yn barod i gyfaddef, fodd bynnag, ei fod o a Morris wedi ffraeo ar ôl i Morris ddwyn dipyn go lew o fusnes Garej Aberceirw, a'i fod wedi herio Morris yn nhafarn y Rhwydwr a bod y ddadl wedi parhau y tu allan. Taflwyd nifer o ergydion, meddai, a phan gafodd ei daro i'r llawr gan Morris roedd o wedi addo iddo nad dyna fyddai ei diwedd hi. O fewn dyddiau i hynny clywodd am farwolaeth Steve Morris ac mewn panig, penderfynodd ddiflannu o'r ardal gan fod nifer o gwsmeriaid y Rhwydwr wedi eu clywed yn dadlau ac un ohonyn nhw, o leia, wedi ei glywed yn bygwth Morris. Cyfaddefodd nad oedd ganddo alibi ar y bore Sadwrn pan lofruddiwyd Morris, ond taerodd nad fo a'i lladdodd. Pan holwyd am ei fab, Charlie, dywedodd Braithwaite fod hwnnw wedi treulio rhai dyddiau yng Nglan Morfa yr wythnos honno, a'i fod wedi gadael yr ardal ar y nos Iau pan oedd Steve Morris yn fyw ac yn iach.

Mynnodd Saunders fod archwiliad fforensig o'i gar yn Birmingham wedi bod ychydig yn fwy llwyddiannus. Gwnaethpwyd archwiliad ar bâr o oferôls oedd ym mŵt y car a darganfuwyd olion sylweddol o garbon monocsid arnynt. Ond nid oedd hynny'n annisgwyl o gofio ei fod yn fecanic oedd yn gweithio yng nghanol nwyon egsôst bob dydd.

Wedi i'r cyfarfod orffen aeth Jeff yn ôl i'w swyddfa rhag ofn bod atebion wedi cyrraedd i'r e-bost a yrrodd i holl heddluoedd y wlad. Roedd nifer yn aros amdano, ond tarodd un ei lygad yn syth. Neges gan Heddlu Swydd Caer oedd hi, yn tynnu sylw at lofruddiaeth gŵr gweddol ifanc o'r enw Peter Haynes yn Warrington ddwy flynedd ynghynt, dri mis ar ôl marwolaeth Allsop. Roedd y llythyren 'A' wedi'i thatŵio ar ei dalcen. Disgynnodd Jeff yn ôl yn ei gadair.

'Un arall,' meddai wrtho'i hun.

Pennod 16

Doedd dim amser i'w golli. Yn gynnar iawn y bore canlynol, ar ôl gadael nodyn ar ddesg Lowri Davies, cyrhaeddodd Jeff orsaf yr heddlu yn Warrington am chwarter i naw.

'Ditectif Arolygydd Gordon Woodall, os gwelwch yn dda,' meddai wrth y ferch y tu ôl i'r cownter gan fflachio ei gerdyn gwarant. 'Mae o'n fy nisgwyl i.' Roedd wedi gwneud y trefniadau perthnasol y noson cynt.

Eisteddodd ar fainc bren i edrych o gwmpas yr ystafell aros. Gallai fod yn eistedd mewn unrhyw orsaf heddlu ym Mhrydain – roedden nhw i gyd yr un fath, i gyd yn dangos yr un diffyg dychymyg. Hen baent brown ar hanner isaf y waliau a lliw mwstard budr ar yr hanner uchaf a nenfwd a fu unwaith yn wyn. Roedd y posteri ar y waliau yn siŵr o fod wedi'u dosbarthu gan y Swyddfa Gartref i bob llu yn y wlad: yr un rhybuddion am beidio yfed a gyrru, atal troseddau, gwarchod y gymuned, gyrru'n ofalus ac yn y blaen. Yr unig wahaniaeth yng Nghymru oedd eu bod yn ddwyieithog – yr un oedd y lluniau. Cafodd ei ddeffro o'i fyfyrdod pan agorwyd y drws i weddill yr adeilad gan ŵr gweddol fyr yn tynnu at ei ddeugain oed, yn gwisgo siwt lwyd olau a thei liwgar nad oedd yn cyd-fynd â'i wyneb coch a'i wallt golau. Roedd ei wên yn ymestyn o glust i glust.

'Jeff Evans, myn diawl!' meddai gan ymestyn ei law i'w gyfeiriad. 'Be goblyn sy'n dod â dyn fel chdi yma i 'ngweld i mor gynnar yn y bore?'

'Ar ddallt o'n i fod gen ti fwrdwr ar dy batsh na fedri di ei chlirio, a meddwl y byswn i'n dod draw i wneud y job ar dy ran di,' atebodd Jeff, a chwarddodd y ddau.

'Os wyt ti'n meddwl dy fod ti'n ddigon o foi, Jeff bach, mae croeso i ti drio. Ty'd i fyny am baned ac mi gawn ni sgwrs i weld fedrwn ni helpu'n gilydd.'

Roedd y ddau wedi treulio tri mis gyda'i gilydd ar gwrs hyfforddiant ditectifs yn Wakefield flynyddoedd ynghynt ac wedi bod yn gyfeillion ers hynny, er nad oeddynt wedi gweld ei gilydd yn ddiweddar. Llifodd atgofion difyr dros y paneidiau yn y cantîn, ond ar ôl iddyn nhw gyrraedd swyddfa Gordon Woodall trodd y sgwrs yn fwy difrifol.

'Fel ro'n i'n deud neithiwr, yn llofruddiaeth Peter Haynes mae fy niddordeb i,' esboniodd Jeff. 'Mae gen inna lofruddiaeth anghyffredin yng Nglan Morfa 'cw a dwi'n meddwl y gall fod cysylltiad rhwng y ddau.'

'Wel, mi wyt ti wedi dod i'r lle iawn,' meddai Gordon. 'Ro'n i'n gweithio ar yr achos hwnnw fy hun, a chan nad ydi'r llofrudd wedi'i ddal, mae'r ffeil yn dal i fod yn agored. Be ydi'r cysylltiad, ti'n meddwl?'

'Tatŵ ar ei dalcen o.'

'Dim ond ar ei dalcen o?' Gwenodd Gordon. 'Oedd, mi oedd 'na datŵ yn siâp y llythyren "A" ar dalcen ein dyn ni hefyd, ond doedd 'na ddim llawer o'i gorff o'n glir o datŵs o ryw fath, ar f'enaid i, a'r rhan fwyaf o'r rheiny wedi'u gwneud ganddo fo ei hun neu un o'i fêts o yn y carchar, 'swn i'n amau dim. Dyna pam na wnaethon ni gymryd cymaint â hynny o sylw ohono. Ond deud wrtha i am y llofruddiaeth yng Nglan Morfa i ddechra, ac mi gawn ni weld sut fedra i dy helpu di.'

Cymerodd Jeff ugain munud i ddweud y cwbl, yn

cynnwys llofruddiaeth McBryde. 'Y peth sy'n creu penbleth i mi,' meddai, 'ydi'r tatŵs ar dalcenni'r ddau, ac wrth gwrs, rŵan, yr un ar dalcen Peter Haynes hefyd. Anaml mae llofrudd yn gadael ei farc fel hyn, yn fy mhrofiad i, a fedra i ddim deall pam y gwnaeth o yn yr achosion hyn.'

'Dwi'n cytuno,' atebodd Gordon. 'Ond ella nad ydi'r tatŵ yn gysylltiedig â llofruddiaeth Haynes yn yr achos yma.'

'Sut felly?'

'Oherwydd cefndir Haynes. Ti'n gweld, rhyw dwll tin o rapsgaliwn oedd o, yn byw mewn byd tywyll ofnadwy, yng nghanol cyffuriau a'r holl droseddu a dioddefaint sy'n dod yn sgil y ffordd honno o fyw. Do'n i erioed wedi gweld y fath beth o'r blaen, a dwi, fel tithau, wedi gweld cryn dipyn o fudreddi a chaledi yn y job 'ma. Cyffuriau caled oedd ei betha fo, a dyna sut roedd o'n gwneud ei fywoliaeth – prynu a gwerthu – ac yn fodlon gwneud rwbath i gadw'i ben uwchben y dŵr. Ro'n i bron iawn â theimlo piti drosto fo ... hogyn â phroblemau iechyd, wedi defnyddio llawer mwy na'i siâr o gyffuriau caled ar hyd y blynyddoedd a dim ffordd allan o'r twll roedd o ynddo.'

'Delio er mwyn ariannu ei habit ei hun oedd o felly?'

'Yn hollol. Rŵan ta, cyn i mi ddod at fanylion ei lofruddiaeth, gad i mi ddeud ei hanes o o'r dechrau.' Trodd Gordon at y cyfrifiadur ar ei ddesg ac ymhen dim roedd wedi agor cronfa ddata'r ymchwiliad perthnasol. 'Dyma ni,' meddai. 'Mae pob dim yn fama. Tydi petha wedi newid ers i ni ddechra yn y job 'ma, dŵad? Cyfrifiaduron yn lle ffeiliau papur, ond dim llawer llai o waith i'w wneud chwaith.' Defnyddiodd y llygoden er mwyn symud drwy'r wybodaeth berthnasol. 'Dyn sengl oedd Peter Haynes, oedd wedi colli cysylltiad â'i deulu ers iddo gael ei luchio allan o'r fyddin yn Hydref 2013,' darllenodd oddi ar y sgrin o'i flaen.

'Y fyddin,' myfyriodd Jeff gan bwyso ymlaen yn ei gadair.

'Ia, y fyddin. Pam?' gofynnodd yntau.

'Ddo i yn ôl at hynny eto, Gordon. Caria di yn dy flaen.'

'Wel, cael ei ryddhau dan gwmwl ddaru o ... *dishonorable discharge.*'

'Pam?'

'Yn Awst 2013, mi fu adra am y penwythnos a dod yn ôl i'r barics efo digon o gyffuriau i wneud cryn dipyn o lanast. Wrth gwrs, mi gafodd o'i ddal, ac roedd yr uwch-swyddogion yn credu mai rhannu neu werthu'r cyffuriau rhwng ei gyd-filwyr oedd ei fwriad. Roedd digon o dystiolaeth i amau nad hwnnw oedd y tro cyntaf, o bell ffordd. Cynhaliwyd cwrt-marsial ymhen y mis, a'r canlyniad oedd iddyn nhw gael gwared arno fo.'

'Dim cosb arall?'

'Na, dim. Dim ond eisiau ei gael o'n ddigon pell o'r fyddin oedden nhw.'

'A doedd dim ymchwiliad chwaith i ffynhonnell y cyffuriau?'

'Na.'

'A wnaeth heddlu'r fyddin ddim cysylltu â'r heddlu ar y tu allan chwaith?'

'Na. Siomedig, 'te? Ond dyna pryd y trodd byd Haynes ar ei echel. Dros nos roedd o wedi mynd o fod yn filwr efo strwythur pendant i'w fywyd i fod yn ddyn ifanc di-waith, heb le i fyw na gobaith o wella'i sefyllfa. Yr unig beth oedd ganddo oedd ei gysylltiadau – y bobl oedd yn uwch na fo yn y gadwyn ddosbarthu cyffuriau – ac wrth gwrs, roedd y rheiny bob amser yn fodlon gwerthu mwy iddo fo. Fel dwi'n dallt roedd ganddo fo gwsmeriaid rheolaidd y tu allan i'r fyddin hefyd ... mae 'na ddigon o alw am y stwff o gwmpas y lle 'ma, fel y gwyddon ni'n dau. Ta waeth am hynny, pan ddaeth Haynes yn ei ôl i'r ardal 'ma, mi ddaeth i sylw'n bois ni yn reit handi fel deliwr gweddol fychan – er, erbyn gweld, roedd o'n delio dipyn mwy nag yr oeddan ni'n feddwl ar y pryd. Cyn hir mi gafodd ei ddal, a'i yrru i'r carchar am gyfnod o chwe mis yn nechrau 2014. Daeth allan ar ôl tri mis wedi gwneud hanner ei amser. Dyna pryd, rydan ni'n meddwl, y sylweddolodd y diawl bach y gallai o wneud arian mawr drwy gyflenwi carcharorion â chyffuriau, er bod y risg o wneud hynny'n enfawr mewn byd mor galed. Erbyn iddo ddod allan o'r carchar roedd ganddo nifer o datŵs ar ei gorff. Petha hyll i gyd, ar ei fysedd, ei wddf a'i freichiau; llythrennau neu farciau amrwd roedd o neu garcharorion eraill wedi'u harlunio oedd y rhan helaetha ohonyn nhw.'

'Wela i. Dwi'n gweld felly pam na roddoch chi lawer o sylw i'r tatŵ ar ei dalcen. Ond mae hyn yn mynd yn ôl i haf 2014. Be ddigwyddodd i Haynes wedyn?'

'Dal i ddelio, yn syth ar ôl iddo ddod allan o'r carchar, a doedd hi ddim yn hir cyn iddo gael ei ddal eto fyth. Erbyn hynny roedd o'n llawer llai amaturaidd ac wedi esgyn ris neu ddau ar yr ysgol, 'swn i'n deud, ac o fewn blwyddyn cafodd ei ddal yn defnyddio drôn i smyglo cocên i mewn i garchar agored Thorn Cross, sy ddim ymhell oddi yma. Mi oedd hi'n amlwg ar y pryd nad hwnnw oedd ei ymgais gyntaf. Beth bynnag arall oedd o, doedd o ddim yn un o'r hogia mwya peniog yn y byd – mi driodd gael y drôn i'r carchar yng ngolau dydd a'r cwbwl oedd yn rhaid i swyddogion y carchar ei wneud oedd dilyn y drôn allan o libart y carchar am hanner milltir neu lai ac mi ddaliwyd o, yn dianc efo'r teclyn oedd yn llywio'r drôn yn ei law. Erbyn hynny roedd pwy bynnag a'i gyrrodd o yno wedi diflannu. Wnaethon ni ddim llwyddo i ddal hwnnw na dysgu sut gar oedd ganddo fo, a wnaeth Haynes ddim agor ei geg chwaith. Tair blynedd o garchar gafodd o am hynny ar ôl pledio'n euog yn Llys y Goron Caer ym Medi 2015.'

'Pryd rhyddhawyd o?' gofynnodd Jeff yn awyddus.

'Ddiwedd Awst 2017.'

'Mi fu'n rhaid iddo fo aros am ddwy flynedd yn hytrach na hanner ei ddedfryd, fel sy'n arferol, felly.'

'Do, mi wnaeth o ddwy flynedd allan o dair, ond dal dy wynt am funud bach, Jeff, i ti gael y stori i gyd.' meddai Gordon. 'Mi ddigwyddodd 'na lot fawr yn y cyfamser, fel y gwnaethon ni ddarganfod wrth ymchwilio i'w lofruddiaeth. Reit – dwi am fynd â chdi yn ôl i garchar agored Thorn Cross. Yno mae carcharorion yn treulio dwy flynedd olaf eu dedfryd fel arfer. Mae pob un yn cael ei ystafell ei hun neu'n rhannu efo un carcharor arall, ac yn cael allwedd i'w hystafelloedd. Maen nhw'n cael hyn a hyn o ryddid, a hyfforddiant mewn gwahanol feysydd er mwyn eu paratoi ar gyfer y byd gwaith ar ôl cael eu rhyddhau. Meddylia, Jeff, am y difrod gafodd ei wneud i'r ymddiriedaeth hwnnw pan ddarganfuwyd bod cyffuriau'n dew yno.'

'Mi fedra i gredu fod yr ymchwiliad gan yr awdurdodau wedi digwydd yn syth, yn enwedig os oedd cyffuriau wedi bod yn cyrraedd Thorn Cross ers tro.'

'Yn hollol,' cytunodd Gordon. 'Y canlyniad oedd bod yn agos i ddwsin o'r carcharorion wedi cael eu gyrru'n ôl i garchardai diogel am weddill eu dedfryd, a hynny'n syth.'

'Mi fedra i ddychmygu fod rhai ohonyn nhw'n siomedig o orfod treulio mwy o amser dan glo.'

'Nid yn unig y carcharorion, Jeff, ond eu teuluoedd hefyd. Peter Haynes oedd yn cael y bai fod y carcharorion wedi cael eu gyrru i garchardai eraill am mai fo gafodd ei ddal yn smyglo'r cyffuriau i mewn i Thorn Cross, felly doedd o ddim yn ddyn poblogaidd ar y tu mewn na'r tu allan. Dyna pam roedd y rhestr o bobl fyddai â rheswm i'w ladd yn un faith. Ond mae 'na fwy na hynny, Jeff. Pan gafodd Haynes ei garcharu am dair blynedd, i garchar Walton yn Lerpwl y gyrrwyd o. Unwaith eto roedd o yng nghanol y byd cyffuriau, ac mae'n amlwg ei fod o yn ei elfen yno. Mi oedd 'na sôn ei fod o wedi gwneud enw iddo'i hun drwy smyglo cyffuriau i mewn i Walton yn ei ben-ôl pan gyrhaeddodd yno gynta, ond wn i ddim os ydi hynny'n wir ai peidio. Os oedd o, dyna'r ffordd orau i garcharor newydd ennyn parch yn y fath le. Ond mae un peth sy'n sicr, sef bod Peter Haynes wedi bod yn smyglo cocên i mewn i Walton yn gyson drwy'r holl amser dreuliodd o yno, er na lwyddwyd i gael yr un tamaid o dystiolaeth yn ei erbyn. Felly mi elli di ddychmygu pa mor boblogaidd oedd o tra oedd o yn Walton, ac mi gafodd ei warchod yn ofalus gan rai o'r carcharorion caletaf yno – y rhai oedd yn rhedeg y sioe o'r tu mewn. Wrth gwrs, roedd rhai o'r gangiau eraill o fewn y carchar yn ceisio mynnu ei ffyddlondeb hefyd, felly Duw a ŵyr pwy oedd yn croesi pwy i mewn yno.'

'Mwy o bobl i'w hamau,' awgrymodd Jeff. 'A tydi Walton mo'r lle hawsaf i wneud ymholiadau, siŵr gen i. Oedd rhywun yn gwybod sut roedd o'n cael y cyffuriau i mewn yno yn y lle cynta?' gofynnodd.

'Efo help tri dyn: Stanley Fletcher, Norman Mackay a

Cyril Barrowclough. Dyna 'dan ni'n amau, beth bynnag, ond heb dystiolaeth allwn ni ddim mynd lawer pellach.'

'Ymwelwyr oedd y rheiny, dwi'n cymryd?' gofynnodd Jeff.

'Na, swyddogion y carchar.'

'O diar. Sut ddaethon nhw i'ch sylw chi?'

'Llythyr dienw i ddechrau, ac roedd yr awdur yn honni ei fod, neu ei bod, yn berthynas i rywun y tu mewn i'r carchar. Wyddon ni ddim pwy, nac os mai gan garcharor ynteu swyddog arall y daeth yr wybodaeth. Mi rois i ddwsin o dditectifs i weithio tu mewn i Walton yn dilyn llofruddiaeth Haynes, a chanlyniad hynny oedd darganfod bod y tri yma, Fletcher, Mackay a Barrowclough, yn llwgr – yn helpu Haynes ac yn cadw cefn y carcharorion mwyaf dylanwadol. A chofia di fod rhai o'r carcharorion hyn yn benaethiaid ar y gangiau mwyaf yn is-fyd treisiol gogledd-orllewin Lloegr ar y tu allan. Nhw, mewn gwirionedd, sy'n rhedeg carchar Walton, ar y cyd â'r swyddogion llwgr. Mae Fletcher, Mackay a Barrowclough yn byw yn llawer mwy moethus nag y bysan nhw ar gyflog swyddogion carchar yn unig, ond ma' hi wedi bod yn amhosib darganfod ffynhonnell unrhyw enillion ychwanegol.'

'Felly does gen ti ddim prawf?'

'Cywir. Cafodd y tri eu holi, wrth gwrs, ac ar ôl derbyn cyngor yr undeb a chyfreithwyr, ddaru 'run ohonyn nhw agor eu cegau.'

'Be ydi dy farn di, Gordon?'

'Eu bod nhw'n gyfrifol o lygredd, a does dim dwywaith eu bod wedi rhoi cymorth i Haynes, ond yn fwy na hynny does gen i ddim syniad. Be sy'n bwysig ydi bod ein hymchwiliad ni i lofruddiaeth Haynes wedi darganfod digon i awgrymu nad ydyn nhw ddim gwell na'r rhai maen nhw'n eu gwarchod. Rydan ni'n eu hamau nhw o ladd Haynes, ond fedrwn ni wneud dim am y peth heb dystiolaeth. Ti'n gweld, Jeff, roedd amheuaeth ynglŷn â'r tri swyddog yma fisoedd cyn llofruddiaeth Haynes, a hyd yn oed cyn iddo gael ei ryddhau ddwy flynedd yn ôl. Bu ymchwiliad mewnol gan swyddogion y Gwasanaeth Carchardai, ac roedd hwnnw'n dal yn agored pan lofruddiwyd Haynes. Cafodd Haynes, ymysg nifer o garcharorion eraill a ryddhawyd o gwmpas yr un adeg, eu cyfweld, yn y gobaith y bydden nhw'n fodlon datgelu gwybodaeth a allai arwain at gyhuddo'r tri swyddog. Yng nghanol yr holl firi yma y llofruddiwyd o, a dyna pam y gwnaethon ni roi cymaint o sylw i Fletcher, Mackay a Barrowclough.'

'Be oedd dyddiad rhyddhau Haynes o'r carchar?'

Edrychodd Gordon ar sgrin y cyfrifiadur o'i flaen. 'Dydd Gwener yr ail ar hugain o Fedi.'

'A dyddiad ei lofruddiaeth?'

'Nos Sadwrn, y deunawfed o Dachwedd, llai na dau fis yn ddiweddarach, ac ar y pryd, roedd o ar fin cael ei gyfweld eto gan ymchwilwyr y Gwasanaeth Carchardai.'

'A phwy oedd yn ymwybodol o hynny?'

'Neb ond yr ymchwilwyr, hyd y gwyddon ni, ond pwy a ŵyr a gafodd yr wybodaeth ei datgelu o flaen llaw, yn fwriadol neu beidio,' atebodd Gordon. 'Pam oedd gen ti gymaint o ddiddordeb yng ngyrfa fer Haynes yn y fyddin gynna?' gofynnodd.

'Am fod Steve Morris o Lan Morfa a McBryde o Enniskillen wedi bod yn y fyddin hefyd, a chael eu hyfforddi ym marics Blackstock ar yr un pryd ar ddechrau 2012. A dyna lle roedd Michael Allsop, yr un y darganfuwyd ei gorff dri mis cyn llofruddiaeth Haynes, yn hyfforddi milwyr ifanc hefyd.'

'Oedd 'na datŵ ar dalcen Allsop?'

'Ddim hyd y gwyddon ni, ond rhai gwael ydi heddlu'r fyddin am rannu gwybodaeth,' atebodd Jeff. Yna, cafodd syniad. 'Tydi hi ddim yn arferol i swyddogion carchar dynnu llun carcharorion cyn iddyn nhw gael eu rhyddhau, dŵad? Gawsoch chi lun o Haynes ar yr ail ar hugain o Fedi?'

'Naddo, dim i mi gofio. Ond gad mi weld os fedra i ffeindio allan a dynnwyd un.'

Cododd Gordon Woodall y ffôn a siaradodd â'i swyddog cyswllt yng ngharchar Walton. 'Do, mi dynnwyd ei lun o ar ddiwrnod ei ryddhau, ac mae o ar ei ffordd mewn e-bost rŵan,' esboniodd. 'A pheth arall,' ychwanegodd, 'doedd dim rheswm ar y pryd i ni holi ynglŷn â hyfforddiant Haynes yn Blackstock, ond ar ôl siarad efo chdi dwi'n meddwl efallai y dylen ni fod wedi gwneud.'

'Be fedri di ddeud wrtha i am fanylion llofruddiaeth Haynes?' gofynnodd Jeff.

'Tu ôl i dafarn y Crown yn y dre 'ma y daethpwyd o hyd iddo fo, ychydig ar ôl hanner nos fore Sul y pedwerydd ar bymtheg o Dachwedd.'

'Sut le ydi'r Crown?' gofynnodd Jeff.

'Dim y math o le fysat ti'n mynd â dy wraig, os ti'n fy nallt i. Roedd y dafarn yn llawn y nos Sadwrn honno, o rafins a rapsgaliwns. I'r Crown mae dynion yn mynd i chwilio am ferched, yn enwedig os ydyn nhw'n fodlon talu. Gan fod carioci neu fiwsig uchel yno a'r bar yn llawn meddwon rownd y ril, mae'n hawdd cadw proffil isel yno.'

'Coblyn o le felly.'

'Ia, a lle da i Haynes ddelio'i gyffuriau heb lawer o neb i amharu arno na busnesu. Does 'na fawr neb yn ei gofio yno, neu dyna stori'r rhan helaeth o'r cwsmeriaid eraill. Ond roedd y lle mor llawn, does ganddon ni ddim syniad pwy oedd y rhan fwya o'r cwsmeriaid. Mi heglodd lot fawr o'no unwaith y clywon nhw fod corff wedi'i ddarganfod tu allan.

'Lle oedd y corff?' gofynnodd Jeff.

'Chydig wedi hanner nos aeth un o'r cwsmeriaid allan i'r ale fach dywyll yn y cefn i chwydu, a fo ddaeth ar ei draws. Doedd dim posib deud pa mor hir roedd y corff wedi bod yno, ac ella bod nifer wedi ei weld a'i adael gan feddwl mai meddw oedd o. Galwyd am ambiwlans, ac un o'r parafeddygon alwodd yr heddlu ar ôl sylwi ar farciau hegar ar ei wddw, fel petai rwbath wedi cael ei rwymo amdano. Roedd 'na swp o gyffuriau yn ei bocedi, felly roedd hi'n amlwg nad dwyn oedd y cymhelliad.'

'Marciau rhwymo? Dwi'n cymryd felly mai cael ei grogi ddaru o?'

'Ia,' atebodd Gordon. 'O'r cefn gan rywun cryf iawn, yn ôl y patholegydd. Roedd hi'n bosib bod ei ddwylo wedi'u rhwymo hefyd.'

'Sut gwyddost ti hynny?'

'Marciau ar ei arddyrnau, ond doedd dim modd deud be wnaeth y rheiny.'

'Oes rhywun yn gwybod pryd gafodd o ei weld ddwytha yn y dafarn?'

'Mi welwyd Haynes gan berchennog y Crown – yr unig un oedd yn ddigon sobor i sylwi – yn mynd allan efo dyn arall tua hanner awr wedi un ar ddeg, a'r perchennog hefyd wnaeth yr alwad ffôn i'r gwasanaethau brys am chwarter wedi hanner nos.'

Oedd hynny'n ddigon o amser i arlunio'r tatŵ tybed, ystyriodd Jeff. 'Oedd disgrifiad o'r dyn arall?' gofynnodd.

'Dim un manwl – dyn gweddol ifanc, tal, llydan, yn gwisgo cot dywyll a'i goler wedi'i throi i fyny dros ei war, a chap gwlân glas tywyll wedi'i dynnu'n isel dos ei ben. Dyna'r cwbwl sy ganddon ni, ond yn ôl y perchennog doedd o ddim yn un o'i gwsmeriaid arferol. Welodd neb 'run o'r ddau yn dod yn ôl i mewn.'

'Rwbath arall?'

'Na, chydig iawn, ond fel ti'n gweld mae 'na ddigon – gormod, a deud y gwir – o drywyddau i'w dilyn. Gwerthwyr cyffuriau, carcharorion a swyddogion y carchar, heb sôn am gysylltiadau na wyddon ni ddim amdanyn nhw, fel y fyddin. A' i â chdi draw i'r Crown rŵan os leci di.'

Bachodd Jeff ar y cyfle.

Am chwarter wedi un ar ddeg cerddodd y ddau i mewn drwy ddrws ffrynt y Crown, a oedd newydd agor. Daeth arogl hen gwrw diflas i ffroenau Jeff, a gwelodd nifer o wydrau y tu ôl i'r bar yn disgwyl cael eu glanhau ar ôl y noson cynt. Cododd y perchennog ei ben ac amneidiodd Gordon arno, cystal â dweud nad oedd angen ei gymorth y tro hwn, ond newidiodd ei feddwl.

'O, dim ond un peth,' meddai, 'oedd gan Peter Haynes datŵ ar ei dalcen y noson y lladdwyd o?'

Cododd y perchennog ei ysgwyddau a gwneud ystum i awgrymu nad oedd o'n gwybod.

'Tatŵ mawr amlwg o lythyren "A" ar ei dalcen.'

Gwnaeth y perchennog yr un arwydd eto, gan barhau i sychu'r gwydryn yn ei law.

Cerddodd Jeff a Gordon allan drwy'r drws cefn, gan anwybyddu'r yfwyr cynnar oedd yn ciledrych yn amheus arnynt, i'r ale fechan lle darganfuwyd corff Peter Haynes.

'Fanna cafwyd o,' meddai Gordon, gan bwyntio tuag at y biniau blêr, gorlawn, 'yng nghanol y baw a'r chŵd. Diwedd reit debyg i weddill ei fywyd o, 'swn i'n deud.'

Edrychodd Jeff o'i gwmpas. Doedd dim lampau stryd na goleuadau eraill, ac roedd y ffordd fawr hanner canllath i ffwrdd. Hyd yn oed yng ngolau dydd roedd hwn yn lle annifyr.

'Be sy ymhellach draw?' gofynnodd.

'Dim. Gwelwyd fan fawr wen ddwy stryd i ffwrdd yn hwyr yr un noson, ond roedd hi wedi mynd erbyn tua hanner nos. Chawson ni ddim digon o fanylion i fedru gwneud chwiliad ar gyfrifiadur yr heddlu.'

Wedi i'r ddau ddychwelyd i swyddfa Gordon Woodall roedd e-bost wedi cyrraedd o garchar Walton, yn cynnwys y llun o Peter Haynes a dynnwyd pan gafodd ei ryddhau o'r carchar. Doedd dim math o datŵ ar ei dalcen.

'Wel,' datganodd Gordon. 'Rhoddwyd y tatŵ ar dalcen Haynes rhwng yr ail ar hugain o Hydref a'r deunawfed o Dachwedd felly.'

'Mi fyswn i'n fodlon betio mai ar noson ei lofruddiaeth y rhoddwyd o yno,' meddai Jeff.

Cafodd rwydd hynt gan Gordon i astudio'r holl ddata a gofnodwyd yn ystod yr ymchwiliad i lofruddiaeth Peter Haynes, a bu wrthi am weddill y dydd. Fel yr awgrymodd Gordon, doedd dim cofnodion yn ymwneud â'r cyfnod a dreuliodd Haynes yn y fyddin.

Wrth yrru adref yn ôl i Lan Morfa yn hwyr y noson honno, ystyriodd Jeff na allai bellach osgoi'r ffaith ei fod yn chwilio am lofrudd cyfresol. Ac os oedd hynny'n wir, lle a sut oedd marwolaeth Michael Allsop yn ffitio i'r darlun?

Pennod 17

Roedd hi'n hwyr pan gyrhaeddodd Jeff dref Glan Morfa, ond i orsaf yr heddlu yr aeth o, nid adref.

Dim ond tîm bychan o staff cefnogi oedd ar ôl yn swyddfeydd yr ymchwiliad. Tarodd olwg drwy ddrws swyddfa Lowri Davies ac yna drwy ddrws ei swyddfa ei hun. Doedd dim golwg o Brian Saunders chwaith. Roedd desg hwnnw'n berffaith dwt fel arfer, a'r unig arwydd a welodd o'i bresenoldeb oedd copi o *Daily Post* y diwrnod hwnnw yn y bin wrth ochr ei gadair. Estynnodd Jeff y papur – roedd y penawdau'n sôn am gwest a agorwyd yn Wrecsam yn dilyn hunanladdiad nyrs a fu'n gweithio yn Ysbyty Maelor y dref. Trodd y tudalennau'n gyflym nes y daeth ar draws y stori gyflawn. Roedd nyrs o'r enw Luke Cartwright wedi disgyn neu neidio i'w farwolaeth o ben ysgol allanfa dân yng nghefn Ysbyty Maelor ychydig dros bythefnos ynghynt. Yn ôl pob golwg, roedd y gŵr ifanc wedi bod yn isel ei ysbryd ers rhai wythnosau a'r gred oedd bod hynny'n gysylltiedig â'i farwolaeth. Adroddwyd hefyd fod cysylltiad rhwng ei iselder a'r anhwylder straen trawmatig yr oedd wedi bod yn dioddef ohono yn dilyn cyfnod yn y fyddin. Roedd ei angladd i gael ei gynnal yn Amlosgfa Wrecsam ymhen dau ddiwrnod.

Eisteddodd Jeff yn ôl yn ei gadair a'i feddwl ar garlam. Oedd 'na gysylltiad? Hunanladdiad dyn ifanc. Y cysylltiad â'r fyddin. Roedd yr hen deimlad cyfarwydd hwnnw yng ngwaelod ei fol yn ei ôl, yr un na allai ei anwybyddu ... ond tybed a oedd o'n chwilio am dystiolaeth lle nad oedd dim yn bod? Wedi'r cwbwl, gallai fod yn gyd-ddigwyddiad. Penderfynodd fynd adref.

Er ei fod wedi blino yn gorfforol a meddyliol, ni ddaeth cwsg yn hawdd y noson honno. Bu'n troi a throsi hyd oriau mân y bore, yn methu chwalu'r llun o lanc ifanc mewn iwnifform nyrs yn neidio o ben grisiau haearn o'i feddwl. Oedd rhywun arall yn y darlun? Roedd y cyfan yn chwalu cyn iddo fedru gweld.

Ac yntau'n gwbl effro bellach, ceisiodd Jeff roi trefn ar y cyfan. Roedd pwy bynnag a lofruddiodd Steve Morris wedi ceisio gwneud i hynny edrych fel hunanladdiad. Ac ai crogi ei hun wnaeth Mike Allsop? Roedd Jeff ymhell o fod yn hapus gyda phenderfyniad heddlu'r fyddin. A fyddai'r Is-gapten Farquarson wedi mynd yr holl ffordd i Enniskillen i holi ynglŷn â llofruddiaeth David McBryde petai Allsop wedi lladd ei hun? Na, doedd hynny ddim yn gwneud synnwyr.

Cododd am bump o'r gloch y bore rhag aflonyddu ymhellach ar gwsg Meira, ac ar ôl cawod hir, penderfynodd fynd yn syth i Wrecsam. Byddai digon o amser yn hwyrach yn y dydd i drafod y mater hefo Lowri Davies. Gwyddai fod yn rhaid iddo ddysgu mwy am farwolaeth Luke Cartwright cyn y gwasanaeth angladdol drannoeth.

Cyrhaeddodd Jeff bencadlys yr heddlu yn Wrecsam ychydig cyn naw, a chafodd weld yr Uwch Arolygydd Andrews o fewn ychydig funudau. Ar ôl cyflwyno'i hun, treuliodd Jeff ychydig funudau yn rhoi trosolwg o'r llofruddiaethau iddo cyn gofyn am weld y ffeil yn ymwneud â marwolaeth Luke Cartwright.

'Tybed,' gofynnodd Andrews, 'ydach chi'n rhoi dau a dau at ei gilydd a gwneud pymtheg yn fan hyn, Sarjant Evans?'

'Dwi'n gobeithio 'mod i,' atebodd Jeff. 'Ond mae'n rhaid i mi ddarbwyllo fy hun nad oes yna gysylltiad cyn anghofio am y peth.'

'Wel, dwi'n amheus iawn,' meddai Andrews, 'ond wnaiff o ddim drwg i chi gael golwg ar y ffeil.' Cododd y ffôn ar ei ddesg ac ymhen ychydig funudau, daeth dynes i mewn i'r ystafell i hebrwng Jeff at gyfrifiadur mewn ystafell wag er mwyn iddo gael pori drwy'r deunydd.

Cymerodd awr a hanner da iddo wneud hynny gan fod nifer helaeth o ddatganiadau ac adroddiadau. Gwelodd fod swyddog y Crwner wedi gwneud gwaith ymchwil trwyadl i'r digwyddiad, ond er hynny edrychai'n debyg bod y penderfyniad mai hunanladdiad oedd achos y farwolaeth wedi'i wneud yn gynnar iawn. Ymchwiliad i hunanladdiad oedd hwn o'r dechrau i'r diwedd, ac ni roddwyd unrhyw ystyriaeth i ddamcaniaethau eraill.

Roedd Luke Cartwright wedi bod yn nyrs yn Ysbyty Maelor am flwyddyn. Cyn hynny treuliodd bum mlynedd yn y fyddin gan wasanaethu fel nyrs yn agos i'r llinell flaen yn Afghanistan ymysg llefydd eraill. Credai ei deulu mai ei gyfnod ar faes y gad ymysg cyrff gwaedlyd ei gyfoedion a achosodd ei anhwylder meddyliol. Darllenodd Jeff hanner dwsin o ddatganiadau, rhai yn canmol ei waith da yn yr ysbyty ac eraill yn sôn am y newid yn ei ymarweddiad yn ystod yr wythnosau cyn ei hunanladdiad. Yn ôl adroddiad y patholegydd roedd yr anafiadau a arweiniodd at ei farwolaeth yn gyson â disgyn o beth uchder a glanio ar dir caled. Doedd dim sôn am unrhyw fath o datŵ ar ei dalcen.

Ar y pedwerydd o Fai cychwynnodd Luke Cartwright ei shifft nos am wyth o'r gloch. Sylwodd ei gyd-weithwyr nad oedd o ar y ward ychydig wedi un o'r gloch y bore, a chan fod hynny mor anarferol dechreuwyd chwilio amdano. Ni ddaethpwyd o hyd iddo nes iddi ddechrau gwawrio, dair awr yn ddiweddarach, pan sylwodd rhywun fod drws allanfa dân y ward yn gilagored, a'r drws y tu hwnt iddo a oedd yn arwain i'r grisiau haearn y tu allan yn agored hefyd. Roedd ei gorff yn gorwedd yn agos i waelod y grisiau mewn pwll o waed. Cadarnhawyd ar unwaith ei fod yn farw, a bod hynny wedi digwydd o leia ddwyawr ynghynt.

Ceisiodd Jeff feddwl am ei gam nesaf. Y peth olaf roedd o am ei wneud oedd ymyrryd yn ddiangen â theulu Cartwright, oedd yn byw yng Ngwersyllt, ychydig filltiroedd o Bentre Broughton lle'r oedd Luke yn byw mewn fflat ar ei ben ei hun ers iddo adael y fyddin.

Penderfynodd wneud cais i archwilio'r corff. Os nad oedd tatŵ ar ei dalcen fyddai'r teulu ddim callach ei fod wedi amau'r dyfarniad o hunanladdiad, ond ar y llaw arall, os oedd Jeff yn gywir, byddai hynny'n ddigon i ohirio trefniadau'r angladd, heb sôn am ysgogi ymchwiliad mawr arall.

Wrth i Jeff ystyried pob posibilrwydd, dechreuodd berswadio'i hun ei fod wedi gwneud camgymeriad. Petai tatŵ ar dalcen Luke Cartwright, sut yn y byd oedd swyddog y crwner wedi methu ei weld? Ac yn bwysicach fyth, sut na sylwodd y patholegydd arno?

Ymhen tri chwarter awr roedd Jeff wedi cyrraedd swyddfa'r trefnwr angladdau, cyflwyno ei hun a dangos ei gerdyn gwarant. Heb fawr o drafferth, cafodd ei hebrwng i'r capel bychan lle'r oedd corff Luke Cartwright yn gorffwys.

'Mae hyn yn anarferol ofnadwy,' meddai'r trefnwr angladdau.

'Dwi'n cytuno'n hollol,' atebodd Jeff. 'Ond mae'r amgylchiadau yn anarferol hefyd, dach chi'n gweld. Dim ond golwg sydyn dwi isio.'

Tynnwyd caead yr arch yn ofalus â sgriwdreifer, a dadorchuddiwyd corff llwyd, difywyd y dyn ifanc. Doedd dim i dynnu sylw'r ditectif ar yr olwg gyntaf, felly plygodd Jeff yn nes at yr arch. Roedd clais sylweddol ar ganol ei dalcen a edrychai fel petai wedi ei achosi gan y codwm. Ond wrth syllu'n fanylach anadlodd Jeff yn drwm. Ailedrychodd ar y marc. Nid tatŵ yng ngwir ystyr y gair a welodd, ond marc gwan iawn yn yr un lle â'r clais, wedi'i argraffu ar groen y talcen. Fyddai neb wedi ei sylwi arno oni bai eu bod yn chwilio'n fanwl – a doedd neb, hyd y gwyddai Jeff, wedi cael achos i wneud hynny. Edrychai'n debyg bod yr argraff wedi'i wneud gan ryw fath o bìn, ac roedd y marc yn ysgafn iawn, ond doedd dim dwywaith mai'r llythyren 'F' oedd yno, tua modfedd a hanner i ddwy fodfedd o faint. Byddai'n rhaid trefnu archwiliad gan arbenigwr fforensig a phatholegydd i ddysgu mwy.

'Bydd yn rhaid i mi riportio'r mater i'r crwner,' meddai Jeff, ar ôl egluro i'r ymgymerwr fod problem. 'Ond fydd 'na ddim amlosgiad fory. Mae hynny'n bendant.'

'Ond mae'r trefniadau wedi'u gwneud,' protestiodd y gŵr wrth ei ochr.

'Dwi ddim yn credu mai lladd ei hun wnaeth y gŵr yma, ac mae'n angenrheidiol fod yr heddlu yn gwneud mwy o ymholiadau. Bydd yn rhaid i chi ganslo'r amlosgiad.'

Aeth Jeff yn ôl i bencadlys heddlu Wrecsam i wynebu'r Uwch Arolygydd Andrews.

'Be dach chi'n feddwl "agor ymchwiliad mawr"? Dim ond marc bach sy ar dalcen y dyn!' ffrwydrodd Andrews. 'Mae'n ymholiadau ni'n dangos mai hunanladdiad oedd o, a bod y rheswm, sef iselder y dyn, yn amlwg. Be am y teulu? Meddyliwch amdanyn nhw.'

'Dwi mor sicr ag y medra i fod, bod Luke Cartwright yn un o bedwar i gael eu llofruddio gan yr un llofrudd. Mae sawl peth i gysylltu'r dynion: rhoddwyd tatŵ ar dalcen pob corff, a threuliodd bob un gyfnod yn y fyddin. Dwi'n cytuno mai dim ond marc gwan sydd i'w weld ar dalcen Cartwright, ond coeliwch chi fi, mae'r marc hwnnw ar ffurf y llythyren "F" a dwi'n ffyddiog mai paratoi i argraffu tatŵ oedd pwy bynnag a'i rhoddodd yno, a bod rhywun neu rywrai wedi aflonyddu ar y llofrudd cyn iddo allu gorffen ei waith. A dyma i chi gwestiwn arall, Uwch Arolygydd: pwy fydd y nesaf i gael ei ladd a chael tatŵ ar ei dalcen?'

Eisteddodd Andrews yn ôl yn ei gadair ac ochneidiodd yn uchel. 'Reit. Mae'n edrych yn debyg nad oes gen i ddewis felly,' meddai. 'Gadewch i mi wneud y trefniadau. Well i chi obeithio nad ydach chi'n gwastraffu'n hamser ni.'

'Dwi isio mynd i weld teulu Cartwright,' meddai Jeff. 'Hoffwn petai rywun arall yn dod efo fi ... plismon lleol sy'n eu hadnabod nhw. Ydi PC Kevin Rees ar gael? Yr un ddaru gynnal yr ymchwiliad cyntaf?'

Edrychodd yr Uwch Arolygydd ar y cyfrifiadur o'i flaen. 'Ydi, fel mae'n digwydd, mae o ar ddyletswydd heddiw.'

'Ga i ei fenthyg o am weddill y diwrnod?'

Gwnaeth Andrews y trefniadau.

Tra oedd Jeff yn disgwyl, cymerodd y cyfle i ffonio

Lowri Davies yng Nglan Morfa a dywedodd yr holl hanes wrthi – nid yn unig am ddigwyddiadau'r bore hwnnw ond yr hyn a ddysgodd yn Warrington y diwrnod cynt hefyd. Roedd nifer y llofruddiaethau'n cynyddu.

Doedd Lowri ddim yn hapus o bell ffordd.

'Ro'n i'n meddwl 'mod i wedi rhoi gorchymyn i chi adrodd yn ôl i mi yn gyson, Sarjant Evans, bob dydd ac yn amlach os oes rhaid. A rŵan dach chi'n deud wrtha i fod 'na ddau arall wedi'u lladd gan yr un person?'

'Wel, rhaid i mi ymddiheuro,' atebodd Jeff yn ddidwyll, 'mae'r wybodaeth wedi fy nharo innau hefyd. Mae'n edrych yn debyg y bydd yn rhaid i'r ymchwiliad yn Wrecsam redeg ochr yn ochr â'ch un chi acw. Dwi am fynd i weld teulu Cartwright rŵan i esbonio'r cwbl iddyn nhw.' Oedodd am ennyd cyn mentro gofyn, 'Oes 'na rwbath arall yn digwydd acw?'

'Dim llawer o'i gymharu â'r hyn sgynnoch chi. Dim ond bod Charlie Braithwaite wedi'i arestio a bod Ditectif Arolygydd Saunders ar y trywydd hwnnw.'

Chwarddodd Jeff. 'Wel, mae'n hen bryd iddo fo ddechrau newid ei feddwl. Dyna'r oll ddeuda i.'

Cymerodd Jeff amser i egluro i Cwnstabl Kevin Rees pam yr oedd o'n mynd i weld teulu Luke Cartwright. Doedd y plismon ifanc ddim yn medru deall sut yr oedd o wedi methu â gweld y marc ar dalcen y corff.

'Paid â phoeni,' meddai Jeff. 'Mi oedd y briw a'r clais yn ei guddio, ac ro'n i'n gwybod o flaen llaw be ro'n i'n chwilio amdano. Fyswn i ddim wedi ei weld o chwaith ar yr olwg gynta.'

Ymhen hanner awr, wedi i PC Rees gysylltu efo'r teulu,

cyrhaeddodd y ddau gartref Mrs Pamela Cartwright, mam Luke. Chwaer Luke, Denise, agorodd y drws, a dilynodd y ddau hi i'r lolfa lle'r oedd Pamela yn eu disgwyl. Roedd bron i dair wythnos ers iddynt golli Luke, a doedden nhw ddim wedi disgwyl ymweliad arall gan yr heddlu, yn enwedig gan dditectif o ardal arall. Dewisodd Jeff ei eiriau yn ofalus.

'Mae'n ddrwg iawn gen i am eich colled, a bod yn rhaid i ni ddod i'ch gweld chi eto ar amser mor anodd,' dechreuodd. 'Mae'n ymddangos y bydd yn rhaid i ni wneud mwy o ymholiadau i achos marwolaeth Luke – mae ganddon ni le i gredu nad lladd ei hun wnaeth o.'

Edrychodd y ddwy ar ei gilydd mewn syndod.

'Be, disgyn o ben y grisiau yn ddamweiniol, dach chi'n feddwl?' cynigiodd Pamela. 'Roeddan ni wedi derbyn iddo wneud amdano'i hun am fod ei amser yn y fyddin yn ormod o boen iddo.'

'Wel, efallai fod 'na gysylltiad efo'r fyddin,' atebodd Jeff, gan geisio peidio dweud gormod. 'Oeddech chi'n credu bod ei iselder yn ymwneud â'i wasanaeth yn y fyddin?'

'Doedd 'na ddim byd arall fysa'n ei boeni o, Sarjant. Ac erbyn hyn rydan ni wedi cael rhywfaint o gadarnhad mai dyna oedd y rheswm. Mae 'na bapurau, dach chi'n gweld.'

'Papurau?' gofynnodd Jeff.

'Ia, Denise ddaeth o hyd iddyn nhw chydig ddyddiau'n ôl yn fflat Luke.'

'Ga i eu gweld nhw os gwelwch yn dda?'

Cododd Denise ar ei thraed a cherdded allan o'r ystafell, cyn dychwelyd yn cario amlen. 'Yn ei lawysgrifen o ei hun mae'r cwbl,' meddai. Rhoddodd yr amlen yn nwylo Jeff a dechreuodd yntau ddarllen yn frysiog gynnwys dwy dudalen wahanol, un wedi'i hysgrifennu mewn pensel a'r llall mewn beiro. Edrychai'n debygol eu bod wedi cael eu hysgrifennu dros beth amser, dros fisoedd hyd yn oed, o bosib. Roedd y cyntaf yn debyg i lythyr nad oedd wedi'i gyfeirio, na hyd yn oed wedi ei orffen. Dechreuodd Jeff ei ddarllen.

Gofynnaf am faddeuant. Dydi amser ddim wedi gwaredu fy meddwl o drosedd o'r fath. Meddyliais fwy nag unwaith, hyd yn oed rŵan, a chymaint o ddŵr wedi llifo dan y bont ers y dyddiau hynny, y dylwn ddod a'r holl ddigwyddiadau allan i'r agored. Does gen i ddim cyfrifoldeb dros y gatrawd y dyddiau yma, na chysylltiad â'r fyddin chwaith. Does dim rheswm i mi gadw'n ddistaw rŵan. Mae'r dyddiau o edrych ar ôl ein gilydd i'r eithaf wedi fy ngadael i, a diolch am hynny. Ond sut fedra i achwyn, a minnau'n rhan o'r fath ymddygiad? Er nad oeddwn eisiau, gorfodwyd i mi gymryd rhan, ond mae hi'n rhy hwyr erbyn hyn. Ai fi fydd nesaf? Gofynnaf am faddeuant.

Dim ond rhestr o gyfenwau oedd ar y ddalen arall. Williamson oedd y cyntaf, ar dop y rhestr, ond doedd yr enw'n golygu dim i Jeff. Yna, i'w syndod, gwelodd y cyfenwau McBryde, Allsop a Haynes. Roedd un arall allai gael ei ychwanegu i'r rhestr erbyn hyn, wrth gwrs, sef Steve Morris, ond gwyddai Jeff ei fod o'n fyw pan ysgrifennwyd y rhestr. A phwy oedd Williamson? Ni chlywodd yr enw hwnnw hyd yma. Cododd Jeff ei ben.

'Mae'n wir ddrwg gen i orfod dod â newydd drwg i chi'ch dwy, ond mae'r enwau yma'n gyfarwydd i mi, mewn cyswllt difrifol iawn, mae gen i ofn. Mae tri pherson allan o'r pedwar yma yn farw – dau ohonynt, o leia, wedi'u llofruddio. Mae hynny'n f'arwain i i gredu fod Luke wedi'i lofruddio hefyd.' Cofleidiodd Denise ei mam. 'Mae gen i ofn y bydd raid i ni ohirio'r angladd yn yr amlosgfa yfory,' parhaodd, 'er mwyn i'r heddlu ailagor yr ymchwiliad i'w farwolaeth.'

'Wnawn ni ddim gwrthwynebu,' atebodd Pamela trwy ei dagrau. 'Gwnewch eich gorau i ddarganfod pwy sy'n gyfrifol, plis. Ond wyddoch chi be? Mewn un ffordd dwi'n falch na laddodd Luke ei hun. Nes i erioed feddwl y byswn i'n deud y fath beth.'

Roedd Jeff yn deall yn iawn. Ond roedd mwy nad oedd o'n ei ddeall – i bwy oedd y llythyr wedi'i fwriadu? Beth oedd wedi digwydd yn y fyddin gymaint o amser yn ôl, ac ymhle? Maddeuant gan bwy, ac am be? Unwaith y byddai'n gwybod yr ateb hwnnw, gwyddai y byddai'n nes o lawer at ddarganfod y llofrudd cyfresol.

Pennod 18

'Dwi'n teimlo'n waeth nag erioed rŵan 'mod i wedi trin hwn fel hunanladdiad,' meddai PC Rees ar ôl iddynt adael y tŷ. 'Mae'n amlwg fod 'na lawer mwy i'r achos. Mae'n swnio fel bod rhywbeth sinistr ofnadwy wedi digwydd iddo fo pan oedd o yn y fyddin.'

'Felly ma' hi'n edrych, ond paid â gadael i hynny dy boeni di rŵan. Deud i mi, ga i dy alw di'n Kevin?'

'Galwch fi'n Kev. Dyna mae'r rhan fwya o'r hogia yn fy ngalw fi.'

'A be ydi dy uchelgais di yn y job 'ma, Kev?'

'CID i ddechrau, a ga i weld be ddigwyddith wedyn.'

'Call iawn. Rŵan ta, be ydi'r peth cynta y dylai ditectif gwerth ei halen wneud wedi cael adroddiad o drosedd – boed yn fawr neu'n fach,' gofynnodd Jeff.

'Chwilio'r lleoliad yn fanwl.'

'Hollol. Da iawn chdi. Nid yn unig er mwyn archwilio'r lle, ond er mwyn cael teimlad o'r lle. Byw'r lle, ti'n fy nallt i?'

'Wel, ydw, Sarj, ac fel y gwyddoch chi, dwi wedi bod yno yn barod ac wedi cael golwg iawn o gwmpas. Doedd 'na ddim byd amheus i'w weld. Dim byd yn sefyll allan.'

'Mi wn i hynny, Kev. Ond edrych ar y fan o safbwynt hunanladdiad oeddat ti, yndê? Dwi isio i ti fynd â fi yno rŵan ac mi gawn ni olwg ar y lle o safbwynt llofruddiaeth.'

'Iawn, Sarj.'

Gwelodd Jeff y cwnstabl ifanc yn edrych ar ei oriawr yn gyflym, gan geisio celu hynny rhag Jeff. Roedd hi'n chwarter i bedwar. Heb ddweud gair, tynnodd Jeff ei ffôn symudol o'i boced a gwneud galwad, gan sicrhau ei fod o fewn clyw Kev.

'Meira, 'nghariad i. Dwi wedi cael fy nal yn Wrecsam. Mae'n ddrwg gen i, ond fedra i ddim mynd â'r plant i nofio heno. Wnei di ymddiheuro iddyn nhw, plis?'

Edrychodd Jeff draw ar Rees, oedd yn esgus nad oedd yn gwrando, cyn dechrau siarad â Twm.

'Haia 'ngwas i. Na, fydda i ddim adra cyn amser gwely heno.' Oedodd eto. 'Ia dwi'n gwybod 'mod i wedi addo, ond mae gwaith yn galw.' Roedd eisoes wedi colli cyfrif o sawl gwaith roedd o wedi gorfod yngan y geiriau hyn wrth y ddau yn ystod eu plentyndod byr. 'Gwrandwch ar Mam a byddwch yn ofalus,' ychwanegodd. Oedodd unwaith yn rhagor cyn gorffen yr alwad ffôn. 'Ia, cariad, iawn, a chofia ditha fod yn wyliadwrus hefyd.'

'Dydi bod yn dditectif ac yn dad ddim yn hawdd weithiau,' meddai Rees, gan ddifaru edrych ar ei oriawr chwarter awr cyn diwedd ei shifft swyddogol.

'Nac'di,' atebodd Jeff. 'Ond mae llofruddiaeth yn cymryd blaenoriaeth.'

Ymhen ugain munud, ac wedi llwyddo i fachu lle prin i barcio'r car, syllodd Jeff ar adeilad deulawr, anferth Ysbyty Maelor, Wrecsam.

'Mi ddarllenais yn dy adroddiad di mai o'r llawr cyntaf ddisgynnodd o,' meddai Jeff . 'Tydi o ddim i weld yn uchel iawn. Dwi'n synnu ei fod o wedi marw yn syth.'

'Mi welwch chi'r rheswm pan ddangosa i i chi,' meddai Rees.

'Cyn i ti wneud hynny, dwi awydd cerdded o gwmpas yr adeilad.'

'Isio cael teimlad y lle ydach chi, Sarj?'

'Ti'n dechrau dallt, Kev.' Gwenodd yntau.

Cymerodd bron i ugain munud i'r ddau gerdded yn araf o amgylch y safle ac yn ôl i'r fan lle darganfuwyd corff Luke Cartwright.

'Rargian, does 'na geir yma, dŵad?' meddai Jeff.

'Fel hyn ma' hi bob dydd,' atebodd Rees.

'Meddwl mwy am y nos o'n i,' atebodd Jeff. 'Lle fysa llofrudd yn gadael ei gerbyd, medda chdi? Mae'n siŵr o fod wedi dod yma mewn car neu fan yr adeg honno o'r nos, ti ddim yn meddwl?'

'Mae 'na lai o geir yma yn ystod y nos, yn sicr,' atebodd y plismon ifanc. 'Ond eto, mi wyddoch chi sut lefydd ydi'r ysbytai 'ma, byth yn cysgu, ac mae'r meysydd parcio yn fyw i ryw raddau nos a dydd.'

'Ac mae 'na olau ymlaen drwy'r nos, siŵr gen i. Be am CCTV?'

'Mi hola i.'

Safodd y ddau yn llonydd yng ngwaelod grisiau haearn yr allanfa dân yng nghefn yr adeilad. Roedd arwydd mawr ar y gwaelod yn dangos y geiriau 'Pwynt Ymgynnull 13'.

'Dyma fo,' meddai Rees. 'Dyma ble darganfuwyd y corff, ac mi oedd hi'n amlwg ei fod o wedi taro'i ben ar yr arwydd yma wrth ddisgyn. Dyna laddodd o.'

Syllodd Jeff i fyny ac i lawr am yn agos i funud. 'Fyddai neb yn dewis y fan yma i neidio i'w farwolaeth,' meddai o'r diwedd. 'Does 'na ddim digon o uchder. Ac os mai hunanladdiad oedd ei fwriad, dwi'n siŵr bod 'na ffyrdd llawer iawn mwy effeithiol o wneud hynny, yn sicr, nag mewn ysbyty yng nghanol y nos. Cyd-ddigwyddiad hollol oedd iddo daro'i ben ar yr arwydd yma, wrth gwrs.'

Ni ddywedodd Rees air. Lledodd cwmwl o siom drosto eto wrth feddwl am yr hyn na welodd yn ystod ei archwiliad cyntaf.

Dilynodd yr heddwas Jeff i fyny'r grisiau ac o'r fan honno edrychodd y ddau i lawr ar y concrid islaw, a'r arwydd.

'Rydan ni wedi cael pob math o dywydd ers y digwyddiad. Prin y bydd unrhyw olion ar ôl, ond mae'n rhaid i ni ofyn am archwiliad fforensig i wneud yn saff,' meddai Jeff. 'Be sy tu ôl i'r drws 'na?' gofynnodd gan droi rownd.

'Allanfa dân o'r ward lle'r oedd Luke yn gweithio'r noson honno. Mae o wedi'i gloi drwy'r adeg, ond mae posib ei agor o'r tu mewn wrth roi pwysau ar y bar. Os dach chi isio mynd i mewn bydd yn rhaid i ni gael mynediad drwy'r ward.'

Cyn mynd i'r ward, aeth Rees â Jeff i ystafell swyddog diogelwch yr ysbyty i ofyn am unrhyw gofnodion CCTV o'r noson y llofruddiwyd Luke Cartwright. Dywedodd y swyddog y buasai'n gwneud ei orau, ond gan fod y disgiau yn cael eu hailddefnyddio bob pythefnos neu dair wythnos doedd o ddim yn siŵr a fyddai hynny'n bosib.

'Mae'n edrych yn debyg i mi un ai bod y llofrudd yn gwybod ei ffordd o gwmpas yr ysbyty 'ma yn eitha da, neu ei fod o wedi gwneud ei waith ymchwil ymlaen llaw,' meddai Jeff, ar ôl cerdded ar hyd nifer o goridorau maith i gyrraedd y ward lle'r oedd Luke Cartwright yn gweithio.

'Wel, mae 'na gannoedd o ymwelwyr a staff o gwmpas,'

atebodd Rees. 'Byddai'n ddigon hawdd iddo guddio ymysg y rheiny yn ystod oriau gwaith, ond mae'r coridorau yn eitha gwag yn ystod y nos.'

Aeth y ddau i mewn i'r ward i gael gair â'r Sister, i dorri'r newyddion. Ddywedodd hi fawr ddim, na dangos llawer o emosiwn, ond rhoddodd ganiatâd iddyn nhw gerdded i ben pellaf y ward i gyfeiriad yr allanfa dân. Roedd dau ddrws – y cyntaf yn arwain i wagle bychan a grisiau oedd yn mynd i lawr, i allanfa arall ar y llawr isaf mwy na thebyg. Ar y chwith roedd drws yn arwain allan at y grisiau haearn. Pwysodd PC Rees ar y bar metel ar draws canol y drws i'w agor. Cymerodd Jeff ei amser i edrych o amgylch y ddau ddrws, gan geisio gweld faint o du mewn y ward y gallai rhywun ei weld o'r fan honno ac, wrth gwrs, faint y gallai rhywun ar y ward weld allan. Pa mor olau oedd hi'r noson honno, tybed? Sut oedd o wedi llwyddo i gael Luke Cartwright yno yn y lle cyntaf, heb sôn am ei wthio drosodd a'i lofruddio, a hynny heb gael ei weld? Mae'n rhaid ei fod yn gryf. Oedd y ddau yn adnabod ei gilydd? Os felly, beth oedd y cysylltiad?

Caeodd Rees y ddau ddrws yn glep a gwnaeth y ddau eu ffordd yn ôl drwy'r ward. Cyn iddynt gyrraedd gorsaf y nyrsys daeth y Sister atynt.

'Mi hoffwn i gael gair cyn i chi fynd,' meddai. 'Ges i sioc gynna pan ddeudoch chi fod yr ymchwiliad i farwolaeth Luke wedi'i ailagor. Dwi'n cymryd eich bod chi'n amau rwbath llawer mwy difrifol?'

'Cywir.' Jeff atebodd.

'Llofruddiaeth, felly?'

'Cywir,' meddai Jeff eto.

'Wel, do'n i ddim ar ddyletswydd y noson honno ond

mae 'na un o fy nyrsys i isio gair efo chi. Mae hi wedi bod ar ei gwyliau ers i ni golli Luke, a dim ond ers tridiau mae hi'n ôl yn ei gwaith. Mi welodd hi rwbath y noson honno, medda hi. Dewch i'm swyddfa i gael gair efo hi. Mari Hughes ydi'i henw hi.'

Dilynodd y ddau blismon y Sister i'w swyddfa i gyfarfod geneth tua thair ar hugain oed oedd â golwg nerfus arni. Roedd yn ddigon hawdd gweld o liw ei chroen ei bod wedi treulio amser yn yr haul, a phan gododd ar ei thraed i gyfarch y tri gwenodd yn swil.

'Wyt ti eisiau i mi aros, Mari?' gofynnodd y Sister.

'Na, mi fydda i'n iawn, diolch,' atebodd, a chaeodd y Sister y drws ar ei hôl.

'Steddwch,' meddai Jeff yn garedig. 'Mari ydach chi, dwi'n deall.'

'Ia.'

'Jeff ydw inna. O ble dach chi'n dod, Mari? Nid acen Wrecsam ydi honna.'

'Trawsfynydd.'

'Lle braf,' meddai, gan sylwi fod yn ferch yn dechrau ymlacio. 'Ers faint dach chi'n gweithio yma?'

'Bron i saith mlynedd rŵan, ac mae 'na ddwy ers i mi raddio.'

'Dwi'n dallt eich bod chi ar ddyletswydd y noson y bu Luke farw?'

'Oeddwn. Y diwrnod wedyn es i ffwrdd ar fy ngwyliau.'

'Oeddech chi a Luke yn nabod eich gilydd yn dda?'

'Oeddan, yn eitha da – roeddan ni wedi gweithio efo'n gilydd ers iddo gyrraedd yma flwyddyn yn ôl. Roedd o'n nyrs arbennig ... lot o fynadd ganddo fo efo'r cleifion.'

'Oedd o'n siarad am ei gyfnod yn y fyddin, Mari?'

'Na, chydig iawn, ond roeddach chi'n gallu gweld fod y profiad wedi gadael ei ôl arno yn y ffordd roedd o'n gweithio dan bwysau – byth yn cynhyrfu.'

'Oedd 'na rwbath yn ei boeni o?'

Oedodd Mari cyn ateb. 'Wel, na, doedd 'na ddim yn ei boeni o yn y gwaith, ond mi wnes i feddwl yn ystod y misoedd dwytha fod rwbath ar ei feddwl o. Ond ddaru o ddim deud be.'

'A phan oeddech chi ar ddyletswydd y noson honno,' meddai Jeff, 'be ddigwyddodd?'

'Ella nad ydi o'n berthnasol, ond mi oedd 'na ddyn diarth o gwmpas y ward – do'n i ddim wedi'i weld o o'r blaen. Chydig wedi hanner nos oedd hi, dwi'n bendant o hynny achos 'mod i newydd roi meddyginiaeth i un o'r cleifion. Drwy gornel fy llygad y gwelis i o, yn brysio at y drws sy'n arwain drwodd i'r ysbyty.'

'O ba gyfeiriad?'

'O ben draw'r ward.'

'O gyfeiriad yr allanfa dân, felly.'

'Ia. Mi oedd o wedi'i wisgo mewn sgrybs theatr. Wyddoch chi, gŵn hir a sgidiau pwrpasol fel sgidiau glaw; cap, menig a hyd yn oed masg dros ei geg a'i drwyn. Meddwl wnes i nad oedd hi'n arferol i staff theatr wisgo'u sgrybs y tu allan i'r theatr, er bod rhai yn gwneud ar ôl llawdriniaeth olaf y dydd. Mi alwais arno fo, ac mi drodd rownd, tynnu ei ffôn o'i boced a phwyntio ato, cystal â deud ei fod o wedi cael galwad frys. Yna cerddodd yn gyflymach byth i gyfeiriad y drws.'

'A does ganddoch chi ddim syniad pwy oedd o, Mari?'

'Na, ond mae cymaint o ddoctoriaid a llawfeddygon

dros dro yma, ma' hi'n amhosib dod i nabod y cwbl lot ohonyn nhw.'

'Triwch roi disgrifiad i ni, os gwelwch yn dda, Mari. Mae hyn yn hynod o bwysig.'

Caeodd Mari ei llygaid. 'Dyn tal a llydan, dros chwe throedfedd. Gweddol ifanc, 'swn i'n deud, yn ei dridegau ella, ac os dwi'n cofio'n iawn, gwallt golau oedd ganddo dan y cap. Sori, fedra i ddim deud llawer mwy na hynny – ond o ystyried pa mor fawr oedd o, roedd o'n symud yn gyflym iawn, dwi'n cofio hynny.'

'Diolch i chi, Mari. Os cofiwch chi rwbath arall, wnewch chi gysylltu efo ni, os gwelwch yn dda?'

Wrth gerdded allan o'r ward trodd PC Rees at Jeff gyda gwên. 'Peth bach handi oedd Mari o Traws, 'te?' meddai.

'Bihafia!'

Cyn gadael yr ysbyty, aeth y ddau yn ôl i swyddfa'r swyddog diogelwch. Roedd golwg fodlon ar wyneb hwnnw.

'Wel, mae gen i rywfaint o luniau i'w dangos i chi, ac un peth reit ddiddorol hefyd.'

Edrychodd y tri ar sgrin deledu o'u blaenau. Roedd y ffilmiau yn nhrefn amser. Am ddau funud wedi un ar ddeg, gwelsant fod fan wen debyg i Transit wedi cael ei gyrru i ben draw'r maes parcio yng nghefn yr ysbyty, gan ddiflannu o'r golwg i gornel allan o olwg y camerâu. Nid oedd yn bosib gweld ei rhif cofrestru na phwy oedd ynddi. Ychydig funudau yn ddiweddarach roedd rhywun wedi cerdded o'r cyfeiriad hwnnw at yr ysbyty, wedi'i wisgo mewn dillad tebyg i ddillad llawfeddyg ac yn cario bag gweddol fawr. Roedd camera arall wedi ffilmio'r un person yn cerdded drwy brif fynedfa'r ysbyty, ond nid oedd cofnod ohono ar ôl hynny. Edrychai'n debyg i Jeff ei fod yn gwneud ei orau i osgoi cael ei weld gan na fu iddo godi'i ben o gwbwl. Am chwarter wedi hanner nos roedd y camera wedi dal dyn yn cerdded yn gyflym iawn allan o brif fynedfa'r ysbyty, yn gwisgo dillad tywyll a chap du wedi'i dynnu yn isel dros ei ben. Roedd yn cario bag tebyg iawn i'r un a welwyd yn cael ei gario ar draws y maes parcio gan yr unigolyn ddaeth o gyfeiriad y fan yn gynharach. Brasgamodd i gyfeiriad yr ysgol haearn lle darganfuwyd corff Luke Cartwright ddwyawr a hanner yn ddiweddarach. Yn anffodus, doedd dim camerâu yn y fan honno. Yna, ymhen ychydig funudau, am bum munud ar hugain i un yn y bore, gwelwyd y fan wen yn gadael y maes parcio, eto yn rhy bell oddi wrth y camerâu diogelwch i allu adnabod y rhif cofrestru.

'Dyna ni,' meddai Jeff yn ffyddiog. 'Hwnna ydi o i ti, Kev.'

'Edrych yn ddyn ffit,' atebodd Rees. 'Be dach chi'n feddwl, Sarj?'

'Ti'n iawn,' atebodd. 'Reit. Mae o wedi dod yma mewn gwisg llawfeddyg. Rhywsut neu'i gilydd llwyddodd i ddenu Luke Cartwright i ben ysgol yr allanfa dân, a'i wthio i'w farwolaeth. Mae'n cael ei weld gan Mari Hughes ar y ffordd allan o'r ward, ac ar ôl hynny newidiodd ei ddillad rhag ofn fod rhywun yn chwilio am ddyn mewn sgrybs ysbyty.'

'Arhoswch am funud, Sarj. Pam nad aeth o i lawr y grisiau wedi iddo wthio Cartwright yn lle risgio cael ei ddal yn dianc trwy'r ward?'

'Cwestiwn da, Kev,' atebodd Jeff. 'Yr unig beth alla i ddychmygu ydi bod rhywun ar y llawr isaf wedi clywed bloedd Cartwright yn disgyn a rhoi'r golau ymlaen, neu fod yn rhaid iddo fynd i nôl ei fag o ble bynnag roedd o wedi'i guddio fo. Mae'n debyg mai yn y bag roedd o'n cario'r cyfarpar tatwio, a byddai wedi bod yn amheus iddo gario bag mawr fel'na drwy'r ward. Ac fel y cofi di, wnaeth o ddim gorffen argraffu'r tatŵ ar dalcen Luke – arwydd arall fod rhywun wedi dod ar ei draws o. Be sy yn yr ystafell ar waelod y grisiau haearn?' gofynnodd Jeff gan droi at y swyddog diogelwch.

'Storfa ar gyfer dillad gwlâu ac ati,' atebodd hwnnw.

'Ydi hi'n cael ei defnyddio yn ystod y nos?' gofynnodd Jeff.

'Ydi. Drwy'r nos.'

'Wel, dyna fo'r ateb, felly. Dwi'n sicr fod rhywun wedi rhoi'r golau ymlaen yn y stafell honno cyn iddo lwyddo i lunio'r tatŵ yn iawn.'

Pennod 19

Bu'n rhaid i Jeff dreulio cryn dipyn o'r diwrnod canlynol yn ei swyddfa. Doedd ganddo ddim dewis ond cwblhau'r gwaith gweinyddol yn dilyn ymholiadau'r deuddydd blaenorol. Roedd yn gas ganddo'r rhan hon o'i swydd, ond sylweddolai pa mor angenrheidiol oedd rhoi pob manylyn ar y system er mwyn gallu ei ddadansoddi a'i groesgyfeirio â gweddill cynnwys y gronfa ddata, oedd yn tyfu bob dydd.

Dechreuodd ei ddiwrnod yng nghefn yr ystafell gynhadledd yn gwrando ar adroddiad y Ditectif Arolygydd Saunders ar sut y bu i Charlie Braithwaite gael ei arestio, ei garcharu, ei holi ac yna ei ryddhau heb gyhuddiad, yn union fel y digwyddodd i'w dad ddyddiau ynghynt. Doedd Jeff ddim wedi disgwyl mwy. Datganwyd hefyd nad oedd datblygiadau gwerth sôn amdanynt ynglŷn â busnes answyddogol Steve Morris, sef prynu, gwerthu a thrin ceir. Yn ôl y disgwyl, roedd pwyslais yr ymchwiliad wedi symud at yrfa McBryde, Haynes, Cartwright a Steve Morris yn y fyddin. Trefnwyd i gronfa ddata pob un o'r ymchwiliadau eraill gael eu huno ag un ymchwiliad Glan Morfa er mwyn cymharu â chroesgyfeirio unrhyw wybodaeth ddefnyddiol.

Cododd Lowri Davies ar ei thraed i roi crynodeb o ymholiadau Jeff, gan egluro y byddai mwy o wybodaeth ar y system gyfrifiadurol yn ddiweddarach yn y dydd. Penodwyd hanner dwsin o dditectifs profiadol i astudio'r wybodaeth newydd a gafwyd gan heddluoedd Gogledd Iwerddon, Swydd Caer a Wrecsam, ac i greu mwy o ymholiadau newydd i'w gweithredu. Rhoddwyd y Ditectif Arolygydd Saunders yn bennaeth ar y rhan honno o'r ymchwiliad, yn ogystal â'r dasg o ddarganfod perchennog y fan wen a welwyd ym maes parcio Ysbyty Maelor ar y noson y llofruddiwyd Cartwright. Roedd hefyd i arolygu'r ymholiadau ynglŷn â'r fan a welwyd ger y dafarn lle laddwyd Haynes yn Warrington. Erbyn hyn roedd modd cadarnhau mai fan Volkswagen oedd yr un a welwyd ym maes parcio Ysbyty Maelor, ond doedd dim mwy o wybodaeth na hynny. Y farn oedd mai'r un fan a welwyd yn Warrington hefyd, felly dechreuwyd ar y gwaith o archwilio recordiadau camerâu cylch cyfyng yn ardaloedd Glan Morfa a Wrecsam yn y gobaith o'i gweld yno hefyd.

Yn ôl y drefn a sefydlwyd gan y Swyddfa Gartref, gan fod yr ymchwiliad bellach yn croesi ffiniau sawl heddlu, apwyntiwyd y Dirprwy Brif Gwnstabl Tecwyn Williams i arolygu'r cwbl o'r pencadlys.

Roedd yn rhaid i Jeff alw am gymorth un o'r staff cefnogi i deipio'i adroddiad gan fod ei sgiliau teipio mor warthus, ac erbyn amser cinio, roedd y dasg wedi'i chwblhau. Fel yr oedd yn gorffen pryd sydyn yn y cantîn, cafodd alwad i fynd i weld Lowri Davies.

'Dwi isio trafod un neu ddau o bethau efo chi, Jeff, un ohonyn nhw'n bersonol. Caewch y drws.'

Gwnaeth Jeff hynny ac eisteddodd i lawr. 'Rhywbeth personol?' rhyfeddodd.

'Ia. Mae llythyr dienw wedi cyrraedd y pencadlys y bore 'ma sy'n honni eich bod chi'n camymddwyn.'

'Fi, camymddwyn? Byth!' Chwarddodd Jeff yn uchel

gan ddisgwyl i Lowri wneud yr un peth, ond doedd dim hyd yn oed gwên ar ei hwyneb.

'Mae'r llythyr yn deud eich bod chi wedi bod yn cael perthynas o natur rywiol efo merched priod yn yr ardal hon, a bod hynny'n digwydd ar ôl i chi ddarganfod eu bod nhw wedi troseddu mewn rhyw ffordd. Yn lle'u harestio nhw, mae'r llythyr yn honni i chi fynnu cael rhyw efo nhw er mwyn i'r mater gael ei anghofio, a bod hyn yn digwydd yn gyson ers blynyddoedd. Ei fod yn rhan o'ch ffordd chi o weithio.'

Eisteddodd Jeff o'i blaen yn fud. 'Wel,' meddai o'r diwedd, 'o leia dydach chi ddim wedi gofyn i mi ydi'r honiadau'n wir ai peidio.'

'Dwi'n meddwl ein bod ni'n adnabod ein gilydd yn well na hynny, Jeff. Ond dydi pawb ddim yn eich adnabod chi mor dda, ac mi wyddoch chi pa mor sensitif ydi'r heddlu yn gyffredinol ynglŷn â'r math yma o honiadau. Mi fydd 'na ymchwiliad, siŵr o fod.'

'A dyna'r peth dwytha ma' rhywun ei angen ar adeg fel hyn. Fyddan nhw'n fy ngwahardd i o'r gwaith yn y cyfamser, dach chi'n meddwl?'

'Na, dwi ddim yn credu, gan nad oes neb yn cael eu henwi, a does dim tystiolaeth arall heblaw'r llythyr. Wedi deud hynny, mi fydd rhywun yn siŵr o wneud stŵr ar gownt y peth. Mi wyddoch chi sut maen nhw. Pwy sy'n debygol o fod tu ôl i'r honiad, dach chi'n meddwl?'

'Y Cynghorydd Roy Simpson, neu rywun ar ei ran o.'

'Rargian!'

Dywedodd y cyfan wrthi – sut y bu i Simpson ymddwyn pan aeth Jeff i'w gartref ar ôl llofruddiaeth Steve Morris, y cyfarfod yn swyddfa'r Prif Weithredwr a'r hyn ddigwyddodd i gar Meira.

'Wel, mae 'na rywun ar eich ôl chi, Jeff.'

'Mae hynny'n sicr, ac yn ôl be dwi'n ddallt gan Ian Jones, mae Simpson jyst y boi i wneud hynny ... ond heb dystiolaeth, be fedra i wneud?'

'Bod yn hynod o ofalus, ac yn y cyfamser mi gawn ni weld be ddaw o unrhyw ymchwiliad.'

Ysgydwodd Jeff ei ben yn isel.

'Rŵan ta, dechreuodd Lowri am yr eilwaith. 'Yn ôl i'r llofruddiaeth 'ma. Neithiwr, bu chwiliad manwl o gartref Luke Cartwright, a chafod cynnwys ei iPad ei ddadansoddi bore heddiw. Y peth mwyaf diddorol ydi bod Cartwright wedi chwilio ar y we am rif llinell gymorth gyfrinachol y fyddin yn ymwneud â gormesu a bwlio, ac wedi lawrlwytho ffeil dros gant o dudalennau o hyd ynglŷn â sut i wneud cwyn i faterion yn y lluoedd arfog o wefan Ombwdsman y Lluoedd Arfog. Be dach chi'n ei wneud o hynny, Jeff?'

Defnyddiodd Lowri ei enw cyntaf – mae'n rhaid ei fod wedi cael maddeuant am yr oedi yn adrodd yn ôl iddi am ei ymholiadau yn Warrington a Wrecsam.

'Wel, mae hyn yn cadarnhau'r hyn dwi wedi bod yn ei amau ers dyddiau. I ddechrau, dwi'n fwy sicr nag erioed mai llofrudd cyfresol sy'n gyfrifol am bob un o'r llofruddiaethau, a bod y cwbl yn ymwneud â rwbath ddigwyddodd yn y fyddin.'

'Pryd ac yn lle ddigwyddodd hynny, tybed?' gofynnodd Lowri.

'Wn i ddim,' atebodd Jeff. 'Rhyw dro rhwng dechrau 2012 ac Ebrill 2017 – fedra i ddim bod yn fwy manwl na hynny.'

'Sut felly?'

'Os mai yn y fyddin mae gwraidd hyn i gyd, rhaid i ni

gofio mai yn nechrau 2012 ddaru McBryde, Morris, Haynes a Cartwright ymuno â'r fyddin, ac mai ym mis Ebrill 2017 y llofruddiwyd McBryde. Rhaid bod rhywbeth wedi digwydd o fewn y dyddiadau hynny.'

'Erbyn hyn felly, faint o bwyslais ydach chi'n rhoi ar gysylltiad yr IRA â llofruddiaeth McBryde, a'r is-fyd troseddol a charchardai yn llofruddiaeth Haynes?'

'Erbyn hyn, dim llawer,' atebodd Jeff. 'Mae'n fwy tebygol bob dydd mai'r fyddin sy'n clymu'r cwbl efo'i gilydd.'

'Y fyddin,' cytunodd Lowri. 'A'r tatŵs, wrth gwrs. Ac ymhle ddigwyddodd beth bynnag oedd o?'

'Dim ond dyfalu alla i wneud. Wedi iddyn nhw fynd drwy eu cyfnod o hyfforddiant, bu i'r dynion wasanaethu dros eu gwlad ledled y byd, am wn i. Efallai eu bod efo'i gilydd, efallai ddim. Fedra i ddim diystyru Afghanistan a'r trafferthion yn y fan honno, am ryw reswm. Rydan ni wedi clywed ar y newyddion am bethau erchyll a ddigwyddodd yn y fan honno – milwyr Prydain yn cam-drin neu hyd yn oed yn lladd dinasyddion y wlad, plant hyd yn oed, a milwyr eraill yn achub croen y rhai oedd yn gyfrifol drwy ddweud celwydd. Efallai mai rwbath felly sy tu ôl i hyn i gyd. Efallai mai dyna oedd ar feddwl Luke Cartwright pan ysgrifennodd y nodiadau a ddarganfuwyd gan ei chwaer. A'r wybodaeth ar ei iPad – mae hwnnw'n ffitio hefyd.'

'Mi oedd 'na rywbeth mawr ar ei feddwl o, mae hynny'n sicr,' cytunodd Lowri. 'Oes 'na rywun ofn i wybodaeth amdano ddod i'r wyneb, tybed, rhywun sy'n fodlon lladd i arbed ei groen ei hun?'

'Roedd Cartwright yn sicr yn edifar am rwbath yr oedd o ynghlwm â fo.'

'Rhywbeth na allai ei riportio i'r awdurdodau hyd yn oed flwyddyn a mwy ar ôl iddo adael y fyddin. Ond os oedd o wedi celu gwybodaeth cyhyd, pam paratoi rŵan i wneud adroddiad i'r Ombwdsman? Ai dyna pam y cafodd ei ladd?' Oedodd Lowri i ystyried y ffeithiau. 'A beth yn y byd ydi arwyddocâd y marciau tatŵ ar dalcenni'r cyrff? Maen nhw'n awgrymu rhyw fath o ddial i mi.'

'Ella'ch bod chi'n iawn,' cytunodd Jeff. 'Dewch i ni feddwl. Mae cylch, neu'r llythyren "O" ar dalcen Steve Morris, rhywbeth tebyg i "O" eto, neu efallai "D", ar dalcen McBryde, marc sy'n rhyw fath o demplad i'r llythyren "F" ar dalcen Cartwright ac "A" yn glir ar dalcen Haynes.'

'Rhyw fath o god yn ymwneud â'r fyddin, efallai,' awgrymodd Lowri. 'Neu uned o fewn y gatrawd pan oedden nhw ar batrôl yn rwla?'

'Ond sut y medrwn ni gael gafael ar wybodaeth o'r fath?' mentrodd Jeff ofyn.

'Dyna'r ail beth ro'n i isio'i drafod efo chi, Jeff. Ers i'r Dirprwy Brif Gwnstabl gymryd cyfrifoldeb dros yr holl ymchwiliadau, mae o wedi cysylltu efo un o uwch-swyddogion heddlu'r fyddin, ac wedi sicrhau caniatâd i chi ymweld ag uwch-swyddog oedd yn gyfrifol am yr ymchwiliad i hunanladdiad tybiedig Michael Allsop.' Gwelodd Lowri wên lydan yn lledu ar draws wyneb Jeff.

'Dyn o'r enw Farquarson oedd hwnnw: Is-gapten Farquarson, a fo aeth i Enniskillen i holi am farwolaeth McBryde,' meddai.

'Mae'r caniatâd a roddwyd i chi yn mynd cyn belled â'i holi am farwolaeth Allsop, Jeff, ond dwi'n siŵr y gwnewch chi'ch gorau i odro cymaint o wybodaeth â phosib allan ohono fo.' Gwenodd Lowri arno yn hollwybodus. 'Mae'r cyfarfod wedi'i drefnu ym Mhencadlys Heddlu Brenhinol y Fyddin am ddau o'r gloch bnawn fory.'

'Lle mae fanno?'

'Ger Fareham yn Hampshire. Bore cynnar arall i chi, Ditectif Sarjant Evans, a chofiwch adrodd yn ôl i mi yn syth y tro hwn. Ar y cyfle cyntaf, dach chi'n deall?'

'Mi fydda i'n siŵr o wneud, DBA,' atebodd yntau.

Pan gyrhaeddodd Jeff adref y noson honno, roedd golwg ofidus ar wyneb Meira.

'Be sy, 'nghariad i? Ydi popeth yn iawn?'

'Stedda i lawr a darllen hwnna,' meddai.

Rhoddodd Meira ddarn o bapur oedd mewn amlen blastig glir yn ei law. Dechreuodd ddarllen beth oedd yn amlwg yn gopi o'r llythyr a gyrhaeddodd y pencadlys y bore hwnnw. Edrychodd i fyny i weld Meira'n syllu arno heb fath o fynegiant ar ei hwyneb.

'O ble ddaeth o?'

'Yn y post, bore 'ma, wedi'i gyfeirio ata i.' Dangosodd yr amlen iddo – roedd hi wedi rhoi hwnnw hefyd mewn amlen dryloyw.

'Mae'n wir ddrwg gen i dy fod ti wedi gorfod gweld hwn,' meddai. 'Mae copi ohono wedi'i yrru i'r Pencadlys hefyd.'

Cymerodd amser i esbonio iddi'r holl oblygiadau. Doedd dim rhaid iddo egluro mai celwydd oedd y cyfan.

'Dwi'n credu fod y difrod i dy gar di yn rhan o'r un cynllwyn – mae rhywun yn dy ddefnyddio di i drio aflonyddu arna i. Rargian, mae hyn yn fy nghorddi i.'

'Pa mor siŵr wyt ti mai'r boi Roy Glwyddog 'ma sy tu ôl i'r peth?'

'Dydw i ddim. Does gen i ddim tystiolaeth o gwbl. Petai gen i, mi fyswn i wedi mynd i'r afael â fo yn barod.'

'Na, Jeff. Paid â gwneud dim byd gwirion, a difaru wedyn. Mi wn i sut un wyt ti pan wyt ti'n cael y mỳll, a fo fydd wedi ennill wedyn.'

Eisteddodd Meira wrth ei ochr a swatio'n dynn yn ei gesail. 'Ac yli, dwi'm yn meddwl bod angen i mi ddeud, ond dwi'n gwbod mai rwtsh ydi cynnwys y llythyr 'ma.'

'Chdi 'di'r wraig orau yn y byd.'

Pennod 20

Cyrhaeddodd Jeff Southwick Park, nid nepell o Fareham, am hanner awr wedi un y prynhawn canlynol yn dilyn taith o bron i dri chan milltir dros gyfnod o saith awr a hanner. Parciodd mewn maes parcio y tu allan i libart y gwersyll milwrol a chymerodd ychydig funudau i ymestyn ei gyhyrau blinedig cyn mynd gam ymhellach. Roedd hi'n ddiwrnod braf a chynnes ac ar ôl teithio cyhyd roedd ei gorff yn anghyfforddus o boeth a chwyslyd. Er mwyn ystwytho rhywfaint cerddodd i gyfeiriad y warchodfa ar ffin y gwersyll a dangos ei gerdyn gwarant i'r milwr ifanc yno. Cyflwynodd ei hun gan egluro'i fod wedi dod i gyfarfod yr Is-gapten Farquarson, ac ar ôl edrych drwy restr mewn ffolder o'i flaen, cododd y gŵr ifanc y ffôn a siarad ychydig eiriau'n unig i'r derbynnydd. Eglurodd i Jeff na châi fynd â'i gar i mewn i'r gwersyll, ac y byddai ysgrifenyddes yr Is-gapten Farquarson yn ei hebrwng i'w swyddfa.

Disgwyliodd Jeff am ddeng munud cyn i gar ymddangos yr ochr arall i'r giât. Daeth dynes yn ei phumdegau cynnar allan ohono yn gwisgo dillad sifiliad smart. Roedd ei gwallt melyn yn rhydd dros ei hysgwyddau ac yn drawiadol yn erbyn ei blows las golau.

'Ditectif Sarjant Evans?' Gwenodd y ddynes arno. 'Rydan ni'n eich disgwyl chi. Dewch i mewn i'r car, os gwelwch chi'n dda.'

Yn annisgwyl, agorodd y ddynes ddrws cefn y car iddo

a'i wahodd i eistedd ar y sedd ôl. Fel hyn roedd pethau'n cael ei gwneud yn y fyddin, felly.

'Ydw i'n clywed acen Gymraeg ganddoch chi ... gogledd Cymru?' gofynnodd Jeff wedi i'r car gychwyn.

'Dach chi'n berffaith gywir,' atebodd. 'Un o Gellilydan ydw i, ac er 'mod i wedi gadael yr ardal ers amser maith bellach, mae'r acen yn dal yn gryf. Wyddoch chi be maen nhw'n ddeud – mi fedrwch chi dynnu'r ferch allan o Sir Feirionnydd ...'

'... ond fedrwch chi ddim tynnu Sir Feirionnydd allan o'r ferch,' gorffennodd Jeff y frawddeg drosti.

Edrychodd ar Jeff drwy'r drych ôl a gwenodd arno.

Gyrrwyd y car ar hyd lonydd glân a thwt, rhwng nifer o goed tal ac adeiladau niferus cyn stopio tu allan i adeilad trillawr trawiadol.

'Dilynwch fi, os gwelwch yn dda,' meddai'r ferch.

Cerddodd Jeff ar ei hôl i fyny'r grisiau, yn ymwybodol fod ei lygaid ar yr un lefel â'i phen-ôl. Cerddodd y ddau ar hyd coridor hir ac i mewn i un o'r ystafelloedd ar y chwith – ystafell yr ysgrifenyddes, casglodd Jeff, wrth eistedd mewn cadair gyfforddus.

'Fydd o ddim yn hir, medda fo. Gymerwch chi baned o de neu goffi?'

'Coffi, os gwelwch yn dda,' atebodd. 'Du heb siwgr.'

Aeth deng munud dda heibio ... yna deng munud arall.

'Ydi'r Is-gapten yn arfer cadw pobl yn disgwyl cyhyd?' gofynnodd o'r diwedd.

'O, fel hyn mae o weithia. Ei ben yn yr awyr ac yn malio dim am neb arall. Mae o ar fin cychwyn ar daith i Garsiwn Catterick yng ngogledd Swydd Efrog yn hwyrach heddiw. Diolch byth, ddeuda i. Mi ga i dipyn o lonydd yn y lle 'ma wedyn.'

Synnodd Jeff o glywed ei hateb. Y peth cyntaf ddaeth i'w feddwl oedd bod hon yn dipyn o gês, a'r ail, nad oedd yna lawer o gariad rhyngddi a'i phennaeth.

Yn sydyn, agorwyd drws gerllaw ac ymddangosodd dyn tal yn ei bedwardegau cynnar drwyddo. Roedd ei wyneb yn fain a'i wallt tywyll wedi'i gribo'n dwt efo rhesen ar un ochr i'w ben, a phob crych yn ei iwnifform yn siarp. Gwnâi ei fwstásh bychan iddo edrych fel un o swyddogion y fyddin yn ystod y Rhyfel Byd Cyntaf. Efallai nad oedd pethau'n newid rhyw lawer dros y blynyddoedd yn y byd milwrol, meddyliodd Jeff.

'Sarjant Evans,' meddai'r Is-gapten yn fawreddog gan godi ei ên yn uwch nag oedd raid wrth edrych i lawr ar ei ymwelydd.

Edrych i lawr mewn mwy nag un ffordd, dyfalodd Jeff. Roedd ei acen yn swnio'n ormodol rywsut, fel petai ganddo daten boeth yn ei geg. Estynnodd ei law dde.

'Ditectif Sarjant,' cywirodd Jeff o, ac ysgydwodd law'r Is-gapten yn gadarn gan wasgu damed yn dynnach nag arfer.

'Dewch i mewn os gwelwch yn dda, Ditectif Sarjant. Bydd yn rhaid i ni frysio mae gen i ofn. Dwi'n ddyn prysur. Dewch efo ni os gwelwch yn dda, Christine,' meddai wrth ei ysgrifenyddes. 'Dwi angen i chi gymryd nodiadau llaw-fer o'r drafodaeth.'

Dechreuodd Jeff ddifaru nad oedd ganddo recordydd tap i'w roi ar y bwrdd o'u blaenau, ond gwyddai mai chwarae plant yn unig fyddai hynny. Ond eto, meddyliodd, pam fod Farquarson angen cofnodion?

Dilynodd y ddau yr Is-gapten i mewn i'w swyddfa cyn eistedd, Farquarson yn ei gadair ledr a'r ddau arall ar gadeiriau llawer mwy cyffredin ar yr ochr arall i'r ddesg. Edrychodd Jeff o'i gwmpas – roedd y waliau wedi'u haddurno â tharianau a baneri milwrol, a lluniau amrywiol yn dangos Farquarson ar wahanol adegau yn ei yrfa.

'Reit,' dechreuodd Farquarson. 'Rydw i wedi f'awdurdodi gan fy uwch-swyddogion i ddatgelu gwybodaeth ynglŷn â hunanladdiad Corporal Michael Allsop ym marics Blackstock ar yr ugeinfed o Awst, 2017. Drosodd i chi,' gorchmynnodd yn swta.

'Chi oedd pennaeth a phrif ymchwilydd yr achos?'

'Cywir.'

'Rhywun arall?'

'Dim ond fy sarjant, ond ychydig iawn ro'n i angen arno fo yn ystod yr ymchwiliad, a dweud y gwir.'

Dim ond i gario'i fagiau, dychmygodd Jeff. 'Dwedwch wrtha i am yr amgylchiadau,' gofynnodd yn syml, gan sylwi fod Christine wedi dechrau gwneud nodiadau llaw-fer mewn llyfr ar ei phen-glin.

'Y bore hwnnw, doedd dim sôn am Allsop. Ni welwyd o amser brecwast na phan oedd y milwyr ifanc oedd yn cael eu hyfforddi ganddo yn paratoi ar gyfer eu harchwiliad am wyth o'r gloch y bore. Gan fod hynny'n hynod o anarferol, penderfynwyd chwilio amdano. Roedd ei ystafell fel pìn mewn papur, ac roedd hi'n amlwg nad oedd o wedi cysgu yn ei wely y noson cynt. Wnaeth neb ystyried y posibilrwydd ei fod yn absennol heb ganiatâd oherwydd ei natur gydwybodol tuag at ei gyfrifoldebau yn aelod o fyddin Ei Mawrhydi. Milwr da oedd o, yn ôl pob golwg.'

'Ac yna?'

'Yn dilyn ymholiadau yn y fynedfa, cawsom wybod ei

fod wedi gadael y safle am wyth o'r gloch y noson cynt, a doedd dim cofnod iddo ddychwelyd y noson honno.'

'Sut aeth o allan?'

'Cerdded.'

'Doedd o ddim yn mynd ymhell felly, os nad oedd o'n cyfarfod rhywun.'

'Doedd dim tystiolaeth i awgrymu hynny. Roedd gan filwr o reng a phrofiad Allsop hawl i fynd a dod fel y mynnai, wrth gwrs. Yna, yn hwyr y bore hwnnw yn dilyn chwilio pellach, darganfuwyd ei gorff mewn coedwig fechan nid nepell o ffens y perimedr. Roedd rhaff wedi'i chlymu o amgylch ei wddf a'r pen arall i gangen coeden y tu ôl iddo.'

'A dyna pryd y'ch galwyd chi yno?'

'Ia. Ro'n i yno mewn tipyn dros awr.'

'Oedd y corff yn dal yn ei le?'

'Oedd. Rhoddais orchymyn nad oedd o i gael ei symud cyn i mi gyrraedd.'

'Disgrifiwch y lleoliad yn fanwl, os gwelwch yn dda.'

Ochneidiodd Farquarson yn uchel fel petai'n dechrau diflasu ar yr holi. 'Wel, os oes rhaid i mi,' meddai. 'Gorwedd i lawr oedd o, a'r rhaff yn dynn o amgylch ei wddf. Roedd y pen arall wedi'i rwymo o amgylch y goeden, fel ro'n i'n dweud. Wedi'i rhoi yn ei lle cyn iddo orwedd. Rhoddodd weddill y rhaff o amgylch ei wddf a phwyso yn ei herbyn.'

'Nid wedi hongian ei hun yn y ffordd arferol oedd o, felly?'

'Na, ond roedd y rhaff yn ddigon tyn o amgylch ei wddf i rwystro'r gwaed rhag mynd i'w ymennydd, a'r canlyniad oedd iddo, fwy neu lai, syrthio i gysgu. Dyna yn union oedd casgliad y patholegydd.'

'Fu archwiliad manwl o'r llecyn?' gofynnodd Jeff.

'Digon o archwiliad i mi benderfynu mai lladd ei hun ddaru'r creadur.'

'Wnaethoch chi chwilio am dystiolaeth oedd yn awgrymu unrhyw beth arall?'

Ochneidiodd Farquarson unwaith eto, yn uwch y tro hwn, a safodd ar ei draed.

'Ylwch, Sarjant Evans, tydw i ddim yn siŵr ydw i'n hoff iawn o be rydach chi'n ei awgrymu.' Dechreuodd gerdded yn aruchel o amgylch yr ystafell, ei ddwylo tu ôl i'w gefn a'i ên am i fyny. Rhwbiodd ei fwstásh mewn ffordd a oedd yn awgrymu i Jeff ei fod dan bwysau. 'Nid dyma'r tro cyntaf i mi fod yn gyfrifol am achos fel hwn. Mae gen i ddigon o brofiad i wneud penderfyniad yn seiliedig ar yr hyn sydd yn amlwg o 'mlaen i.' Trodd rownd ym mhen draw'r ystafell a cherddodd yn ôl yr un mor benderfynol. 'Doedd hyn ddim mwy na hunanladdiad, a dyna oedd penderfyniad y cwest hefyd,' ychwanegodd.

'Adawodd o nodyn, fel mae rhai pobl yn ei wneud cyn lladd eu hunain?'

'Naddo, ond mi wyddon ni ein dau nad ydi hynny'n golygu dim. Gwir, Sarjant?'

Anwybyddodd Jeff y sylw. 'Yn fy mhrofiad i,' mynnodd, 'mae cwest yn dyfarnu achos marwolaeth yn ôl y dystiolaeth sy'n cael ei rhoi o flaen y crwner a'i lys.'

'Rhag cywilydd i chi am awgrymu na wnes i roi digon o dystiolaeth ymlaen, na gwneud digon o ymchwil.' Cododd Farquarson ei lais ddigon i Jeff sylweddoli ei fod yn dechrau cynhyrfu.

'Oedd 'na unrhyw dystiolaeth ei fod o'n isel ei ysbryd, neu fod rwbath arall wedi ei arwain i wneud y fath beth?'

'Dim i mi ei ddarganfod,' atebodd Farquarson.

'Mae ei chwaer yn mynnu mai hunanladdiad fyddai'r peth olaf fyddai Michael yn ei wneud.'

'Dwi'n synnu eich bod chi'n cymryd unrhyw sylw o farn honna. A chofiwch mai fi oedd yno, nid hi.'

'Be oedd canlyniad y profion ar y rhaff a ddefnyddiwyd ganddo?' Newidiodd Jeff ei dac, a gwelodd arwydd fod yr Is-gapten yn ansicr am y tro cyntaf. Roedd yn ddigon hawdd gweld ei fod yn ceisio meddwl am ateb.

'Oedd gan Allsop raff yn ei feddiant pan gafodd ei weld yn gadael trwy giatiau'r gwersyll y noson cynt?' gofynnodd Jeff.

'Roedd y marc ar ei wddf yn brawf fod y rhaff wedi'i wasgu,' atebodd y swyddog, nid bod hynny'n ateb 'run o gwestiynau Jeff. Doedd yr un prawf wedi'i wneud ar y rhaff, nac ymholiadau ynglŷn â'i tharddiad, roedd hynny'n dod yn gynyddol amlwg.

'Oes ganddoch chi lun o'r marc ar ei wddf?'

'Oes.'

Dechreuodd Farquarson edrych drwy'r ffeil ar y ddesg a thynnodd ffolder allan ohoni. Cododd gobeithion Jeff y byddai llun o'r un rhan o gorff Allsop yr oedd angen ei weld yn ymddangos ohoni. Dewisodd Farquarson un llun allan o'r nifer yn y ffolder, sef delwedd agos o wddf Allsop gyda marc y rhaff yn eglur ar y croen. Trodd Jeff y dudalen a gwelodd fod y llun nesaf wedi'i gymryd o'r ochr arall, yn dangos yr un marc. Roedd y dudalen nesaf yn cynnwys llun o wyneb Allsop wedi'i dynnu o'r blaen, a'r un marc ar ei wddf yn amlwg. Ond gwelodd Jeff farc arall, un eglur: llinell fertigol tua dwy fodfedd o hyd ar ganol ei dalcen. Daeth rhyw deimlad rhyfedd drosto a rhedodd ias oer i lawr ei gefn, ond llwyddodd i osgoi'r demtasiwn i gyfeirio at y llinell yn syth. Edrychodd trwy weddill y ffolder – mwy o luniau o'r safle a lluniau eraill a dynnwyd yn ystod y post mortem.

'Pam aethoch chi i Enniskillen i holi Ditectif Arolygydd Casey ynglŷn â llofruddiaeth David McBryde?' holodd Jeff, yn newid ei dac yn annisgwyl unwaith yn rhagor.

Cerddodd Farquarson yn ôl at ei ddesg a disgynnodd fel tamaid o blwm i foethusrwydd ei gadair. Trwy gornel ei lygad gwelodd Jeff fod Christine wedi codi ei phen ac yn edrych arno'n awgrymog. Dyma'r ail waith i'w hymddygiad hi ei synnu.

Wedi i rai eiliadau fynd heibio, atebodd Farquarson y cwestiwn. 'Am ei fod yntau hefyd wedi bod yn y fyddin ar un adeg.'

'Be oedd y cysylltiad rhwng y ddau?' gofynnodd Jeff yn awyddus.

'Does gen i mo'r awdurdod i ateb y cwestiwn hwnnw.'

'Pam ddim?'

'Am fy mod wedi cael gorchymyn i sôn am fy ymchwiliad i farwolaeth Corporal Allsop, a hynny'n unig.'

Dyna un ffordd o osgoi ateb y cwestiwn, meddyliodd Jeff. O leiaf roedd Farquarson wedi defnyddio'r gair 'marwolaeth' yn hytrach na 'hunanladdiad' y tro hwn.

'Reit,' parhaodd Jeff. 'Awn ni'n ôl at farwolaeth Michael Allsop, felly. Be wnaethoch chi o'r marc ar ei dalcen o?'

Nid atebodd Farquarson. Roedd wedi cael ei ddal rhwng pa bynnag orchymyn a roddwyd iddo gan ei feistri, pa fanylion i'w datgelu a'r gwirionedd.

'Ro' i fet i chi mai tatŵ oedd y marc, yntê? Be wnaethoch chi ohono?' gofynnodd Jeff, gan godi'i lais damed yn uwch.

Daeth Farquarson ato'i hun. 'Ia, tatŵ oedd o, ond methais ddarganfod pam ei fod o yno. Doedd o ddim yno'r noson cynt. Mae milwyr yn gwneud pethau rhyfedd o dro i dro, wyddoch chi. Mi groesodd fy meddwl i mai dyna pam y lladdodd Allsop ei hun – am wneud peth mor wirion a chael tatŵ yn y fath le.'

'Dydi hynny ddim yn swnio'n debyg i ymddygiad corporal profiadol i mi, Is-gapten Farquarson. Ond beth am roi'r gorau i geisio twyllo'n gilydd. Mi wyddoch chi cystal â finnau bod 'na datŵ ar dalcen David McBryde yn Enniskillen hefyd.'

'Gwn, ond rhywbeth yn ymwneud â'r IRA oedd hwnnw, yn ôl Ditectif Arolygydd Casey.'

'Dyna oedd o'n feddwl ar y pryd, efallai, ond peidiwch â dweud eich bod chi, a chitha'n ymchwiliwr profiadol, yn dal i feddwl yr un peth rŵan.' Ceisiodd Jeff beidio â bod yn rhy sinigaidd. 'Dau ddyn wedi bod yn y fyddin efo'i gilydd yn marw dan amgylchiadau amheus o fewn pedwar mis i'w gilydd, a thatŵ ar dalcen y ddau. Mi ydw innau hefyd yn ddyn profiadol yn y maes o ymchwilio i ddigwyddiadau erchyll, cofiwch, a dwi ymhell o fod yn credu yn y fath gyd-ddigwyddiadau.'

'Oes 'na reswm i feddwl bod cysylltiad arbennig?' gofynnodd Farquarson.

'Rheswm da,' atebodd Jeff. 'Mae pum dyn wedi'u llofruddio mewn ychydig dros ddwy flynedd. Ydw, dwi'n dewis fy ngeiriau yn ofalus, a dwi'n cynnwys Corporal Allsop yn y nifer hwnnw. Ar ben hynny, mi wn i erbyn hyn fod y pump wedi bod ym marics Blackstock yn nechrau 2012 – pedwar yn cael eu hyfforddi ac Allsop yn hyfforddwr arnyn nhw.'

'Os dach chi'n dweud. Fedra i ddim ymhelaethu.'

'Ac mae 'na firi difrifol wedi bod ym marics Deepcut yn y gorffennol, yn does? Chwilio am ddebygrwydd ydw i rhwng be ddigwyddodd yn y fan honno a'r diwylliant yn Blackstock yn nechrau 2012.'

'Roedd hynny flynyddoedd yn ôl,' mynnodd Farquarson.

'Ta waeth am hynny. Mae'n rhaid i mi ofyn am ffeil bersonol bob un o'r pump, a manylion eu gwasanaeth o ddechrau hyd at ddiwedd eu gyrfaoedd yn y fyddin.'

'Does gen i mo'r awdurdod i'w rhoi nhw i chi, Ditectif Sarjant.' Edrychai'n debyg bod Farquarson yn ddigon parod i syrthio yn ôl ar yr esgus hwnnw unwaith eto.

'Mae un o'r dynion a lofruddiwyd wedi honni, cyn ei farwolaeth, wrth gwrs, bod rhywbeth wedi digwydd yn ystod ei gyfnod yn y fyddin. Rhywbeth digon difrifol i wneud i rywun ladd er mwyn rhwystro rhyw wybodaeth neu'i gilydd rhag dod i'r wyneb. Lle yn union ddigwyddodd hynny, wn i ddim. Blackstock, Afghanistan, Duw a ŵyr. Ond mi welwch chi pa mor bwysig ydi hi rŵan fy mod i, ar ran yr heddluoedd y tu allan i'r fyddin, yn cael unrhyw dystiolaeth neu wybodaeth berthnasol.'

'Fel yr oeddwn i'n dweud, Ditectif Sarjant Evans, does gen i ddim awdurdod i ddweud mwy, nac i roi i chi gofnodion cyfrinachol y fyddin.'

'Ond allwch chi ddim gweld, Is-gapten Farquarson, fod posibilrwydd cryf – mwy na phosibilrwydd – bod llofrudd cyfresol wrthi, a bod Corporal Michael Allsop yn un o'i ddioddefwyr? Pam na wnewch chi drin marwolaeth y dyn yn gyfiawn?'

Cododd Farquarson ar ei draed. 'Sarjant, mae'r

cyfarfod yma ar ben. Mae gen i fater arall pwysig y mae'n rhaid i mi droi ato, a does dim byd arall y galla i ei ddweud wrthoch chi heddiw. Aiff fy ysgrifenyddes, Ms Jones, â chi yn ôl at eich car. Mi ddymuna i siwrnai saff i chi yn ôl i ogledd Cymru.'

Heb air arall, agorodd ddrws ei swyddfa iddynt.

'O, Christine, cyn i chi fynd, gadewch eich nodiadau yma, os gwelwch yn dda,' ychwanegodd. Ufuddhaodd hithau.

Ar y ffordd i lawr y grisiau, trodd Christine i wynebu Jeff a gwên ddireidus ar ei hwyneb. 'Wel, mi dynnoch chi hwnna yn griau,' meddai.

Gwenodd Jeff yn ôl arni. 'Does dim rhaid i chi fy ngyrru yn ôl at fy nghar,' meddai. 'Ma' hi'n ddiwrnod braf. Mi gerdda i.'

'Na,' meddai. 'Rhaid i mi fynd â chi ... rheolau. I mewn i'r car, os gwelwch yn dda.' Gwenodd arno eto.

Wnaeth Jeff ddim meddwl dadlau. Dringodd i'r sedd ôl. Prin oedd y car wedi cychwyn pan ddechreuodd Christine siarad.

'Ylwch, dydi o ddim yn iawn be sy'n digwydd yn fama. Mae pobl wedi cael eu mwrdro ac mae'r bòs gwirion 'na sy gen i'n palu celwydd wrthach chi. Mae o'n gwybod llawer iawn mwy nag y mae o'n ddeud. Dwi'n gwybod hynny'n iawn, a'r rheswm pam.'

'Sut felly?' gofynnodd Jeff.

'Pwy dach chi'n meddwl sy'n teipio'i adroddiadau o?'

'Ac mae'n amlwg nad oes ganddoch chi lawer i'w ddeud wrtho.'

'Fysa ganddoch chithau ddim chwaith tasach chi wedi gorfod delio efo be mae o'n ei daflu ata i bob dydd. Mae'n meddwl y caiff o orchymyn i mi wneud unrhyw beth mae o'n ofyn, y crinc, yn union fel taswn i'n filwr bach.'

'Wela i. A be yn union fedrwch chi'i ddeud wrtha i felly, Ms Jones?'

'Dim rŵan, a dim yn y fan hyn. Ac mi gymerith amser.'

'Faint o amser?' gofynnodd Jeff, gan edrych ar ei oriawr a meddwl am ei daith hir adref.

'Awr neu ddwy, o leia. Dros swper heno, ella?' meddai, gan edrych ar Jeff yn y drych ôl. 'A fyddwch chi ddim yn siomedig, coeliwch chi fi.'

'Be dach chi'n awgrymu?' gofynnodd yntau.

'Ewch i Fareham a bwciwch stafell yng ngwesty'r Llew Gwyn. Fydd milwyr o'r fan hyn byth yn mynd i fanno, a dydi'r lle ddim yn bell o lle dwi'n byw.'

'Mi drefna i fwrdd i ni yno erbyn hanner awr wedi saith,' cynigiodd Jeff.

'Gwnewch o'n wyth,' atebodd hithau. 'Mae gen i dipyn o waith hel gwybodaeth i chi.'

Pennod 21

'Ma'n ddrwg gen i, Meira bach, fydda i ddim adra heno,' meddai Jeff, yn gorwedd ar wely yn un o ystafelloedd y Llew Gwyn yn Fareham.

'Dwi'n dallt,' atebodd ei wraig, 'mae'n well gen i dy fod ti'n cael gorffwys yn iawn yn hytrach na dreifio'r holl ffordd yn ôl heno, yn enwedig a chditha 'di cychwyn mor fuan bore 'ma.'

'Wel, mi fyswn i wedi dod adra ond dwi wedi trefnu i gyfarfod rhywun heno.'

'Dwi'n gweld.'

'Wyt ti? Mynd â dynes arall allan am swper ydw i ... yn enw dyletswydd, wrth gwrs.'

'O? Ydi hon yn un o'r merched priod 'na ti 'di bod yn cyboli efo nhw dros y blynyddoedd?' meddai Meira'n gellweirus.

Diolchodd Jeff y gallai'r ddau wneud jôc o honiad mor ddifrifol, er nad oedd y cyhuddiad yn ddim i chwerthin yn ei gylch.

'Gyda llaw, sut un ydi dy ddynes arall di, Jeff?' gofynnodd Meira ar ôl sgwrs fer am y plant.

'Uffar o bishyn,' atebodd hwnnw'n syth, gan chwerthin.

Aeth Jeff am gawod i gael gwared ar effaith gwres y dydd, yn siomedig nad oedd ganddo ddillad glân i newid iddynt. Wrth ymolchi, ystyriodd ddatblygiadau'r dydd. Oedd yr Is-gapten Farquarson yn ymchwiliwr mor wael â hynny, neu oedd o'n cuddio rhywbeth? Gobeithiai gael yr ateb i'r cwestiwn hwnnw gan Christine. O leiaf, gwyddai erbyn hyn fod marwolaeth Michael Allsop yn un yn y gyfres o lofruddiaethau.

Trodd y tap fel bod dŵr oer yn llifo i'w adfywio. Er bod yr oerni'n braf, ni ddiflannodd y ddelwedd o'r tatŵ ar dalcen y milwr o'i feddwl. Llinell fertigol? Llythyren 'l' fach, ynteu 'i' fawr? Ceisiodd roi pob un o'r llofruddiaethau yn eu trefn amseryddol: 'D' ar dalcen David McBryde, 'L' fach neu 'I' fawr ar Michael Allsop, 'A' ar Peter Haynes, 'F' wan iawn o dan anafiadau Luke Cartwright ac 'O' ar gyfer Steve Morris. Sut na wnaeth o sylweddoli ynghynt? Gwyddai nawr nad 'L' oedd ar dalcen Allsop, ond y briflythyren 'I'. 'D-I-A-F-O'. Daeth teimlad o arswyd drosto. Oedd y llythyren 'L' o hyd i ymddangos, ar dalcen rhywun arall?

Wrth frysio i sychu'i hun, ni allai gael y gair 'DIAFOL' allan o'i feddwl. Pwy oedd y diafol – y llofrudd ynteu'r dioddefwyr? A thynged pwy fyddai derbyn y llythyren 'L'? Roedd rheswm yn dweud bod o leiaf un llofruddiaeth arall ar y gweill. Teimlodd Jeff ofn yn cydio ynddo wrth feddwl am y llofrudd. Nid lladd ar hap oedd o. Roedd wedi treulio amser sylweddol yn trefnu, cynllunio, gweithredu. Pob un o'r dioddefwyr wedi'u targedu'n fwriadol ac wedi dioddef, pob llofruddiaeth yn dilyn patrwm tebyg, pob tatŵ yn ei le. Allai Jeff ddim dychmygu beth oedd wedi'i ysgogi i gyflawni'r fath erchyllterau.

Ar ôl gorffen ailwisgo ffoniodd Lowri Davies. Roedd o'n ysu i rannu'r wybodaeth â hi.

'Sut un oedd Farquarson yn gyffredinol?' gofynnodd Lowri wedi iddo orffen adrodd am ddatblygiadau'r diwrnod.

'Dipyn o goc oen, a deud y gwir,' atebodd, 'a doedd ganddo fo ddim syniad sut i ddweud celwydd chwaith. Mae gen i gyfarfod efo rhywun arall i lawr 'ma heno. Wn i ddim be ddysga i, ond mi gewch chi'r hanes wedi i mi gyrraedd adra pnawn yfory.'

'Ffoniwch fi yn gynt na hynny, Ditectif Sarjant, os bydd rhywbeth pwysig i'w rannu.'

'Wrth gwrs, Ditectif Brif Arolygydd,' atebodd yntau yn ffug-ufudd, a chwarddodd Lowri. 'Rhaid i mi ofyn un peth pwysig,' ychwanegodd Jeff yn fwy difrifol. 'Peidiwch â deud yr un gair wrth neb, os gwelwch yn dda, 'mod i'n siarad efo rhywun heblaw Farquarson tra dwi yma. Neb, cofiwch. Mae hyn yn bwysig.'

Roedd hi'n tynnu at chwarter i wyth pan gyrhaeddodd Jeff far y gwesty. Archebodd hanner peint o gwrw lleol iddo'i hun ac eistedd ar gadair gyfforddus mewn cornel i fwrw golwg ar weddill y cwsmeriaid. Dynion busnes oedd nifer ohonyn nhw, ac un neu ddau o gyplau. Ni welodd neb oedd yn edrych fel milwr. Am bum munud i wyth, daeth Christine Jones drwy'r drws. Roedd hi wedi newid o'i dillad gwaith i bâr o jîns glas a chrys T smart ac wedi ail-wneud ei cholur, fel ei bod yn edrych yn hollol wahanol i'r ferch y bu i Jeff ei chyfarfod yng ngwersyll y fyddin. Cododd Jeff ar ei draed a'i chyfarfod wrth y bar.

'Be gymerwch chi?' gofynnodd gyda gwên.

'Gwin coch, os gwelwch yn dda,' atebodd.

Archebodd Jeff wydryn o Merlot iddo'i hun hefyd, ac ar ôl cydio mewn dau gopi o'r fwydlen aeth y ddau i eistedd.

'Gawsoch chi wared ar yr Is-gapten, Christine?' gofynnodd iddi.

'Do, diolch i'r nefoedd. Mae o rwla i'r gogledd o Leeds erbyn hyn,' cadarnhaodd, 'ond plis peidiwch â 'ngalw fi'n Christine. Does neb yn fy ngalw fi'n hynny ond y mwnci 'na sy'n galw'i hun yn fòs i mi. Chris mae fy ffrindiau i gyd yn fy ngalw fi.'

'Chris amdani 'ta. Deudwch i mi, sut mae hogan o Gellilydan yn landio mewn lle fel hyn?'

'Stori hir, Jeff. Wna i ddim eich diflasu chi efo'r manylion. Mae gen i wybodaeth lawer iawn mwy diddorol na hynny i chi heno ... ond mi fyswn i mewn dyfroedd dyfnion iawn petai rhywun yn ffendio 'mod i wedi datgelu gair ohoni i chi. Dwi wedi gorfod cydymffurfio â'r Ddeddf Cyfrinachau Swyddogol, dach chi'n gweld.'

'Y peth dwytha dwi isio'i wneud ydi'ch rhoi chi mewn lle cas. Ond ga i ofyn pam eich bod chi yma felly, Chris? Pam wnaethoch chi ofyn i mi eich cyfarfod chi?'

'Am fod yr hyn sy gen i i'w ddeud yn fater rhy bwysig i'w gadw'n gyfrinachol. Wedi'r cyfan, 'dan ni'n trafod llofruddiaeth, yn tydan ni? Llofruddiaeth pump o ddynion, yn ôl pob golwg. Ac mae 'na wybodaeth ddylai gael ei datgelu ynglŷn â mater arall hefyd, er nad ydi hynny'n ddim i'w wneud â'ch ymchwiliad chi.'

'Dwi'n addo na fydd neb yn cael gwybod o ble ges i'r wybodaeth,' cadarnhaodd. 'Rŵan ta, be am i ni archebu bwyd, ac mi gawn ni sgwrs tra byddwn ni'n disgwyl amdano.'

Archebodd Jeff y prydau o'r bar a dychwelyd at Chris.

'Mi ges i'r argraff nad ydi'r Is-gapten Farquarson yn un da iawn am ddeud celwydd,' dechreuodd Jeff, 'ond fedra i ddim yn fy myw â dallt pam nad ydi o'n barod i roi cymorth i'r heddlu dan amgylchiadau fel hyn.'

'Am nad ydi helpu'r heddlu yn gwneud lles o gwbl i'r fyddin. Dyna 'di'r ateb, yn blwmp ac yn blaen. Pan ddaeth yr Is-gapten yn ôl o Enniskillen ar ôl siarad efo Ditectif Arolygydd Casey, y peth cyntaf wnaeth o oedd tynnu pob cyfeiriad at y marc ar dalcen Corporal Allsop allan o'i adroddiad cyn ei yrru at y crwner.'

'Pam?'

'Am y bysa hynny wedi tynnu sylw bod cysylltiad rhwng y ddwy farwolaeth. Wyddoch chi nad oedd sôn o gwbl am lofruddiaeth McBryde yn y ffeil aeth at y crwner ynglŷn â marwolaeth Corporal Allsop?'

'Er bod Farquarson yn amau bod cysylltiad.'

'Amau? Mi oedd o'n gwybod yn iawn, siŵr. Mi aeth allan o'i ffordd i guddio'r wybodaeth.'

'Er mwyn celu'r ffaith mai cael ei lofruddio ddaru Allsop. Ond fedra i ddim gweld pam bod angen iddo wneud hynny ... oni bai ei fod o'n amddiffyn y llofrudd.'

'Na, dim amddiffyn y llofrudd oedd o, ond diogelu enw da'r fyddin. Mae hi'n haws claddu hunanladdiad na llofruddiaeth yn tydi? Llawer iawn llai o ffŷs.' Pan welodd Chris yr olwg ddryslyd ar wyneb Jeff, penderfynodd egluro mwy. 'Mi gyffyrddoch chi â gwraidd y mater yng nghwmni'r Is-gapten gynna,' parhaodd. 'Barics Deepcut. Dyna sy tu ôl i hyn, ond tydi'r atebion i gyd ddim gen i, na chan yr Is-gapten chwaith. Na neb arall yn y fyddin, tasa hi'n dod i hynny.'

Galwyd y ddau i'r ystafell fwyta, a chawsant eu hebrwng at fwrdd mewn cornel ddistaw, yn union fel yr oedd Jeff wedi'i drefnu yn gynharach.

'Lle bach clyd,' meddai Chris. 'Fysa rhywun yn medru amau mai cariadon ydan ni.'

'Yn union,' atebodd Jeff gan wenu arni.

Gwenodd hithau'n awgrymog yn ôl arno, gan adael i Jeff dynnu ei chadair yn ôl iddi gael eistedd. Daeth arogl melys ei phersawr i'w ffroenau.

'Digon hawdd gweld eich bod chi'n ŵr bonheddig.'

'Dwi wedi cael fy ngalw'n bob math o betha dros y blynyddoedd,' atebodd. 'Deepcut ia?' parhaodd. 'Mae pawb yn gyfarwydd â'r enw hwnnw, siŵr gen i, ond mae'r hyn a ddigwyddodd yno yn mynd yn ôl flynyddoedd ... llawer iawn cyn i'r dynion yn yr achos yma gyrraedd barics Blackstock.'

'Ydi siŵr. Rhwng 1995 a 2002 bu'r pedwar milwr farw yn Deepcut. Ond nid dyna oedd diwedd y miri. Mae sawl ymchwiliad wedi eu cynnal ers hynny – rhai yn swyddogol ac eraill ddim. Cafodd rhai swyddogol eu harwain gan fargyfreithwyr gorau'r wlad, a gafodd eu penodi gan y llywodraeth. Y lleill yn fwy answyddogol, gan Private Eye a chyhoeddiadau tebyg.'

'A hynny'n dilyn cwynion gan deuluoedd y dioddefwyr, os gofia i'n iawn,' ategodd Jeff. 'Mi arweiniodd hynny at gwestau newydd, do?'

'Do. Roedd ail gwest i lofruddiaeth un milwr y llynedd ac un arall eleni, ac mae'r llofruddiaethau rydach chi'n ymchwilio iddyn nhw, Jeff, wedi digwydd fel yr oeddan nhw'n paratoi am y cwestau newydd.'

Daeth gweinydd â'r bwyd a mwy o win iddynt. Er bod stêc Jeff yn edrych yn fendigedig wnaeth o ddim cymryd llawer o sylw o'r hyn roedd o'n ei fwyta gan ei fod yn canolbwyntio ar beth oedd Chris yn ei ddweud.

'A'r cysylltiad?' gofynnodd.

'Y cysylltiad ydi hyn,' meddai Chris rhwng cegeidiau o

borc wedi'i goginio'n araf, 'ers 2002 mae'r fyddin wedi derbyn llawer iawn o feirniadaeth ynglŷn â'r diwylliant oedd yn Deepcut yr adeg honno – y rhan fwyaf ohono'n berffaith deg. Traddodiad o ddiffyg moesau, bwlio, hyfforddwyr gwael ac ati. A choeliwch chi fi, tydi'r fyddin ddim yn hoff o dderbyn y fath feirniadaeth, o'r penaethiaid yn Llundain i lawr i'r NCOs yn y barics. Ond mae uwch-swyddogion y Weinyddiaeth Amddiffyn yn Whitehall wedi ceisio gwella'r sefyllfa ... dwi'n defnyddio'r gair "ceisio" yn ofalus, oherwydd hyd yn oed yn 2012 doedd yna ddim llawer o newid wedi bod i'r diwylliant yn Blackstock. Y gwir plaen ydi na fu newid. Yr un hen drefn â Deepcut oedd hi.'

'A dyna pryd roedd David McBryde, Peter Haynes, Luke Cartwright a Steve Morris yn cael eu hyfforddi yn Blackstock.'

'Ia, gan nifer o hyfforddwyr yn cynnwys Corporal Allsop. Mi fedrwch chi weld felly, Jeff, pam eu bod nhw mor awyddus i gadw marwolaeth Allsop mor ddistaw â phosib. Roedd trin y peth fel hunanladdiad yn fwy hwylus o lawer na chyfaddef ei fod wedi cael ei lofruddio. Dychmygwch yr embaras petai'r cyhoedd yn dod i ddeall nad oes neb yn y fyddin wedi dysgu aflwydd o ddim dros gyfnod o ugain mlynedd.'

'Wela i,' cytunodd Jeff. 'Dwi'n dallt rŵan pam nad ydw i'n cael cymorth yr Is-gapten Farquarson. Ond dydi hynny ddim yn mynd â fi fodfedd yn nes at ddarganfod pwy ydi llofrudd y pump.' Penderfynodd beidio â dweud ei fod yn amau bod un arall i ddod.

'Efallai,' atebodd Chris gan gymryd llymaid o'i gwin. 'Ond gan eich bod chi'n gwybod bellach fod y pump efo'i gilydd yn ystod cyfnod hyfforddiant milwyr, mi fedrwch chi ganolbwyntio ar y digwyddiadau yn ystod y cyfnod hwnnw.'

'Mi fyswn i'n gwneud unrhyw beth i gael rhestr o enwau'r holl ddarpar filwyr a'r hyfforddwyr yn Blackstock,' meddai.

Edrychodd Chris yn syth i lygaid Jeff. 'Be taswn i'n deud wrthoch chi bod gen i lond ffeil o bapurau yn y car tu allan sy'n cynnwys bob dim dach chi isio?'

'Mi fyswn i'n ddiolchgar dros ben.'

'Dwi'n siŵr y bysach chi,' meddai Chris yn awgrymog.

Pan ddaeth y pwdin doedd ar Jeff dim mymryn o awydd ei fwyta gan ei fod yn ysu i gael ei fachau ar y ffeil o gar y ddynes ddeniadol oedd yn syllu arno o'r ochr arall i'r canhwyllau rhamantus.

Chwarter awr yn ddiweddarach, safai'r ddau yng nghefn maes parcio'r gwesty yn y gwyll. Wedi bodloni eu hunain nad oedd neb yn eu gwylio agorodd Chris fŵt ei Mercedes coch ac estyn ffeil focs ohono.

'Dyna chi, Jeff,' meddai, gan ei gosod yn seremonïol yn ei ddwylo. 'Mi allwn i gael fy ngyrru i garchar am flynyddoedd am hyn, ond dwi'n sicr 'mod i'n gwneud y peth iawn. Mae'r gweddill i fyny i chi.'

'Mi wna i fy ngorau,' atebodd Jeff. 'Fydd neb ddim callach o ble ges i hi.'

Trodd Chris i agor drws y car, a rhoddodd Jeff ei law yn ysgafn ar ei braich mewn arwydd o werthfawrogiad.

Wrth wylio'i char yn diflannu rownd y gornel teimlodd saeth o banig yn treiddio drwyddo. Beth ddylai wneud efo'r ffeil a'i chynnwys? Doedd o ddim eisiau cael ei weld yn cerdded yn ôl i'r gwesty yn ei chario. Penderfynodd mai ym mŵt ei gar ei hun fyddai hi saffaf dros nos, ond ni chysgodd lawer y noson honno.

Pennod 22

'Dan ni'n dau yn adnabod ein gilydd reit dda erbyn hyn, Dditectif Brif Arolygydd,' meddai Jeff wrth Lowri Davies yn gynnar y prynhawn canlynol, ym mhreifatrwydd ei swyddfa a'r drws wedi'i gau yn dynn.

Edrychodd Lowri'n ddryslyd arno. Nid fel hyn fyddai Jeff yn arfer siarad efo hi.

'Be sy?' gofynnodd, yn disgwyl y gwaethaf, a chafodd hi mo'i siomi.

'Neithiwr, mi fues i'n rhan o ddigwyddiad anghyfreithlon. Rwbath roedd yn rhaid i mi ei wneud er mwyn symud yr ymholiad 'ma yn ei flaen.'

'Anghyfreithlon? Oes rhywun wedi'i anafu?'

'Na, dim byd fel'na,' atebodd gan chwerthin. Efallai fod Lowri Davies yn ei adnabod o'n well nag oedd o'n feddwl.

'Unrhyw beth fyddai'n destun embaras i'r heddlu?'

'Mae'n bosib, ond ro'n i'n fodlon cymryd y risg. O ganlyniad, mae gen i wybodaeth yn fy meddiant na alla i ei roi ar system yr ymchwiliad – hynny ydi, nes y bydda i'n sicr na all neb olrhain y ffynhonnell. Dwi ddim hyd yn oed eisiau gadael syniad o ble ddaeth o. Tasa hynny'n digwydd, mi fyswn i a fy hysbysydd mewn trafferthion dwys. A phetai'r wybodaeth yn ymddangos ar ein cronfa ddata ni, mi fyddai'n amlwg i bawb o ble ddaeth o.'

'Ydi'r wybodaeth wedi'i ddwyn?'

'Mewn ffordd, ydi,' atebodd Jeff yn onest.

Ochneidiodd Lowri. Roedd hon yn sefyllfa newydd iddi. 'Mi wyddoch chi'r drefn ynglŷn â defnyddio hysbyswyr, Jeff. Dogfennu'r cwbl yn gyfrinachol rhyngoch chi a fi, a neb arall.'

'Fel ro'n i'n deud, DBA, dwi ddim am greu cofnod o gwbl, cyfrinachol neu beidio. Mae cofnodion cyfrinachol, hyd yn oed, yn agored i gael eu harolygu mewn rhai amgylchiadau, fel y gwyddoch chi.'

'Ro'n i'n meddwl bod 'na rwbath amheus yn mynd ymlaen pan ffonioch chi neithiwr, a gofyn i mi beidio â sôn wrth neb am eich cyfarfod.'

'Wel, mae'r achos yn lot mwy sensitif nag y gwnes i, hyd yn oed, ddychmygu ar y pryd. Rhaid i mi bwysleisio 'mod i'n hynod o ffyddiog y bydd yr wybodaeth yn hanfodol i'n hymchwiliad ni. Dydw i ddim wedi cael amser i fynd trwyddo eto, ond mae un peth yn sicr – tydw i ddim yn bwriadu dod â fo yn agos i'r adeilad yma.'

'Ydach chi'n amau y bysa rhywun yn fama – yn yr heddlu – yn camddefnyddio'r wybodaeth?' gofynnodd Lowri'n ddifrifol.

'Na,' atebodd Jeff yn ddigon cyflym i'w sicrhau ei fod yn dweud y gwir. 'Ond mae'r amgylchiadau mor sensitif, fedra i ddim cymryd y risg. A rhaid i mi bwysleisio nad yn unig yr wybodaeth ei hun sy'n sensitif, ond y ffordd y ces i afael arno.'

Ysgydwodd Lowri ei phen mewn penbleth, ond gwyddai'n well na gofyn am fwy o fanylion. 'Wel,' meddai, ar ôl ystyried y sefyllfa, 'does gan rywun o fy rheng i mo'r awdurdod i gytuno i'r hyn dach chi'n ei ofyn, Jeff ... ond mi wn i am un all wneud hynny.'

Gwyddai Jeff yn union am bwy roedd hi'n sôn.

Cododd Lowri'r ffôn ar ei desg. 'Ydi'r Dirprwy Brif Gwnstabl ar gael, os gwelwch yn dda?' gofynnodd. 'Wedi'r cyfan,' meddai, gan roi ei llaw dros y derbynnydd a throi at Jeff, 'fo ydi pennaeth yr ymchwiliad erbyn hyn.'

Gwrandawodd Jeff ar Lowri yn ailadrodd ei gais wrth Tecwyn Williams cyn rhoi'r ffôn i lawr.'

'Wel, wn i ddim sut na pham mae gan y Dirprwy gymaint o ffydd ynddoch chi, Jeff. Dim problem, medda fo. Ond – a dwi'n dyfynnu ei eiriau o rŵan – mae 'na goblyn o bwysau ar eich 'sgwyddau chi rŵan. Well i'r wybodaeth yma fod yn werthfawr a defnyddiol.'

'Peidiwch â phoeni,' atebodd Jeff, 'mi fydda i'n siŵr o ffeindio ffordd o ddefnyddio'r wybodaeth mewn ffordd sy'n ein siwtio ni i gyd, ac mi fydd y cwbl yn agored cyn i chi droi rownd. Dim ond y ffynhonnell fydd yn sensitif wedyn.'

Fel roedd Jeff yn codi i adael daeth cnoc ar y drws. Cerddodd y Ditectif Arolygydd Saunders i mewn heb gael ei wahodd.

'Ddrwg gen i, ydw i'n torri ar draws rhywbeth?' gofynnodd.

'Na,' Jeff atebodd. 'Ro'n i ar fynd.'

'Cofiwch adael i mi wybod,' mynnodd Lowri.

'Rwbath newydd?' gofynnodd Saunders. 'Datblygiad y dylwn i fod yn ymwybodol ohono?'

'Na, siarad yn gyffredinol oeddwn i,' atebodd Lowri.

Ar hynny, cerddodd Jeff allan o'r swyddfa ac aeth yn syth adref.

Ar y ffordd allan, tarodd Jeff ar ei hen gyfaill, Sarjant Rob Taylor a oedd ar ei ffordd i mewn i'r adeilad.

'Popeth yn iawn erbyn hyn, Jeff?' gofynnodd.

'Be ti'n feddwl?' gofynnodd Jeff.

'Wyddost ti ddim? Meira yn meddwl bod 'na rywun yn prowlan o gwmpas y tŷ yng nghanol y nos neithiwr.'

'Be!' ebychodd Jeff.

'O, sori, Jeff. Ro'n i'n meddwl dy fod ti'n gwybod. Meira glywodd sŵn tuag ugain munud wedi un o'r gloch y bore 'ma. Fi oedd y sarjant ar ddyletswydd nos felly mi es i i fyny yno ar f'union efo dau arall, ond roedd popeth i weld yn iawn.'

'Wel, diolch i ti, mêt.'

'Paid â sôn.'

Gafaelodd yn dynn yn Meira yn nrws y tŷ.

'Be ddigwyddodd neithiwr?' gofynnodd yn syth. Tynnodd Meira ei hun o'i freichiau ac edrychodd i fyw ei llygaid. 'Nid dychmygu o'n i, Jeff. Mi *oedd* 'na rywun tu allan. Ddaru neb drio torri i mewn na dim byd felly – dwi'n meddwl mai'r bwriad oedd gadael i mi wybod bod rhywun yma, dyna'r cwbwl, drwy luchio cerrig mân yn erbyn ffenest y llofft.'

'Pam na wnest ti fy ffonio i? Fyswn i wedi dod adra'n syth.'

'A chditha ddau gan milltir i ffwrdd? Mi oedd Rob yma ymhen dau neu dri munud, ac erbyn hynny roedd pwy bynnag oedd yn prowla wedi mynd.'

Dechreuodd Jeff feddwl pwy oedd yn ymwybodol ei fod oddi cartref y noson cynt. Lowri, yn sicr ... Saunders, efallai. Neb arall, hyd y gwyddai. Yn sicr, ni wyddai Roy Simpson na'i griw.

'Wel dwi'n falch fod bob dim yn iawn. Mi ydw i adra rŵan,' meddai, gan gofleidio'i wraig.

'Falch o dy gael di adra, cariad,' meddai Meira rhwng

cusanau, 'yn enwedig gan dy fod ti wedi bod yn gweithio oriau gwirion yn ddiweddar. Sut oedd y pishyn 'na est ti allan am swper efo hi neithiwr, gyda llaw?'

'Bron iawn cystal â chdi,' atebodd yn gellweirus. 'Mi ges i lwyth o bapurau ganddi ac mae gen i ofn mai gweithio ar rheiny fydda i'r pnawn 'ma, yn anffodus. Fydda i wedi gorffen erbyn i'r plant ddod o'r ysgol.'

Ar ôl ymolchi a newid o'r dillad yr oedd wedi bod ynddyn nhw ers deuddydd, a chael tamaid bach o fwyd, aeth Jeff â'r papurau a gafodd gan Chris i'r ystafell haul a dechrau eu rhoi mewn rhyw fath o drefn. Gwelodd fod yno gopïau o gofnodion gwasanaeth nifer o filwyr ifanc a fu'n cael eu hyfforddi ym marics Blackstock yn nhri mis cyntaf 2012. Yn eu mysg roedd y pedwar a lofruddiwyd: David McBryde, Peter Haynes, Luke Cartwright a Steve Morris yng nghanol enwau eraill nad oedd yn golygu dim iddo. Tybed oedd enw'r llofrudd o'i flaen? Sylwodd Jeff nad oedd yr un ohonynt wedi aros yn y fyddin am gyfnod hir iawn. Gwyddai fod McBryde wedi gadael yn 2015, a hynny o'i ddewis ei hun yn ôl bob golwg. Ni welai unrhyw beth o ddiddordeb mawr ymysg yr wybodaeth ysgrifenedig amdano.

Edrychodd ar ffeil Peter Haynes, a gafodd ei rhyddhau heb anrhydedd ar ôl cael ei ddal yn smyglo cyffuriau i mewn i wersyll y fyddin. Gwyddai Jeff hynny'n barod, diolch i Gordon Woodhall yn Heddlu Swydd Caer. Darllenodd fod Luke Cartwright wedi bod yn filwr uchel ei barch wedi iddo wasanaethu'n ddewr mewn amgylchiadau peryglus, ac roedd yr un peth yn wir am Steve Morris. Hyd yma doedd dim wedi taflu unrhyw oleuni ar yr ymchwiliad. Ond cofiodd fod Luke Cartwright wedi ysgrifennu fod rhywbeth erchyll, rhywbeth yr oedd yn ei ddifaru, wedi digwydd tra oedd o yn y fyddin – digon erchyll iddo fod yn crefu am faddeuant. Rhywbeth yr oedd Luke, yn ôl pob golwg, yn meddwl ei ddatgelu yn y dyfodol agos. Ai yn Blackstock ddigwyddodd hynny?

Edrychodd Jeff ymhellach a gwelodd ffeil ynglŷn â gyrfa Corporal Michael Allsop, milwr a oedd wedi gwasanaethu ei wlad am dros ddeuddeng mlynedd mewn gwahanol rannau o'r byd, ac wedi treulio dau gyfnod yn hyfforddwr yn Blackstock cyn ei hunanladdiad honedig ar yr ugeinfed o Awst y flwyddyn cynt. Y cyfnod cyntaf iddo ei dreulio yno yn hyfforddi oedd rhwng Chwefror 2011 a Mai 2013. Nodwyd ar y ffeil mai fo oedd yr hyfforddwr â chyfrifoldeb dros y rhai a lofruddiwyd. Yn y ffeil hefyd roedd copi o'r adroddiad a baratowyd gan Farquarson ar gyfer y crwner. Darllenodd Jeff drwyddo dair gwaith ond ni welodd damaid o wybodaeth yn fwy nag a ddatgelwyd iddo eisoes gan Farquarson ei hun. Roedd hi'n arwyddocaol nad oedd sôn am farwolaeth McBryde yn y ffeil, na'r tatŵs ar dalcen y ddau, felly ni chafodd y crwner wybod hynny.

Eisteddodd yn ôl yn ei gadair, yn siomedig nad oedd wedi darllen unrhyw wybodaeth newydd hyd yma. Meddyliodd eto am nodiadau Luke Cartwright. Mae'n rhaid mai yn Blackstock roedd y digwyddiad erchyll hwnnw wedi digwydd – doedd dim i awgrymu fel arall – ac mae'n rhaid ei fod yn gysylltiedig â'r llofruddiaethau. Blackstock oedd yr unig beth i gysylltu'r dynion.

Edrychodd ymhellach trwy'r papurau ond ychydig iawn o wybodaeth ddefnyddiol oedd ynddynt. Roedd nifer fawr o filwyr ifanc wedi cael eu hyfforddi yn Blackstock ac wedi pasio allan yn yr un cyfnod, ond ar wahân i Peter Haynes dim ond dau arall fethodd â gorffen y cwrs. Merch ifanc o'r enw Hilary Williamson oedd un, a gŵr o'r enw Dewi Anwyl Jenkins oedd y llall. Darllenodd i'r ddau gael eu rhyddhau gan fod yr hyfforddwyr o'r farn na fydden nhw'n cyrraedd y safon angenrheidiol i lwyddo fel milwyr. Roedd cyfeiriad at yr enw Williamson ar restr Luke Cartwright – ai am Hilary Williamson roedd o'n sôn?

Dychwelodd Jeff i orsaf yr heddlu ychydig wedi i'r gynhadledd hwyr orffen. Roedd hi wedi chwech o'r gloch a nifer o staff yr ymchwiliad wedi cychwyn am adref. Daeth ar draws Lowri Davies y tu allan i'r cantîn, a thros baned eglurodd iddi nad oedd fawr o werth yn y dogfennau a darllenodd yn ystod y pnawn. Pasiodd y Ditectif Arolygydd Brian Saunders heibio i ddrws y cantîn, a thawodd Jeff.

'Ar y ffordd adref am noson gynnar,' eglurodd Saunders.

'Iawn,' atebodd Lowri. 'Wela i chi yn y bore, Brian.'

Diflannodd Saunders o'u golwg, a dechreuodd Jeff siarad drachefn.

'Ond dwi'n ffyddiog fod yr ateb nid yn unig yn y fyddin, ond ym marics Blackstock, a mwy na thebyg yn y flwyddyn 2012.

'Be ydi cam nesaf yr afanc felly?' gofynnodd Lowri, a gwenodd Jeff arni.

'Dilyn fy nhrwyn i gyfeiriad y ddau na wnaeth gwblhau eu hyfforddiant yn Blackstock, am wn i.'

'Yn lle maen nhw'n byw, wyddoch chi?'

'Mae enw'r dyn yn swnio'n Gymreigaidd ofnadwy: Dewi Anwyl Jenkins.'

'Fedrwch chi ddim cael enw mwy Cymreigaidd na hwnna,' atebodd Lowri. 'A'r llall?'

'Merch o'r enw Hilary Williamson, ond wn i ddim o ble mae hitha'n dod chwaith.'

'Efallai y medra i eich helpu chi, ond nid tan bore fory.'

'Siort orau,' atebodd Jeff. 'Mi fydda i yn fy swyddfa. Yn y cyfamser, mi ddechreua i wneud ymholiadau ynglŷn â Jenkins. O, ac mae 'na un enw arall sy'n codi hefyd. Bachgen o'r enw Matthew Jordan, oedd yn yr un grŵp â'r rhai a lofruddiwyd. Mi arhosodd o yn y fyddin am bum mlynedd ... ond mi ddechreua i efo'r ddau adawodd cyn gorffen eu hyfforddiant gynta.'

Ym mhrofiad Jeff roedd cronfa ddata cwmnïau ffôn a'r gofrestr etholwyr yn llefydd da i ddechrau chwilota am enwau a chyfeiriadau. O fewn ychydig funudau roedd wedi darganfod manylion gŵr a gwraig â'r cyfenw Jenkins yn byw nid nepell o Lan Morfa. Anwyl oedd enw cyntaf y gŵr a Morfudd oedd enw ei wraig. Doedd dim cofnod bod neb arall yn byw yn y tŷ.

Cododd Jeff y ffôn i siarad ag un o'r plismyn oedd yn gyfrifol am yr ardal, a chafodd ar ddeall mai gweinidog Methodist yr ardal oedd y Parchedig Anwyl Jenkins, dyn yn ei chwedegau hwyr a oedd newydd ymddeol. Roedd ganddo fab, yn ôl yr heddwas, ond doedd hwnnw ddim wedi bod o gwmpas yr ardal ers blynyddoedd lawer.

Ffoniodd Jeff y tŷ, a phan atebodd Morfudd Jenkins, cyflwynodd Jeff ei hun.

'Gwneud ymholiadau ydw i ynglŷn â nifer o wŷr ifanc oedd yn cael eu hyfforddi ym marics Blackstock yn nechrau 2012. Oedd eich mab chi, Dewi, yn un ohonyn nhw?'

Distawrwydd.

'Mrs Jenkins? Ydach chi yna o hyd?'

'Ydw, ydw. Be ydach chi isio'i wybod?'

'Yn gyntaf, fedrwch chi gadarnhau bod eich mab wedi treulio amser yn y fyddin a'i fod o ym marics Blackstock yr adeg honno?'

'Wel, medraf, ond ...'

'Mrs Jenkins, mi fysa'n well gen i beidio trafod hyn dros y ffôn. Ga i ddod i'ch gweld chi'ch dau ryw dro bore fory?'

'Os liciwch chi.'

'Be am tua hanner awr wedi deg?'

'Ia, iawn. Mi fyddwn ein dau yn eich disgwyl chi bryd hynny,' cadarnhaodd y wraig.

Sylwodd Jeff fod ei llais yn grynedig, ond wedi'r cwbwl, roedd ditectif wedi ffonio i holi am ei mab. Byddai unrhyw un yn swnio'n boenus yn yr un sefyllfa.

Camodd Lowri Davies allan o'i swyddfa, ac i'w syndod gwelodd Brian Saunders y tu allan i'r swyddfa roedd o'n ei rhannu efo Jeff.

'Brian, ro'n i'n meddwl eich bod chi wedi mynd adra ers meitin,' meddai.

'Ar y ffordd oeddwn i, ac wedi anghofio rhywbeth. Mi brynais i anrheg pen blwydd i'r wraig amser cinio, a fiw i mi ei anghofio.'

Cododd Jeff ei ben pan gerddodd Saunders i mewn i'r swyddfa, cerdded at ei ddesg a dechrau chwilota yn un o'r drorau. Tynnodd flwch bychan allan a'i roi yn ei boced.

'Mi fyswn i'n anghofio fy mhen heblaw ei fod o'n sownd,' meddai'n ysgafn, yn hollol wahanol i'w ymarweddiad arferol. 'Wela i chi yn y bore,' meddai, eto yn anarferol o gyfeillgar.

Wedi iddo fynd, daeth Lowri i mewn ac eistedd ar

gornel desg Jeff. 'Gawsoch chi unrhyw lwc efo Jenkins?' gofynnodd.

'Y Parchedig a Mrs Anwyl Jenkins ydi'i rieni o,' atebodd Jeff. 'Dwi wedi trefnu i'w gweld nhw am hanner awr wedi deg bore fory. Ond rŵan, am adra. Dwi isio darllen stori i'r plant 'cw cyn iddyn nhw fynd i'w gwlâu.'

Pennod 23

Ar ddiwedd y gynhadledd y bore canlynol galwodd Lowri ar Jeff i'w swyddfa. Roedd gwên lydan ar ei hwyneb.

'Hilary Williamson,' meddai. 'Dwi wedi cael gafael arni hi.'

'Be, yn barod?' rhyfeddodd Jeff. Doedd dim syndod ei bod yn gwenu.

'Mae gen innau gysylltiadau da hefyd, w'chi. Mae hi'n gweithio i gwmni Stena, ar y cychod sy'n hwylio rhwng Caergybi a Dulyn.'

'Ers pryd, wyddoch chi?'

'Bron i ddwy flynedd a hanner.'

'Reit. Hi fydd y nesaf ar fy rhestr i felly, ar ôl y Parchedig Jenkins a'i wraig.'

Ychydig funudau ar ôl hanner awr wedi deg, parciodd Jeff ei gar tu allan i gartref y Parchedig a Mrs Anwyl Jenkins, tŷ reit urddasol wedi'i adeiladu o garreg leol rywdro rhwng y ddau Ryfel Byd, tybiodd. Roedd yr ardd o boptu'r llwybr rhwng y giât a'r drws ffrynt yn dwt a deniadol. Cyn iddo hyd yn oed agor y giât gwelodd fod y ddau yn sefyll yn y drws agored yn disgwyl amdano.

Gwisgai'r Parchedig Jenkins drowsus tywyll a oedd unwaith yn rhan o siwt, gyda chardigan lwyd dros grys golau a thei. Roedd ei wyneb yn fain a'i wallt tonnog yn glaer wyn, a châi Jeff yr argraff iddo fod yn ddyn llawer talach pan oedd yn ifanc. Wrth ei ochr roedd dynes fechan wedi'i gwisgo'n hynod o hen-ffasiwn, oedd yn gwneud iddi edrych yn llawer hŷn nag yr oedd hi. Rhywsut neu'i gilydd, cafodd Jeff y teimlad ei fod ar fin croesi i'r ganrif ddiwethaf.

'Be sy?' galwodd Mrs Jenkins arno cyn iddo gyrraedd y drws. 'Be sydd wedi digwydd? 'Dan ni wedi bod yn poeni'n heneidiau ers eich galwad ffôn chi neithiwr.'

'Mae'n ddrwg gen i os wnes i'ch cynhyrfu chi,' atebodd Jeff, yn dal i gerdded. 'Does dim byd i boeni yn ei gylch – dim ond ymholiad bach sy gen i. Wna i ddim eich cadw chi'n hir.'

Tynnodd y Parchedig Jenkins ei law dde oddi ar ysgwydd ei wraig a'i hestyn i gyfeiriad Jeff. 'Croeso i'n cartref ni,' meddai mewn llais cryf ac awdurdodol fyddai wedi llenwi capel heb gymorth meicroffon. 'Maddeuwch i ni,' ychwanegodd, 'pur anaml fydd heddwas yn ymweld â'n haelwyd ni, heb sôn am dditectif sarjant. Dewch i mewn, os gwelwch yn dda,' gwahoddodd. Trodd i gyfeiriad ei wraig. 'Morfudd, fysach chi mor garedig â gwneud cwpaned o de i ni'n tri?'

Dilynodd Jeff ŵr y tŷ ar hyd coridor byr ac i mewn i barlwr ar y chwith, a daeth Mrs Jenkins yn ei hôl o'r gegin yn sionc.

'Mae'n ddrwg gen i, Ditectif Sarjant Evans, wnes i ddim gofyn sut dach chi'n cymryd eich te.'

'Llefrith yn unig os gwelwch chi'n dda,' atebodd Jeff. 'Diolch.'

Edrychodd Jeff o amgylch yr ystafell, oedd yn dywyll er bod y ffenest fawr yn wynebu'r de. Safai dreser dderw lydan yn erbyn un wal gyda siapiau diemwnt ifori o amgylch y tyllau clo, a phlatiau patrwm helyg glas yn daclus ar y silffoedd uwch ben. Roedd silffoedd derw yn gorchuddio un o'r waliau eraill, yn llwythog o lyfrau, y mwyafrif ohonynt yn rhai crefyddol. O dan y ffenest roedd bwrdd bychan ac arno hen deipiadur a phentwr anhrefnus o bapurau, ac uwchben y silff ben tân roedd copi o ddarlun Sydney Curnow Vosper, 'Salem'. Syllodd Jeff arno, yn gyfarwydd â hanes Siân Owen Ty'n-y-fawnog a'r diafol oedd yn ei siôl, a llamodd y ddelwedd o'r llythrennau amrwd ar wynebau'r cyrff i flaen ei feddwl.

'Eisteddwch.' Torrodd llais y Parchedig Jenkins ar draws ei fyfyrdod. Eisteddodd Jeff ar hen soffa ledr gyferbyn â chadair freichiau'r gweinidog.

'Mi arhoswn ni i Mrs Jenkins ddod yn ei hôl,' awgrymodd Jeff. 'Dwi'n dallt eich bod chi wedi ymddeol?'

'Do, Sarjant, dros flwyddyn a hanner yn ôl. Yr hen iechyd, wyddoch chi. Ro'n i'n ei chael hi'n anodd rhoi pregeth at ei gilydd ers tro, 'di mynd, ac yn y diwedd mynnodd y doctor, a Morfudd hefyd, rhaid i mi ddweud, 'mod i'n rhoi'r gorau iddi.'

'Dim ond y ddau ohonoch chi sydd yma rŵan, felly?' gofynnodd Jeff.

'Ia, yn anffodus ... anffodus iawn, wir.'

Dychmygodd Jeff fod rhyw dristwch wedi lledu ar draws wyneb yr hen weinidog. Pam, tybed?'

Ar hynny, daeth Mrs Jenkins trwodd yn cario hambwrdd ac arno dair cwpan a soser, tebot, powlen o siwgr, jwg llefrith a phlataid o fara brith. Sylwodd Jeff ei bod wedi tynnu ei barclod. Mewn tawelwch, rhoddodd gwpanaid o de a phlât ar fwrdd bychan wrth ochr Jeff a gwnaeth yr un peth i'w gŵr.

'Ydi hi'n well gynnoch chi ddynion siarad? Mi a' i i'r gegin os ydi'n well ganddoch chi,' cynigiodd.

'Mi fysa'n well gen i petai'r ddau ohonoch chi yma efo fi,' atebodd Jeff cyn i'r gweinidog gael cyfle i ateb.

Eisteddodd Mrs Jenkins a chymerodd Jeff lymaid o'i de ac estyn am damaid o fara brith er mwyn dangos ei fod yn gartrefol yno.

'Iawn,' dechreuodd. 'Diolch am adael i mi ddod yma i'ch gweld chi. Holi ydw i ynglŷn â nifer o bobl ifanc oedd yn cael eu hyfforddi ym marics Blackstock yn ôl yn nechrau 2012. Dwi'n ceisio cael gafael arnyn nhw i gyd am sgwrs.' Dewisodd beidio cysylltu'r ymholiad â llofruddiaeth Steve Morris, oedd yn dal yn bwnc llosg yn y wasg ac ar y cyfryngau. Gwelodd y ddau yn edrych ar ei gilydd mewn penbleth.

'Ydw i'n gywir yn meddwl bod eich mab, Dewi, yno ar y pryd?'

Edrychodd y ddau ar ei gilydd eto, a rhwbiodd Mrs Jenkins ei thrwyn â hances boced er na welai Jeff reswm iddi wneud hynny.

'Oedd. Mi oedd o yno.' Y Parchedig Jenkins atebodd. 'Fedrwch chi ddweud beth ddigwyddodd yno, Sarjant ... gymaint o amser yn ôl?'

'I fod yn berffaith onest, na fedraf. Ond dwi'n amau bod rhywbeth wedi digwydd yn y fan honno, yn ystod y cyfnod hwnnw, sydd wedi dylanwadu ar ddigwyddiadau diweddar.' Ni allai feddwl am ffordd well i geisio esbonio. 'Mi hoffwn gael sgwrs â Dewi am y peth, os fedrwch chi fy rhoi mewn cysylltiad efo fo.'

Daeth yr hances boced allan eto, a bu saib cyn i'r Parchedig Jenkins ateb.

'Allan yn Affrica mae Dewi, Sarjant. Mi aeth yno ychydig ar ôl gadael y fyddin.'

'A tydi o ddim wedi dod yn ôl i Brydain yn y cyfamser?'

'Naddo.'

'Mae rhaid ei fod o wedi cartrefu yno felly,' awgrymodd Jeff, yn pysgota am fwy o wybodaeth.

'Wyddon ni ddim,' meddai Mrs Jenkins, gan chwarae efo'i hances. 'Prin y bydd o'n sgwennu aton ni, ond cofiwch, rydan ni'n falch iawn ohono a'r gwaith mae o'n ei wneud yno.'

'O?' cododd Jeff ei aeliau.

'Gadewch i mi esbonio,' meddai ei gŵr, gan roi ei gwpan a'i soser i lawr. 'Ydan, mi ydan ni'n dau yn falch iawn ohono,' dechreuodd. 'Mae o'n un o'r bechgyn gorau welsoch chi erioed – nid ni yn unig sy'n dweud hynny, cofiwch – er ei fod o dipyn yn bengaled weithiau. Tebyg i mi, meddai ei fam.' Edrychodd ar ei wraig ar draws yr ystafell gyda gwên fach. 'Ers pan oedd o'n fachgen ifanc, gwneud pethau er lles eraill oedd yr unig beth ar ei feddwl. Mi aeth i'r coleg ym Mangor, ond wedi iddo raddio penderfynodd, yn erbyn ewyllys ei fam a minnau, cofiwch, ymuno â'r fyddin. Eisiau iddo fo fy nilyn i i'r weinidogaeth oeddan ni, ond doedd dim diben mewn dadlau efo fo. Oedd, roedd o eisiau gwneud lles, ond yn ei ffordd ei hun. Am ryw reswm, a wnes i erioed ddallt pam, roedd o'n grediniol mai yn y fyddin y gallai o wneud hynny orau. Penderfynodd y byddai'n dechrau o'r gwaelod, a dyna pam yr aeth o i Blackstock. Ond roedd hi'n amlwg o'r dechrau nad oedd defnydd milwr ynddo, a wnaeth o ddim aros yn y fyddin. Roedd o wedi ei siomi'n lân, a dewisodd ymuno â Chenhadaeth y Methodistiaid a theithio allan i Nigeria, o bob man. A dyna lle mae o, o hyd, yn dal i wneud gwaith yr Arglwydd mewn cymunedau na fyddai'r Gair byth yn eu cyrraedd heb bobl o'i anian o. Ydan wir, Ditectif Sarjant Evans, mi ydan ein dau yn falch iawn ohono.'

'Oes ganddoch chi gyfeiriad iddo yn Nigeria?'

'Nagoes, mae gen i ofn.'

'Wel, mae'n edrych yn debyg na allwch chi ateb mwy o 'nghwestiynau. Gobeithio y gwneith o barhau i rannu'r Gair,' meddai Jeff. Diolchodd am eu croeso a'r lluniaeth cyn gadael.

Wel, meddyliodd wrth yrru yn ôl i Lan Morfa, wal frics arall. Doedd dim gobaith yn y byd y byddai Lowri Davies, na'r Dirprwy Brif Gwnstabl hyd yn oed, yn talu iddo deithio i berfeddion Affrica i gyfweld Dewi Anwyl Jenkins, hyd yn oed os oedd o'n dyst i beth bynnag ddigwyddodd ym marics Blackstock gymaint o amser yn ôl. Gobeithiodd y byddai'n cael gwell lwc efo Hilary Williamson yng Nghaergybi.

Pennod 24

Doedd Jeff ddim yn edrych ymlaen at orfod dweud wrth Lowri Davies fod ei ymweliad â'r Parchedig a Mrs Jenkins wedi bod yn aflwyddiannus. Cyn iddo ddringo allan o'i gar y tu allan i swyddfa'r heddlu, canodd ei ffôn symudol.

'Jeff, y DBA sy 'ma. Pryd fyddwch chi'n ôl?'

'Dwi yn y maes parcio. Newydd gyrraedd,' atebodd.

'Brysiwch i fyny i'm swyddfa i, a byddwch yn ofnadwy o ofalus. Does gen i ddim amser i esbonio. Jyst byddwch yn ofalus, dallt?' Cyn iddo gael cyfle i ateb aeth y ffôn yn farw.

Rhyfedd, meddyliodd Jeff, ond wrth iddo gloi ei gar, daeth yn ymwybodol bod rhywun yn dringo allan o sedd gyrrwr Land Rover Defender gwyrdd tywyll a oedd wedi'i barcio ddau gar oddi wrtho. Trodd i weld dyn mewn iwnifform filwrol. Corporal yn y fyddin oedd o yn ôl y ddwy streipen ar ei fraich; dyn hynod o fawr, dros chwe throedfedd a hanner o leiaf, ac yn agos i ugain stôn. Roedd ei fŵts du yn sgleinio a'i feret yn dynn ar ochr ei ben. Brasgamodd y dyn i gyfeiriad drws cefn yr adeilad cyn i Jeff ei gyrraedd, a sefyll yno i atal ei fynediad mewn ffordd fygythiol iawn, gyda'i goesau ar led a'i freichiau tu ôl i'w gefn fel petai'n sefyll ar y maes parêd. Dechreuodd rhybudd Lowri Davies eiliadau ynghynt wneud synnwyr, a'r enw cyntaf a ddaeth i'w feddwl oedd Chris Jones.

Safodd Jeff o flaen y milwr ac edrych i fyny ar ei wyneb

caled. Roedd ei drwyn yn gam, fel petai wedi ei dorri ryw dro. Fflachiodd atgof drwy ei feddwl – roedd Margaret, chwaer Michael Allsop yng Nghroesoswallt, wedi rhoi disgrifiad tebyg o yrrwr car yr Is-gapten Farquarson pan ymwelodd hwnnw â hi.

'Esgusodwch fi, os gwelwch yn dda,' meddai Jeff wrtho'n foneddigaidd.

Ni symudodd y milwr mawr fodfedd.

'Dw i angen mynd trwy'r drws 'na, os gwelwch yn dda,' meddai eto, yr un mor gwrtais.

Edrychodd y Corporal i lawr arno heb fath o emosiwn ar ei wyneb, eto heb yngan gair, a rhoi ei law dde anferth yn gadarn ar ysgwydd chwith Jeff.

'Ylwch,' meddai Jeff. 'Mae 'na gamera diogelwch uwch eich pen chi.'

Edrychodd y gŵr i fyny, a'r eiliad honno, gyda'i holl nerth, cododd Jeff ei ben-glin i roi ergyd nerthol iddo rhwng ei goesau agored. Syrthiodd y milwr i'r llawr gan weiddi'n uchel a gafael yn ei geilliau poenus.

Camodd Jeff drosto. 'Piga ar rywun 'run faint â chdi dy hun tro nesa,' meddai, gan gau drws yr adeilad ar ei ôl.

Wrth gerdded drwy'r coridorau llifodd rhyw deimlad anghyfarwydd o bryder drosto. Ofnai ei fod wedi gadael Chris i lawr ac yntau wedi gwneud addewid iddi. Ond sut yn y byd y gallai hynny fod wedi digwydd? Oedd rhywun wedi'i dal hi'n gwneud copïau o'r dogfennau a roddodd iddo? Oedd rhywun wedi bod yn eu gwylio yn y gwesty? Rhaid bod rhywbeth wedi digwydd i rybuddio swyddogion y fyddin fod y ffeil llawn gwybodaeth ganddo. Dyna fyddai diwedd y ferch o Gellilydan, roedd yn siŵr o hynny. A phwy oedd i fyny'r grisiau? Gwyddai fod yr Is-gapten Farquarson yng ngogledd Swydd Efrog. Cerddodd i fyny'r grisiau yn araf gyda chyngor Lowri Davies yn atsain ar flaen ei feddwl: 'Byddwch yn ofalus'.

Cnociodd ar ddrws swyddfa'r Ditectif Brif Arolygydd.

'Dewch,' daeth yr ateb.

Agorodd y drws a cherddodd i mewn. Eisteddai'r Dirprwy Brif Gwnstabl Tecwyn Williams o'i flaen yng nghadair Lowri Davies a hithau wrth ei ochr. Yr ochr arall i'r ddesg eisteddai milwr o reng uchel; dyn smart yn ei bedwardegau a'i wallt wedi dechrau britho. Sylwodd Jeff fod bathodynnau coch ar ei goler, delwedd o goron a chleddyfau mewn croes ar ei ysgwyddau a nifer o rubanau uwchben poced chwith ei diwnig. Gwisgai felt lledr brown o amgylch ei ganol ac un arall ar draws ei frest, ond nid oedd Jeff yn ddigon cyfarwydd â'r fyddin i allu adnabod ei reng. Pwy bynnag oedd o, roedd wedi gosod ei gap, oedd â band coch o'i amgylch, ar ddesg Lowri Davies fel petai yn ei swyddfa'i hun.

'Ditectif Sarjant Evans,' meddai Lowri, 'dyma'r Uwch-gapten Goodfellow.'

Dechreuodd Jeff chwysu. Roedd hwn ddwy reng yn uwch na Farquarson – fyddai'r math hwn o ddyn ddim yn dod i rywle fel Glan Morfa ar chwarae bach.

Ddywedodd y Dirprwy Brif Gwnstabl ddim gair, nac edrych arno. Ddaru o ddim hyd yn oed cydnabod fod Jeff wedi dod i mewn i'r ystafell, er bod Jeff wedi amneidio'i ben i'w gyfeiriad i'w gyfarch.

'Mae'r Uwch-gapten isio gair efo ni – chi yn enwedig – ynglŷn â'ch ymholiadau ddoe i lawr ym Mharc Southwick.'

Roedd nerfau Jeff yn rhacs.

Cododd Goodfellow ar ei draed, a gwelodd Jeff ei fod bron mor dal â gyrrwr ei gar.

'Ditectif Sarjant Evans,' dechreuodd yr Uwch-gapten, gan afael mewn ffon ledr a oedd, yn ôl pob golwg, yn rhan o'i iwnifform a'i chwifio bron fel arweinydd cerddorfa. 'Rydan ni wedi cael digon arnoch chi, yn busnesa mewn materion sy'n ddim o'ch busnes chi. Mi gawsoch chi ddigonedd o gymorth a gwybodaeth gan yr Is-gapten Farquarson ddoe, ond mae'n amlwg nad oedd hynny'n ddigon.' Dechreuodd fartsio o amgylch yr ystafell gan chwifio'i ffon yn fygythiol.

Sylwodd Jeff na wnaeth y Dirprwy na Lowri herio'i ymddygiad o. Tybed a oedden nhw wedi penderfynu rhoi digon o raff iddo yn y gobaith o ddysgu mwy am gefndir ei ymweliad annisgwyl?

'Mae'n rhaid i chi gydnabod,' parhaodd Goodfellow, 'bod Heddlu Brenhinol y Fyddin wedi ymchwilio'n drwyadl i hunanladdiad Corporal Allsop, ac nad oes cysylltiad rhwng hynny ac unrhyw faterion rydych chi'n delio efo nhw. Deall?' Cododd ei lais i bwysleisio'r gair. '*Rhaid* i chi dderbyn hynny. Dywedodd Farquarson gymaint â hynny wrthoch chi ddoe – a be sy'n digwydd wedyn? Rydach chi'n parhau i chwilota am wybodaeth ynglŷn â rhywbeth dychmygol a ddigwyddodd ym marics Blackstock yn 2012. Gymaint yn ôl â hynny!'

Roedd meddwl Jeff ar garlam. Doedd y swyddog ddim wedi cyfeirio'n benodol at unrhyw wybodaeth a roddwyd iddo gan Chris Jones, ond eto, rhywsut, gwyddai Goodfellow ei fod wedi parhau â'i ymchwiliadau ar ôl iddo adael swyddfa Farquarson.

Roedd Lowri Davies a'r Dirprwy Brif Gwnstabl yn

gwybod bod ganddo wybodaeth nad oedd o'n fodlon ei rannu – oedden nhw am gydnabod hynny i Goodfellow? Efallai fod yr Uwch-gapten yn gwybod hynny eisoes. Efallai, hyd yn oed, fod Chris Jones wedi cyfaddef a bod yr Uwch-gapten ar fin ei gyhuddo yntau o frad, neu ryw drosedd aruchel arall.

'Esgusodwch fi am funud, os gwelwch yn dda,' gofynnodd Lowri. Cododd o'i chadair a gadawodd yr ystafell heb ddweud mwy.

Wnaeth Goodfellow ddim cydnabod ei hymadawiad na stopio siarad. 'Mi wyddoch chi, Sarjant Evans, fod deddfau i warchod materion cyfrinachol y fyddin?'

Paratôdd Jeff ei hun am y gwaethaf.

Yn y cyfamser, roedd Lowri wedi cerdded ychydig lathenni ar hyd y coridor i swyddfa Jeff, lle'r oedd Saunders yn eistedd o flaen ei gyfrifiadur yn astudio'r sgrin.

Safodd Lowri o'i flaen, ac estyn ei llaw agored i'w gyfeiriad. 'Eich ffôn symudol, os gwelwch yn dda, Brian,' gofynnodd mewn llais cadarn. Byddai'n edrych yn rêl ffŵl petai ei hamheuaeth hi'n anghywir, ond roedd hi'n barod i ddilyn ei greddf o dan yr amgylchiadau.

'Be?' atebodd Saunders yn syn.

'Dim lol, rhowch eich ffôn symudol i mi y munud 'ma.' Cododd ei llais fymryn.

'Be ydi ystyr peth fel hyn?' gofynnodd Saunders, gan godi ar ei draed.

'Gwrandwch, Dditectif Arolygydd, nid cais ydi hwn ond gorchymyn. Rhowch eich ffôn i mi rŵan. Wna i ddim gofyn eto.'

Yn gyndyn, estynnodd Saunders ei ffôn o boced ei

siaced a'i roi ar y ddesg o'i flaen. Cododd Lowri'r teclyn a dechrau chwilio drwyddo.

'Hei, chewch chi ddim gwneud hynna. Does ganddoch chi ddim hawl. Fy ffôn personol i ydi hwnna ac mae 'na bethau preifat arno,' protestiodd.

Anwybyddodd Lowri ef. 'Arhoswch lle ydach chi, Dditectif Arolygydd,' gorchmynnodd.

Cerddodd Lowri allan o'r swyddfa yn ôl i gyfeiriad ei swyddfa ei hun, gan sefyll y tu allan i'r drws heb ei agor. Tarodd ei bys ar un o'r rhifau olaf i Saunders ei alw, yr unig rif diweddar nad oedd yn gyfarwydd iddi. Pwysodd y rhif ar y sgrin a gwrando, a'i llygaid ar gau bron fel petai'n gweddïo. Clywodd y ffôn yn ei llaw yn canu a llamodd ei chalon ar unwaith pan glywodd ffôn arall yn canu o'r ochr arall i ddrws ei swyddfa. Cerddodd i mewn i weld yr Uwchgapten Goodfellow yn ymbalfalu i ddistewi caniad ei ffôn symudol ei hun.

Safodd Lowri yn y drws agored, gan ddal ffôn symudol y Ditectif Arolygydd Saunders yn uchel o flaen y tri dyn.

Trodd wyneb Goodfellow yn goch a diflannodd ei hyder.

'Ditectif Sarjant Evans,' meddai Lowri. 'Fysach chi mor garedig, os gwelwch yn dda, â gofyn i'r Ditectif Arolygydd Saunders ymuno â ni?'

Ymhen ychydig eiliadau, dychwelodd Jeff yng nghwmni Saunders, oedd yn ei chael yn anodd edrych i lygaid yr un o'r pedwar o'i flaen.

'Ers faint ydach chi'ch dau'n nabod eich gilydd?' gofynnodd Lowri.

'Gwrandewch,' atebodd Saunders. 'Mi fedra i egluro hyn.'

'Dwi'n edrych ymlaen at glywed yr eglurhad,' atebodd Lowri.

'Roeddan ni yn y fyddin efo'n gilydd, fel mae'n digwydd bod,' atebodd Goodfellow, yn ceisio'i orau i achub y blaen arno. 'Rydan ni wedi gwasanaethu'n gwlad ochr yn ochr yn rhai o wledydd mwyaf peryglus y byd, ac mae ganddon ni bob hawl i siarad efo'n gilydd. A dydi hynny'n ddim byd i'w wneud â chi.'

Anwybyddodd Lowri ef. 'Neithiwr,' parhaodd Lowri i wynebu Saunders a syllu'n syth i'w lygaid, 'mi oeddach chi'n clustfeinio tu allan i'm swyddfa i a thu allan i swyddfa Ditectif Sarjant Evans. Mi glywsoch chi ein bod ni'n bwriadu parhau i wneud ymholiadau i ddigwyddiadau ym marics Blackstock yn 2012, ac mi drosglwyddoch chi'r wybodaeth honno i'r Uwch-gapten Goodfellow yn fama, sydd â'i fryd ar ein rhwystro ni rhag holi yn y cyfeiriad hwnnw. Mi wnaethoch chi'r alwad o fewn pum munud i glywed ein trefniadau ni. Rhag eich cywilydd chi.'

Edrychodd Saunders ar ei sgidiau sgleiniog. Roedd yn ymwybodol o'r goblygiadau.

'Mi wna i ffarwelio â chi,' meddai'r Uwch-gapten.

'Dim am funud,' meddai Tecwyn Williams, gan godi ar ei draed. Roedd yntau yn ei iwnifform, yr un mor smart â Goodfellow, oedd yn cadarnhau ei safle. Culhaodd ei lygaid a chraffodd ar wyneb Goodfellow. 'Gwrandewch chi arna i. Does dim dwywaith,' meddai, 'eich bod chi'ch dau wedi dwyn cywilydd ar eich swyddi. Mi rois i rwydd hynt i chi ddweud eich dweud am eich ymchwiliad i hunanladdiad honedig Corporal Allsop, Uwch-gapten Goodfellow, ond does gen i ddim amheuaeth yn y byd fod Allsop wedi'i lofruddio. A'r person fu'n gyfrifol am ddarganfod hynny ydi Ditectif Sarjant Evans. Mae'n edrych yn debyg i mi mai ymchwiliad dwy a dimau oedd un Farquarson. Rŵan 'ta, mi fydd ymchwiliad i'r cyfathrebu fu rhyngoch chi a'r Ditectif Arolygydd Saunders neithiwr – mi fydda i'n cysylltu â'r Weinyddiaeth Amddiffyn fy hun, ac yn mynd reit i'r top, coeliwch chi fi, nid yn unig ynglŷn â'ch cysylltiad anghyfreithlon chi, ond i sicrhau bod eich drysau'n agored fel ein bod ni'n cael bob cymorth o hyn allan. Os wnewch chi, neu rywun arall o'r fyddin, gymryd unrhyw gam unwaith eto i atal ymdrechion Ditectif Sarjant Evans, neu unrhyw blismon arall sy'n ymchwilio i'r llofruddiaethau cyfresol yma, boed hynny'n gysylltiedig â barics Blackstock neu beidio, mi fyddwn yn arestio pwy bynnag sy'n gyfrifol. Rŵan ta, Uwch-gapten Goodfellow, dwi'n gobeithio eich bod *chi*,' pwysleisiodd y gair, 'yn deall.'

Ddaru'r Uwch-gapten ddim ymateb. Gosododd ei gap ar ei ben a throdd i gyfeiriad y drws a'i gynffon rhwng ei goesau.

'Un peth arall, ychwanegodd Jeff. 'Y gorila mawr 'na sy gynnoch chi tu allan. Mi driodd o fy rhwystro rhag dod i mewn i'r adeilad. Er ei fod o wedi ymosod arna i wnes i mo'i arestio fo … ond does 'na ddim golwg rhy dda arno fo. Taswn i'n chi, mi faswn i'n ei gynghori o i beidio ceisio fy atal i rhag dod i'r gwaith eto.'

Edrychodd Tecwyn Williams a Lowri Davies ar ei gilydd gan geisio'n ofer i beidio gwenu. Safodd Brian Saunders yn fud.

Galwodd y Dirprwy Brif Gwnstabl ar blismon ifanc oedd yn pasio drws y swyddfa. 'Hebryngwch y dyn yma i'r drws cefn, wnewch chi?' gofynnodd, gan amneidio at Goodfellow. Trodd i wynebu Saunders. 'Does dim rhaid i mi egluro pa fath o firi rydach chi ynddo fo, Dditectif Arolygydd. Eich cerdyn gwarant chi, os gwelwch yn dda.

Rydach chi wedi'ch gwahardd o'ch swydd nes y bydd yr ymchwiliad i'ch ymddygiad wedi'i gwblhau. Ditectif Sarjant Evans,' trodd Tecwyn Williams at Jeff, 'ewch efo Saunders at ei ddesg i sicrhau ei fod yn mynd â'i eiddo personol, a dim byd arall, efo fo, a'i hebrwng allan o'r adeilad. Fel y gwyddoch chi, Saunders, does gan blismon sydd wedi'i wahardd ddim hawl i fod mewn unrhyw orsaf heddlu. A dewch yn ôl yma wedyn, wnewch chi, Jeff?'

'Oes 'na baned o goffi i gael yn y lle 'ma?' gofynnodd i Lowri. 'Dwi angen un.'

Erbyn i Jeff gyrraedd yn ôl ymhen deng munud roedd tair cwpaned o goffi ar ddesg Lowri.

'Ddeudodd o rwbath ar ei ffordd allan?' gofynnodd y Dirprwy.

'Dim gair,' atebodd Jeff.

'Reit,' parhaodd Tecwyn Williams. 'Mae'n edrych yn debyg i mi eich bod chi wedi cael eich ffordd eich hun hyd yma, ond rŵan, mae'n amser i chi ddadlennu popeth i mi a Lowri. Os ydi hi'n hanfodol i'ch ffynhonnell barhau yn gyfrinachol, mi gewch fy ngair y bydd hynny'n digwydd. Rŵan, yr hanes i gyd.'

Doedd gan Jeff ddim rheswm i wrthod, hyd yn oed petai hynny wedi croesi ei feddwl.

'Fel y gwyddoch chi,' dechreuodd, does dim dwywaith mai cael ei lofruddio ddaru Corporal Michael Allsop a bod y drosedd honno yn un mewn cyfres. Fo oedd yr ail i gael ei ladd, a rhoddwyd tatŵ o'r llythyren "I" ar ei dalcen. Penderfynodd heddlu'r fyddin honni mai hunanladdiad oedd o nid yn unig i amddiffyn barics Blackstock ond hefyd rhag creu unrhyw gysylltiad â'r hyn ddigwyddodd yn

Deepcut. Mae'r fyddin yn awyddus i ddarbwyllo'r Weinyddiaeth a'r cyhoedd fod ei diwylliant mewnol wedi newid ers dechrau'r ganrif, er ei bod hi'n amlwg nad ydi hynny'n wir. Wn i ddim be ddigwyddodd yn Blackstock yn nechrau 2012, ond mae popeth dwi wedi'i ddysgu am gefndir y dynion a lofruddiwyd yn awgrymu mai yno mae'r ateb.'

'A pha wybodaeth sydd ganddoch chi na ddylai fod?' gofynnodd Lowri.

'Manylion pawb oedd ar yr un cwrs â'r rhai a lofruddiwyd. Gwrthododd Farquarson eu rhoi nhw i mi, ond mi sylweddolodd ei ysgrifenyddes, dynes o'r enw Christine Jones – Cymraes o Gellilydan – pa mor bwysig oedd yr wybodaeth er mwyn datrys y llofruddiaethau. Ganddi hi ges i'r cwbwl, a does dim rhaid i mi ddeud ...'

'Siŵr iawn,' ymyrrodd y Dirprwy. 'Dwi'n dallt. Be nesa felly, Jeff?'

'Dwi wedi dechrau canolbwyntio ar y rhai na chwblhaodd y cwrs,' meddai. Adroddodd fanylion ei gyfarfod â'r Parchedig a Mrs Jenkins yn gynharach y diwrnod hwnnw. 'Ro'n i'n gobeithio cael mwy,' esboniodd, 'ond y nesa ar fy rhestr ydi merch o'r enw Hilary Williamson, sy'n gweithio ar y cychod yng Nghaergybi. Roedd hithau yn Blackstock yn nechrau 2012 a wnaeth hithau ddim gorffen y cwrs chwaith.'

'Ydach chi isio i mi wneud trefniadau efo rhywun yn Stena?' gofynnodd y Dirprwy.

'Na, dim diolch, syr. Mi a' i o'i chwmpas hi yn fy ffordd fy hun, os ydi hynny yn iawn efo chi.'

'A chroeso,' atebodd. 'Mi fydda i, neu efallai'r Prif Gwnstabl ei hun, yn cysylltu â rhywun dylanwadol yn y

Weinyddiaeth Amddiffyn i sicrhau y bydd y llwybr yn glir i ni o hyn allan.' Oedodd, ac ochneidiodd. 'Rŵan ta, bydd yn rhaid i mi benodi rhywun i ymchwilio i ymddygiad Saunders, ac yn y cyfamser mae angen penodi dirprwy arall i chi, Lowri.'

'Does dim rhaid i mi gael un efo Jeff wrth fy ochr,' atebodd Lowri.

'Be am i mi'ch dyrchafu chi yn Dditectif Arolygydd Dros Dro felly, Jeff?' cynigodd y Dirprwy.

'Dydw i ddim yn gymwys,' atebodd Jeff. 'Erioed wedi cymryd yr arholiad.'

'A pham ddim?'

'Ar lawr gwlad mae fy lle i, Mr Williams, nid yn eistedd tu ôl i ryw ddesg yn rwla yn symud papurau.'

'O, a dyna be dach chi'n feddwl dwi'n wneud, ia? Chwarddodd y tri. 'Un peth arall, cyn i mi fynd,' ychwanegodd y Dirprwy. 'Dwi'n ymwybodol o'r llythyr dienw sy'n ceisio'ch pardduo chi, Jeff, a'r digwyddiadau eraill diweddar i geisio aflonyddu arnoch chi a Meira. Pwy sy'n gyfrifol, yn eich barn chi?'

'Mae gen i syniad eitha da, ond dim tystiolaeth ar hyn o bryd. Yn anffodus, 'sgin i ddim amser i'w roi i'r peth ar hyn o bryd, ond mi fydda i'n siŵr o fynd at wraidd y mater.'

'Byddwch yn ofalus, Jeff. Dyna'r cwbwl ddeuda i.'

'Diolch, syr,' atebodd Jeff.

Pennod 25

Wedi i'r gynhadledd orffen y bore canlynol, aeth Jeff trwodd i'w swyddfa i ddarllen y llu negeseuon, datganiadau ac adroddiadau newydd oedd wedi ymddangos ar gronfa ddata'r ymchwiliad. Roedd wrthi'n eu darllen pan roddodd Lowri Davies ei phen rownd y drws.

'Mae un neu ddau o bethau wedi codi,' meddai. 'Mae'r cantîn yn wag, os dach chi ffansi coffi?'

'Fydda i byth yn gwrthod pan mae rhywun arall yn talu,' atebodd Jeff gyda gwên. Cododd ar ei draed i'w ddilyn.

Pan oedd y ddau yn eistedd mewn cornel ddistaw dechreuodd Lowri esbonio. 'Mae'r Dirprwy wedi bod yn creu dipyn o sŵn i lawr yn y Weinyddiaeth Amddiffyn yn barod, a chyn hir mi fyddwn ni'n medru symud ymlaen. Mae rhywun wedi'i benodi yn gyswllt i sicrhau ein bod ni'n cael pob cymorth o hyn allan. Yn ôl pob golwg, pan oedd Brian Saunders yn is-gapten yn y fyddin, mi wasanaethodd o ochr yn ochr â Goodfellow yn Afghanistan. Derbyniodd y ddau glod mawr am achub nifer o filwyr dan ymosodiad yng nghanol rhyw anialwch neu'i gilydd, ond cafodd Goodfellow ei anafu. Yn ôl y sôn, Brian oedd yn gyfrifol am iddo oroesi.'

'A phan mae rhywbeth fel'na'n digwydd, dydi'r naill ddim yn anghofio'r llall.'

'Mae'r cwlwm yn para am byth,' cytunodd Lowri, 'hyd yn oed ar ôl iddyn nhw adael y fyddin.'

Meddyliodd Jeff am ennyd. 'Mae'n ddigon hawdd gweld faint o feddwl sydd gan Brian Saunders o'r fyddin hyd heddiw – digon i roi ei yrfa addawol yn yr heddlu yn y fantol er mwyn cadw cyfrinachau Blackstock.'

'Mae'n edrych felly,' cytunodd Lowri, 'ond rŵan 'ta, yr ail beth ro'n i isio'i drafod efo chi, Jeff, oedd Hilary Williamson. Mi ges i air efo'i bòs hi yng nghwmni Stena bore 'ma – mae hi wedi bod yn gweithio yno ers dwy flynedd i fis Mawrth.'

'Tua'r un pryd ag y llofruddiwyd McBryde felly,' sylwodd Jeff.

'Rŵan,' rhybuddiodd Lowri. 'Peidiwch â darllen gormod i mewn i'r peth.'

'Sut hogan ydi hi?' gofynnodd Jeff yn awyddus, gan anwybyddu ei chyngor.

'Mae'n cael ei disgrifio'n ferch fewnblyg, â dim llawer o bersonoliaeth, ond mae hi'n weithiwr da. Er hynny, mae 'na rwbath yn ei chylch hi sy ddim cweit yn taro deuddeg, medda fo.'

'O?' cododd ddiddordeb Jeff.

'Does 'na ddim un peth neilltuol fedar o ei ddisgrifio, ond dydi hi ddim wedi gwneud ffrindiau efo'i chyd-weithwyr, a fydd hi byth bron yn cymdeithasu fel y bysa rhywun yn disgwyl i ferch ifanc wneud. Mae hi ar y Stena Adventurer sy'n cyrraedd yn ôl yng Nghaergybi ychydig cyn hanner dydd heddiw.'

'Wel, dyna gyfleus,' atebodd Jeff. 'Mi a' i draw erbyn hynny i gael sgwrs efo hi.'

'Mi fedra i drefnu i dditectif benywaidd ddod efo chi, os liciwch chi,' cynigodd Lowri.

'Na, mi fydd popeth yn iawn, dwi'n siŵr.'

Am chwarter wedi hanner dydd y prynhawn hwnnw, eisteddai Jeff mewn ystafell wag yn swyddfeydd cwmni Stena ym mhorthladd Caergybi yn aros am Hilary Williamson. Pan gyrhaeddodd, cododd Jeff ar ei draed i'w chyfarch.

'Ro'n i'n deall eich bod chi eisio fy ngweld i, ond wn i ddim pwy ydach chi chwaith,' meddai Hilary, gyda gwên ansicr. Roedd hi'n ferch dal, hardd gyda gwallt tywyll oedd wedi'i rwymo'n ôl yn daclus.

'Ditectif Sarjant Jeff Evans o Lan Morfa,' atebodd. 'Eisteddwch i lawr, os gwelwch yn dda, Miss Williamson.' Dangosodd ei gerdyn gwarant iddi, a sylwi ar olwg boenus yn tywyllu ei hwyneb. 'Peidiwch â phoeni,' meddai'n gysurlon, 'mae bob dim yn iawn.'

Eisteddodd y ferch ar gadair o flaen y ddesg a symudodd Jeff i eistedd yr un ochr i'r ddesg â hi, gan ofalu peidio â mynd yn rhy agos ati.

'Mae morio i Ddulyn bob dydd yn swydd ddifyr – ydach chi'n mwynhau gweithio yma?'

'Ydw, diolch ... ond dwi'n siŵr na ddaethoch chi'r holl ffordd o Lan Morfa i ofyn hynny i mi, Sarjant.'

'Naddo wir,' gwenodd Jeff arni. 'Rydan ni'n ymchwilio i lofruddiaeth dyn o'r enw Steve Morris yng Nglan Morfa, ac mae ganddon ni le i gredu bod yr achos yn gysylltiedig â digwyddiad neu unigolyn oedd ym marics y fyddin yn Blackstock yn ôl yn 2012.'

Ni ddywedodd Hilary yr un gair, ond roedd yn ddigon hawdd gweld bod y geiriau wedi cael argraff arni. Disgynnodd rhyw len dros ei llygaid fel petai wedi cael ei hatgoffa o rywbeth nad oedd hi awydd ailymweld â fo.

'Plis peidiwch â chynhyrfu,' meddai Jeff pan welodd ei

dwylo'n dechrau crynu. 'Mae'n ddrwg gen i os ydw i wedi'ch ypsetio chi. Ydach chi isio i mi alw ar rywun yma atoch chi ... ffrind, ella?' Dechreuodd Jeff ddifaru peidio â derbyn cynnig Lowri Davies o blismones yn gwmni iddo. 'Diod o ddŵr ...?' gofynnodd, gan ddechrau teimlo'n anghyfforddus.

'Na, dwi ddim isio neb arall yma, diolch,' atebodd yn gyflym. Oedodd cyn parhau i siarad. 'Steve Morris. Mi welais i sôn am y peth yn y papur, ond wnes i ddim ystyried mai'r un Steve Morris ag oedd yn y fyddin efo fi oedd o. Nid 'mod i'n ei nabod o'n dda bryd hynny.'

'Mae'n edrych yn debyg bod y llofrudd wedi lladd sawl un arall, ac mi fyswn i'n lecio eich holi chi am y rheiny. Maen nhw i gyd yn gyn-filwyr ac oll wedi treulio amser ym marics Blackstock ar yr un adeg â chi yn nechrau 2012.' Ar ôl oedi am ennyd i sicrhau fod Hilary yn barod, parhaodd Jeff yn ddistaw ac yn ofalus. 'David McBryde, Peter Haynes, Luke Cartwright a Michael Allsop ydi'r rhai eraill sydd wedi'u lladd.'

Rhedodd ias amlwg drwy gorff Hilary Williamson pan glywodd yr enwau, yn enwedig yr olaf ar y rhestr.

'Mae'r enwau'n amlwg yn gyfarwydd i chi,' mentrodd Jeff, yn obeithiol ei fod, o'r diwedd, ar y trywydd iawn.

'Rhywsut, mi wyddwn i y byddai'r hyn ddigwyddodd yn y lle 'na yn dod yn ôl i 'mhoenydio i. Mae saith mlynedd wedi mynd heibio, a finnau wedi gwneud fy ngorau i geisio anghofio'r cwbl. Does ganddoch chi ddim syniad, Ditectif Sarjant Evans, o effaith eich ymweliad chi heddiw.'

Ni wyddai Jeff yn iawn sut i ymateb. 'Dwi'n sylweddoli bod hyn yn achosi loes i chi, Miss Williamson ... ga i'ch galw chi'n Hilary?'

'Cewch, os liciwch chi,' atebodd, a'i phen i lawr.

'Mi welwch chi pam fod yn rhaid i mi ymchwilio i beth bynnag a ddigwyddodd yn Blackstock.'

'Siŵr iawn,' atebodd, gan geisio ymwroli. 'Mi ddeuda i'r cwbl wrthach chi, ond nid yn fama. Dwi ddim isio i neb sylweddoli fod rwbath o'i le. Mae fy shifft i bron â gorffen – rhowch amser i mi fynd adra i newid ac mi wna i eich cyfarfod chi yn rhywle.'

'Dewiswch chi,' atebodd Jeff.

'Mae 'na gaffi yn y marina ym mhen draw traeth Newry.'

'Dwi'n gyfarwydd â'r lle,' cadarnhaodd Jeff.

'Mi fydda i yno am ddau o'r gloch ar yr hwyraf.'

Cyrhaeddodd Jeff y caffi am chwarter i ddau. Roedd y cwsmeriaid amser cinio yn gadael fesul dipyn gan adael y lle yn eitha gwag. O'i gadair esmwyth roedd ganddo olygfa agored o'r morglawdd, a chyn hir gwelodd Hilary Williamson yn cerdded tuag at y caffi. Roedd hi'n edrych yn drawiadol heb ei hiwnifform gwaith, a'i gwallt du hir yn rhydd o amgylch ei hysgwyddau.

'Te neu goffi?' gofynnodd iddi pan gyrhaeddodd y bwrdd, 'neu rwbath arall?'

'Coffi, os gwelwch yn dda.'

Archebodd Jeff ddwy gwpaned wrth y cownter ac eisteddodd gyferbyn â Hilary.

'Cyn mynd gam ymhellach, dwi isio i chi fy ngalw i'n Jeff,' eglurodd gyda gwên gysurlon. 'Er bod hwn yn ymchwiliad ffurfiol, dwi am i chi ymlacio tra byddwn ni'n sgwrsio.' Eisteddodd Hilary yn ôl yn ei chadair gan blethu ei breichiau'n amddiffynnol, ac oedodd Jeff cyn parhau. 'Mae'n ddrwg gen i,' meddai, 'wnes i ddeud rwbath amhriodol?'

Roedd wyneb Hilary wedi caledu.

'Ylwch, Sarjant, mi ges i fy nhreisio gan y person diwetha i ddeud wrtha i am ymlacio, ac yn Blackstock y digwyddodd hynny.'

Lledodd gwrid dros wyneb Jeff. 'Mae'n ddrwg gen i. Trio gwneud yn siŵr nad oeddach chi'n poeni gormod o'n i ... wir i chi,' esboniodd.

'Ia, dwi'n dallt hynny, ond wyddoch chi ddim faint o sioc ydi hyn i mi heddiw – gorfod ailymweld â'r holl atgofion cas yng nghwmni aelod o'r heddlu.'

'Fysa'n well ganddoch chi gael eich holi gan swyddog benywaidd? Mi fedra i drefnu hynny a chroeso ... ella y dylwn i fod wedi gwneud hynny yn y lle cynta,' cyfaddefodd.

'Na, dwi ddim yn meddwl,' atebodd Hilary. 'Er bod yr hyn sy gen i i'w ddweud wedi dylanwadu'n drwm ar fy mywyd ers saith mlynedd, dwi wedi dysgu erbyn hyn sut i ddarllen pobl yn well. Mi fedra i weld eich bod chi'n ddidwyll.'

Dechreuodd Jeff sylweddoli pam fod ei bòs wedi ei disgrifio fel y gwnaeth o, a pham ei bod yn cadw hyd braich oddi wrth ei chyd-weithwyr.

'Dechreuwch chi, yn eich amser eich hun,' awgrymodd. 'Ac os ydw i angen gofyn rwbath, mi dorra i ar eich traws chi. Ydi hynny'n iawn?'

'Ydi, Jeff,' atebodd, ac ochneidio cyn dechrau ei stori.

'Dwi wedi byw efo hyn ers cymaint o amser,' dechreuodd. 'Ac mi fysa'n well gen i beidio â gorfod meddwl am ddigwyddiadau Blackstock byth eto, heb sôn am siarad am y lle efo plismon. Ond dyna fo. Ro'n i wedi bod isio ymuno â'r fyddin ers cyn i mi gofio, ond mi ges i agoriad llygad unwaith y dechreuais fy hyfforddiant. Dynion oedd y rhan fwya o'r ricriwts eraill – dim ond hanner dwsin ohonon ni ferched oedd yna, yn byw mewn bloc ar wahân i'r dynion yr ochr arall i'r camp. Er hynny, yr un hyfforddwyr oedd yn edrych ar ein holau. Corporal Allsop oedd un a Sarjant Franklin oedd enw'r llall – roedd o reng yn uwch nag Allsop. Y ddau ohonyn nhw oeddan ni'n eu gweld bob dydd wrth ymarfer, a nhw oedd yn ein dysgu ni am arfau, sut i ddarllen mapiau ac yn y blaen.'

'Oedd eich hyfforddiant bob dydd yn digwydd ar y cyd efo'r dynion?' gofynnodd Jeff.

'Oedd, bob dydd. Roeddan ni'n bwyta hefo'n gilydd, ac yn hamddena gyda'r nos efo nhw hefyd. Wedi deud hynny, doedd dim llawer o amser i ymlacio ar ôl i ni wneud ein tasgau, glanhau popeth a phobman yn drwyadl a pharatoi at y diwrnod canlynol. Roedd cit pawb yn cael ei archwilio y peth cynta bob bore, a gwae pwy bynnag oedd heb ei baratoi yn berffaith. Corporal Allsop oedd yn gyfrifol am yr archwiliadau, a doedd hi ddim yn hir cyn iddo fo ddechrau deud a gwneud petha amhriodol pan oedd o wrthi'n archwilio fy stafell i.'

'Fel be?'

'Tynnu sylw at fy nillad isa, eu bodio'n awgrymog, y math yna o beth. Aeth hynny yn ei flaen am sbel ond wnes i ddim ynghylch y peth. Ddaru o ddim cyffwrdd yndda i ... wel, ddim i gychwyn. Yna dechreuodd ddod i wneud yr hyn roedd o'n ei alw yn ail archwiliad o 'nghit i gyda'r nos, ac un noson mi ddaeth mewn i'm stafell fel ro'n i'n paratoi i fynd i fy ngwely. Rhwygodd fy nghoban oddi amdana i, fy nal i lawr a 'nhreisio fi'n frwnt. Wedyn, mi ddeudodd o y bysa fy ngyrfa i yn y fyddin drosodd cyn i mi droi rownd petawn i'n deud gair wrth neb am y peth. Daeth hyn yn ddigwyddiad cyson.'

'Pam na ddaru chi wneud cwyn i un o'i benaethiaid o?'

'Dyna wnes i yn y diwedd, ond camgymeriad mawr oedd hynny. Mae'n anodd i rywun o'r tu allan i'r fyddin ddeall y sefyllfa ro'n i ynddi – roedd hi'n anodd iawn gwybod lle i fynd i chwilio am help gan fod pawb o'r swyddogion, o'r NCO's i fyny, yn edrych ar ôl ei gilydd. Dach chi'n ymwybodol o'r diwylliant o fwlio oedd yn Deepcut ugain mlynedd a mwy ôl? Wel, mi fedra i gadarnhau nad ydi petha wedi newid yr un tamaid ers hynny. Fy nghamgymeriad i oedd mynd i gwyno at Sarjant Franklin. Pan ddeudis i'r cwbwl wrtho fo mi wnaeth o fy sicrhau y byddai'n edrych ar f'ôl i ac y dylwn ddod ato fo unrhyw dro am gymorth neu gyngor. Dechreuodd ddod i fy ystafell gyda'r nos, gan ddeud ei fod o'n bryderus amdana i, ond cyn hir mi ddechreuodd roi ei fraich amdana i i 'nghysuro i.'

'Yn erbyn eich ewyllys?'

'Ia, er ei fod o wedi bod yn fwy cyfrwys nag Allsop. Dechreuodd fy nghusanu i ddechrau, a wnes i ddim tynnu'n ôl gan 'mod i'n meddwl ei fod o'n amddiffynnol ohona i ac yn fy ngwarchod i rhag Allsop. Dyna pa mor ddiniwed o'n i. Yna dechreuodd fy nghyffwrdd, a wnes i ddim gwrthod hynny chwaith. Pan geisiais i ei atal rhag mynd ymhellach dechreuodd f'atgoffa nad oedd gen i unman arall i droi, ac mai fo oedd yn rheoli fy mywyd i erbyn hynny. Sylweddolais, wrth gwrs, ei fod yn llygad ei le.'

Gwelodd Jeff fod dagrau'n cronni yn ei llygaid wrth iddi ail-fyw'r digwyddiadau.

'Nid dyna oedd ei diwedd hi,' parhaodd. 'Ar ôl hynny

roedd y ddau ohonyn nhw'n cymryd mantais arna i fel y mynnon nhw, efo'i gilydd, hyd yn oed, fwy nag unwaith. Un gyda'r nos cornelodd Allsop fi yn storfa'r gampfa pan oedd o'n meddwl nad oedd neb arall o gwmpas. Ond mi glywodd un o'r hogia y gwnaethoch chi ei enwi gynna, Luke Cartwright, fi'n gweiddi, a daeth i edrych be oedd yn mynd ymlaen. Gwnaeth Allsop i mi gymryd coc Cartwright yn fy ngheg tra oedd o'n fy nhreiddio fi o'r cefn. Dwi'n dal i deimlo'n sâl hyd heddiw wrth feddwl am y peth. Buan y cyrhaeddodd y stori honno glustiau pawb.'

'Sut gwyddoch chi hynny?' gofynnodd Jeff.

'Am fod pawb yn fy ngalw fi'n 'y beic' tu ôl i 'nghefn. Yn y diwedd, mi es i weld un o'r uwch-swyddogion – Capten Hastings, pennaeth yr adran hyfforddiant yn Blackstock – a gwneud cwyn yn erbyn Allsop a Franklin. Y peth nesa, mi ges i wybod 'mod i'n cael fy rhyddhau o'r fyddin am nad oedd yna ddefnydd milwr yndda i. Ond lle fel yna oedd o ... pawb yn closio at ei gilydd i gladdu unrhyw beth oedd yn debygol o achosi problemau neu greu enw drwg i'r lle. Does gan neb obaith o fynd yn agos at y gwir.'

Roedd Jeff wedi hen orffen ei goffi ond prin yr oedd Hilary wedi cyffwrdd ei phaned hi.

'Ga i fynd i nôl coffi ffres i chi?' gofynnodd Jeff yn dyner.

'Na, does gen i ddim awydd, diolch,' atebodd Hilary. 'Ond wyddoch chi, Jeff, nad ydw i wedi siarad efo neb heblaw chi am yr holl beth, ac mewn ffordd dwi'n teimlo rhyddhad. Dwi wedi trio fy ngorau i anghofio'r cwbl ac i edrych i'r dyfodol, heb ystyried mai trwy edrych yn ôl mae symud ymlaen go iawn.'

'Ond mae 'na dipyn mwy y mae'n rhaid i mi ei ofyn i

chi, Hilary. Ylwch, ma' hi'n ddiwrnod braf. Be am i ni gerdded wrth y môr, ac mi gawn ni sgwrsio wrth fynd?'

Cytunodd hithau, ac ar ôl i Jeff dalu am eu diodydd, dilynodd ef drwy'r drws.

Pennod 26

Dechreuodd y ddau gerdded yn hamddenol i gyfeiriad y morglawdd.

'Wel, fedrwn ni wneud dim ynghylch Michael Allsop erbyn hyn,' meddai Jeff. 'Mae o wedi mynd i gyfarfod ei Greawdwr ... neu'n fwy tebygol, y diafol,' ychwanegodd, gan ddefnyddio'r gair olaf yn fwriadol. Edrychodd drwy gil ei lygad ar Hilary a gwelodd ymateb na allai ei ddehongli. Oedd meddwl am y treisiwr yn ddigon i godi ofn arni, ynteu oedd arwyddocâd neilltuol i'r gair 'diafol'? Ni allai Jeff beidio â meddwl fod gan y ferch ifanc fwy o reswm na neb i ladd Allsop.

'Hoffwn ofyn i chi am weddill y dynion. Be am ddechrau efo David McBryde? Fo oedd y cyntaf i gael ei lofruddio, ar y trydydd o Ebrill ddwy flynedd yn ôl.'

'O Ogledd Iwerddon roedd o'n dod, os cofia i'n iawn. Artist tatŵs oedd o cyn ymuno â'r fyddin, ac roedd o'n foi poblogaidd iawn am fod ei waith o mor dda, a'i fod o'n fodlon creu unrhyw fath o datŵs ar gyfer yr hogia.'

'Be, oedd o'n rhoi tatŵs i filwyr eraill?'

'Oedd, ac am ddim. Roedd pawb yn ei ganmol o.'

'Ydi'r enw Peter Haynes yn gyfarwydd i chi?'

'Dyn y cyffuriau oedd o. Rwbath oedd rhywun ei angen, roedd o'n medru cael gafael arno, ac am y pris iawn. Cocên, heroin ... rwbath. Ac nid yn unig i'r ricriwts ond i'r hyfforddwyr hefyd, yn cynnwys Allsop a Franklin – roedd y ddau dan ddylanwad rwbath yn aml pan oeddan nhw'n dod i chwilio amdana i. Mi oedd y lle'n berwi o gyffuriau, ond doedd neb yn malio dim. Wn i ddim be ddigwyddodd i Haynes ar ôl i mi adael.'

'Mi sonioch chi am Luke Cartwright gynna. Be fedrwch chi ei ddeud wrtha i amdano fo?'

'Dim o bwys. Dwi ddim yn meddwl y bysa fo wedi dod yn agos ata i petai Corporal Allsop heb orchymyn iddo fo wneud hynny.'

Roedd barn Hilary yn cyd-fynd â'r nodiadau a adawodd Cartwright cyn ei farwolaeth. 'Be am Steve Morris, hwnnw a lofruddiwyd ddwytha yng Nglan Morfa?' gofynnodd.

'Wn i ddim llawer amdano fo mae gen i ofn, Jeff. Dim ond 'mod i'n cofio ei enw.'

'Enw arall sydd wedi codi – dim ond am na orffennodd o ei hyfforddiant, fel chi – ydi Dewi Jenkins. Oeddach chi'n ei nabod o?'

Meddyliodd Hilary Williamson yn galed ac oedodd am rai eiliadau cyn ateb.

'O, Dewi Darling, dach chi'n feddwl?' atebodd o'r diwedd. 'Mi adawodd o Blackstock dipyn o 'mlaen i, yn ddirybudd, ond eto, wn i ddim pam.'

'Dewi Darling?'

'Ia, Dewi Anwyl Jenkins oedd ei enw llawn o, a doedd hi ddim yn hir cyn i rywun ddysgu be oedd ystyr ei enw canol. Ac fel y gallwch chi fentro, Dewi Darling roedd o'n cael ei alw gan bawb wedi hynny. Ond dwi'n cofio bod ei lysenw wedi newid jyst cyn iddo fo ddiflannu, ond fedra i ddim cofio i be, chwaith.'

'Sut un oedd o?'

'A deud y gwir wrthach chi, wn i ddim pam yr ymunodd

o efo'r fyddin yn y lle cynta. Mi oedd o'n foi clyfar, a gradd ganddo, yn ôl y sôn. Mi ddechreuodd pawb wneud hwyl ynglŷn â'r ffaith ei fod o'n mynychu'r capel bob dydd Sul, ond fo oedd yr hogyn neisiaf o'r cwbwl lot ohonyn nhw. Gŵr bonheddig os bu un erioed. Ond yn fwy na hynny, roedd o'n un o'r goreuon ym mhob maes: rhedeg, saethu, pêl-droed a rygbi, ond roedd yn gas ganddo'r diwylliant o smocio, rhegi a chymryd cyffuriau. Fydda i'n dyfalu bob hyn a hyn be ddaeth ohono fo.'

'Mae 'na enw arall: Matthew Jordan.'

'Ydw, dwi'n cofio hwnnw hefyd. Mi oedd o'n weddol agos i'r gweddill, ond ddaru o ddim byd yn f'erbyn i. Edrych ar ei ôl ei hun oedd o – ochri efo pawb yn ei dro a chadw'n glir o unrhyw drafferth – ond dwi'n amau ei fod o'n ymwybodol o bob dim oedd yn mynd ymlaen. Ei fwriad oedd cael ei hyfforddi i fod yn drydanwr gan y fyddin, a gadael i weithio iddo'i hun ar ôl iddo gael digon o brofiad.'

'Be am Sarjant Samuel Franklin?' gofynnodd Jeff. 'Ar wahân i'r hyn ddeudoch chi gynna amdano, sut ddyn oedd o?'

'Bastard digywilydd yn meddwl mai fo oedd yn rhedeg y lle, ac yn crafu tinau'r swyddogion uwch ei ben bob cyfle gâi o. Dyn brwnt na fyddai'n meddwl ddwywaith cyn curo neu hanner lladd rhywun fysa'n meiddio'i groesi.'

Amneidiodd Jeff at fainc oedd yn edrych dros y môr ac eisteddodd y ddau arni.

'Mi wnaeth o'ch treisio chi sawl gwaith. Ar dir y fyddin ddigwyddodd hynny bob tro?' gofynnodd.

'Na, mi wnaeth un waith y tu allan i Blackstock. Pam dach chi'n gofyn?'

'Am mai heddlu'r fyddin sydd ag awdurdod ar dir y

fyddin, ac y bydd hi'n haws i mi wneud rhywbeth ynghylch trosedd a ddigwyddodd y tu allan i'r barics.'

'O, hold on rŵan, Jeff. Dydach chi erioed yn disgwyl i mi wneud cwyn swyddogol ar ôl yr holl amser, nac ydach? Mynd trwy'r llysoedd ac ail-fyw'r holl beth yn gyhoeddus?'

'Jyst deudwch wrtha i be ddigwyddodd y tu allan i'r gwersyll, os gwelwch yn dda, Hilary. Gawn ni sôn am y posibiliadau wedyn, a does neb am roi pwysau arnoch chi i wneud dim byd yn erbyn eich ewyllys.'

'Allan oeddan ni un noson, tua hanner dwsin o'r ricriwts, mewn tafarn ychydig filltiroedd o'r camp, a tua diwedd y noson mi ymddangosodd Sarjant Franklin yn annisgwyl. Suddodd fy nghalon, gallwch fentro. Roedd Luke Cartwright efo fo. Rhoddodd Franklin allweddi ei gar i Luke sbel wedyn am ei fod wedi yfed gormod i yrru adra, medda fo. Es i allan o'r dafarn efo'r gweddill, ond yn y maes parcio gafaelodd Franklin yn fy mraich yn giaidd, fy arwain i at ei gar a'm taflu i i'r sedd ôl. Dringodd i mewn ar fy ôl i gan ddeud wrth Luke, oedd yn sedd y gyrrwr, am gymryd ei amser yn mynd yn ôl i'r camp. Rhwygodd fy nillad isaf oddi amdana i, a dyna'r unig dro iddo fy nhreisio i y tu allan i Blackstock.'

Syllodd Hilary yn fud ar donnau ysgafn y môr a'r gwylanod yn y pellter. Druan ohoni, meddyliodd Jeff, gan geisio rhoi darnau'r jig-so at ei gilydd. Yn ôl y papurau a gafodd gan Chris Jones, gwyddai fod Franklin wedi gadael Blackstock yn y cyfamser ac wedi treulio amser yn gwasanaethu dramor. Roedd wedi dychwelyd i'r un barics tua'r un pryd ag y dechreuodd y gyfres o lofruddiaethau. Ai cyd-ddigwyddiad oedd hynny? Choeliai Jeff fawr. Roedd Franklin, o bawb, yn ymwybodol o'r cwestau newydd i'r marwolaethau yn Deepcut, ac am yr holl waith paratoi ar eu cyfer. Petai unrhyw si am ei weithredoedd ef ac Allsop yn Blackstock yn dod i'r amlwg, byddai'r holl waith caled hwnnw i adfer enw da'r fyddin yn ofer. Gwyddai Jeff am rai o droseddau a chamymddwyn Franklin, a byddai'n fodlon betio fod llawer mwy dan yr wyneb. Oedd Franklin wedi bod ynghlwm â rhywbeth arall yn yr un cyfnod – rhywbeth mor erchyll nes bod yn rhaid lladd er mwyn ei gadw'n dawel? Byddai Jeff wrth ei fodd yn cael ei fachau ar Franklin, a gwyddai fod yr allwedd i hynny yn eistedd wrth ei ochr.

'Be sy'n mynd trwy eich meddwl chi, Jeff?' gofynnodd Hilary.

Trodd Jeff i'w hwynebu. 'Mae pum dyn wedi'u llofruddio, Hilary,' dechreuodd, 'ac mae gen i reswm da i feddwl bod un arall, o leiaf, i ddod eto. Mae fy ngreddf yn dweud bod Franklin, ryw ffordd neu'i gilydd, ynghlwm â hyn i gyd. Mi hoffwn i chi wneud cwyn swyddogol amdano ... ei fod wedi'ch treisio chi. Dwi'n ymwybodol o'r hyn dwi'n ei ofyn i chi, ond yn gobeithio'ch bod chi'n deall y rheswm tu ôl i'r cais.'

'Fedrwch chi ddim dechrau deall, Jeff,' atebodd. 'Fedrwch chi ddim dechrau deall be es i drwyddo, na'r hyn fydd yn fy wynebu petawn i'n gwneud be dach chi'n ei ofyn.'

'Dim ond gofyn i chi wneud y gŵyn ydw i, Hilary. Cofiwch nad oes dim yn eich gorfodi chi i barhau ag unrhyw achos yn ei erbyn. Gallwch dynnu'r gŵyn yn ei hôl. Mae gan bawb hawl i newid eu meddyliau, a fyddai dim rhaid i chi fynd i'r llys wedyn.'

'Felly, Jeff, rydach chi am fy nefnyddio fi yn abwyd i gael at Franklin.'

'Ydw.' Doedd dim pwynt gwadu. 'Er mwyn ceisio dal llofrudd cyfresol ac atal llofruddiaeth arall.'

'Rhowch amser i mi feddwl,' meddai Hilary. 'Ond tydw i ddim isio bod yn agos ato, ddim hyd yn oed yn yr un stafell â fo, byth eto.'

'Un peth arall,' meddai Jeff. 'Yn y cyd-destun yma, ydi'r gair 'diafol' yn golygu rwbath i chi?'

Edrychodd Hilary arno'n ddryslyd. 'Diafol? Nac'di. Pam?'

'Dim ond bod y llofrudd yn hoff o ddefnyddio'r gair,' atebodd.

Cododd y ddau oddi ar y fainc a dechrau cerdded yn araf a thawel yn ôl yr un ffordd ag y daethant. Pan gyrhaeddon nhw gar Hilary, rhoddodd Jeff ei gerdyn cyswllt iddi, ar ôl ysgrifennu rhif ffôn ei gartref arno. 'Meira ydi enw fy ngwraig. Mae hi'n gyn-blismones,' meddai. 'Mae'n ddrwg gen i'ch rhoi chi drwy hyn i gyd – ac ia, chi sy'n iawn, Hilary, does gen i ddim ond syniad bach iawn o'r hyn dach chi wedi mynd drwyddo. Mae Meira yn un dda iawn am wrando hefyd, os ydach chi isio trafod y peth efo dynes arall.'

'Diolch yn fawr i chi, Jeff,' meddai hithau. 'Dwi wedi gwneud fy mhenderfyniad. Pam ddylai dynion fel Franklin gael get-awê efo'r math yna o ymddygiad? Dwi'n fodlon gwneud datganiad. Ac ella bydda i'n arbed bywyd rhywun arall yr un pryd. Ond mae'n gas gen i feddwl am orfod rhoi tystiolaeth yn ei erbyn. Mi wyddoch chi be ddigwyddith – mi ga i fy nhynnu'n griau gan ei fargyfreithiwr o.'

'Un cam ar y tro, Hilary. Mi ddo i â phlismones i'ch gweld chi, un sydd â faint fynnir o brofiad yn y maes, ac mi all hi eich cefnogi chi drwy'r broses. Oes 'na rwbath arall fedra i ei wneud i chi yn y cyfamser?'

'Na, dim diolch, Jeff ... Ditectif Sarjant Evans. Dach chi wedi gwneud digon am un diwrnod, dwi'n meddwl. Peidiwch â gweld bai arna i os na fydda i'n mynd â'r gŵyn yr holl ffordd i'r llysoedd. Fel y deudoch chi, mae gan bawb hawl i newid ei feddwl.'

Gwyddai Jeff na ddylai wenu, ond roedd y cyfle i gael gafael ar Franklin wedi codi ei galon yn enbyd.

Wrth iddi yrru am adref, ystyriodd Hilary a ddylai fod wedi dweud wrth y plismon ei bod wedi cael cip ar Dewi Darling ar un o'r cychod yn fuan ar ôl iddi ddechrau gweithio yng Nghaergybi. Na, penderfynodd. Doedd dim diben dod â dyn crefyddol fel fo i mewn i'r fath smonach.

Pennod 27

Pan adroddodd Jeff hanes ei gyfweliad â Hilary Williamson, wnaeth Lowri Davies ddim ymateb nes iddo orffen.

'Be dach chi'n wneud ohoni, Jeff?'

'Mae hi wedi cadw'r cwbl dan glo ers saith mlynedd, a doedd hi ddim yn hapus i siarad efo fi i ddechra. Dwi wedi bod yn meddwl pam, a'r unig reswm fedra i ei roi ydi'r un amlwg – hynny ydi, doedd hi ddim isio dod â'r profiadau cas yn ôl i'r wyneb. Ond wedi deud hynny, mae 'na rwbath yn fy mhoeni amdani na fedra i roi fy mys arno.'

'Wnaiff hi dyst da yn y llys?' gofynnodd Lowri. 'Mae cymaint o amser ers yr ymosodiadau, a wnaeth hi ddim cwyn ar y pryd. Be wnaiff y rheithgor o hynny?'

'Mi wneith hi cystal ag unrhyw ferch sydd wedi bod drwy'r fath uffern,' atebodd Jeff. 'Er y bysa'n well ganddi beidio â rhoi tystiolaeth, wrth reswm. Ystyriwch be fu'n rhaid i'r greadures ei ddioddef, dro ar ôl tro, a neb yn y byd ganddi i droi atyn nhw. Mewn lle fel'na, mae pawb yn closio at ei gilydd i wadu a chelu cwynion o'r fath. Ond mae pob gair ddeudodd hi yn berffaith wir, mi wn i gymaint â hynny, a dyna sy'n bwysig ar hyn o bryd. Dwi'n ffyddiog fod ganddon ni ddigon o dystiolaeth i arestio Franklin, er y bysa'n well gen i gael tyst annibynnol i gefnogi datganiad Hilary – ac yn fy marn i fyddai'n ddim gan Franklin lofruddio i arbed ei groen ei hun. Mi fydd corff arall cyn bo hir, coeliwch chi fi, a thatŵ ar ei dalcen yntau hefyd. Roedd 'na ddyn o'r enw Matthew Jordan yn recriwt yn Blackstock ar y pryd – mae'n bosib mai fo fydd y targed nesaf. Wnaeth o ddim byd o'i le hyd y gwn i, ond dwi'n meddwl ei bod hi'n bwysig iddo fod yn ymwybodol o'r llofruddiaethau. Mae o'n berchen ar fusnes trydanol yn yr Wyddgrug erbyn hyn.'

'Dwi'n cytuno, Jeff. Ewch i'w weld o heddiw,' atebodd Lowri. 'Mae Franklin yn swnio'n gythraul o ddyn peryg.'

'Ond y broblem sy gen i rŵan,' parhaodd Jeff, 'ydi sut dwi'n mynd ati i arestio Franklin. Fedra i ddim cerdded i mewn i le fel Blackstock i chwilio amdano fo efo pâr o efynnau llaw.'

'A dyna lle medra i'ch helpu chi, Jeff, meddai Lowri'n hyderus. 'Wel, nid fi'n bersonol, ond y Dirprwy Brif Gwnstabl. Mi ddeudis i ei fod o wedi creu dipyn o stŵr yn y Weinyddiaeth Amddiffyn, yn do? Wel, mae ganddon ni gyswllt yn y fan honno erbyn hyn, rhyw Capten Meadows, ac mae ei swyddfa ym mhencadlys y Weinyddiaeth Amddiffyn yn Llundain.'

'Llundain? Reit dda. Gobeithio fod hynny'n golygu nad oes gan staff y barics ddylanwad yno, ac y cawn ni wrandawiad teg.'

'Yn hollol, ond rhaid i chi fod yn ymwybodol o'r trefniant mae'r Dirprwy wedi'i wneud.'

'A be ydi hynny felly?'

'Bod y cydweithredu'n mynd y ddwy ffordd. Os ydan ni am gael gwybodaeth a chymorth ganddyn nhw, mae'n rhaid i ni fod yn gwbl agored efo hwythau hefyd. Datgelu unrhyw gynlluniau o flaen llaw, er enghraifft. Rhaid i chi addo gwneud hynny, Jeff.'

'Wel, tydw i erioed wedi rhannu gwybodaeth ynglŷn ag

ymchwiliad i lofruddiaeth efo neb tu allan i'r heddlu o'r blaen, DBA,' meddai, gan ysgwyd ei ben. 'Sut gwyddon ni pwy i'w drystio?'

'Dwi'n dallt eich pryderon chi, Jeff, ac yn cydymdeimlo, ond dyna'r trefniant. Peidiwch â meiddio gadael y Dirprwy i lawr. Dyma rif ffôn Capten Meadows i chi – mi fyswn i'n cysylltu efo fo ar unwaith taswn i'n eich lle chi.'

Doedd gan Jeff ddim bwriad o siomi'r Dirprwy. Edrychodd ar ei oriawr: ugain munud wedi pump. Tybed oedd hi'n rhy hwyr i ffonio swyddfa'r Weinyddiaeth Amddiffyn? Deialodd y rhif a roddwyd iddo gan Lowri Davies ac o fewn un caniad clywodd lais yn ateb.

'Meadows.' Roedd y llais yn isel, yn gyflym ac yn gadarn.

'Capten Meadows; Ditectif Sarjant Evans, Heddlu Gogledd Cymru.'

'A! Dwi wedi bod yn disgwyl eich galwad chi drwy'r pnawn.'

'Dwi wedi bod allan o'r swyddfa am y rhan fwyaf o'r dydd, a newydd glywed ydw i eich bod chi wedi'ch penodi yn gyswllt rhwng y fyddin a ninnau ynglŷn â'r llofruddiaethau 'dan ni'n ymchwilio iddyn nhw.'

'Cywir, a dwi wedi cael gorchymyn o'r top i roi pob cymorth i chi. Ond wn i ddim o'r cefndir.'

Rhoddodd Jeff grynodeb byr iddo o'r ymchwiliad – digon i gadw ei addewid i'r Dirprwy Prif Gwnstabl a bachu sylw Meadows ar yr un pryd.

'Ac roedd pob un ohonyn nhw'n cael ei hyfforddi ym marics Blackstock yn nechrau 2012, meddach chi.'

'Cywir, ond hyfforddwr oedd Allsop, nid recriwt. Y peth cyntaf y byswn i'n hoffi ei gael ydi rhestr gyflawn o'r milwyr oedd yn cael eu hyfforddi ochr yn ochr â'r rhai a lofruddiwyd, a manylion yr NCO's oedd yn eu hyfforddi.'

'Iawn,' atebodd Meadows. 'Y drefn fel arfer ydi bod pedwar deg wyth o filwyr yn cael eu hyfforddi mewn un platŵn. Dynion a merched, ond bod y merched yn lletya mewn bloc gwahanol, wrth gwrs. Mae'r dynion yn cael eu gwahanu yn bedair adran o ddeuddeg, gydag un neu ddwy o ferched yn ymuno â nhw ar gyfer y tasgau dyddiol. Mae un NCO, sef corporal, yn gyfrifol am nifer o adrannau ac NCO arall, sy'n sarjant, uwch ei ben o. Wedyn mae 'na gapten yn gyfrifol am y cwbl. Faint o restr ydach chi isio, Sarjant Evans?'

'Manylion llawn y milwyr oedd yn yr un adrannau â'r pump a lofruddiwyd, a'r ddau NCO oedd â chyfrifoldeb drostynt. Mae Corporal Allsop yn un o'r rheiny. Ar ben hynny, rhestr o bawb yn y platŵn – ond bydd enwau'r rheiny'n unig yn ddigon ar hyn o bryd.'

'Iawn, Sarjant Evans. Mi fyddan nhw yn eich cyrraedd chi drwy e-bost cyn y bore.' Rhoddodd Jeff gyfeiriad e-bost cyfrinachol Heddlu Gogledd Cymru iddo. 'Gyda llaw,' parhaodd Meadows, 'Galwch fi'n George.'

Gwenodd Jeff.

'Diolch. A Jeff ydw inna.'

Eisteddodd Jeff yn ôl yn ei gadair wedi iddo roi'r ffôn yn ôl yn ei grud, yn ymwybodol ei fod wedi gofyn am wybodaeth a oedd yn ei feddiant yn barod. Chwarter awr yn ddiweddarach canodd ei ffôn symudol. Enw 'Chris Gellilydan' oedd ar y sgrin.

'Helô, Chris.'

'Jeff, mae 'na rwbath rhyfedd ofnadwy wedi digwydd. Dwi newydd gael galwad gan y Weinyddiaeth Amddiffyn.

Swyddog o'r enw Capten Meadows, yn gofyn i mi lunio rhestr o'r recriwts a'r NCO's oedd yn Blackstock – yr wybodaeth y gwrthododd Farquarson ei roi. Mae o eisiau i mi yrru'r cwbwl i chi cyn gynted â phosib.'

'Gwnewch yn union fel mae o'n gofyn, os gwelwch yn dda, Chris. Wedi i chi wneud hynny mi fydd yr holl wybodaeth ges i ganddoch chi yn fy meddiant yn swyddogol, yn bydd? Fydd dim rhaid i chi edrych dros eich ysgwydd, os dach chi'n fy nallt i.' Ffarweliodd â Chris.

Roedd pethau wedi disgyn i'w lle yn hwylus iawn, ond sut, tybed, oedd Farquarson wedi ymateb i'r cais? Wedi'r cyfan, roedd o wedi gwrthod rhoi'r union wybodaeth i Jeff yn uniongyrchol. Byddai'n rhaid troedio'n ofalus.

Roedd cysylltiad Matthew Jordan â'r achos yn pwyso ar feddwl Jeff. Mae'n debygol ei fod o'n gwybod cymaint â'r dynion a lofruddiwyd am yr hyn ddigwyddodd yn Blackstock yn nechrau 2012 ... digon i'w roi mewn perygl? Neu, ar y llaw arall, ai hwn oedd y llofrudd? Er bod trwyn Jeff yn ei arwain i gyfeiriad Franklin, roedd yn ddigon profiadol i sylweddoli fod yn rhaid iddo ehangu ei olygon. Felly, ar ôl gwneud ymholiadau a sicrhau nad oedd record droseddol gan Jordan, a heb egluro iddo union natur yr achos, gwnaeth drefniadau i'w gyfarfod yng ngorsaf heddlu'r Wyddgrug am hanner dydd y diwrnod hwnnw.

Cyn gadael Glan Morfa gwelodd fod yr e-bost yn cynnwys yr wybodaeth a ofynnodd amdano gan Meadows wedi cyrraedd. Reit dda, Chris Gellilydan, meddyliodd.

Cyrhaeddodd faes parcio gorsaf heddlu'r Wyddgrug rai munudau cyn hanner dydd a gwelodd fod fan wen gyda'r geiriau 'Jordan: Peiriannydd Trydanol' ar ei hochr yno eisoes. Cyflwynodd Jeff ei hun i'r gŵr yn y cyntedd ac arweiniwyd y ddau i ystafell gyfweld.

Dyn gweddol fyr yn ei dridegau cynnar oedd Jordan, ac edrychai'n eithriadol o ffit. Roedd yn amlwg yn eiddgar i gael gwybod pam yr oedd yno, felly wnaeth Jeff ddim oedi.

'Mater o lofruddiaeth sy gen i dan sylw, Mr Jordan,' datganodd yn blwmp ac yn blaen, er mwyn cael gweld ymateb y dyn o'i flaen. Edrychodd Jordan arno'n gegrwth ac eistedd i lawr yn drwm ar un o'r ddwy gadair galed oedd un bob ochr i'r bwrdd. Eisteddodd Jeff ar y llall cyn parhau. 'Nid llofruddiaeth ond llofruddiaethau, i fod yn fanwl gywir,' parhaodd, gan weld yn syth fod y dyn o'i flaen wedi dychryn.

'Dwi ddim yn deall ...'

'Mewn cyfnod o chydig dros flwyddyn mae pum dyn wedi'u llofruddio – gan yr un llofrudd, yn ôl pob golwg.'

'Argian, be sy gan hynny i'w wneud efo fi?'

'Y ffaith eich bod chi'n eu nabod nhw i gyd,' atebodd Jeff yn swta. Er bod ei ymateb yn awgrymu'n gryf nad hwn oedd y llofrudd, doedd Jeff ddim am adael iddo ymlacio.

'Pwy ... pwy ydyn nhw?' gofynnodd Jordan yn nerfus.

'David McBryde, Michael Allsop, Peter Haynes, Luke Cartwright a Steve Morris.'

Gwelodd Jeff fod Jordan wedi gwneud y cysylltiad yn syth, ond wnaeth o ddim agor ei geg i gyfaddef hynny. 'Ac mae gen i reswm da i feddwl y bydd llofruddiaeth arall cyn bo hir,' ychwanegodd Jeff. 'Rhywun arall oedd efo chi ym marics Blackstock yn nechrau 2012.'

Roedd Jordan yn amlwg wedi gadael i'w feddwl grwydro yn ôl, ond eto, wnaeth o ddim ymateb.

'Dywedwch rywbeth am y lle, Mr Jordan,' gofynnodd y ditectif.

'Wel ... does 'na ddim byd i'w ddeud, mewn gwirionedd,' atebodd. 'Gwersyll hyfforddiant cyffredin oedd y lle, fel pob gwersyll arall.'

'Cyffredin? Mae'n dibynnu be yn union ydach chi'n ei alw'n gyffredin, yn tydi?' Cododd Jeff ei lais.

'Wn i ddim be dach chi'n feddwl,' atebodd Jordan, ond doedd o ddim yn un da iawn am ddweud celwydd, sylwodd Jeff.

'Be am y diwylliant yno ar y pryd? Y meddwi, y cyffuriau, y bwlio, heb sôn am y trais yn erbyn merched?'

'Sgin i ddim syniad am betha felly, Sarjant Evans. Os oedd y fath beth yn digwydd, doedd o'n ddim byd i'w wneud efo fi.'

Symudodd Jeff yn nes ato, nes bod eu cyrff bron yn cyffwrdd. 'Fel hyn mae hi, ylwch, Mr Matthew Jordan. Mae 'na bum dyn wedi'u llofruddio hyd yn hyn, a choeliwch chi fi, mi fydd 'na chweched cyn bo hir. Ac mae'r cwbwl o achos y diwylliant afiach oedd yn llygru'r lle yr adeg honno.'

'Iesu, Sarjant Evans, dach chi erioed yn awgrymu mai fi fydd y nesaf i gael ei fwrdro, nac'dach?'

Dewisodd Jeff beidio ag ateb ei gwestiwn yn uniongyrchol. 'Mae gen i le i gredu, fel ro'n i'n deud, bod eu llofruddiaethau nhw'n gysylltiedig â diwylliant y lle, ac mi faswn i'n fodlon betio mai cael eu lladd er mwyn cau eu cegau ddaru nhw. Ac fel y pump, mi ydach chitha'n ymwybodol o'r hyn oedd yn digwydd yno hefyd. Pethau anghynnes iawn, rhai ohonyn nhw.' Gwelodd Jeff fod Jordan yn dechrau chwysu, a phenderfynodd newid ei dactegau. 'Be wyddost ti, Matthew? Ydi hi'n iawn i mi dy alw di'n Matthew?'

'Na, dim Matthew. Matt, plis, Sarjant Evans.'

'Iawn, Matt. Deud i mi, pa ferch oedd yn cael ei galw'n "y beic" gan y dynion yn Blackstock?'

Parhaodd Matthew Jordan yn fud, ond gwelodd Jeff awgrym o ddeigryn yn ei lygad. Doedd o ddim wedi disgwyl hynny gan ddyn a oedd wedi treulio pum mlynedd yn y fyddin, ond roedd yn tueddu i gadarnhau ei ddamcaniaeth nad y dyn a eisteddai wrth ei ochr oedd y llofrudd.

'Wel?' gofynnodd Jeff eto.

'Tasa Duw yn fy lladd i'r munud 'ma Sarjant, wnes i ddim cyffwrdd pen bys ynddi hi, wir rŵan.'

'Dwi'n dy gredu di, Matt, ond ma' hi'n hanfodol dy fod ti'n deud y cwbwl wrtha i. Mae 'na bump wedi'u lladd yn barod, cofia.'

'Yr NCO's oedd yn mynd i'r afael efo hi fwya. Wn i ddim am neb arall, dim ond ei bod hi wedi rhoi *blowjob* i Luke Cartwright un tro.'

'Pwy oedd hi?'

'Hilary ... Hilary Williamson.'

'Sut ddaeth pawb i wybod am hyn, a rhoi'r llysenw ofnadwy 'na arni?'

'Am fod Corporal Allsop a Sarjant Franklin yn brolio eu bod nhw'n ei thrin hi bob cyfle oeddan nhw'n gael, o flaen yr hogia eraill. Buan mae peth fel'na yn mynd o glust i glust mewn lle fel Blackstock.'

'Fyswn i'n meddwl y bysa'n well ganddyn nhw guddio peth mor gywilyddus o anghyfreithlon, yn hytrach na brolio amdano.'

'Doedd torri'r gyfraith yn golygu dim i 'run o'r ddau ohonyn nhw, a doeddan nhw'n malio dim am Hilary na neb arall chwaith. Nhw oedd yn rhedeg y lle ac yn gwneud be fynnon nhw, a doedd neb yn ddigon cryf i'w stopio nhw. Dim hyd yn oed y pennaeth, Capten Hastings.'

'Sut wyt ti'n gwybod hyn i gyd?' gofynnodd Jeff yn awyddus.

'Am fod Franklin wedi deud wrtha i lawer gwaith sut roedd o'n ei threisio hi. Mi ddigwyddodd yng nghefn ei gar o unwaith, medda fo, pan oedd Luke Cartwright yn eu gyrru nhw adref o ryw dafarn. Mi oedd o'n chwerthin pan oedd hi'n sgrechian arno i stopio, medda fo.'

'Mi ddeudodd Franklin hynny?'

'Do. Mi ddeudodd Luke yr un peth wrtha i chydig ddyddiau wedyn. Mi ges i'r argraff fod y peth wedi cael effaith fawr ar Luke – roedd o'n siomedig ynddo'i hun, ac yn difaru bod yn rhan o unrhyw drais yn erbyn Hilary.'

Bingo, meddyliodd Jeff. Tystiolaeth rŵan i gadarnhau ochr Hilary o'r stori.

'Oes 'na rwbath arall fedri di 'i ddeud am y diwylliant yno yn gyffredinol, Matt?'

'Dim mwy nag ydach chi'n 'i wybod yn barod, siŵr gen i. Sut ddaru hanner recriwts Blackstock basio'n filwyr, wn i ddim, wir. Welsoch chi 'rioed y fath feddwi, a chyffuriau. Y boi 'na wnaethoch chi ei enwi gynna, Peter Haynes – fo oedd yn dod â'r drygs i mewn. Ac roedd yr NCO's yn rhai o'i gwsmeriaid gorau.'

'Pwy oedd Dewi Jenkins?' gofynnodd Jeff, yn procio am fwy o wybodaeth.

'O, Dewi Darling. Wn ni ddim be ddaeth â hwnnw yno. Doedd o ddim yn boblogaidd iawn.'

'Pam felly?'

'Doedd o ddim yn cymdeithasu llawer efo neb o'r hogia eraill. Byth yn cymryd cyffuriau, byth yn rhegi, mynd i'r capel bob dydd Sul, a phrin oedd o'n yfed na dod allan efo ni. Dim ond unwaith dwi'n ei gofio fo'n dod. Ond y peth mwya oedd gan y lleill yn ei erbyn oedd ei fod o'n gwrthwynebu'r diwylliant yno mor gyhoeddus – ac roedd gweddill yr hogia'n casáu'r ffaith mai fo oedd y gorau am wneud bob dim. Fo, Dewi, oedd yn iawn, cofiwch.'

'Dim ond unwaith aeth o allan, medda chdi. Be ddigwyddodd?'

'Dim llawer. Mi aeth o allan efo'r hogia a meddwi'n gaib, a welodd neb fawr ohono ar ôl hynny.'

'Un cwestiwn arall i ti, Matt,' gofynnodd Jeff. 'Ydi'r gair "diafol" yn golygu rwbath arbennig i ti? Rwbath allai fod yn gysylltiedig â'r achos?'

'Na, dim byd mwy na'r amlwg.'

'Oedd rhywun yn defnyddio'r gair yn gyson yn Blackstock? Llysenw, efallai?'

'Ddim i mi gofio. Wrth gwrs, mae pawb mewn lle fel'na yn siŵr o gael llysenw, yn tydyn?'

'Fel Dewi Darling ti'n feddwl?' awgrymodd Jeff.

'Ia, dyna fo. Ond dechreuodd Sarjant Franklin alw Dewi yn "twll tin" ar un adeg hefyd.'

'Pam oedd hynny?'

'Dim syniad, ond mi fyddai Franklin ac Allsop yn gweiddi bob math o enwau arnon ni wrth i ni fartsio a chael archwiliadau ar y maes dril. Enwau na fysach chi byth yn dod o hyd iddyn nhw yn y Beibl.'

'Mi fydd yn rhaid i mi gymryd datganiad tyst gen ti rŵan, Matt, ac mae'n rhaid i ti ddatgan y cwbl ar bapur. Ti'n dallt?'

'Na wnaf, wir. Dwi ddim isio bod yn rhan o 'run achos sy'n debygol o 'ngorfodi fi i roi tystiolaeth mewn llys barn.'

'Gwranda, Matt,' meddai Jeff mor ddifrifol ag y gallai. 'Dwi'n dy gredu di na wnest ti ddim byd o'i le. Wnest ti ddim torri'r gyfraith, ond ar y llaw arall, mae pump o ddynion wedi cael eu llofruddio. Ar ben hynny mi gest ti gyfle i riportio'r sefyllfa erchyll roedd Hilary druan ynddi saith mlynedd yn ôl, ond wnest ti ddim ynglŷn â'r peth. Mi fedri di wneud y peth iawn rŵan ... paid â cholli'r cyfle am yr eildro.'

Cymerodd deirawr i Jeff ysgrifennu'r datganiad tyst ar ran Matt, oedd yn cynnwys pob manylyn. Roedd yn benderfynol o ddogfennu'r hanes yn ei gyfarwydd, a sicrhau fod y datganiad wedi'i arwyddo cyn i Matthew Jordan newid ei feddwl.

Pennod 28

Er iddo, yn ôl ei addewid, drafod y datblygiadau diweddaraf
hefo Lowri Davies cyn mynd adref y noson honno,
disgwyliodd Jeff tan y bore wedyn i ffonio Capten Meadows
er mwyn gwneud y trefniadau i arestio Sarjant Samuel
Franklin ar gyhuddiad o dreisio Hilary Williamson. Roedd
diwrnod cyfan wedi mynd heibio ers iddo gael yr
wybodaeth a ofynnwyd i'r Capten amdano – digon o amser
i unrhyw un gasglu mai ymateb i'r wybodaeth honno oedd
o, yn hytrach na'r hyn a gafodd rai dyddiau ynghynt gan
Chris Gellilydan, fel roedd o wedi dechrau ei galw hi.
Cododd y ffôn.

'Meadows,' atebodd y llais cyfarwydd.

'Bore da, George,' meddai. 'Jeff Evans sy 'ma, o Lan
Morfa. 'Mae 'na ddatblygiadau.'

'Reit,' atebodd y swyddog yn gadarn. 'Be sy ganddoch
chi?'

'Fel y soniais i eisoes, mae'n edrych yn debyg bod y
llofruddiaethau yma'n ganlyniad i ddigwyddiad, neu
ddigwyddiadau, yn Blackstock yn 2012. Dwi bellach yn
gwybod be ydi'r digwyddiad hwnnw, ac mae gen i ddigon o
dystiolaeth i arestio Sarjant Samuel Franklin ar gyhuddiad
o drais yn erbyn merch oedd yn cael ei hyfforddi yno ar y
pryd. Dwi'n argyhoeddedig fod gan y drosedd rwbath i'w
wneud â'r llofruddiaethau. Mi ddigwyddodd y drosedd –
un o nifer o ymosodiadau arni – y tu allan i ffiniau

daearyddol awdurdod y fyddin, felly mae hynny'n rhoi'r hawl i mi i'w arestio.'

'Mae hwn yn fater difrifol,' cytunodd Meadows ar ôl saib byr, 'ond mae'r fyddin wedi cytuno i'ch cefnogi chi, a hynny o'r top, felly be alla i wneud i'ch cynorthwyo chi, Jeff?'

'Sicrhau, os gwelwch yn dda, fod Franklin ar gael yn Blackstock bore fory. Mi fydda i'n dod i lawr efo tîm o dditectifs i'w arestio fo. Mi fydda i yn ogystal – hefo help y fyddin – angen archwilio ei ystafell bersonol, ble bynnag mae honno.'

'Ond am be fyddwch chi'n chwilio yn y fan honno?' gofynnodd Meadows yn ddryslyd. 'Roedd y digwyddiad, y rheswm am ei arestio fo, dros saith mlynedd yn ôl. Be dach chi'n disgwyl ei ddarganfod fory?'

'Rydan ni angen ystyried, George, bod y llofruddiaethau presennol yn gysylltiedig. Yn yr achosion rheiny, rydan ni'n chwilio am dystiolaeth megis taclau argraffu tatŵs ymysg pethau eraill ... rhaffau, tâp gludiog ac ati.'

'Ie siŵr, dwi'n deall. Wnes i ddim sylweddoli bod ffiniau eich ymholiadau mor eang. Mi wna i'r trefniadau i sicrhau y bydd prif swyddog barics Blackstock yn eich disgwyl chi.'

'Ond peidiwch â dweud gair wrth neb arall yn Blackstock, os gwelwch yn dda, George. Mae'n eithriadol o bwysig nad ydi Franklin yn ymwybodol ein bod ni ar ein ffordd – gallai unrhyw dystiolaeth fod wedi diflannu erbyn i ni gyrraedd.'

'Mi alla i'ch sicrhau chi na fydd neb arall o fewn barics Blackstock yn cael gwybod.'

'Un peth arall, os gwelwch yna dda,' gofynnodd Jeff.

'Oes posib cadarnhau lleoliad Franklin ar ddyddiadau'r llofruddiaethau?'

'Mi ddylai bod cofnodion ar gael i ni,' atebodd Meadows, a rhoddodd Jeff ddyddiadau'r llofruddiaethau iddo.

Wedi i Jeff roi'r ffôn i lawr rhoddodd fanylion y trefniadau i Lowri Davies, a rhannodd hithau nhw â'r Dirprwy Brif Gwnstabl yn y pencadlys. Trefnwyd i bedwar ditectif deithio efo Jeff i lawr i Surrey yn fuan y bore canlynol – roedd dau o'r rheiny i hebrwng Franklin yn ôl i ogledd Cymru yn syth ar ôl ei arestio a'r ddau arall i archwilio ei ystafell breifat yng nghwmni Jeff.

Ddiwedd y prynhawn, ffoniodd Capten Meadows yn ôl.

'Mae popeth yn ei le, Jeff,' cadarnhaodd. 'Dim ond yr uwch-swyddog yn y barics fydd yn ymwybodol o'ch trefniadau. Ynglŷn â dyddiadau'r llofruddiaethau, dim ond dyddiad hunanladdiad, neu lofruddiaeth, yn hytrach, Corporal Allsop y medra i gadarnhau presenoldeb Sarjant Franklin yn y barics. Doedd o ddim yno pan laddwyd McBryde yng Ngogledd Iwerddon, na phan laddwyd Morris ar y deuddegfed o Fai. Does dim cofnod o'i symudiadau ar ddyddiadau llofruddiaeth Haynes na Cartwright.'

'Pam ddim?' gofynnodd Jeff.

'I fod yn berffaith onest, wn i ddim.'

'Oes posibilrwydd fod y cofnodion wedi'u dileu?'

'Wel ... mae hynny'n bosib, am wn i.'

Ar ôl diolch i Meadows paratôdd Jeff am noson gynnar cyn ei daith i dde Lloegr yn oriau mân y bore. Efallai nad oedd cydweithio yn syniad mor ddrwg â hynny wedi'r cwbwl, meddyliodd.

Nid oedd Jeff yn ymwybodol fod Capten Meadows o'r

Weinyddiaeth Amddiffyn yn Llundain wedi gwneud y trefniadau angenrheidiol drwy bencadlys Heddlu'r Fyddin yn Fareham ... gyda'r Is-gapten Farquarson.

Am un ar ddeg o'r gloch y noson honno, roedd Sarjant Samuel Franklin yn mwynhau ei drydydd peint o gwrw mewn tafarn ychydig o filltiroedd o farics Blackstock. Safai ar ei ben ei hun ger y bar fel y gwnâi'n gyson. Dewisai'r dafarn hon ar gyfer ei ymweliadau wythnosol oherwydd nad oedd y lle'n brysur ar nosweithiau gwaith. Edrychai ymlaen i gael ymlacio y tu allan i amgylchedd y fyddin ac ymhell o recriwts ifanc y barics. Nid nad oedd o'n hollol fodlon yn ei swydd – y fyddin oedd ei fywyd ers blynyddoedd maith gan nad oedd ganddo wraig na theulu. Roedd wedi penderfynu canolbwyntio ei holl egni ar ei waith er mwyn ennill parch haeddiannol ei uwch-swyddogion, ond doedd ganddo ddim ots o gwbl am y recriwts niferus oedd yn cyrraedd a phasio allan drwy Blackstock fel defaid. Roedd yn ei bedwardegau bellach ac ar ôl treulio cyfnodau yn ymladd dros ei wlad yn Afghanistan ac Iraq ymysg llefydd eraill, roedd yn ymhyfrydu yn y ffaith fod ganddo gorff gwell na dynion hanner ei oed – yr unig beth oedd yn amharu ar ei ddelwedd oedd y ffaith ei fod wedi dechrau moeli. A'r cwrw bellach wedi dechrau cael effaith, edrychodd o'i gwmpas ar y dynion eraill yn y bar. Doedd o ddim yn adnabod yr un ohonyn nhw, ond roedd bron yn sicr y byddai pob un wedi cachu llond eu trôns tasan nhw wedi gorfod wynebu'r hyn a brofodd o yn ystod ei yrfa. Faint ohonyn nhw oedd wedi lladd, tybed? Roedd o'i hun wedi stopio cyfrif sawl gwaith y bu iddo saethu person arall. Dynion, merched –

plant mor ifanc â deuddeg oed, os oedden nhw'n cario gwn
– ac weithiau, gallai hyd yn oed arogli eu hanadl olaf.

Roedd newydd gymryd y llymaid cyntaf o'i beint olaf
pan ganodd ei ffôn symudol. Edrychodd ar y sgrin a
gwelodd yr enw 'Richie'.

'Ia, be ti isio?' gofynnodd Franklin yn flin. 'Ti'n gwybod
yn well na fy styrbio i ar nos Iau.'

'Gwranda, Sam, mae hyn yn bwysig. Fedri di siarad?'
gofynnodd yr Is-gapten Farquarson.

'Aros am funud.' Edrychodd Franklin o'i gwmpas cyn
cerdded i gornel ddistawaf y bar. 'Reit, be sydd mor bwysig
yr adeg yma o'r nos?'

Roedd Sarjant Samuel Franklin a'r Is-gapten Richard
Farquarson wedi ymladd ochr yn ochr fwy nag unwaith gan
i'r ddau gychwyn ar eu gyrfaoedd yn y fyddin ar yr un pryd,
yn filwyr cyffredin. Er i Farquarson gael cynnig comisiwn
i fynychu Academi Frenhinol y Fyddin yn Sandhurst ac
ymuno â heddlu'r fyddin parhaodd eu cyfeillgarwch. A
dweud y gwir, Sam Franklin a arweiniodd Farquarson at y
penderfyniad mai hunanladdiad oedd achos marwolaeth
Corporal Allsop. Wedi dweud hynny, doedd dim llawer o
waith darbwyllo arno, gan fod uwch-swyddogion eraill y
fyddin yn falch o allu cau'r achos yn gynt nag y byddai'n
bosib petai'n achos o lofruddiaeth.

Parhaodd eu sgwrs ffôn.

'Am dy fod ti mewn dipyn o drwbwl, Sam. Mwy na
dipyn, a deud y gwir.'

'O?' holodd Franklin.

'Mae 'na nifer o dditectifs o ogledd Cymru yn dod lawr
i dy arestio di bore fory am dreisio merch yn ôl yn 2012.'

Distawrwydd.

'Wyt ti yna, Sam?' gofynnodd Farquarson.

'Ydw. Pwy ydi hi?'

'Rhywun o'r enw Hilary Williamson, un o'r recriwts bryd hynny. Maen nhw'n trio cysylltu'r peth â llofruddiaeth Mike Allsop, a llofruddiaethau eraill yn ystod y flwyddyn ddiwetha 'ma.'

'Hilary Williamson?' myfyriodd Franklin, gan adael i'w feddwl grwydro'n ôl. 'Yr ast fach. Sut ddiawl gawson nhw afael ar honna rŵan?'

'Dwi ar ddallt ei bod hi'n gweithio ar y cychod rhwng Caergybi a Dulyn, ond tydi sut gawson nhw afael arni ddim yn bwysig, Sam. Dim ond rhai oriau sy gen ti i feddwl be i'w wneud ynghylch y peth. Beth bynnag sy gan yr heddlu sifil yn dy erbyn di, mi fydd y dystiolaeth yn siŵr o fod yn sylweddol, waeth faint o amser sydd ers y digwyddiad. Mi fydd 'na uffern o ymchwiliad mawr – y tu mewn a'r tu allan i ffiniau'r barics 'cw. Fyddi di ddim yn boblogaidd, yn enwedig a Deepcut ar wefusau pawb. Reit, ti wedi cael dy rybudd, a phaid â disgwyl i mi fedru dy helpu di y tro yma.'

'Ond gwranda Richie, gwranda ...'

'Fedra i wneud dim mwy i ti rŵan, Sam. Ti ar dy ben dy hun.'

Aeth y ffôn yn farw.

Safodd Franklin fel dyn ar goll yng nghornel yr ystafell. Roedd hwn yn deimlad newydd. Ceisiodd feddwl beth i'w wneud am y gorau – roedd y cwbl a weithiodd amdano, ei fywyd, ei holl yrfa, mewn perygl. Hyd yn oed petai'r llys yn ei gael yn ddieuog o dreisio Hilary Williamson byddai ei yrfa ar ben. Rhedodd ias oer drwyddo. Beth petai Heddlu Gogledd Cymru yn penderfynu ymchwilio i bopeth a wnaeth dros y blynyddoedd? Gwyddai fod ymholiadau felly

266

yn gyffredin bellach ... ac roedd ganddo ddigon i'w guddio. Châi hynny ddim digwydd iddo fo, penderfynodd. Byddai'n rhaid iddo ymladd, ond nid dros ei wlad y tro hwn. Ymladd i achub ei groen ei hun fyddai o, a hynny â'i holl nerth.

Cerddodd yn ôl at y bar a chodi ei wydryn â llaw grynedig. Nid ofn oedd yn llamu drwy ei gorff ond dicter; dicter a gododd o ddyfnderoedd ei fodolaeth. Cymerodd lymaid mawr o'i gwrw a tharo'r gwydr i lawr yn drwm ar y bar gan adael y gweddillion i ddawnsio yn hanner isaf y gwydr. Trodd gweddill y cwsmeriaid i syllu arno ond edrychodd pob un ymaith pan welsant y casineb yn llygaid Samuel Franklin.

Edrychodd Sarjant Samuel Franklin ar ei oriawr. Chwarter wedi un ar ddeg.

Cerddodd allan i dywyllwch maes parcio'r dafarn ac i gyfeiriad ei gar. Roedd fan Volkswagen fawr wedi'i pharcio rhyngddo a'i gar, felly cerddodd o'i hamgylch gan ymbalfalu am allwedd y car yn ei boced. Pwysodd y botwm i ddatgloi'r drysau, ac wrth i oleuadau ei gar fflachio, clywodd sŵn traed ar y graean y tu ôl iddo. Cyn iddo allu troi rownd teimlodd ergyd drom yn taro ochr ei ben. Disgynnodd i'r ddaear yn anymwybodol.

Pennod 29

Doedd gan Samuel Franklin ddim syniad lle roedd o pan ddaeth ato'i hun. Y peth cyntaf a deimlodd oedd cur ofnadwy yn ei ben, wedyn blas y gwaed yn ei geg, cyn sylweddoli ei fod yn dal yn y tywyllwch. Tywyllwch dudew. Methodd agor ei lygaid, ond gwyddai ei fod yn gorwedd ar ei gefn ar ryw fath o blatfform caled. Ni allai symud yr un o'i gymalau fodfedd y naill ffordd na'r llall – roedd yn hollol gaeth. Ceisiodd alw allan, ond ni allai yngan yr un sŵn dealladwy oherwydd bod rhyw fath o dâp ar draws ei geg ... yr un peth oedd wedi'i osod dros ei lygaid hefyd, tybiodd Franklin, a hwnnw wedi'i lapio'n dynn am ei ben ac am beth bynnag yr oedd yn gorwedd arno.

Ceisiodd ddwyn ei hyfforddiant milwrol i gof. Roedd y fyddin wedi ei ddysgu be i'w wneud petai'n cael ei ddal yn garcharor yng ngwledydd rhyfelgar y Dwyrain Canol, a sut i wrthwynebu artaith heb ddatgelu'r un gyfrinach. Nid ystyriodd unwaith y byddai'n gorfod gweithredu'r cyfarwyddiadau hynny yn ei wlad ei hun.

Roedd curiad ei galon yn llawer cyflymach nag arfer. Gorfododd ei hun i anadlu'n ddwfn ac yn araf a cheisiodd ystyried ei amgylchedd. Doedd dim sŵn i'w glywed heblaw'r hyn a swniai fel glaw mân yn taro'n ysgafn ar fetel uwch ei ben. Penderfynodd mai mewn cerbyd yr oedd o, un digon o faint iddo allu gorwedd ar ei hyd ynddo. Yna cofiodd am y fan olau a welodd wrth ochr ei gar ym maes parcio'r dafarn. Ai yn honno roedd o? Doedd ganddo ddim syniad am faint y bu'n anymwybodol – digon o amser i rywun ei glymu fel hyn, o leiaf. Ond pam?

Canolbwyntiodd ar ddefnyddio'i synhwyrau gymaint ag y gallai o dan yr amgylchiadau ... arogl person arall. Roedd rhywun arall yno, yn agos iddo, o fewn cyrraedd. Ceisiodd siarad eto, a'r tro hwn daeth llais yn ôl i'w ateb, llais dyn.

'O, mi wyt ti wedi deffro?'

Llais dyn gweddol ifanc. Beth oedd yr acen? Roedd ganddo acen, yn sicr.

'Mae'r amser wedi dod i *ti* ddioddef rŵan,' meddai'r llais eto.

Ceisiodd Franklin symud. Ceisiodd ymateb. Ceisiodd wneud unrhyw beth, ond roedd pob cais yn ofer. Ni allai wneud dim, dim byd ond gorwedd yn hollol ddiymadferth, yn disgwyl ... ac yn gobeithio am drugaredd.

Ni ddywedodd y dyn air arall cyn dechrau.

Teimlodd Franklin y nodydd yn dechrau pigo ac yn dechrau crafu'i dalcen bras, ac yna gwlybaniaeth o ryw fath. Gwyddai yn syth beth oedd yn digwydd. Inc oedd yr hylif. Ceisiodd ryddhau ei ben, ond roedd ei ymosodwr wedi paratoi'n drwyadl ar gyfer ei waith drwy osod rhywbeth ar y naill ochr a'r llall i'w benglog fel na allai Franklin symud modfedd. Parhaodd y driniaeth am amser hir: mwy o bigo, mwy o grafu a mwy o inc, ac yna clwt i sychu ei groen, dros ei holl dalcen, dro ar ôl tro.

Roedd Sarjant Samuel Franklin yn lloerig, ond am y tro cyntaf yn ei fywyd dechreuodd ofn lifo drwy ei wythiennau. Fflachiodd darlun o gorff Corporal Mike Allsop drwy ei feddwl, ac ystyriodd y disgrifiad roddodd Richie

Farquarson iddo o gorff David McBryde. Sawl gwaith yn ystod ei yrfa bu iddo baratoi ei hun am fwled a fyddai'n treiddio drwy ei gorff, neu ffrwydrad bom i'w chwythu i ebargofiant. Ni ddychmygodd erioed sefyllfa fel hon. Gwlychodd Samuel Franklin ei hun, a disgwyl am y diwedd.

Yna, daeth y llais o'r tywyllwch unwaith yn rhagor.

'Nid heddiw fyddi di'n marw. Mae gen ti datŵ annymunol ar dy dalcen rŵan fydd yn weladwy i bawb – dwi isio i ti gael y profiad o orfod byw efo hynny. Dwi isio codi cywilydd arnat ti, fel y gwnest ti i mi, a chael pobl yn chwerthin ar dy ben a dy herio. Mi fyddwn ni'n dau yn cyfarfod eto, Sarjant Samuel Franklin, a dyna fydd dy ddiwedd di. Bryd hynny mi gei di dalu am dy holl bechodau. Mi ges i afael arnat ti y tro yma ac mi fydd y tro nesa yr un mor hawdd. Cofia edrych dros dy ysgwydd o hyn ymlaen, ble bynnag fyddi di ... ddydd a nos.'

Yn sydyn, sylweddolodd Franklin yn union pwy oedd yr ymosodwr. Cofiodd yr hyn a ddigwyddodd y tro diwethaf iddynt gyfarfod, ac adnabu'r acen Gymraeg. Sut yn y byd oedd y bachgen hwn wedi llwyddo i drechu dyn o'i brofiad o? Daeth rhyw ryddhad drosto, ond ar yr un pryd dechreuodd ei dymer ferwi.

Clywodd symudiadau yn y cerbyd a sŵn yr injan yn tanio, ac ar ôl taith o ychydig funudau – dros dir garw i ddechrau ac yna, tybiodd Franklin, ar hyd ffordd fawr – stopiodd y cerbyd ac agorwyd y drysau cefn. Ar ôl iddo gael ei ryddhau, llusgwyd Franklin allan o'r cefn a'i daflu'n swp poenus ar lawr. Teimlodd lafn miniog yn torri drwy'r tâp oedd yn clymu ei freichiau a'i ddwylo, ond gadawyd y gweddill yn ei le. Ar ôl clywed sŵn yr injan yn diflannu i'r pellter dechreuodd dynnu'r tâp yn ofalus oddi ar ei geg a'i lygaid, a chymerodd ychydig o funudau yn rhagor iddo lwyddo i ddatglymu ei hun yn gyfan gwbl.

Roedd hi'n dechrau gwawrio erbyn hynny, ac yn bwrw glaw mân. Edrychodd ar ei oriawr: chwarter i bedwar y bore. Ystyriodd ffonio Richie Farquarson – roedd yn falch o ganfod bod ei ffôn symudol yn dal i fod yn ei boced – ond ailystyriodd pan sylweddolodd mai dim ond tua hanner milltir o'r dafarn oedd o. Drwy lwc, byddai ei gar yn dal i fod yn y maes parcio. Cerddodd gynted ag y gallai er bod pob cam yn gwneud i'r clwyf ar ei ben ddrymio'n boenus, nes iddo gyrraedd ei gar. Ond ble oedd yr allweddi? Defnyddiodd dortsh ei ffôn i'w canfod yn union lle y gollyngodd o nhw bron i bum awr ynghynt.

Eisteddodd yn sedd y gyrrwr a thynnu'r drych i lawr er mwyn gweld ei dalcen. Aeth yn wallgof pan welodd y llythyren 'L' fawr, ddu, flêr yn ymestyn o'i aeliau reit i fyny i dop ei dalcen uchel. Eisteddodd yn hollol ddiymadferth, ei ddyrnau anferth wedi'u gwasgu'n dynn.

Yna, cofiodd fod Heddlu Gogledd Cymru ar eu ffordd – os na fyddai'n eu hatal byddai'n siŵr o gael ei gaethiwo am yr eilwaith o fewn deuddeg awr. Oedd y ddau ddigwyddiad yn gysylltiedig? Mae'n rhaid eu bod nhw. Yr heddlu yn ymchwilio i gŵyn o drais rhywiol gan Hilary Williamson, a rhywun arall yn ymosod arno oherwydd rhywbeth a ddigwyddodd yn ystod yn un cyfnod yn 2012. Cyd-ddigwyddiad? Na. Mae'n rhaid bod ei ymosodwr yn cydweithio efo Williamson.

Taniodd injan y car a gyrrodd yn ôl i'r barics. Byddai'n rhaid iddo gael gwared ar Hilary Williamson a'r llipryn a roddodd y tatŵ hyll ar ei dalcen yn ei ffordd ei hun.

Pennod 30

Doedd Jeff a'r ditectifs eraill ddim ymhell o farics Blackstock am hanner awr wedi naw y bore pan ganodd ei ffôn symudol. Nid fo oedd yn gyrru, felly edrychodd ar y sgrin a gwelodd enw Chris Gellilydan. Pwysodd ei fys ar y sgrin i ateb.

'Gwrandwch, Jeff. Does gen i ddim amser i siarad,' meddai Chris yn frysiog heb gyfarchiad. 'Dwi newydd glywed un ochr o sgwrs rhwng Farquarson, a'r dyn Franklin 'na. Mae'n amlwg fod rwbath mawr wedi digwydd – i Franklin, dwi'n meddwl. Sam mae'r bòs yn ei alw fo.'

'Ia, Samuel Franklin ydi ei enw llawn o,' cadarnhaodd Jeff.

'Roeddan nhw'n sôn am ryw ferch yn rwla, a Farquarson yn erfyn ar Franklin i beidio mynd yn agos ati hi. Chlywis i mo'i henw hi.' Roedd Chris yn swnio fel petai wedi cynhyrfu'n lân. 'Roeddan nhw'n trafod pa mor anodd fyddai gwneud i ryw achos yn erbyn Franklin sticio ar ôl yr holl flynyddoedd, ac mi ddeudodd Farquarson wrtho am beidio rhoi ei hun mewn mwy o drwbwl heb fod angen. Dyna'r oll glywis i, Jeff ... rhaid mi fynd. Mae o'n dod yn ôl.'

Aeth y ffôn yn dawel.

Sut yn y byd oedd Franklin yn ymwybodol o'r hyn oedd ar droed? Pwy fyddai wedi medru gadael y gath o'r cwd? Meadows? Neu brif swyddog y barics? Doedd dim ots bellach – roedd hi'n rhy hwyr i newid y cynllun, a hwythau mor agos.

Cyrhaeddodd y ddau gar giatiau barics Blackstock, a hebryngwyd Jeff a'r ditectifs eraill yn syth i swyddfa'r Uwch-gapten Goldsmith, dyn canol oed eithriadol o smart – un o'r swyddogion uchaf ei reng yno, dyfalodd Jeff wrth gyflwyno'i hun iddo.

'Mi ges i gyfarwyddyd i roi pob cymorth i chi, ond ro'n i'n disgwyl swyddog o safle uwch na chi, Sarjant Evans,' meddai'n blwmp ac yn blaen.

'Wel, nid yn y fyddin ydw i, ond fel aelod o'r heddlu mae gen i gymaint o awdurdod ag unrhyw blismon arall, uwch neu is ei reng. Pobl fel ni sy'n gwneud y gwaith caled yn ein byd ni,' meddai, gan amneidio at y ditectifs wrth ei ochr. 'Swyddogion 'dan ni i gyd yn y job yma. Does 'na ddim milwyr troed.' Doedd Jeff ddim yn bwriadu cymryd owns o lol gan neb heddiw, uwch-gapten neu beidio. 'Dwi'n cymryd mai efo chi dwi i fod i drafod?'

Doedd Goldsmith yn amlwg ddim wedi disgwyl y fath ymateb.

'Cyn i ni fynd gam ymhellach, pwy arall yn y barics 'ma sy'n gwybod ein bod ni'n dod yma heddiw, a pham?' gofynnodd Jeff.

'Neb ond fi,' atebodd.

'Pwy ddywedodd wrthoch chi am ein hymweliad?'

'Yr Is-gapten Farquarson o heddlu'r fyddin, wrth gwrs.'

Disgynnodd calon Jeff. Roedd Meadows wedi gwneud y trefniadau trwy Farquarson, ac yn ôl yr alwad a gafodd gan Chris Gellilydan yn gynharach, roedd gan Farquarson a Franklin berthynas ddigon agos i Franklin fod wedi cael ei rybuddio. Rhy agos yn ôl pob golwg, ac roedd hynny'n codi pob math o oblygiadau, yn enwedig i'r ymchwiliad i farwolaeth Allsop.

'Ac mae'n ddrwg gen i ddweud,' parhaodd Goldsmith, 'fod eich taith chi wedi bod yn ofer heddiw. Mae Sarjant Franklin wedi diflannu, mae gen i ofn.'

'Mae o *be*?' Roedd tymer Jeff yn amlwg.

'Mae hyn i gyd yn dipyn o embaras i ni.' Cerddai Goldsmith o amgylch yr ystafell wrth siarad. 'Aeth Sarjant Franklin allan neithiwr yn ôl ei arfer – roedd ganddo berffaith hawl i wneud hynny, wrth gwrs – a chafodd ei weld yn dod yn ôl yn oriau mân y bore, yn llawer hwyrach nag y dylai ddychwelyd. Yn ôl y milwr a oedd ar ddyletswydd wrth giât y barics, roedd o mewn cyflwr dychrynllyd. Roedd gwaed wedi sychu ar ochr ei ben a marc mawr iawn, rhywbeth tebyg i datŵ, ar ei dalcen.'

Teimlai Jeff fel petai wedi cael ei daro â gordd. Roedd gan Franklin datŵ ar ei dalcen? Ai fo fyddai'r chweched dioddefwr felly, yn hytrach na'r llofrudd? Ond os felly, sut oedd Franklin yn dal i fod yn fyw? Oedd o wedi gallu dianc?

'Mae 'na fwy, mae gen i ofn,' datganodd Goldsmith. 'Wedi i Franklin ddychwelyd yn oriau mân y bore, a chyn iddo ddiflannu drachefn, cafodd fynediad i'r stordy arfau a dwyn arfau oddi yno. Mae o bellach yn absennol o'r fyddin heb ganiatâd.'

Daeth lwmp i wddf Jeff. 'Sut fath o arfau?' gofynnodd.

Ochneidiodd Goldsmith yn uchel cyn ateb. 'Ffrwydron ... a dau wn,' dechreuodd. 'Y cyntaf, Reiffl Hechler and Koch SA80A2. Arf personol y mae pob milwr yn cael ei hyfforddi i'w ddefnyddio o ddechrau ei yrfa. Mae'n arf ysgafn, yn pwyso llai na phum cilogram, ac yn arf hwylus tu hwnt – y gorau o'i fath yn y byd. Mae'n defnyddio bwledi 5.56 mm mewn siambr sy'n cynnwys deg rownd ar hugain, ac yn effeithiol a chywir o bellter o bedwar can medr. Dwi'n rhoi'r manylion llawn i chi er mwyn i chi ddeall pa mor beryglus ydi o.'

'A'r ail?'

'Gwn llaw. Glock 17: pistol o'r bedwaredd genhedlaeth sy'n defnyddio bwledi 9 mm, a dau rownd ar bymtheg mewn siambr.'

'A'r ffrwydron? Faint o'r rheiny sydd wedi mynd?'

'Digon i ddechrau rhyfel, mae gen i ofn. Rhwng y cyfan, mae ganddo ddigon i wneud coblyn o lanast.'

Meddyliodd Jeff am ennyd. Roedd ei gynlluniau wedi'u chwalu'n ulw.

'Esgusodwch fi am funud, Uwch-gapten Goldsmith,' meddai, gan droi ei gefn arno er mwyn ffonio Lowri Davies i roi braslun sydyn o'r sefyllfa iddi. 'Dwi'n amau'n gryf mai mynd ar ôl Hilary wnaiff o. Lle mae hi?'

'Mae hi yma efo ni,' atebodd Lowri, 'wrthi'n gwneud ei datganiad.'

'Trefnwch i dîm o blismyn arfog ei gwarchod hi – rhai profiadol – a hynny bob awr o'r dydd. Rhaid i ni gofio bod Franklin yn arbenigwr ar ddefnyddio arfau o'r fath. Mae petha wedi mynd yn flêr,' ychwanegodd.

Trodd Jeff yn ei ôl i gyfeiriad Goldsmith. 'Ydi'r mater wedi'i riportio i'r heddlu lleol eto?'

'Ydi,' atebodd y swyddog, 'gan gynnwys manylion yr arfau, disgrifiad o Franklin a manylion ei gar o hefyd.'

'Y peth cyntaf dwi angen ei wneud ydi cyfweld y milwr oedd ar ddyletswydd wrth y fynedfa, yr un a welodd Franklin yn dod yn ôl yn fuan y bore 'ma.'

Ymhen ugain munud, roedd y milwr ifanc hwnnw o'i flaen, yn edrych yn ddigon cysglyd ar ôl bod ar ddyletswydd drwy'r nos.

'Eisteddwch i lawr, os gwelwch yna dda,' cynigodd Jeff. 'Dwi isio holi am gyflwr Sarjant Franklin pan ddaeth o'n ôl yma.'

Edrychodd y milwr ifanc draw ar yr Uwch-gapten Goldsmith. Gwelodd Jeff yr uwch-swyddog yn amneidio â'i ben cystal â rhoi caniatâd iddo ateb yr heddwas.

'Disgrifiwch yr amgylchiadau,' meddai Jeff.

'Pum munud ar hugain wedi pedwar oedd hi. Fel arfer mae hi'n hynod o ddistaw yr adeg honno o'r bore, ac mi ges i sioc o weld car Sarjant Franklin, Ford Mondeo glas, yn dod i gyfeiriad y giât. Doedd dim modd iddo basio heb i mi agor y giât iddo fynd trwyddi. Er 'mod i'n nabod y car roedd yn rhaid i mi wirio mai Sarjant Franklin oedd yn gyrru, a bod neb arall yn y car. Sarjant Franklin fyddai'r cyntaf i ddeud y drefn os na fyswn i'n gwneud popeth fel y dylwn. Ta waeth, mi welais ar unwaith fod rwbath o'i le. Yn ei ddillad ei hun oedd o, ac roedd 'na dipyn go lew o waed wedi sychu ar ochr ei ben ac ar ei ddillad.'

'Be arall oedd yn amlwg?' gofynnodd Jeff.

'Y marc hyll ar ei dalcen o. Fedrwn i ddim peidio â sylwi arno fo. Mi ofynnais iddo a oedd o'n iawn, ond ddaru o ddim fy ateb i, dim ond deud wrtha i am agor y giât ar unwaith, a dyna wnes i.'

'Y marc 'ma, disgrifiwch o, plis,' gofynnodd Jeff.

'Peth ofnadwy o hyll ... tebyg iawn i datŵ.'

'Pa siâp?'

'Ongl naw deg gradd, tebyg iawn i lythyren "L" fawr, tua phedair modfedd o hyd, yn dew ac yn ddu. Os mai tatŵ oedd o, mi oedd o'n un mwy llawdrwm na 'run arall i mi ei weld erioed.'

'Oeddech chi'n dal i fod ar ddyletswydd pan aeth Sarjant Franklin allan o'r barics yn ddiweddarach?'

'Oeddwn, syr,' atebodd.

'Does dim rhaid i ti fy ngalw i'n "syr", 'ngwas i, ond deud wrtha i be ddigwyddodd, plis.'

'Pum munud ar hugain i saith oedd hi, ac roedd pethau wedi dechrau prysuro, fel mae hi'r amser hwnnw bob bore. Roedd barier y giât yn agored gan 'mod i'n derbyn rhywun arall i mewn i'r barics, ac mi yrrodd y Sarjant allan, gan godi'i law arna i wrth fynd i wneud yn siŵr 'mod i wedi'i weld o. Meddyliais ei bod hi'n rhyfedd ei fod o'n mynd allan – hynny ydi, a hitha'n amser i'r Sarjants baratoi i archwilio'r recriwts.'

'Be oedd o'n ei wisgo pan aeth o allan?'

'Dyna beth arall od. Roedd o yn ei ddillad ei hun, ac yn gwisgo cap a phig wedi'i dynnu'n isel ... i guddio'r marc du ar ei dalcen.'

Torrodd yr Uwch-gapten ar draws yr holi. 'Ddaru chi ofyn i ble roedd o'n mynd?' gofynnodd.

'Syr, naddo, syr,' atebodd y bachgen yn siarp.

'Pam ddim?' gofynnodd yr uwch-swyddog eto.

'Syr, am nad ydi milwr fel fi byth yn gofyn y fath gwestiwn i Sarjant Franklin, syr.'

Roedd Jeff yn gwybod yn iawn mai fo oedd yn rhannol gyfrifol am greu sefyllfa mor beryglus. Ni allai beidio â theimlo'n euog – fo berswadiodd Hilary Williamson i wneud datganiad o gŵyn, wedi'r cyfan.

Gadawodd Jeff ddau o'i ddynion yn y barics i archwilio

ystafell Franklin ac i gymryd datganiadau oddi wrth unrhyw dystion defnyddiol, a dychwelodd i Gymru yn siomedig. Roedd yn edifar fod y trefniadau a wnaethpwyd i gydweithredu â'r fyddin wedi arwain at y sefyllfa bresennol, ond o leiaf roedd yn ymwybodol bellach o'r berthynas rhwng Farquarson a Franklin. Trodd ei feddwl at Hilary Williamson – ei diogelwch hi oedd bwysicaf bellach.

Yn ystod y siwrne adref, cafodd amser i bwyso a mesur. Os nad Franklin oedd y llofrudd, pwy oedd o? Ac ar ôl i'r llofrudd argraffu'r tatŵ ar dalcen Samuel Franklin, y chweched dioddefwr, pam ei adael ar dir y byw? Wedi'r cyfan, roedd y pump arall yn farw. Doedd ganddo ddim mwy o syniadau – oedd ei reddf enwog yn ei adael i lawr?

O gwmpas amser cinio y diwrnod hwnnw, cymerodd Hilary Williamson hoe o'r broses o ddogfennu ei datganiad. Roedd hi wedi cael ei rhybuddio y byddai tîm o blismyn arfog yn ei gwarchod o hyn allan, ac yn deall y rheswm pham. Aeth i doiled y merched, a sicrhau ei bod ar ei phen ei hun cyn tynnu ei ffôn o'i phoced. Pwysodd ei bys ar enw a oedd wedi dod yn fwy cyfarwydd iddi yn ddiweddar – hwn oedd yr ail waith iddi hi alw'r rhif ers iddi gyfarfod Jeff yng Nghaergybi.

'Helô?'

'Fi sy 'ma,' atebodd Hilary. 'Dwi wrthi'n gwneud y datganiad yn erbyn Franklin, ond mae'n edrych yn debyg mai camgymeriad oedd y cwbwl. Mae o ar f'ôl i, ac mae ganddo fo wn ... dwi ofn, er y bydd 'na blismyn arfog efo fi.'

'Lle wyt ti, Hilary?'

'Gorsaf heddlu Glan Morfa. Camgymeriad ydi hyn i gyd.

Dwi wedi cytuno i wneud datganiad, ond fedra i ddim meddwl am roi tystiolaeth o flaen dyn fel fo, a llond y lle o bobol yn fy marnu fi. Hynny ydi, os fydda i'n dal yn fyw i fynd i'r llys.'

'Paid â phoeni,' atebodd y dyn ar ben arall y ffôn. 'Yr unig beth mae hynny'n olygu ydi bod yn rhaid i mi symud dipyn yn gynt nag ro'n i wedi'i fwriadu. Mi fyddi di'n berffaith saff, a fydd dim rhaid i ti roi tystiolaeth yn ei erbyn, byth. Lle bynnag fydd Franklin o hyn ymlaen, mi fydda inna ar ei gynffon. Mi fedri di fod yn sicr o hynny. Yr unig beth sy'n rhaid i ti wneud ydi cadw mewn cysylltiad efo fi. Rhaid i mi gael gwybod be sy'n mynd ymlaen. Ti'n dallt?'

Aeth y ffôn yn farw.

Pennod 31

Y peth cyntaf a wnaeth Jeff wedi iddo gyrraedd Glan Morfa oedd mynd i weld Hilary Williamson yng ngorsaf yr heddlu. Roedd yn falch o weld ei bod hi yng nghwmni plismones brofiadol, oedd yn ei helpu i gwblhau ei datganiad hir a chymhleth am ei chyfnod ym marics Blackstock. Safai nifer o blismyn arfog yma ac acw, a thawelodd hynny feddwl Jeff rhyw fymryn. Ers iddo adael Blackstock, roedd car Franklin wedi cael ei ddarganfod yn agos i ganol Birmingham – er bod hynny'n awgrymu nad oedd wedi anelu'n syth i Lan Morfa, doedd gan neb ddim syniad oedd o'n dal i fod yng nghanolbarth Lloegr, neu os oedd o wedi dechrau defnyddio cerbyd arall.

Pan welodd fod y blismones wedi mynd i nôl paned iddi hi a Hilary, penderfynodd Jeff fynd i gael gair preifat â'r ferch. Fel yr oedd o'n ei chyrraedd derbyniodd neges destun oddi wrth Meira. 'Wyt ti wedi cyrraedd yn ôl?' Atebodd yn frysiog: 'Ydw. Ffonia i di cyn hir.' Rhoddodd y ffôn yn ôl yn ei boced.

Cododd Jeff ei ben i weld bod Hilary yn edrych arno'n bryderus.

'Mae'n wir ddrwg gen i am hyn,' meddai Jeff wrth eistedd i lawr. 'Dwi'n teimlo'n gyfrifol am eich rhoi chi yn y sefyllfa beryglus yma.'

'Nid arnoch chi mae'r bai, Jeff,' atebodd hithau. 'Mi fysa'n lot gwell taswn i wedi gwneud y gŵyn flynyddoedd yn ôl ... a beth bynnag, doedd neb i wybod sut fyddai petha'n troi allan.'

'Wel, mae un peth yn sicr, Hilary,' parhaodd Jeff. 'Rydan ni'n bwriadu'ch cadw chi'n saff nes bydd Franklin dan glo.'

'Wn i ddim ydi hynny'n bosib,' atebodd hithau. 'Ar fy ôl i mae o, ac mi fyddwch chi fy angen i er mwyn ei ddenu yma. Fel arall, does wybod pryd y byddwch chi'n ei ddal o. Mae o'n filwr profiadol, cofiwch. Be am osod trap ar ei gyfer o?'

Doedd Jeff ddim wedi disgwyl ymateb fel hwn. Pa mor beryglus fyddai gweithredu ei hawgrym? Denu dyn oedd â gynnau yn ei feddiant, dyn oedd wedi cael ei hyfforddi i'w hanelu'n gywir, i Lan Morfa? Ond ar y llaw arall, efallai ei fod ar ei ffordd eisoes. Roedd Hilary i weld yn eitha pendant ei bod am fentro, ac roedd yn rhaid iddo gyfaddef, roedd y syniad yn un eitha da.

Hanner awr yn ddiweddarach, roedd Jeff yn trafod y posibiliadau efo Lowri Davies.

'Mae gen i gynllun,' meddai, 'ond bydd rhaid i ni fod yn ddychrynllyd o ofalus.'

'Wel, dewch 'laen, 'ta,' meddai Lowri. 'Gadewch mi ei glywed o.'

'Dwi am i Hilary ffonio Farquarson a gofyn iddo basio neges i Franklin. Mi fydd hwnnw'n siŵr o fod yn gwybod sut i gael gafael arno. Mi rown ni ffôn symudol glân i Hilary i wneud hynny, a phan fydd hi'n ffonio swyddfa Farquarson mi wna i drefniadau i'r alwad gael ei throsglwyddo yn syth i'r ffôn ar ei ddesg.'

'Sut wnewch chi hynny?' gofynnodd Lowri.

'Efo help ysgrifenyddes Farquarson, Chris Jones. Wedi iddo ateb, mi gaiff Hilary ddeud nad ydi hi'n hapus i siarad ar linell swyddogol y Fyddin, a mynnu ei bod yn cael rhif ffôn symudol Farquarson. Wedi iddi gael y rhif, mae hi'n ei ffonio'n ôl ar hwnnw. Bydd rhif y ffôn mae Hilary'n ei ddefnyddio gan Farquarson wedyn, ac mi fydd yn ddigon hawdd iddo ddefnyddio sianelau swyddogol i ddilyn lleoliad y ffôn hwnnw pan fydd o ymlaen. Ar ôl i Farquarson basio neges Hilary ymlaen i Franklin, dwi'n credu y medrwn ni ddenu Franklin i leoliad o'n dewis ni er mwyn ei arestio.'

'A fydd dim rhaid i Hilary fod yn agos at y lleoliad hwnnw,' ychwanegodd Lowri gyda gwên.

'Na – dyna gryfder y cynllun,' cytunodd Jeff. 'Dim ond y ffôn sy ei angen.'

'Rargian, Jeff. Dach chi'n meddwl y gwneith o weithio?'

'Os bydd Farquarson yn rhoi rhif ei ffôn symudol i Hilary, mae o'n siŵr o weithio.'

'Reit, gwnewch y trefniadau,' atebodd y Ditectif Brif Arolygydd.

Ychydig yn ddiweddarach ffoniodd Jeff ffôn symudol Chris Gellilydan er mwyn cadarnhau y byddai'r Is-gapten Farquarson yn ei swyddfa ben bore trannoeth. Dywedodd wrthi beth oedd ar droed, ac addawodd hithau y byddai'n trosglwyddo'r alwad heb holi gormod.

'Ma'n ddrwg gen i am fethu dy ffonio di'n ôl gynna, Meira,' ymddiheurodd wrth gerdded drwy ddrws ffrynt ei gartref yn gynnar y noson honno. 'Roedd gen i rwbath oedd angen ei sortio.' Oedodd i edrych arni a gweld bod rhywbeth o'i le. 'Wyt ti'n iawn? Lle mae'r plant?'

'Mae'r plant yn saff. Maen nhw efo Mam a Dad – mi ddaeth Dad i'w nôl nhw ryw hanner awr yn ôl.'

'Saff? Be ti'n feddwl?'

'Mae o 'di bod wrthi eto, Jeff. Y Roy Simpson 'na.'

'Wrthi eto?'

Ochneidiodd Meira yn ddwfn ac yn uchel, ac arwain Jeff i eistedd wrth ei hochr ar y soffa.

'Dwi isio i ti ddeud y cwbwl wrtha i, cariad,' meddai Jeff gan afael yn dyner yn ei dwylo. Gwyddai o brofiad na fyddai ei wraig yn cynhyrfu ar chwarae bach.

'Mi oedd o wrth yr ysgol pnawn 'ma, ac ym maes parcio'r pwll nofio y diwrnod o'r blaen hefyd.'

'Pryd oedd hynny?'

'Pan ffoniaist ti o Wrecsam i ymddiheuro i'r plant dy fod ti'n methu mynd â nhw i nofio. Dilynodd BMW coch fi i mewn i'r maes parcio. Wn i ddim am faint roedd o wedi bod yn fy nilyn i, ond pan es i'n ôl allan i'r maes parcio ymhen chydig dros awr, dyna lle oedd o, tua hanner canllath oddi wrth fy nghar i, yn pwyso'n erbyn boned y BMW a'i freichiau wedi'u plethu yn fygythiol.'

'Ddaru o ddeud neu wneud rwbath?'

'Naddo. Dim ond sefyll a rhythu arna i.'

'Pam na ddeudist ti wrtha i'n gynt, Meira bach? Mae dyddiau lawer ers hynny, ac nid hwn ydi'r tro cynta i rywun drio'n dychryn ni. Mi ddylat ti fod wedi fy ffonio i'n syth.'

'Ond y diwrnod hwnnw, allwn i ddim bod yn siŵr ei fod o'n fy mygwth i, Jeff. Ella 'i fod o yn y pwll nofio am reswm digon diniwed, ac a chditha mor brysur, do'n i ddim isio dy boeni di. Ond mae be ddigwyddodd heddiw un cam yn rhy bell, a does gen i ddim amheuaeth erbyn hyn mai fo sydd tu ôl i bob dim.'

Gadawodd Jeff iddi adrodd yr hanes heb dorri ar ei thraws er bod ei stumog yn dechrau corddi.

'Roedd y plant wedi cynhyrfu bnawn heddiw – y ddau yn gofyn pwy oedd y dyn, yn amlwg yn deall fod rwbath yn bod. Mi barciais tu allan i'r ysgol fel arfer ... yn yr un lle ag y gwnes i pan gafodd y car ei ddifrodi. Pan ddois i allan efo'r plant, roedd o'n pwyso'n erbyn boned fy nghar i y tro yma, a'i freichiau wedi'u plethu'n heriol yn union yn yr un fath â'r diwrnod o'r blaen. Doedd gen i ddim dewis ond cerdded heibio iddo.'

'Ddaru o dy gyffwrdd di, neu ddeud rwbath?'

'Ddaru o mo 'nghyffwrdd i, ond mi safodd o 'mlaen i a'r plant, fel bod yn rhaid i ni gamu o'i amgylch o. "Petai'r gŵr gwrion 'na sgynnoch chi ddim ond wedi gwrando arna i yn y lle cynta ..." Dyna'r cwbwl ddeudodd o.'

Erbyn hyn, gallai Meira weld y tân yn llygaid ei gŵr.

'Reit, ma' raid i mi roi stop ar hyn, unwaith ac am byth.' Cododd ar ei draed.

'Jeff, plis, paid,' plediodd Meira. 'Paid â gwneud dim byd gwirion.'

'Gwna un peth i mi, cariad. Paid â mynd allan o'r tŷ 'ma nes do' i adra.'

'Jeff, pwylla ...' oedd y geiriau olaf iddo'u clywed cyn iddo gau'r drws ffrynt yn glep ar ei ôl.

Ymhen deng munud daeth Jeff â'i gar i stop yn swnllyd ar y cerrig mân y tu allan i ddrws ffrynt Llwyn yr Eos, cartref y Cynghorydd Roy Simpson. Tarodd y drws yn swnllyd â'i ddwrn, gan ddal i daro nes i'r drws agor. Doedd dim rhaid iddo ddisgwyl yn hir. Safai Simpson yn y drws agored a'i freichiau wedi'u plethu, yn union fel y disgrifiodd Meira. Roedd gwên slei ar ei wyneb.

'Dwi wedi bod yn eich disgwyl chi,' oedd ei gyfarchiad.

Ddaru Jeff ddim oedi. Rhoddodd ei law chwith am wddf Simpson a gwasgu nes i'r ddau ddisgyn i'r llawr. Roedd Jeff ar ei bedwar uwchben y cynghorydd, a chan bwyso'n ôl ar ei gluniau cododd ddwrn ei law dde a gafael yng ngwallt Simpson â'i law chwith, yn barod i daro. Yna, newidiodd ei feddwl.

'Na, Roy, dwyt ti ddim werth o. Ond os ei di'n agos at fy ngwraig, fy mhlant, neu unrhyw aelod o 'nheulu i eto, ti'n gwybod be i'w ddisgwyl.'

Cododd i sefyll uwchben Simpson, oedd erbyn hyn yn crynu fel deilen ar lawr.

Ymhen deng munud arall, roedd Jeff yn ôl adref.

'Oes 'na wisgi yn y cwpwrdd, Meira?' gofynnodd.

'O, Jeff, be wnest ti?'

'Dim ond rhoi dipyn o fraw iddo fo, Meira. Dyna'r cwbwl. Ddaw o ddim yn agos atat ti eto.

Am chwarter i naw y bore canlynol, eisteddai'r Is-gapten Farquarson wrth ei ddesg yn paratoi am y diwrnod o'i flaen. Roedd y ffaith fod ei gyfaill yn absennol o'r fyddin heb ganiatâd, ac wedi dwyn arfau o Blackstock, yn pwyso ar ei feddwl. Tybed fyddai o'n cael ei dynnu i mewn i'r llanast? Na. Doedd 'run milwr gwerth ei halen yn achwyn ar un arall, a fyddai Sam Franklin byth yn agor ei geg i'w gysylltu ag unrhyw achos anghyfreithlon. Roedd o'n ddiogel, darbwyllodd ei hun, beth bynnag fyddai'n digwydd.

Dyna pam y daeth yr alwad ffôn fel cymaint o sioc.

'Farquarson,' atebodd.

'Gwrandwch yn astud,' meddai llais merch ar yr ochr arall. 'Hilary Williamson ydw i. Efallai'ch bod chi wedi clywed fy enw. Y peth dwytha dwi isio ydi i betha fynd dros ben llestri ... chwalu bywydau a gyrfaoedd pobl heb fod angen. Mae'r achos yma wedi mynd yn rhy bell yn barod, ac mae gen i gynllun i ddod â'r cwbwl i ben. Er mwyn gwneud hynny, mae gen i neges i chi ei rhoi i Sarjant Franklin. Ond dwi ddim am siarad ar linell ffôn y fyddin. Rhowch rif eich ffôn symudol i mi, ac mi ffonia i chi'n ôl yn syth.'

'Ond ... ' Ni wyddai Farquarson sut i ymateb. Sut oedd y ferch yn gwybod sut i gael gafael arno fo, a'i fod o'n agos at Sam Franklin? Roedd rhoi ei rif personol iddi yn risg, ond be arall allai o ei wneud? 'Reit,' parhaodd ar ôl cael eiliad i feddwl. 'Rhowch chi eich rhif i mi, ac mi ffonia i chi'n ôl.'

Rhoddodd Hilary rif y ffôn a gawsai gan Jeff iddo cyn diffodd ei ffôn ac aros. Syllodd Jeff a hithau ar y ffôn am funudau lawer, ond wnaeth o ddim canu. Dechreuodd Jeff amau doethineb y cynllun.

Eisteddodd Farquarson yntau yn fud, gan ystyried yr hyn oedd newydd ddigwydd. Aeth allan o'i swyddfa.

'Christine, pwy oedd y ddynes ffoniodd gynna?' gofynnodd.

'Wn i ddim wir, Is-gapten,' atebodd. 'Ond mi alwodd hi chi'n "Richie" a dweud bod ganddi rwbath pwysig iawn i'w drafod efo chi, felly ro'n i'n cymryd mai mater personol oedd o. Dyna pam y rhois i'r alwad drwodd.'

'Wel, anghofiwch am y peth,' gorchmynnodd.

'Siŵr iawn,' atebodd Chris, gyda gwên fach na welodd Farquarson wrth iddo droi ei gefn a dychwelyd i'w swyddfa ei hun.

Cododd Farquarson ei ffôn symudol a deialu'r rhif a roddwyd iddo gan Hilary. Gadawodd hithau iddo ganu sawl gwaith cyn ateb.

'Helô,' meddai Hilary o'r diwedd.

'Sut alla i gadarnhau pwy ydach chi, a'ch bod chi'n ddidwyll?' gofynnodd.

'Fedrwch chi ddim. Mae'n rhaid i chi fy nhrystio i,' atebodd Hilary, a pharhau heb roi cyfle i Farquarson ofyn mwy o gwestiynau. 'Reit, dyma'r neges. Dwedwch wrth Sarjant Franklin ei fod o wedi achosi mwy o boen i mi nag y gall o ddychmygu, ond wnaiff ei garcharu o a chwalu ei yrfa ddim unioni'r cam o'm safbwynt i. Be dwi isio i gau fy ngheg, a thynnu'r gŵyn yn ôl, ydi can mil o bunnau. Nid yn unig i gadw'n dawel am yr hyn wnaeth o i mi, ond i eraill hefyd. Mae 'na nifer.'

'Can mil?' ebychodd Farquarson, 'does gan sarjant yn y fyddin mo'r math yna o arian.'

'Dwi'n siŵr fod Sarjant Franklin yn ddigon dyfeisgar i fedru cael gafael ar yr arian. Mi ro i ddiwrnod i chi, tan naw o'r gloch bore fory, i gysylltu'n ôl efo fi. Os na fydd o'n cytuno, mae o'n gwybod be fydd y canlyniadau. Ffoniwch fi am naw bore fory. Mi fydda i'n disgwyl am eich galwad.'

Diffoddodd Hilary'r ffôn. Eisteddodd yn ôl ac anadlu allan yn drwm.

'Reit dda,' meddai Jeff, yn siŵr fod Farquarson wedi llyncu'r abwyd. 'Chwiliwch am ei rif o yng nghof y ffôn rŵan, Hilary.'

Ceisiodd Hilary wneud hynny ond roedd Farquarson wedi blocio'i rif.

'Dim ots,' meddai Jeff, 'mae rhif y ffôn yna ganddo fo, ac mi fydd o gan Franklin hefyd mewn chydig funudau, siŵr i chi.'

'Ydach chi'n meddwl gwneith y cynllun weithio?'

gofynnodd Lowri Davies i Jeff yn ddiweddarach ym mhreifatrwydd ei swyddfa.

'Mi fyddwn ni'n gwybod ymhen diwrnod,' atebodd Jeff. 'Mae'r ffôn wedi ei ddiffodd rŵan, a fyddwn ni ddim yn ei roi o 'mlaen tan hanner awr wedi wyth bore fory.'

'Wel, dyna fo felly. Mi gawn ni weld,' atebodd Lowri, 'ond dwi am i chi gofio, Jeff, nad ydi hyn i gyd, er mor bwysig, yn mynd â ni gam yn nes at ddarganfod pwy laddodd y pump arall.'

'Gawn ni weld,' atebodd Jeff. 'Mae'r holl achos wedi datblygu o'r un gwreiddyn: digwyddiadau ym marics Blackstock yn 2012. Mae ein llofrudd cyfresol ni wedi cyfarfod â Franklin yn barod, a thrwyddo fo gawn ni'r ateb, saff i chi. Ac mae gen i ryw deimlad ein bod ni wedi dod ar draws ei enw'n barod. Ond mae un peth yn sicr, DBA ...'

'O, a be ydi hwnnw, Ditectif Sarjant?'

'Bod yr ymchwiliad yma, beth bynnag sydd o'n blaenau ni, wedi symud ymlaen gryn dipyn ers i ni edrych drwy ddogfennau busnes trwsio ceir Steve Morris. Mae hynny'n teimlo fel oes yn ôl bellach.'

'Mae hynny'n berffaith wir, Jeff,' atebodd Lowri. 'O, gyda llaw,' parhaodd, 'tra oeddech chi efo Hilary roedd un o dditectifs y pencadlys, Alan Pierce, yn ceisio cael gafael arnoch chi.'

'Mae Alan yn hen ffrind i mi. Roeddan ni'n gweithio efo'n gilydd flynyddoedd yn ôl. Yn yr adran olrhain asedau mae o ar hyn o bryd. Be mae o isio tybed?'

'Rhowch alwad yn ôl iddo fo – roedd o'n swnio'n bwysig.'

Yn ôl yn ei swyddfa cododd Jeff y ffôn.

'Al, sut wyt ti? Jeff sy 'ma. Clywed dy fod ti isio gair.'

'Diolch am ffonio'n ôl mor handi, Jeff. Mi a' i'n syth at y pwynt. Mi wyddost ti ei bod hi'n ddyletswydd ar fanciau Prydain i roi gwybod i ni am drosglwyddiadau ariannol amheus. Wel, dwi wedi cael manylion am rwbath all fod o ddiddordeb i ti. Mae nifer o gyfrifon wedi'u hagor yn ddiweddar mewn gwahanol fanciau ar hyd a lled Lundain. Does 'run o'r symiau unigol dan sylw yn eithriadol o fawr, ond pan wyt ti'n rhoi'r cwbwl at ei gilydd mae'r cyfanswm yn sylweddol iawn, yn agos i hanner miliwn o bunnau. Ac ella bod mwy o gyfrifon tebyg sydd heb ddod i'n sylw ni eto.'

'A pham wyt ti'n meddwl bod hyn o ddiddordeb i mi, Al?'

'Am fy mod i wedi ymchwilio i'r enw ddefnyddiwyd i agor y cyfrifon, a darganfod ei fod yn enw tebyg i un o'r enwau sydd ar eich system chi ar gyfer y llofruddiaethau 'ma.'

'Diddorol. Be 'di'r enw?'

'Dewi Jenkins. Canu cloch?'

Pwysodd Jeff yn ôl yn ei gadair. 'Oes ganddo fo enw canol?'

'Nagoes.'

'Be am gyfeiriad?'

'Bocs Swyddfa'r Post yn Llundain. Dyna wnaeth i'r banciau sylweddoli bod y cyfrifon yn gysylltiedig â'i gilydd.'

'Fel y gwyddost ti, os wyt ti wedi darllen yr hyn sy ar y system, Dewi Anwyl Jenkins, mab i bregethwr sydd wedi bod yn byw y tu allan i Brydain ers blynyddoedd, ydi'r boi sydd wedi dod i'n sylw ni. Mae'n siŵr bod 'na dwn i'm faint o ddynion o'r enw Dewi Jenkins yn y wlad 'ma. Oes 'na unrhyw gysylltiad â gogledd Cymru?'

'Nagoes, ond mae 'na un peth arall diddorol. Mi wyddost ti pa mor anodd ydi agor cyfrif banc y dyddia yma heb eirda a dogfennau swyddogol – mae pob un o'r cyfrifon yma wedi cael eu hagor gan ddefnyddio llythyrau o eirda gan genhadon Methodistaidd.'

Doedd dim dwywaith felly. Dewi Anwyl Jenkins oedd hwn. Dechreuodd meddwl Jeff garlamu. Oedd ei rieni, y Parchedig Anwyl Jenkins a'i wraig, Morfudd, wedi dweud celwydd wrtho ychydig ddyddiau ynghynt wrth honni bod eu mab yn Affrica? Roedd yn anodd ganddo gredu hynny. Oedd Dewi yn ôl ym Mhrydain heb yn wybod i'w rieni? Roedd hynny'n anodd ei gredu hefyd. A sut yn y byd oedd gan ddyn fel Dewi, oedd yn gwneud gwaith cenhadol, gymaint o arian? Efallai fod rhywun arall wedi dwyn ei hunaniaeth er mwyn glanhau arian budr. Roedd hynny'n fwy tebygol.

'Pryd ddechreuodd yr arian 'ma droi i fyny, Al?' gofynnodd.

'Rhagfyr 2016.'

'Pam ddiawl na ddaru'r banciau riportio'r mater ynghynt?'

'Am mai symiau bach oeddan nhw i ddechra, dim digon i dynnu sylw, a hyd yn oed wedyn, doedd dim rheswm i wneud cysylltiad rhwng y cyfrifon. Ond ta waeth am hynny, mi wna i fwy o ymholiadau a dod yn ôl atat ti.'

'Wel, mae'n ymddangos fod Dewi Jenkins yn ddyn cyfrwys iawn, ac yn sicr, mae ganddo fo rywbeth i'w guddio. Diolch i ti, mêt,' meddai Jeff. 'Mi bryna i beint i ti pan wela i di.'

'Peint? Mae arnat ti hanner dwsin o leia i mi am yr holl wybodaeth 'na,' chwarddodd Alan.

'Braf gweld nad ydi rhai petha yn y byd 'ma byth yn newid,' meddai Jeff.

Yn ddiweddarach, curodd Jeff ar ddrws ffrynt cartref y Parchedig a Mrs Jenkins. Morfudd Jenkins atebodd y drws, ac roedd yr un mor nerfus â'r tro cyntaf iddo'i chyfarfod.

'O, Sarjant, be sy eto? Oes 'na rwbath wedi digwydd?' gofynnodd.

Cafodd ei hebrwng i'r ystafell ffrynt, lle safai'r Parchedig Anwyl Jenkins. Doedd hi ddim yn mynd i fod yn sgwrs hawdd, a phenderfynodd Jeff beidio rhagymadroddi.

'Ydach chi'n sicr fod Dewi yn dal i fod yn Affrica?' gofynnodd.

'Cyn belled ag y gwyddom ni,' atebodd y Parchedig yn syn. 'Oes 'na amheuaeth ynglŷn â hynny?'

'Dyna be dwi angen ei ddarganfod,' atebodd Jeff. 'Pryd yn union glywsoch chi ganddo fo ddwytha?' gofynnodd.

Edrychodd y ddau ar ei gilydd. 'Tuag at ddiwedd 2014. Yn Hydref y flwyddyn honno y cawson ni'r llythyr dwytha, Sarjant.' Morfudd atebodd y tro hwn.

'Dros bedair blynedd a hanner yn ôl. Dwi'n rhyfeddu braidd,' sylwodd Jeff. 'Gan eich bod chi'n deulu mor glòs, mi fyswn i'n disgwyl i chi glywed ganddo'n amlach.'

'Mi wyddoch chi sut mae hogia ifanc, Sarjant. Unwaith maen nhw'n gadael y nyth, a chael eu traed yn rhydd ...' ceisiodd Morfudd amddiffyn ei mab.

'A fu dim cysylltiad wedi hynny? Ydach chi'n sicr?'

'Dach chi erioed yn ein hamau ni, Sarjant?' gofynnodd Anwyl Jenkins.

Anwybyddodd Jeff y cwestiwn. 'Fydd 'na lythyrau yn dod yma wedi'u cyfeirio ato ... datganiadau banc, efallai?'

'Na fydd, byth. Eglurwch be sydd ar eich meddwl chi, os gwelwch yn dda, Ditectif Sarjant Evans, yn hytrach na gofyn cwestiwn ar ôl cwestiwn fel hyn.'

'Ers tro bellach mae rhywun wedi bod yn defnyddio'r enw Dewi Jenkins i agor nifer o gyfrifon banc yn Llundain. Mae 'na gysylltiad rhwng y person hwnnw a Chenhadaeth y Methodistiaid.'

'Wyddon ni ddim byd am hynny, Sarjant, nac am unrhyw arian – allan yn Affrica nac yn y wlad yma. Mae'n ddrwg gen i na allwn ni'ch helpu chi, ond, os oes ganddoch chi unrhyw wybodaeth ynglŷn â Dewi, plis deudwch wrthan ni. Rydan ni'n poeni cryn dipyn amdano fo.'

Addawodd Jeff cyn gadael y byddai'n gwneud hynny.

Ar ôl iddo gyrraedd yn ôl i'w swyddfa, cafodd alwad arall gan Alan Pierce.

'Gwranda, Jeff,' meddai, 'dwi wedi cysylltu â'r Genhadaeth Fethodistaidd. Mae Dewi Anwyl Jenkins yn ôl ym Mhrydain ers diwedd 2016. Doedd o ddim isio i'w rieni wybod, a does neb yn swyddfa'r Genhadaeth wedi'i weld o na chlywed ganddo ers hynny.'

'Diolch, Al. Mae hyn yn help mawr.'

'Paid â sôn,' atebodd. 'Mae arnat ti tua wyth peint i mi rŵan.'

Ceisiodd Jeff ddirnad y sefyllfa. Dewi Anwyl Jenkins wedi dychwelyd o Affrica yn ddyn cyfoethog yn 2016 heb gysylltu â'i rieni, a phump wedi'u llofruddio ers hynny – pob un ohonyn nhw wedi bod yn Blackstock ar yr un pryd â fo. Yn sicr, roedd yn bosib mai Dewi oedd y llofrudd, ond allai Jeff ddim canolbwyntio ar hynny tra oedd Sarjant Samuel Franklin â'i fryd ar ddarganfod Hilary Williamson. Dyna oedd ei flaenoriaeth.

Pennod 32

Rhoddodd Lowri ei phen rownd cornel drws y swyddfa fel yr oedd Jeff yn gosod y ffôn yn ôl yn ei grud.

'Well i chi ddod draw i'm swyddfa i, Sarjant Evans,' meddai.

Pam y ffurfioldeb, meddyliodd, ond dilynodd ei bennaeth yn ufudd. Erbyn iddo gyrraedd roedd Lowri Davies yn eistedd yn dalsyth y tu ôl i'w desg.

'Eisteddwch i lawr,' meddai mewn llais hynod o ddifrifol. 'Be ar y ddaear oedd ar eich pen chi neithiwr?'

Sylweddolodd Jeff am be roedd hi'n sôn ar unwaith, ond penderfynodd aros am fwy o wybodaeth cyn dweud dim.

'Mae'r Cynghorydd Roy Simpson wedi bod yn y pencadlys bore 'ma yn gwneud cwyn eich bod chi wedi ymosod arno neithiwr.'

'O, peidiwch â gwrando arno fo, DBA. Roy Glwyddog maen nhw'n ei alw fo, chi, a wnes i ddim byd o bwys iddo fo.'

'Dim byd o bwys? O ganlyniad i'ch ymweliad chi, mae ganddo fo gleisiau ar ei wddf a chefn ei ben.'

'Wel, dim ond ei air o yn erbyn fy ngair i sydd i brofi mai fi oedd yn gyfrifol am hynny.'

'Mi fyswn i wrth fy modd petai hynny'n wir,' atebodd Lowri, a chulhaodd llygaid Jeff. 'Fel ma' hi'n digwydd, Sarjant Evans, mae dau dyst i'r digwyddiad, ac mae'r tri wedi gwneud datganiadau y bore 'ma. Simpson ei hun, y Cyfarwyddwr, John Humphreys, a Meirion Owen.'

Teimlodd Jeff gwlwm yn ei fol. Ystyriodd yr holl oblygiadau, a doedd 'run ohonyn nhw'n bositif. Gwyddai fod digon o dystiolaeth i'w gyhuddo o ymosod ar Roy Glwyddog, ond doedd popeth ddim yn taro deuddeg. Be yn y byd oedd Humphreys ac Owen yn ei wneud yn nhŷ Simpson yr adeg honno o'r nos? A ble oedd eu ceir? Pam na welodd Jeff nhw, os oedden nhw wedi'i weld o? Mae'n rhaid eu bod wedi dod yno'n unswydd i aros amdano, a chuddio. Yn ôl Meira roedd Simpson wedi bod yn hollol agored ynglŷn â'r ffaith ei fod yn ei bygwth, ac roedd yn sefyll i reswm y byddai Meira'n dweud yr holl hanes wrtho yntau y noson honno. Roedd Simpson wedi gosod trap i Jeff – cyfaddefodd gymaint â hynny pan agorodd y drws – ac roedd Jeff wedi disgyn i mewn iddo dros ei ben a'i glustiau. Sut fu o mor dwp?

'Be ddigwyddith rŵan 'ta?' gofynnodd Jeff.

'Mae 'na ddau uwch-swyddog o'r adran cwynion yn erbyn yr heddlu yn dod i lawr yma y peth cynta bore fory, ar ôl casglu'r holl dystiolaeth yn eich erbyn chi. Y tebygrwydd ydi, os oes sail i'r gŵyn, y byddwch yn cael eich cyhuddo a'ch gwahardd o'ch gwaith.' Rhoddodd Jeff ei ben yn ei ddwylo mewn anobaith. 'Dyma'r peth dwytha dwi angen ar hyn o bryd hefyd, Sarjant Evans. Mae Franklin ar ei ffordd i gau ceg Hilary Williamson, a tydan ni'n ddim nes at ddarganfod llofrudd pump o ddynion. Mae fy nirprwy wedi cael ei wahardd o'i waith ers rhai dyddiau, a rŵan mi ydach chi ar fin mynd i'w ganlyn o. Chi ydi'r un dwi wedi dibynnu fwyaf arno ers dechrau'r ymchwiliad yma ... dach chi wedi fy siomi i.'

'Ond mi wyddoch chi be mae'r diawl Simpson 'na wedi bod yn 'i wneud i Meira a'r plant!'

'Ac mae ganddoch chitha ddigon o brofiad i wybod sut y dylach chi fod wedi delio â'r mater, yn hytrach na mynd i'w dŷ o ac ymosod arno. Alla i ddim fforddio colli dyn arall ar amser fel hyn, Sarjant Evans, yn enwedig chi.'

'Arhoswch am funud, DBA. Ella bod gen i ffordd o achub y sefyllfa. Wn i ddim fedra i wneud yr hyn sy gen i dan sylw yn ddigon cyflym, ond mae gen i gynllun.'

'Wel, mae'n well iddo weithio, a hynny heddiw. Be 'di'r cynllun?'

'Gadwch o efo fi, os gwelwch yn dda, DBA. Mae o'n hollol gyfreithlon, ac ella y bydda i'n gofyn i chi am help yn hwyrach ymlaen heddiw.'

Penderfynodd Lowri Davies roi'r rhyddid iddo. Pa ddewis arall oedd ganddi? Wedi'r cwbwl, doedd o ddim yn debygol o wneud camgymeriad arall, nag oedd?

Curodd Jeff ei fysedd ar sgrin ei ffôn symudol a siaradodd â'i hoff hysbysydd er mwyn cadarnhau un neu ddau o bethau ac i wneud trefniadau. Rhybuddiodd hi i beidio â gwneud y trefniadau hynny ei hun, ond yn hytrach gofyn i rywun arall wneud hynny drosti.

Ymhen yr awr, roedd Jeff mewn cuddfan i lawr ar y cei. Doedd PC Rowlands, yr heddwas a ddarganfu corff Steve Morris, ddim ymhell chwaith.

Cyn hir, o gyfeiriad y dref, ymddangosodd y fan fach wen roedd Aeron Simpson, mab Roy, yn ei defnyddio i werthu pysgod – a gwymon, yn ôl Nansi. Gyrrwyd hi i ben pellaf, distawaf y cei, a disgwyliodd Aeron yno am un o'i gwsmeriaid rheolaidd, oedd newydd ei ffonio i drefnu cyfarfod.

Cafodd Aeron dipyn o fraw pan agorodd PC Rowlands ddrws y fan a thynnu'r allwedd allan o'r twll, cyn cerdded rownd i ochr sedd y teithiwr a dringo i'r cerbyd. Trodd trwyn PC Rowlands pan aroglodd gynnwys cyfreithlon y fan.

'Be ti'n wneud yn fama?' gofynnodd PC Rowlands. 'Gwerthu pysgod 'ta gwerthu wîd? Dwi wedi bod ar d'ôl di ers wythnosau, boi, a dyma fi heddiw wedi cael cyfle i weld yn union be ti'n 'i werthu.'

Rhaid dweud nad Aeron Simpson oedd y gwerthwr cyffuriau callaf yn y byd. Rhoddodd PC Rowlands ei law yn y blwch menig o flaen sedd y teithiwr, ac yno, mewn nifer o fagiau plastig, roedd digon o ganabis i wneud canran helaeth iawn o bobol ifanc y dref yn wirion bost.

'Dwi'm yn delio, onest, protestiodd Aeron. Fy stwff personol i ydi hwnna.'

'Gawn ni weld be fydd gan yr ynadon i'w ddeud,' atebodd y plismon ifanc.

O'i guddfan, gwenodd Jeff yn braf. Roedd rhan gyntaf ei gynllun wedi gweithio fel watsh.

Dri chwarter awr yn ddiweddarach, arweiniwyd Aeron Simpson allan o'i gell i sefyll o flaen Sarjant Rob Taylor, a oedd ar ddyletswydd yn y ddalfa. Yna, aed ag ef i ystafell gyfweld lle cafodd ei holi gan PC Rowlands ym mhresenoldeb ei gyfreithiwr. Roedd y gŵr ifanc yn berffaith barod i gyfaddef mai fo oedd yn berchen ar y canabis a ddarganfuwyd yn ei fan, ond taerai nad oedd yn fwriad ganddo i'w werthu na'i gyflenwi i unrhyw un arall. Ceisiodd ei gyfreithiwr achub ei gam, ond roedd yn rhaid i hwnnw, hyd yn oed, gyfaddef fod y cyffuriau oedd ym meddiant ei gleient yn llawer iawn mwy nag y gallai un person ei ddefnyddio.

Roedd tad Aeron yn disgwyl amdano yn y stafell aros gyhoeddus – roedd wedi ceisio cael mynediad i swyddfa'r ddalfa ar sail ei safle yn y Cyngor, ond buan iawn y darganfu nad oedd ganddo awdurdod o fath yn y byd o fewn waliau gorsaf yr heddlu. Ar ôl i'r cyfweliad ddod i ben esboniodd y cyfreithiwr i Simpson fod gan yr heddlu ddigon o dystiolaeth i gyhuddo ei fab o ddelio. Er bod posibilrwydd, un bychan iawn, y byddai'r ynadon neu reithgor yn ei gael yn euog o feddiannu'r cyffur yn unig, byddai gan y bachgen record droseddol y naill ffordd neu'r llall.

Ni wyddai'r Cynghorydd Roy Simpson ble i droi. Ei unig fab yn euog o drosedd yn ymwneud â chyffuriau? Mynnodd gael gair â'r heddwas a fyddai'n penderfynu pa un o'r ddwy drosedd fyddai Aeron yn cael ei chyhuddo ohoni, ac aed â fo at Sarjant Rob Taylor yn y ddalfa.

'Maddeuwch i mi, Sarjant Taylor,' dechreuodd Simpson, 'ond dydw i ddim yn gyfarwydd â materion fel hyn. Oes rhaid i Aeron gael ei gyhuddo o feddiant gyda'r bwriad o gyflenwi?'

'Rhaid i mi, fel un sy'n annibynnol o'r achos, wneud penderfyniad yn ôl y dystiolaeth, Mr Simpson, a'r dystiolaeth sydd o fy mlaen i ydi bod mwy na digon o ganabis yn ei feddiant i'w gyhuddo o'r bwriad o gyflenwi.'

'Be ydi'r opsiynau eraill?' gofynnodd.

'Ei gyhuddo o fod â chyffuriau yn ei feddiant; neu, gan nad oes ganddo record cyn hyn, ac os dwi'n tybio na wnaiff o droseddu eto, rhoi rhybudd yn unig iddo.'

'Peidio â'i gyhuddo fo o gwbl dach chi'n feddwl, Sarjant?'

'Wel, mae hynny'n un opsiwn, ond yn fy marn i, fel ro'n i'n deud, roedd ganddo ormod yn ei feddiant i hynny, a does gen i mo'r awdurdod i wneud y fath benderfyniad.'

Mewn gwirionedd, roedd gan Rob Taylor bob awdurdod i wneud y penderfyniad ond wyddai Simpson mo hynny. Cydiodd yn y llygedyn bach hwn o obaith.

'Wel, gan bwy mae'r awdurdod?' gofynnodd.

'Yr unig uwch-swyddog sydd yma ar hyn o bryd ydi'r Ditectif Brif Arolygydd Davies. Ond hi sy'n arwain yr ymchwiliad i lofruddiaeth Steven Morris, a gallwch ddychmygu fod ganddi hi ddigon ar ei phlât ar hyn o bryd.'

'Gofynnwch a all hi helpu, os gwelwch yn dda, Sarjant Taylor.'

Cododd Rob Taylor y ffôn ar ei ddesg a disgwyliodd. Un ochr o'r drafodaeth glywodd Simpson.

'Ma'm, mae'n ddrwg gen i'ch poeni chi, ond ...' Gwrandawodd Simpson ar Rob yn dweud yr hanes. Gwrandawodd Rob Taylor yntau yn fud am sbel wedyn cyn dechrau siarad. 'Na, wyddwn i ddim fod y sefyllfa mor ddrwg â hynny, a bod ganddoch chi broblemau staffio ar ben popeth arall.'

Cododd Simpson ei glustiau a rhoddodd Rob y ffôn i lawr.

'Mi fydd hi yma mewn rhyw ugain munud,' meddai. 'Dim cynt. Rhyw bobol bwysig o'r pencadlys ar y ffôn arall efo hi.'

Disgwyliodd Simpson yn amyneddgar er bod ei feddwl yn troi a throsi. Roedd yn llawer mwy amyneddgar nag arfer, ond wedi dweud hynny, roedd dyfodol ei unig fab yn y fantol.

Pan ymddangosodd Lowri Davies yn y ddalfa ymhen

hanner awr cyflwynwyd Simpson a'i gyfreithiwr iddi. Ar ôl iddi esbonio i'r dynion o'i blaen ei bod yn cytuno'n unfrydol â phenderfyniad Sarjant Taylor i'w gyhuddo o fod â chyffuriau yn ei feddiant gyda'r bwriad o'u cyflenwi i eraill, gofynnodd Simpson i'w gyfreithiwr adael yr ystafell.

'Dwi'n dallt mai chi sy'n arwain yr ymchwiliad i mewn i lofruddiaeth Steve Morris,' meddai Simpson ar ôl iddo fynd.

Ia. Pam?' gofynnodd Lowri.

'Ac mae Ditectif Sarjant Jeff Evans yn un o'ch dynion chi felly.'

'Cywir, er ... Wel, mi ydan ni ar fin ... alla i ddim dweud mwy am fater cyfrinachol, fel y gallwch chi werthfawrogi.'

'Na fedrwch, siŵr iawn. Dwi'n dallt. Ond ydi Sarjant Evans yn un rydach chi'n dibynnu arno i ddatrys yr achos yma o lofruddiaeth?'

'Wel ...ydi, neu, wel ...' Gwnaeth Lowri sioe dda o ateb.

'Arhoswch am funud, os gwelwch yn dda, Ditectif Brif Arolygydd. Mi wna i unrhyw beth i helpu'r heddlu, ac mae'n amlwg i mi fod y Ditectif Sarjant Evans yn un sy'n gwneud ei orau i wella'r gymuned 'ma, yn union fel rydw i'n wneud yn y Cyngor 'cw,' meddai Simpson. 'Mi wnes i gŵyn yn erbyn Ditectif Sarjant Evans bore 'ma, ac wedi meddwl yn galed am y peth ers hynny, dwi'n meddwl mai camgymeriad oedd gwneud y fath beth. Mi fyswn i'n fodlon tynnu 'nghwyn yn ôl petai modd i Aeron beidio â chael ei gyhuddo. Oes modd i ni ddod i ryw fath o ddealltwriaeth?'

'Oes,' atebodd Lowri yn syth. 'Ond bydd angen i chi wneud datganiad i mi'r munud yma i dynnu'r gŵyn yn ôl, ac yna mi rown ni rybudd swyddogol i Aeron fel nad oes rhaid i ni ei gyhuddo o unrhyw drosedd.'

Ymhen yr awr, rhyddhawyd Aeron Simpson o'r ddalfa yng nghwmni ei dad, oedd yn meddwl ei fod yn dipyn o foi.

'Mi ddylat ti werthfawrogi faint o ddylanwad sydd gan dy hen dad yn y dre 'ma,' meddai Simpson wrtho ar y ffordd allan, a'i fraich yn gadarn o amgylch ysgwyddau ei fab.

Pennod 33

Magwyd Dewi Anwyl Jenkins ar aelwyd Gristnogol hapus, yn unig blentyn i'r Parchedig Anwyl Jenkins, gweinidog Methodistaidd uchel iawn ei barch, a'i wraig Morfudd. Roedd ei dad yn weithgar iawn yn ei gymuned, ac yn boblogaidd y tu hwnt gyda'i braidd. Ganwyd Dewi yn 1990 – roedd Morfudd bron yn ddeugain yn beichiogi, ac wedi amau na fyddai fyth yn fam, felly gwelai'r ddau enedigaeth y bachgen iach fel rhodd gan Dduw. Fe'i galwyd yn Dewi ar ôl nawddsant Cymru.

Dechreuodd Dewi fynychu'r capel lle'r oedd ei dad yn pregethu pan oedd yn faban, a phan oedd ychydig dros ei dair oed safodd yn unionsyth yn y sêt fawr un bore Sul i ddweud ei adnod am y tro cyntaf. Yn union fel yr oedd Dewi wedi arfer clywed ei dad yn gwneud, cododd ei lais ac ynganu'n glir er mwyn i bawb, yr holl ffordd o'r seddi blaen i gefn y galeri, allu clywed pob gair yn eglur. Er bod ei dad yn hynod falch o'i unig fab, wnaeth o ddim dangos hynny, yn wahanol iawn i Morfudd a eisteddai yng nghanol y gynulleidfa.

Pan ddechreuodd Dewi yn yr ysgol a'r ysgol Sul, sylweddolodd ei athrawon ei fod yn eithriadol o alluog ac yn awyddus i ddysgu. Erbyn iddo gyrraedd ei saith oed roedd yn gallu darllen ac ysgrifennu yn llawer gwell na'r plant eraill yn ei ddosbarth, a holi cwestiynau deallus. Ond chwaraeon, yn enwedig pêl-droed, rygbi ac athletau, oedd ei gariad cyntaf, ac roedd yn well ganddo gicio pêl na gwneud ei waith ysgol erbyn iddo gyrraedd ei arddegau. Yn ffodus, roedd tasgau academaidd yn dod yn hawdd iddo hefyd, a châi'r marciau uchaf yn ei flwyddyn yn gyson.

Er hyn, plentyndod digon hen ffasiwn gafodd Dewi gan nad oedd ei rieni hŷn wedi gollwng eu gafael yn llwyr ar yr oes a fu. Oedolion parchus, defodol oedd cymdeithas y bachgen o'r crud, ac er bod croeso i'w ffrindiau ysgol ar yr aelwyd doedden nhw ddim yn hoff iawn o fynd i 'hen dŷ Taid', fel yr oedden nhw'n galw'r lle, i chwarae. Wrth i Dewi gael ei wahodd i'w tai hwythau, cafodd gip ar fyd hollol newydd a chyffrous – setiau teledu mawr â sianeli lloeren oedd yn dangos gemau pêl-droed drwy'r dydd, cyfrifiaduron a llu o declynnau a theganau electronig.

Tyfodd gallu a diddordeb Dewi yn y bêl gron, a datblygodd ei ddawn yng nghanol y cae. Gallai ddarllen y gêm cystal ag unrhyw fachgen yn yr ysgol uwchradd, gan ddilyn Manchester United ac eilunaddoli David Beckham. Gwirionodd pan gytunodd ei rieni i brynu teledu newydd a thanysgrifio i sianeli chwaraeon SKY. Gresynai nad oedd gan Gymru dîm da, a bod ei hoff chwaraewyr bron i gyd yn chwarae i dîm Lloegr.

'Paid â phoeni, 'ngwas i,' meddai ei dad un tro. 'Efallai y byddi di'n ddigon da i chwarae i dy wlad ryw dro.'

'Na, Dad. Gêm ydi pêl-droed i mi, a dyna'r cwbl,' atebodd. 'Dwi isio gwneud rwbath gwell na chicio pêl i wneud fy mywoliaeth pan fydda i wedi tyfu i fyny. Dwi am weithio er lles eraill yn y byd 'ma, fel dach chi'n wneud.'

Ni allai Dewi beidio â sylwi fod tatŵs wedi dechrau dod yn boblogaidd iawn ymysg pêl-droedwyr gorau'r byd, yn cynnwys ei arwr, David Beckham, oedd bellach yn chwarae i Real Madrid. Roedd wedi tynnu sylw ei rieni sawl gwaith at y cynlluniau lliwgar a manwl tra oedd y tri yn gwylio'r teledu fin nos. Anwybyddodd y ddau sylwadau Dewi, ond roedd yn ddigon hawdd i'r llanc weld nad oedd ei fam yn cymeradwyo'r fath bethau.

'Dwi isio tatŵ fel'na,' meddai un noson.

'Na chei di wir,' atebodd ei fam yn siarp. 'Does 'na 'run bachgen, na dyn chwaith, yn dod i mewn i'r tŷ 'ma efo tatŵ ar ei gorff. Cofia di hynny.'

Ond roedd Dewi yn ei arddegau erbyn hyn, a doedd ganddo ddim ofn tynnu'n groes i safbwynt ei fam os oedd o'n teimlo'n ddigon cryf ynghylch y pwnc. Fel rheol, roedd Morfudd yn fodlon gwrando ac ystyried ei farn, ond nid ynghylch tatŵs.

Ar ddiwedd un gêm, a'r chwaraewyr yn ffeirio crysau cyn gadael y cae, gwelodd Dewi y tatŵs ar gefn David Beckham am y tro cyntaf: enw ei fab, Brooklyn, ar waelod ei gefn ac angel mawr ar draws ei ysgwyddau ac i lawr ei asgwrn cefn.

'Dwi am gael tatŵs fel'na ryw dro,' mynnodd Dewi.

'Ac mi ydw inna wedi dweud wrthat ti fwy nag unwaith na chei di ddim croeso yn y tŷ yma efo unrhyw fath o datŵ ar gyfyl dy gorff.'

'Ond tatŵ o angel ydi hwnna, Mam. Be sy'n bod ar hynny? A beth bynnag, fedrwch chi ddim fy stopio fi pan fydda i'n ddigon hen i fynd i gael un fy hun.'

Gwylltiodd ei fam yn gacwn. Gafaelodd yn ei fraich a'i dynnu o'r gadair a gwneud iddo sefyll o'i blaen. 'Gwranda di, 'ngwas i,' meddai. 'Gwaith y diafol ydi peth fel'na, pêl-droedwyr neu beidio. Cofia di hynna. Gwaith y diafol. Os oes gen ti rywfaint o feddwl o dy dad a finna, paid ti byth â chael y fath beth ar dy gorff, oherwydd yno y bydd o am byth i ti. Rŵan, dos i dy lofft i feddwl am yr hyn dwi wedi'i ddeud. Dydi pobl sydd â gwaith y diafol wedi'i argraffu ar eu cyrff ddim yn ffit i ddod yn agos i'r tŷ 'ma.'

'Ond Mam, mae 'na gêm arall yn dechrau mewn munud.'

'Paid â dadlau efo dy fam.'

Rhoddod ei fam gefn llaw iddo ar draws ei goesau, a diflannodd Dewi i fyny'r grisiau yn ei ddagrau.

Gwlychodd y dagrau hynny ei obennydd y noson honno. Dyna'r tro cyntaf i'w fam ei daro erioed, a doedd o byth eisiau iddi wrthod gadael iddo ddod i'r tŷ, byth, byth, byth. A phenderfynodd Dewi Anwyl y noson honno na fyddai byth eto yn ystyried cael tatŵ yn unman ar ei gorff.

Ymhen amser, anghofiodd pawb am ddigwyddiadau'r noson honno ... pawb ond Dewi. Cwblhaodd ei yrfa addysgol yn llwyddiannus a serennodd ar y meysydd chwarae. Er hynny, nid anghofiodd y noson honno, y pymthegfed o Fehefin 2002, a daeth i gasáu tatŵs. Wrth i farn Dewi newid, tyfodd tatŵs yn eu poblogrwydd: roedden nhw'n amlycach, yn fwy ac yn lliwgar – roedden nhw hyd yn oed i'w gweld yn amlwg ar gyrff merched ifainc. Afiach, meddyliodd Dewi. Bellach roedd corff Beckham, ei gyn-eilun, yn blastr anghynnes o inc o'i ben i'w sodlau.

Ar ôl llwyddo yn ei arholiadau Lefel A dewisodd Dewi fynd i Brifysgol Bangor, lle cafodd brofi annibyniaeth am y tro cyntaf. Er ei fod yn caru ei rieni yn fwy nag erioed ac yn eu parchu, ni allai beidio â theimlo rhyw fath o ryddhad anesboniadwy. Roedd yn ddyn ifanc a'i fywyd o'i flaen, ac edrychai ymlaen at y blynyddoedd nesaf.

'Dewi, paid byth ag anghofio o ble ddoist ti, a'r hyn wyt

ti'n ei adael ar ei ôl,' meddai ei fam wrtho pan oedd yn ffarwelio â fo o flaen y neuadd breswyl. Rhoddodd ei dad yntau ei fraich o amgylch ysgwyddau ei fab, ac edrychodd Dewi o'i gwmpas, rhag ofn bod rhywun yn edrych.

Llwyddodd Dewi yn y brifysgol hefyd, yn academaidd ac ar y meysydd chwarae. Am y tro cyntaf yn ei fywyd daeth i gysylltiad â chyffuriau fel canabis, gan synnu faint o'r myfyrwyr oedd yn eu defnyddio yn gwbl agored. Cynigiwyd rhai iddo droeon, ond meddyliai wastad am eiriau ei fam: 'cofia o ble doist ti', a chafodd o mo'i demtio. Un diwrnod ceisiodd bachgen ifanc lleol werthu cyffuriau caled i Dewi a'i gyfeillion. Trodd Dewi arno, gan ei erlid yn ddigon pell oddi wrthynt. Doedd ei ffrindiau erioed wedi'i weld o'n ymddwyn felly o'r blaen, a chafodd ei barchu o hynny allan fel un a fyddai'n brwydro'n erbyn anghyfiawnder a drygioni.

Ond doedd o ddim yn angel chwaith – byddai'n mynd allan i yfed bob hyn a hyn, yn enwedig ar ôl gem galed o rygbi neu bêl-droed. Profodd gwmni merched ifanc am y tro cyntaf hefyd, a denodd sylw rhai o ferched tlysaf y coleg er na fu'n canlyn neb yn selog. Wedi'r cyfan, roedd yn fachgen golygus, cyhyrog, ymhell dros chwe throedfedd o daldra ac yn gwisgo'i wallt melyn cyrliog yn hir dros ei war.

Ar ôl ennill gradd BA gydag anrhydedd dosbarth cyntaf, aeth adref yn ddyn ifanc gwahanol iawn i'r un a adawodd ei gartref dair blynedd ynghynt. Roedd ei rieni yn dal i fod yn hynod o falch ohono, ac yn eiddgar i'w helpu i ystyried ei gam nesaf – gyrfa.

'Wyt ti wedi meddwl am fynd i'r weinidogaeth?' gofynnodd ei dad.

Eisteddodd Dewi o'u blaenau yn fyfyriol, yn gwybod eu bod yn disgwyl am ateb cadarnhaol.

'Be am i ti wasanaethu yn y capel yn fy lle i wythnos i'r Sul nesa?' awgrymodd Anwyl Jenkins. 'Mi fydd yn brofiad i ti.'

'Na, 'Nhad. Dwi ddim isio'ch siomi chi'ch dau, ond does gen i ddim bwriad o fynd i'r weinidogaeth,' atebodd.

'Ond beth am y gwaith da 'ma rwyt ti wedi bod yn sôn am ei wneud ers blynyddoedd?' gofynnodd ei fam yn syfrdan.

'Mae 'na fwy nag un ffordd o wneud gwaith da, wyddoch chi. Mae'n ddrwg gen i, 'Nhad, tydw i ddim am fychanu'ch gwaith chi yn y capel yn fama, ond dwi'n bwriadu anelu'n uwch, helpu cannoedd os nad miloedd o bobl ledled y byd, a dwi wedi bod yn ymchwilio'n drylwyr i'r posibiliadau.'

'Wyt ti am rannu dy gynlluniau efo ni?' gofynnodd Morfudd yn awyddus.

'Dwi am ymuno â'r fyddin.'

'Be?' ebychodd ei fam.

'Mae'r papurau gen i yn barod, a dwi wedi bod yn Swyddfa Yrfaoedd y Fyddin yng Nghaer am sgwrs. Mi ges i gyfarfod adeiladol iawn efo un o'r sarjants yno.'

'Wel, mae hyn yn syndod mawr i dy fam a finnau, Dewi bach,' meddai ei dad ar ôl dod ato'i hun. 'Pam na ddoist ti i siarad efo ni cyn mynd?'

'Dwi'n trafod efo chi rŵan, 'Nhad, ond dwi wedi gwneud fy meddwl i fyny ers tro. Meddyliwch faint o'r hyn rydach chi'ch dau wedi'i ddysgu i mi y medra i ei rannu i wella bywydau pobl eraill.'

'Ia, 'ngwas i, dwi'n dallt dy safbwynt di, ond dydi petha

ddim mor hawdd â hynny bob amser yn y byd mawr, 'sti.'

'A be tasat ti'n cael dy ladd mewn brwydr ym mhen draw'r byd?' holodd ei fam. 'Mi fysan ni'n torri'n calonnau.'

'Meddwl ymuno â'r Corfflu Logisteg Brenhinol oeddwn i, Mam. Tydi'r rheiny ddim ar y rheng flaen fel arfer. Mae 'na nifer fawr o gyfleoedd yno – gwaith technegol, corfflu meddygol, dadansoddi cyfundrefnau, arbenigo peirianyddol, hyd yn oed coginio taswn i isio, a chyfle i gael fy hyfforddi'n athro – hyn i gyd mewn gwahanol wledydd ledled y byd.'

'A chan dy fod ti wedi gadael y coleg efo gradd dda, mi fysat ti'n cael ymuno fel swyddog yn syth,' awgrymodd ei dad.

'Byswn, ond dwi ddim isio gwneud hynny,' atebodd Dewi yn bendant. 'Dwi wedi penderfynu mai ymuno fel milwr cyffredin wna i, er mwyn i mi gael profi'r cwbwl o'r gwaelod i fyny. Mi fydd yn ddigon hawdd i mi newid fy meddwl a gwneud cais i gael fy nyrchafu'n swyddog unrhyw bryd ar ôl i mi basio allan o dair rhan gyntaf yr hyfforddiant.'

Doedd dim diben i'w rieni ddadlau â fo. Gwell oedd cefnogi mab o filwr na cholli eu mab am byth. Eu hunig gysur oedd y byddai ei ffydd yn ei gynnal drwy unrhyw gyfnodau heriol fyddai'n ei wynebu.

Pennod 34

Pan aeth Dewi yn ôl i swyddfa recriwtio'r fyddin yng Nghaer i chwilio am fwy o wybodaeth, awgrymodd y sarjant yno y dylai ystyried yn ofalus a oedd am wneud cais i Academi Filwrol Frenhinol Sandhurst. Roedd ei gefndir a'i addysg yn awgrymu mai dyna'r llwybr mwyaf addas iddo, meddai. Ond gwrthod yn foneddigaidd wnaeth Dewi, gan roi'r un rheswm i'r sarjant ag a roddodd i'w ei rieni rai dyddiau ynghynt. Ymhen tair wythnos cafodd wahoddiad i fynychu'r broses ddethol yn Litchfield – deuddydd o brofion corfforol ac ysgrifenedig, a chafodd ei hun ymysg dros ddeg ar hugain o ymgeiswyr eraill o bob cefndir a lefelau addysgol. Pan ddaeth yr amser iddo sefyll yr arholiadau ysgrifenedig, darganfu Dewi i'w syndod y byddai wedi llwyddo i'w pasio ar ddechrau ei gyfnod yn yr ysgol uwchradd, a pherfformiodd cystal os nad gwell na'r lleill yn y profion corfforol hefyd. Ar ddiwedd yr ail ddiwrnod roedd gofyn i bob ymgeisydd sefyll o flaen y gweddill, gan gynnwys yr aseswyr, i siarad amdano'i hun. Diolch i'w brofiad yn dweud adnod yn y sêt fawr ac yn aelod o'r gymdeithas siarad cyhoeddus yn y coleg roedd Dewi yn feistr ar y dasg. Siaradodd yn eglur ac yn hyderus, i syndod y rhan helaethaf o'i gynulleidfa. Gwelodd un neu ddau o'r aseswyr yn ciledrych ar ei gilydd, ond heb wybod yn iawn pam.

Fel y gweddill, cafodd gyfweliad personol yng

nghwmni'r prif aseswr. Martsiodd i mewn i'r ystafell a safodd yn unionsyth o flaen y swyddog oedd yn eistedd tu ôl i'r ddesg.

'Prynhawn da, Capten, syr,' meddai'n hyderus.

Gwenodd y swyddog. 'O, mi ydach chi'n adnabod fy rheng i,' meddai. 'Wyddoch chi mai chi ydi'r unig un sydd wedi 'nghyfarch i yn y dull priodol heddiw?'

'Wedi gwneud fy ymchwil o flaen llaw, syr,'

Edrychodd y Capten drwy'r papurau o'i flaen yn dawel. Yna, cododd ei ben i ddatgan mai Dewi oedd yr ymgeisydd gorau a welodd ers tro, a cheisiodd ei ddarbwyllo i ymuno fel Swyddog Cadét. Am y trydydd tro esboniodd Dewi pam nad oedd o'n dymuno gwneud hynny, gan egluro y byddai'n ystyried gwneud cais am ddyrchafiad yn swyddog pan fyddai'r amser yn iawn. Safodd y Capten ar ei draed a chyhoeddi ei fod wedi'i dderbyn i'r Fyddin Brydeinig.

Arwyddodd Dewi ddogfen yn ymrwymo i'r fyddin am saith mlynedd a rhoddwyd ei rif gwasanaethu iddo. Y cyfan oedd yn rhaid iddo ei wneud wedyn oedd aros am yr alwad i ymuno. Ymhen tri mis cyrhaeddodd y llythyr, yn gorchymyn iddo riportio i farics Blackstock ymhen pythefnos.

Yng ngorsaf drenau Bangor yn gynnar y bore Llun hwnnw, cofleidiodd Morfudd Jenkins ei mab yn dynn, yn union fel ag y gwnaeth pan adawodd Dewi yn y Brifysgol dair blynedd a hanner ynghynt.

'Peidiwch â phoeni, Mam. Mi fydda i'n iawn.'

'Pob lwc i ti, 'machgen i,' meddai ei dad, gan ysgwyd ei law yn gadarn.

'Diolch 'Nhad. Diolch am bob dim.'

Wrth iddo adael ei gynefin, teimlai gynnwrf yn llifo drwyddo, yn gymysg â pheth nerfusrwydd. Pan ddaeth y trên i aros yng ngorsaf Caer, gwelodd ŵr ifanc yn cario pecyn tebyg i'w un o yn dringo ar y trên.

'Dwyt ti ddim yn digwydd bod yn mynd i Blackstock?' gofynnodd Dewi wrth iddo gerdded heibio.

'Ydw,' cadarnhaodd y bachgen.

'A finna hefyd,' atebodd. 'Dewi ydw i.'

'A Luke ydw inna, o Wrecsam.'

Eisteddodd y ddau efo'i gilydd am weddill y daith, yn trafod yr hyn oedd o'u blaenau.

Wnâi neb fyth anghofio'i olwg gyntaf ar farics Blackstock, a doedd Dewi ddim yn eithriad. Gwelodd y ffens uchel o amgylch y gwersyll, y weiren bigog wedi'i rowlio mewn torchau miniog ar y top, a'r gwahanfur coch a gwyn wrth y fynedfa lle safai milwr ar ddyletswydd. Roedd amryw o fechgyn eraill yn sefyllian o gwmpas, yn amlwg yn yr un sefyllfa â Dewi, pob un yn cario pecyn o ryw fath.

Ar ôl iddynt gael eu cyflwyno i'r Bugail Catrodol, aethpwyd â hwy i'r NAAFI lle'r oedd yn agos i gant a hanner o recriwts newydd, yn ddynion gan mwyaf, gyda rhai merched yn eu plith. Gwahanwyd pawb i blatynau o bedwar deg wyth, pob un â phedair adran o ddeuddeg dyn, a'u hebrwng i'w llety – tri bloc ar wahân a phedwar gwely ym mhob biled.

Criw digon rhyfedd oedd yn rhannu'r bloc efo Dewi. Tynnodd un, bachgen o'r enw Pete Haynes, ei grys er mwyn dangos hen greithiau, gan frolio pryd a lle y cafodd o bob un, a phwy yn is-fyd troseddol ei gymuned oedd yn gyfrifol amdanynt. Roedd Luke Cartwright, yr un y bu'n sgwrsio efo fo ar y trên ar y ffordd yno, yn yr un bloc â Dewi, ond mewn biled gwahanol.

Buan daeth amser swper, ac ymysg y cannoedd a lifodd i'r NAAFI i gael eu bwydo dysgodd Dewi yn sydyn mai'r peth gorau i'w wneud oedd brysio i estyn hambwrdd, neidio i'r ciw ac yna, wedi llenwi'i blatiau, rhuthro unwaith yn rhagor i sicrhau lle wrth un o'r byrddau mawr.

Yn ôl yn y biled, ar ôl bwyd, clywodd Dewi ffrae yn cychwyn yn rhywle: lleisiau'n codi ac yna'n gweiddi'n uchel, a sŵn ymladd ffyrnig. Dysgodd yn ddiweddarach mai ffrae ynghylch un o'r gwlâu gorau oedd hi. Ni chysgodd Dewi lawer y noson honno.

Fore trannoeth, wedi brecwast cynnar, rhoddwyd eu pecynnau personol a'u hiwnifforms iddynt. Roedd yn rhaid iddynt ymgyfarwyddo â bywyd yn y fyddin o hynny allan. NCO o'r enw Corporal Allsop oedd yn gyfrifol am adran Dewi, ac uwch ei ben o roedd dyn caled yr olwg o'r enw Sarjant Franklin – 'doedd yr un o'r ddau yn edrych fel petaent yn fodlon cymryd unrhyw lol, a chawsant gyfarwyddyd i'w galw'n 'syr' bob amser. 'Ia, Corporal, syr' neu 'na Sarjant, syr' oedd y ffordd gywir i gyfeirio atynt. Roedd gŵr o'r enw Capten Hastings uwch eu pennau hwythau, ac ar yr adegau prin pan fyddai'n dangos ei wyneb roedd yn cael ei drin fel rhyw fath o dduw.

Rhoddwyd cyfarwyddiadau manwl i bawb ar sut i lanhau'r biled, ac roedd yn rhaid i bob modfedd fod yn lân cyn yr arolwg dyddiol. Buan y dysgodd y recriwtiaid y byddai'r pedwar yn y biled yn cael eu cosbi petai gwaith un ddim yn cyrraedd y safon.

Yn ystod yr ail wythnos cawsant ddechrau dysgu drilio a gorymdeithio. Roedd rhai yn gwneud smonach go iawn ohoni, a phryd hynny byddai Corporal Allsop yn gweiddi nerth esgyrn ei ben o fewn modfedd i'w trwynau, gan ddefnyddio araith nad oedd Dewi wedi arfer â hi, hyd yn oed yn y coleg. Cyflwynwyd nhw i'r arfau a ddefnyddid yn y fyddin, yn cynnwys yr Heckler and Koch SA80, reiffl bersonol y milwyr.

Parhaodd yr hyfforddiant am y saith wythnos ganlynol a chadwyd pawb yn brysur bob dydd, drwy'r dydd. Rhoddwyd pwyslais mawr ar ffitrwydd: rhedeg milltiroedd gan gario pecyn trwm, nofio'n bell, nosweithiau yn ymarfer dros nos ar diroedd anial, a gwersi darllen map a chyfeiriannu yn y tywyllwch. Roedd cyfle hefyd i chwarae pêl-droed a rygbi, ac roedd hynny'n plesio Dewi yn fwy na dim arall. Erbyn diwedd y dydd prin y caent amser i dwtio, glanhau a pharatoi am y diwrnod canlynol cyn ei bod hi'n amser gwely.

Wrth i'r recriwtiaid ddod i nabod ei gilydd dechreuasant roi llysenwau ar ei gilydd. 'Chymerodd hi ddim llawer o amser i'r lleill ddysgu ystyr enw canol Dewi, a theimlai'n ffodus mai llysenw gweddol ddiniwed, sef 'Dewi Darling', gawsai ... yn wahanol i rai o'r lleill.

Dechreuodd Dewi fwynhau ei fywyd newydd, a dechrau gwneud ffrindiau. Roedd y rhan fwyaf yn fechgyn clên, hwyliog – rhai ohonynt wedi dod yno i gael eu hyfforddi o wledydd y Gymanwlad – ond buan y sylweddolodd fod eraill fel matsys, yn ffraeo'n ddigymell heb fod angen fawr ddim i'w cythruddo. Yr un rhai oedd yn cwffio bob amser, ac er bod Corporal Allsop a Sarjant Franklin yn rhoi stop ar unrhyw lol pan oedden nhw ar ddyletswydd, doedden nhw ddim yno bob amser. Cafodd sawl un eu hanafu, a phan ofynnai'r NCO's beth oedd wedi digwydd, doedden nhw byth yn cael esboniad gan fod un rheol bwysig iawn yn y barics: doedd neb byth yn achwyn am filwr arall, dim dan unrhyw amgylchiadau. Ac roedd yr NCO's yn parchu hynny – wedi'r cyfan, cael eu hyfforddi i ymddwyn fel tîm oedd y bwriad.

Un peth nad oedd Dewi'n hoff ohono yn y barics oedd y bwlio. Roedd Franklin ac Allsop yn euog o hynny, ymysg eraill. Clywodd am un NCO a gafodd ei ddiswyddo am wneud i fachgen tywyll ei groen gerdded yn noeth ar ei bedwar â rhaff o amgylch ei wddf fel ci. Tipyn o hwyl oedd hynny, meddan nhw, a'r unig siom oedd bod yr NCO wedi cael ei ddal. Pan benderfynodd Dewi wrthwynebu'r safbwynt hwnnw un noson yn y biled, cafodd ei fygwth gan Sarjant Franklin ar faes y parêd y bore canlynol – roedd rhywun yn amlwg yn cario straeon. Er hynny, ni allai Dewi fradychu ei fagwraeth drwy gadw'n ddistaw dan y fath amgylchiadau, Sarjant Franklin neu beidio.

Roedd stori'n dew drwy'r barics fod Corporal Allsop yn defnyddio'i safle i gael rhyw gydag un o'r recriwtiaid benywaidd. Ni wyddai Dewi oedd hynny'n wir ai peidio, ond cafodd y ferch y llysenw 'y beic' gan bawb. Roedd ei reddf yn dweud wrtho y dylai wneud rhywbeth ynghylch y peth, ond gwyddai nad oedd diben sôn wrth Sarjant Franklin, ac yntau'n ffrindiau mor dda ag Allsop.

Wrth i'r wythnosau fynd heibio, daeth Dewi i adnabod ei gyd-filwyr yn well. Daeth yn dipyn o ffrindiau efo dau o'i gyd-recriwtiaid – Luke Cartwright, y llanc oedd ar yr un trên â fo, a Steve Morris o'r Wyddgrug a oedd â'i fryd ar gael ei hyfforddi'n beiriannydd. Penderfynodd gadw'n glir oddi wrth ddyn o'r enw David McBryde o Ogledd Iwerddon, a oedd yn artist tatŵ cyn ymuno â'r fyddin, gan ei fod yn dal i gasáu tatŵs; er bod yn rhaid iddo gyfaddef fod McBryde yn edrych yn hogyn iawn. Broliai recriwt o'r enw Pete Haynes y gallai ddod â digonedd o gyffuriau yn ôl i'r barics ar ôl y penwythnos rhydd cyntaf ar ddiwedd y seithfed wythnos. Ar ôl iddynt ddychwelyd byddai'r recriwtiaid yn cael defnyddio arian am y tro cyntaf yn y barics, a ffonau symudol ar adegau arbennig.

Fel y gwnaeth yn yr ysgol a'r coleg, serennodd Dewi ym mhob pwnc, a fo oedd yr uchaf ym mhob dosbarth – nid yn unig yn academaidd ond yn yr ymarferion corfforol hefyd. Fo oedd y gorau am saethu, a'r cyntaf i allu tynnu'r reiffl A80 yn ddarnau a'i roi yn ôl efo'i gilydd tra oedd yn gwisgo mwgwd. Ond roedd yn wylaidd ynglŷn â'i lwyddiannau, ac yn barod bob amser i roi cymorth i'r un neu ddau oedd yn ei chael hi'n anodd gwneud tasgau megis darllen mapiau wrth gyfeiriannu.

Nid pawb o'i gyd-recriwtiaid oedd yn hoff o'i lwyddiant, na'r ffaith ei fod yn cael ei ddefnyddio gan yr hyfforddwyr i helpu'r recriwtiaid gwannaf. Ar ben hynny, roedd y ffaith ei fod yn mynd i'r capel bob Sul yn rheswm arall i ladd arno. Y gwir plaen oedd bod nifer yn genfigennus ohono ac yn casáu'r ffaith ei fod yn codi i'r brig.

Pennod 35

Ar ôl y penwythnos rhydd yn dilyn y seithfed wythnos aeth pethau o ddrwg i waeth yn Blackstock. Daeth yn glir nad oedd y ddau NCO, Franklin ac Allsop, yn eu goruchwylio hanner cymaint ag o'r blaen, felly roedd llawer mwy o ryddid i'r recriwtiaid. Daeth McBryde â'i offer tatŵio yn ôl efo fo, a chan ei fod yn fodlon incio cyrff y recriwtiaid eraill, a hynny am ddim, daeth yn ddyn poblogaidd iawn. Doedd gan Dewi ddim ofn datgan ei farn am datŵs yn gyhoeddus, a wnaeth hynny ddim lles i'w boblogrwydd.

Cadwodd Pete Haynes at ei air, ac o fewn dyddiau tybiodd Dewi mai fo oedd yr unig un nad oedd yn prynu cyffuriau ganddo. Gan fod mwy o ryddid i ymweld â'r dref agosaf, buan y daeth alcohol yn rhan o'r drefn ddyddiol. Doedd y gymysgedd o gyffuriau, alcohol a llanciau ifanc ddim yn un dda, ac o fewn llai na phythefnos roedd y ffraeo a'r ymladd wedi cynyddu'n ddirfawr. Un penwythnos aeth nifer o'r recriwtiaid allan i'r dref a chreu hafoc yn un o'r tafarnau gan greu cannoedd o bunnau o ddifrod i eiddo heb sôn am gwffio efo rhai o'r cwsmeriaid eraill.

Edrychai'n debyg fod disgyblaeth yn Blackstock wedi diflannu'n llwyr – a'r bwlio o du'r swyddogion yn gwaethygu hefyd. Doedd dim dwywaith mai'r cyffuriau a'r alcohol oedd ar fai, fel y dywedodd Dewi wrth Steve Morris un noson.

'Cofia di'r rheol gyntaf, Dewi,' rhybuddiodd Steve.

'Does neb yn achwyn. Cadwa dy drwyn yn lân, dy geg ar gau, ac yn ddigon pell o bob helynt.'

'Ond ddylai cyffuriau ddim bod ar gyfyl lle fel hwn – a tydi Corporal Allsop na Sarjant Franklin ddim yn codi bys i stopio neb rhag eu defnyddio!'

'Mi wyddost ti pam mae hynny, siawns?'

'Na wn i,' atebodd Dewi.

'Am mai'r ddau yna sy'n rhedeg y gêm gyffuriau. Pete sy'n dod â nhw i mewn, ond nhw sy'n gwneud y gwerthu, ac yn eu defnyddio nhw hefyd.'

'Eu gwerthu?' ailadroddodd Dewi'n syn.

'Ia, ar hyd a lled y camp.'

'Wyt ti'n siŵr o dy ffeithiau?'

'Ydw – mae pawb yn gwybod am y peth, yn cynnwys chdi erbyn hyn.'

Ni allai Dewi gysgu'r noson honno. Roedd yn rhaid iddo brofi'r hyn a ddywedodd Steve cyn medru gwneud dim ynghylch y peth.

Pan ddaeth Corporal Allsop i archwilio ei ystafell a'i becyn y bore canlynol, dechreuodd Dewi sgwrs â fo.

'Syr, Corporal Allsop, syr.'

'Ia?'

'Mi fydda i'n teimlo dipyn yn isel bob hyn a hyn ... dwi angen rwbath i roi hwb bach i mi fy hun.'

'Gwna apwyntiad i weld y meddyg,' oedd ei ateb.

'Ond syr, Corporal Allsop, syr. Mi glywais i fod ganddoch chi rwbath llawer gwell nag y gall y meddyg ei roi i mi.'

Gwenodd Allsop arno. 'Gad o efo fi. Faint wyt ti isio'i wario?'

'Wn i ddim llawer am y peth,' atebodd. 'Fydd pum punt ar hugain yn ddigon?'

Daliodd Allsop ei law allan ac aeth Dewi i'w gwpwrdd i nôl yr arian a'i roi yn llaw Allsop.

Yn ddiweddarach y diwrnod hwnnw, fel yr oedd yn gadael y NAAFI amser cinio, tynnodd Sarjant Franklin ef i'r naill ochr a rhoi amlen blastig yn ei law. Roedd pum tabled ynddi.

'Syr, Sarjant Franklin, syr, Be ydi'r rhain?' gofynnodd.

'Ecstasi,' atebodd hwnnw. 'Os nad wyt ti wedi arfer efo nhw, bydda'n ofalus a thria hanner un i gychwyn. Ty'd ata i am fwy os fyddi di'n lecio'r rheina.'

'Diolch Sarjant Franklin, syr.'

Yn gynnar y noson honno, aeth Dewi at Pete Haynes.

'Isio dipyn o gyngor gen ti,' meddai wrtho, gan ddangos y tabledi. 'Dwi'n newydd i'r gêm yma. Be ydi'r rhain a faint ddylwn i gymryd?'

'Ecstasi,' cadarnhaodd Haynes. 'Edrych yn debyg i'r rhai ddois i yma. Os wyt ti'n newydd iddyn nhw, paid â chymryd mwy nag un. Lle gest ti nhw?'

Gwenodd Dewi heb ateb.

Gan fod y dystiolaeth hanfodol bellach yn ei feddiant, gwnaeth drefniadau drwy'r Bugail Catrodol i weld Capten Hastings y bore wedyn gan fod yn ofalus i beidio datgelu'r rheswm. Gwyddai ei fod ar fin torri un o reolau pennaf y fyddin: achwyn ar gyd-filwr, dau NCO dim llai, ond roedd yn rhaid iddo wneud hynny, i dawelu ei gydwybod ac er lles y fyddin.

Hebryngwyd Dewi i swyddfa Capten Hastings yng nghwmni'r Bugail Catrodol. Edrychodd Hastings i fyny i gyfeiriad y milwr ifanc o'i flaen – roedd wedi clywed am lwyddiannau Dewi Anwyl Jenkins ond erioed wedi torri gair ag o.

'Wel, be sydd mor bwysig?' gofynnodd. 'Mae cadwyn gorchymyn yn y fyddin, ac mi ddylech chi fod yn ymwybodol o hynny bellach. Pam nad aethoch chi at Corporal Allsop a Sarjant Franklin os oes rwbath yn eich poeni chi?'

'Allwn i ddim,' Capten Hastings, syr,' atebodd Dewi, gan sefyll yn unionsyth o'i flaen. 'Nhw ydi'r broblem.'

Gorchmynnodd Hastings i'r Bugail Catrodol adael yr ystafell, a gwnaeth yntau hynny ar ei union. Parhaodd Hastings wedi iddo adael. 'Reit, allan â fo ... gobeithio wir fod ganddoch chi rwbath sylweddol i'w ddweud.'

'Mae'r lle 'ma'n rhemp,' dechreuodd. 'Meddwi, cyffuriau, ymladd a neb yn codi bys i reoli'r smonach. Mae Sarjant Franklin a Corporal Allsop yn gwerthu'r cyffuriau eu hunain, gyda chymorth un o'r recriwtiaid sy'n dod â phob math o stwff i mewn i'r lle 'ma.' Dywedodd hanes yr ecstasi wrtho, a bod y ddau yn rhan o'r broses gyflenwi. Tynnodd y tabledi o'i boced a'u dangos iddo, yn brawf o'r hyn oedd wedi digwydd. 'Tydyn nhw ddim ffit i ddysgu recriwts ifanc,' gorffennodd.

'Reit,' meddai'r Capten o'r diwedd. 'Dwi'n falch iawn eich bod chi wedi dod â hyn i'm sylw. Rhowch y tabledi i mi,' gorchmynnodd. 'Wrth bwy arall ydach chi wedi sôn am hyn?'

'Neb, Capten Hastings, syr.'

'Gorau'n y byd. Gadewch y mater yn fy nwylo i, a pheidiwch â dweud yr un gair wrth neb eich bod wedi dod i 'ngweld i. Dyna'r oll.'

Rhoddodd Dewi saliwt iddo, troi ar ei sodlau a cherdded o'r swyddfa i'r coridor lle'r oedd y Bugail Catrodol yn disgwyl amdano.

Ni allai Dewi stopio â meddwl am yr hyn a wnaeth am weddill y dydd, ond roedd yn sicr ei fod wedi ymddwyn yn gyfiawn.

Ben bore trannoeth safai Dewi ar y sgwâr parêd ymysg y pedwar deg saith arall oedd yn y platŵn. Yn y pellter gwelodd Sarjant Franklin yn gorymdeithio tua'r sgwâr fel y gwnâi bob bore. Ond heddiw, stopiodd yn bellach nag arfer oddi wrthyn nhw, a'i gansen ledr dan ei fraich. Roedd pob llygad yn syllu arno.

'Mae 'na gachgi yn ein mysg,' gwaeddodd. 'Cachgi – twll tin o gachgi. Pwy ydi o, tybed? Pwy ydi'r twll tin yn ein mysg ni sy'n cario clecs amdanon ni i gyd i'r prif swyddog?'

Suddodd calon Dewi. Yn amlwg, roedd Capten Hastings wedi mynd â'i sylwadau yn syth at Franklin. Cerddodd y swyddog yn araf rhwng y rhengau nes y daeth i sefyll yn union o'i flaen o. Roedd eu trwynau bron â chyffwrdd a'i lygaid yn fygythiol.

'Dyma fo. Hwn ydi'r cachgi, y twll tin,' gwaeddodd nes yr oedd Dewi'n gallu arogli ei wynt a theimlo diferion ei boer ar ei wyneb. 'Twll tin wyt ti. Be wyt ti?'

Parhaodd Dewi yn fud ac yn hollol lonydd heblaw am ei bengliniau, oedd yn crynu'n afreolus.

'Mi ofynnais i gwestiwn i ti, y twll tin. BE WYT TI?'

'Twll tin, Sarjant syr,' meddai Dewi'n dawel.

'Yn uwch, er mwyn i bawb cael clywed,' gwaeddodd Franklin drachefn.

'Twll tin, Sarjant syr,' gwaeddodd Dewi yn ufudd.

'Dyna fo, mae pawb yn gwybod rŵan. Deud unwaith eto jyst i fod yn siŵr.'

'Twll tin, Sarjant, syr,' gwaeddodd eto.

Yn ddiweddarach, pan archwiliwyd y biledau gan Corporal Allsop, aeth allan o'i ffordd i chwilio am feiau ym mhecyn a gwely Dewi. Cosbwyd y bloc cyfan o recriwtiaid, nid yn unig y rhai a rannai'r biled ag o, o achos hynny, a daeth Dewi hyd yn oed yn fwy amhoblogaidd. Erbyn diwedd yr wythnos doedd neb yn fodlon siarad efo fo, ac âi'r swyddogion allan o'u ffordd i'w gosbi a'i fychanu am ddim rheswm.

Pan ddaeth y penwythnos, eisteddodd Dewi ar ei wely yn myfyrio dros ei gamgymeriad tra oedd y lleill allan yn y dafarn. Ai dyma oedd diwedd ei yrfa yn y fyddin tybed? Na, penderfynodd, wnâi o ddim ildio. Roedd yn ddigon o ddyn i barhau â'i hyfforddiant, waeth beth fyddai Sarjant Franklin, Corporal Allsop nac unrhyw un arall yn ei luchio i'w gyfeiriad.

Cerddodd Luke Cartwright a Steve Morris i'r ystafell gan dorri ar ei fyfyrdod.

'Mae'n ddrwg gen i am be sy wedi digwydd i ti,' Cartwright agorodd y sgwrs.

'A finna hefyd,' ategodd Steve. 'Dwi'n siŵr ei bod hi'n anodd iawn arnat ti ar hyn o bryd. Ty'd allan efo ni am beint neu ddau heno. Ella daw yr hogia eraill at eu coed wrth ein gweld ni'n siarad ac yn chwerthin efo chdi, ac anghofio am y cwbwl.'

Gwenodd Dewi, a chytunodd. Doedd ganddo ddim i'w golli ac efallai y byddai'r cynllun yn gweithio. Wedi'r cwbwl, doedd o ddim wedi achwyn ar yr un o'r recriwts.

Ym mar y dafarn y noson honno, cafodd Dewi groeso cynhesach na'r disgwyl. Dechreuodd sgwrsio â chriw oedd yn cynnwys Dave McBryde a Pete Haynes – fyddai o ddim wedi ystyried cymdeithasu efo nhw fel arfer, ond chwarae teg, cafodd dipyn o hwyl efo nhw wrth i'r cwrw lifo. Yfodd Dewi fwy o lawer nag arfer, ac o ganlyniad, doedd o ddim yn ymwybodol o'r powdwr gwyn a roddwyd yn ei gwrw.

Doedd o ddim yn cofio dychwelyd i'r barics y noson honno, a phan ddeffrôdd y bore canlynol roedd ei ben fel gordd. Cododd o'i wely yn simsan ac aeth i gael cawod i geisio dadebru. Teimlodd ryw deimlad o losgi anghyfarwydd ar ei fol, a phan stopiodd o flaen y drych ni allai goelio'r hyn a welodd. Ar ei fol roedd y tatŵ mwyaf anghynnes a welodd erioed. Cymerodd rai eiliadau iddo sylweddoli mai tatŵ oedd o ac nid marciau ffelt-pen. Ond na, dyna oedd o, yn sicr. Tatŵ mawr du hyll. Llun o gefn dyn mawr tew oedd yn gafael ym mochau ei ben-ôl i ddangos twll ei din ... a'i fotwm bol o'i hun oedd y twll. Roedd ei lysenw newydd wedi'i ddylunio ar ei gorff! Daeth cyfog drosto a chwydodd dros bob man. Oedd o mewn rhyw fath o freuddwyd greulon? Gweddïodd am gael deffro a gweld ei gorff yn lân ac yn bur unwaith eto, ond doedd hynny ddim yn bosib. Lle yn y byd allai o droi? Gwisgodd amdano'n gyflym i guddio'r hagrwch.

Roedd y newid ym mhersonoliaeth Dewi yn drawiadol. Aeth i chwilio am David McBryde, a phan gafodd hyd iddo, ymosododd arno gan hanner ei ladd. Ond doedd dyrnu artist y tatŵ ddim yn ddigon. Roedd wedi rhoi ei ffydd yn Capten Hastings, oedd yn ddyn parchus a gonest, i fod. Ond gallai Dewi weld bellach fod y Capten hefyd yn rhan o'r holl lanast, ac roedd yn rhaid iddo dalu am hynny.

Mwynhau cwpaned o goffi oedd Capten Hastings pan daflodd Dewi ddrws ei swyddfa yn agored a rhuthro ato. Cyn iddo gael cyfle i agor ei geg, neidiodd Dewi ar draws y ddesg, ei daro i'r llawr a dechrau ei ddyrnu. Erbyn i

Franklin ac Allsop gyrraedd a llusgo Dewi oddi ar y Capten roedd coblyn o olwg arno. Arestiwyd Dewi a'i roi yn y ddalfa lle cafodd gurfa na fyddai fyth yn ei hanghofio gan y ddau NCO. Ymhen deuddydd cafodd ei ryddhau o'r fyddin. Yn ôl y dogfennau swyddogol, roedd hynny oherwydd nad oedd yn ddigon 'tebol i fod yn filwr.

Crwydrodd Dewi yn ddiamcan o le i le wrth geisio dod i delerau â'r hyn a ddigwyddodd iddo. Roedd o'n ei chael hi'n anodd iawn byw yn ôl ei grefydd a'r hyn a ddysgodd gan ei rieni gan na allai faddau i McBryde. 'Maddau i ni ein dyledion, fel y maddeuwn ninnau i'n dyledwyr' – dyna'r geiriau a fu'n rhan greiddiol o'i gred; geiriau a adroddodd bob nos a bore ers cyn cof. Roedd ei dad wedi dweud wrtho fwy nag unwaith nad oedd modd i neb wynebu'r dyfodol heb faddau i'r gorffennol. Ond sut allai o faddau i'r rhai a adawodd ei gorff yn y fath gyflwr? Atseiniai llais ei fam yn ei ben: 'does 'run bachgen, na dyn, yn dod yn agos i'r tŷ yma efo tatŵ ar gyfyl ei gorff.'

Sut yn y byd allai o gyrraedd ei uchelgais o weithio er lles eraill efo'r peth erchyll yma ar ei fol, a geiriau brwnt Franklin yn gwrthod gollwng eu gafael?

Roedd ei ychydig arian yn prysur ddiflannu, a phenderfynodd ei bod hi'n amser i'r mab afradlon ddychwelyd adref.

Pennod 36

Ni allai ei rieni fethu â sylwi ar y newid yn Dewi pan aeth adref. Ceisiodd y llanc esbonio'r camgymeriad a wnaeth drwy ymuno â'r fyddin, ond wnaeth o ddim dweud y cyfan. Ei ofn mwyaf oedd y byddai ei fam yn darganfod y tatŵ hyll ar ei stumog.

Ystyriodd ddweud yr holl hanes wrthynt gan obeithio y byddai'r ddau yn deall, ond allai o ddim eu siomi. Byddai'r ddau yn siŵr o drugarhau wrtho, ond byddai gwybod bod eu mab wedi profi cymaint o drais yn eu brifo. Dyna'r peth olaf oedd Dewi ei eisiau.

Bu'n rhaid iddo fod yn hynod ofalus er mwyn cadw ei gyfrinach – cyn iddo ymuno â'r Fyddin roedd wedi arfer crwydro'r tŷ yn gwisgo dim mwy na phâr o shorts neu drowsus pyjamas, ond bellach roedd bob amser yn gwisgo crys, a dechreuodd gloi drws y stafell molchi pan oedd yn cael cawod. Roedd Morfudd wedi sylwi ar y newidiadau bychain hyn, ac wedi cymryd mai arferion a ddysgodd yn y coleg neu'r fyddin oeddent.

Dechreuodd Dewi wneud ymholiadau i weld a oedd modd cael gwared â'r tatŵ. Doedd o ddim am gysylltu â'i feddyg teulu, felly y we oedd ei unig opsiwn. Dysgodd fod triniaeth laser yn bosib, yn ddibynnol ar y math o inc a ddefnyddiwyd a maint y tatŵ, ond byddai unrhyw driniaeth ar datŵ mor fawr a thywyll yn siŵr o adael creithiau, os byddai'n llwyddiannus o gwbwl. Byddai cost y fath driniaeth allan o'i gyrraedd hefyd, gan nad oedd i'w gael ar y Gwasanaeth Iechyd.

Roedd bod o gwmpas y tŷ drwy'r dydd, bob dydd, yn dechrau mynd yn straen. Penderfynodd chwilio am waith, a hynny'n ddigon pell o'i gartref. Wrth chwilota ar y we daeth ar draws wefan Cenhadaeth y Methodistiaid yn Affrica – drwy ymuno â nhw byddai filoedd o filltiroedd i ffwrdd oddi wrth ogledd Cymru a'i holl gydnabod, a gallai ddilyn ei freuddwyd o weithio er lles eraill yn enw'r Arglwydd. Pwy a ŵyr, efallai y byddai'n cael y gefnogaeth drwy ei ffydd i ddysgu maddau i McBryde a'r lleill yn Blackstock, a chael maddeuant am ymosod ar Hastings a McBryde.

Gwnaeth fwy o ymchwil ynglŷn â Chenhadaeth y Methodistiaid a dysgodd am eu gwaith yn Nigeria lle'r oedd gan yr Eglwys Fethodistaidd dros ddwy filiwn o aelodau. Roedd hynny'n ychwanegol i'r Cristnogion a fynychai eglwysi eraill, ac roedd eu neges yn cyrraedd mwy o bobl bob dydd. Pan drafododd ei fwriad â'i rieni cafodd ymateb positif – wedi'r cyfan, roedd ei dad am iddo fynd i'r weinidogaeth. Doedd ei fam ddim mor awyddus i'w weld yn mynd mor bell, ond fesul dipyn, llwyddodd Dewi i'w pherswadio mai dilyn yn ôl troed ei dad i gyflawni gwaith Duw fyddai o.

Aeth i Lundain i gyfarfod arweinwyr y Genhadaeth gan ffarwelio â'i rieni am y trydydd tro, a thri mis yn ddiweddarach, yn Awst 2012, cyrhaeddodd dref o'r enw Chibok yn rhanbarth Borno o Nigeria. Gwnaeth ei orau i roi ei gyfnod byr a siomedig yn y fyddin y tu cefn iddo, ac roedd gadael i'w gyrls melyn dyfu'n ôl yn symbol o'r broses honno.

Wnaeth hi ddim stopio bwrw am y tri mis cyntaf a dreuliodd yno er bod y tymheredd yn agos i bum gradd ar hugain, a dysgodd y byddai'r gwres yn codi'n uwch fyth yn ystod y misoedd sych rhwng Rhagfyr a Mai. Ond roedd yn hoffi Chibok – roedd yn agos i saith deg mil o bobl yn byw yno, a'r rhan fwyaf ohonynt yn Gristnogion. Dilyn ffydd Islam oedd y gweddill. Synnodd Dewi fod eglwysi newydd yn cael eu hadeiladu'n gyson, a bod yr Eglwys Fethodistaidd hefyd yn rhedeg colegau, ysgolion, canolfannau gofal a chanolfannau chwaraeon.

Ymgartrefodd yn sydyn – ystafell yn un o ganolfannau'r Eglwys oedd ei gartref newydd, a rhannai gyfleusterau coginio ac ymolchi â thri arall. Roedd wrth ei fodd pan ddarganfu mai Cymraes oedd un ohonynt, merch o'r enw Manon Jones oedd ryw bum mlynedd yn hŷn na fo, ac wedi bod yn Nigeria am ddwy flynedd ar ôl cael llond bol ar ddysgu mewn ysgol gynradd fawr yn Abertawe. Profiad braf oedd cael siarad ei famiaith mor bell oddi cartref, a daeth y ddau yn ffrindiau.

Kibaku oedd yr iaith a siaredid ar lawr gwlad, ac er y gallai'r rhan fwyaf o'r boblogaeth siarad Saesneg, yn enwedig y to ifanc, ceisiodd Dewi, drwy Manon, ddysgu'r iaith yn ogystal â cheisio dysgu ambell air o Gymraeg i rai o'r plant y daeth i'w hadnabod.

Fel yr aeth yr wythnosau yn fisoedd, roedd Dewi yn mwynhau ei waith yn arw. Dysgai yn ysgolion y dref a chymerai ran mewn cyfarfodydd o bob math yn ogystal â phregethu ar y Sul. Cofiai nifer o bregethau ei dad, ac ymhyfrydodd yn y ffaith ei fod yn medru eu rhannu mor bell o Gymru – byddai wedi bod wrth ei fodd petai ei dad yno i'w glywed. Trefnai gemau pêl-droed i'r bechgyn ifanc lleol, a chyn bo hir roedd nifer o dimau yn chwarae yn erbyn ei gilydd yn y dref am y tro cyntaf erioed. Yn ogystal â hynny ceisiai Dewi gadw'n ffit – daeth i fwynhau rhedeg milltiroedd lawer fin nos, gan wrando ar y cyngor i beidio â mynd ymhell allan o'r dref nac i'r coedwigoedd trwchus gerllaw.

Roedd y grŵp Islamaidd Boko Haram yn gweithredu ar gyrion y dref, er na wyddai neb i sicrwydd yn lle. Ystyr Boko Haram yw 'Pechod yw addysg y Gorllewin', ac amcan y grŵp yw cael gwared ar unrhyw beth sy'n tynnu pobl oddi wrth y ffordd Islamaidd o fyw. Yn ystod y deng mlynedd cynt, roedd yr aelodau wedi lladd degau o filoedd o Gristnogion a milwyr byddin y wlad, gan arwain at ddatganiad o argyfwng gan lywodraeth Nigeria mewn sawl ardal, yn cynnwys Borno. Talodd y llywodraeth y pwyth yn ôl gan ladd neu gaethiwo cannoedd o'u hymladdwyr, ac enciliodd Boko Haram i goedwigoedd a mynyddoedd y wlad gan ddechrau targedu sifiliaid. Yn ystod yr un cyfnod, erlidiwyd ymladdwyr Boko Haram o wlad Mali gan y fyddin Ffrengig, gan eu gyrru hwythau hefyd i goedwigoedd Borno at eu cynghreiriaid.

Am y tro cyntaf ers y gallai gofio, roedd Dewi'n hapus ei fyd. Dechreuodd glosio at Manon wrth i'r ddau dreulio'u hamser rhydd yng nghwmni'i gilydd, ond roedd un peth yn ei boeni. Sut fyddai Manon yn ymateb i'r hyn oedd o dan ei grys? Byddai'n amhosib iddo ddechrau perthynas gorfforol efo hi heb gyfaddef ei gyfrinach – ond allai o ddim meddwl am wneud hynny.

Yn oriau mân y bore ar y pymthegfed o Ebrill 2014, cafodd Dewi ei ddeffro gan sŵn gynnau rywle yn y dref. Yn y tywyllwch, eisteddodd i fyny yn ei wely i wrando. Aeth popeth yn ddistaw am sbel, ac yna ymhen tipyn, clywodd fwy o saethu. Gwisgodd amdano ac aeth allan ar y balconi, ac ymhen ychydig funudau daeth Manon i sefyll wrth ei ochr yn ei dillad nos. Yn y pellter, gwelsant fflamau. Gwyddai'r ddau fod Boko Haram wedi bod yn gyfrifol am nifer o ymosodiadau yn Borno yn ystod y misoedd blaenorol a bod cannoedd wedi'u lladd, ond doedden nhw, hyd yma, ddim wedi mentro i mewn i dref Chibok.

'Ydyn nhw wedi cyrraedd?' gofynnodd Manon yn bryderus.

'Amhosib deud,' atebodd Dewi, 'ond dydi hyn ddim yn edrych yn dda o gwbl. Dos i wisgo amdanat fel y medrwn ni ddianc ar droed os oes angen.' Gwisgodd Dewi amdano hefyd, a pharatoi dau becyn oedd yn cynnwys digon o ddŵr a bwyd am dridiau.

Disgwyliodd y ddau nes iddi wawrio. Ddaeth yr ergydion ddim yn nes, ond clywsant ymhen sbel fod aelodau o Boko Haram wedi herwgipio 276 o ferched ifanc o ysgol uwchradd llywodraeth Nigeria yn y dref a'u cludo i goedwigoedd Sambisa. Gwyddai Dewi fod y coedwigoedd hynny dair gwaith gymaint â Chymru, a doedd neb, hyd yn oed y fyddin, yn fodlon mentro yno.

Newidiodd yr awyrgylch yn Chibok ar ôl y diwrnod hwnnw, ond ni allai Dewi a'r cenhadon eraill wneud llawer ynghylch y sefyllfa … dim ond gweddïo. Er hynny, wnaeth Dewi na Manon ddim ystyried dychwelyd i Gymru – roedd y ddau wedi mynd yno i helpu eraill, a doedd eu gwaith ddim ar ben, er gwaetha'r peryglon.

Pennod 37

Aeth misoedd heibio heb olwg o'r rhan fwyaf o'r merched a herwgipiwyd o Chibok. Llond llaw oedd wedi medru dianc o afael ymladdwyr Boko Haram, ac roedd gan y rheiny hanesion erchyll am eu cyfnod mewn caethiwed. Er i Lu Awyr Prydain ddod o hyd i'r man ger ucheldiroedd Gwoza lle caethiwyd y merched, gwrthododd llywodraeth Nigeria'r cynnig o gymorth i'w rhyddhau, gan ddweud mai mater mewnol yn hytrach na rhyngwladol oedd sefyllfa'r merched.

Yn hwyr ar ddydd Iau y trydydd ar ddeg o Dachwedd 2014, symudodd Boko Haram yn eu cannoedd i ymosod ar dref Chibok unwaith yn rhagor. Am yr ail dro'r flwyddyn honno, deffrowyd Dewi gan sŵn gynnau a gweiddi, ond y tro hwn roedd yn llawer nes. Pan sylweddolodd mai llais Manon roedd o'n ei glywed, lluchiodd ei ddillad amdano a rhuthro i'w hystafell. Yno, gwelodd fod tri dyn yn ymosod arni: dau yn ei dal i lawr ar y gwely a'r trydydd yn plygu drosti a'i drowsus o amgylch ei fferau. Neidiodd Dewi atynt gan ddefnyddio'i holl nerth i geisio tynnu'r tri dyn oddi arni, ac er iddo lwyddo i daro dau, cododd y trydydd ymosodwr un o'r gynnau oddi ar y llawr a rhoi ergyd galed iddo â'r carn. Roedd Manon yn dal i sgrechian a thrawyd hithau ar ei phen nes iddi ddisgyn yn ôl ar y gwely yn llonydd. Yn ystod y sgarmes rhwygwyd crys Dewi oddi amdano gan ddinoethi'r tatŵ ar ei fol. Edrychodd y tri dyn arno mewn syndod. Doedd dim posibilrwydd mai Cristion oedd hwn, ac yntau wedi argraffu'r fath ddelwedd ar ei groen. Gwaeddodd un o'r ymosodwyr ar i'w gydymaith beidio â'i saethu, a heb ddweud gair, trodd hwnnw y gwn i gyfeiriad Manon a'i saethu yn ei phen. Trawyd Dewi ar ei ben eilwaith gyda llafn yr AK47 a disgynnodd yn anymwybodol i'r llawr.

Pan ddechreuodd ddod ato'i hun sylweddolodd ei fod mewn cerbyd oedd yn symud, a bod blas gwaed yn ei geg, Roedd rhywbeth arall – olew, neu faw o ryw fath, efallai – ar ei wefusau. Dechreuodd deimlo'r cur yn ei ben. Gorweddai ar ei fol a'i wyneb i lawr; roedd ei ddwylo wedi'u rhwymo tu ôl i'w gefn a dim ond trowsus oedd amdano. Roedd ganddo syniad da iawn pwy oedd wedi'i gaethiwo, ond pam? Byddai wedi bod yn haws iddynt ei ladd, meddyliodd. Yna, cofiodd am Manon druan, ac ochneidiodd yn dawel.

Roedd nifer o draed o'i amgylch: esgidiau trwm, milwrol, budr yr olwg. Mae'n rhaid ei fod mewn tryc o ryw fath, a'u bod yn gyrru dros dir garw, anwastad. Ceisiodd edrych i fyny a chafodd ergyd â charn reiffl. Penderfynodd beidio â gwneud hynny eilwaith. Doedd ganddo ddim syniad faint o'r gloch oedd hi, na hyd yn oed pa ddiwrnod, ac erbyn diwedd y daith, a allai fod wedi para ddeuddydd neu dri, roedd pob darn o'i gorff yn boenus. Ni roddwyd tamaid o fwyd iddo drwy gydol y daith, dim ond llymaid bach o ddŵr sur bob hyn a hyn nad oedd yn hanner digon i dorri ei syched.

Yn sydyn, neidiodd y dynion allan o gefn y lorri a llusgwyd Dewi ar eu holau. Edrychodd o'i gwmpas, ac ar ôl i'w lygaid ddod i arfer â golau dydd, sylweddolodd ei fod mewn rhyw fath o wersyll cyntefig yng nghanol coedwig drwchus. Roedd nifer fawr o ddynion yn mynd a dod, rhai ohonynt mewn dillad cuddliw, ond ni welodd yr un ferch yn unman. Wedi iddo gyrraedd canol y gwersyll gorfodwyd ef i lawr ar ei bengliniau a gwaeddodd y dyn a'i hebryngodd ar i'r lleill ddod atynt. Ychydig funudau'n ddiweddarach roedd torf o ddynion o'i amgylch, pob un yn syllu ar y tatŵ ffiaidd ar ei fol ac yn chwerthin ymysg ei gilydd. Ar ôl i bawb gael sbec, codwyd Dewi ar ei draed a'i daflu i gwt pren a sinc gerllaw. Caewyd y drws tu ôl iddo, a'i gloi. Gorweddodd yno am sbel, yn falch o gael bod ar ei ben ei hun, er bod ei ddwylo yn dal i fod ynghlwm y tu ôl i'w gefn. Gallai weld yn y llwydwyll fod drwm olew mawr metel ar ei ochr ym mhen draw'r cwt, a chododd ei hun i bwyso arno.

Bu yno am dridiau yn ei faw ei hun, a'r unig dro y deuai unrhyw un ar ei gyfyl oedd i'w fwydo bob hyn a hyn. Doedd yr ofn byth yn cilio, ond beth allai o wneud? Hyd yn oed petai o'n dianc, fyddai ganddo ddim syniad ble i fynd. Trodd ei feddwl yn ôl at ei gyfnod byr yn y fyddin – teimlai hynny fel oes yn ôl. Y tatŵ a gafodd yno a'i sbardunodd i ddod i Nigeria yn y lle cyntaf, ond eto, roedd yn sicr mai'r un tatŵ a achubodd ei fywyd. Cofiodd ei addewid i geisio maddau i'r rhai a oedd yn gyfrifol, ond yn nhywyllwch y cwt budr rywle yng nghanol coedwig Sambisa roedd Dewi'n ei chael yn anodd arddel ei ffydd. Dechreuodd weddïo am nerth, a'r tro hwn roedd mwy o'i angen arno nag erioed o'r blaen.

Un prynhawn, agorwyd drws y cwt led y pen a gwelodd Dewi fod nifer o ddynion yn sefyll y tu allan. Roedd rhywbeth ar droed. Arweiniwyd ef gan dri milwr drwy'r coed a'r llystyfiant i bwll dwfn mewn afon nid nepell o'r gwersyll. Roedd glaw trwm y misoedd cynt wedi gostegu, ond roedd yn fwdlyd dan draed a lefel yr afon yn uchel. Torrwyd y rhaff oedd yn clymu ei ddwylo â chyllell hir, a saethodd poen drwy ei ysgwyddau wrth iddo symud ei freichiau am y tro cyntaf ers wythnos. Pwyntiwyd reiffl ato, a safodd Dewi yn llonydd. Edrychodd ar y dynion o un i'r llall. Ai yma roedden nhw'n bwriadu ei ladd? Dechreuodd ddweud ei bader.

Ond na. Ystumiodd un o'r dynion iddo gerdded i mewn i'r dŵr mwdlyd, a dyna wnaeth, i fyny at ei ganol. Dechreuodd ymolchi – doedd y dŵr ddim yn lân nac yn gynnes, ond roedd cael gwared â'r budreddi oddi ar ei gorff yn deimlad braf. Rhwbiodd ei ddwylo ar hyd ei gorff a thrwy gyrls melyn ei wallt. Ystyriodd gerdded tuag at ganol yr afon, lle'r oedd y dŵr yn llifo lawer cyflymach, er mwyn ceisio ffoi, ond cofiodd am y reifflau. Pan ddaeth allan o'r dŵr lluchiwyd trowsus glân ato, a chan nad oedd ganddo ddim i'w sychu ei hun, rhoddodd o am ei gorff gwlyb.

Martsiwyd ef yn ôl i'r gwersyll a blaen y reiffl yn boenus yn ei gefn. Ar ôl cyrraedd, sylweddolodd nad oedd y dynion yn ei arwain i'r cwt, ond yn hytrach i ogof yn y graig oedd yn cael ei gwarchod gan fwy o ddynion arfog. Rhewodd wrth feddwl am y posibiliadau. Oedd o'n mynd i gael ei arteithio am wybodaeth ynglŷn â fframwaith y mudiadau Cristnogol yn y wlad, tybed?

Aeth i mewn i'r ogof drwy'r safn a gwelodd olau trydan yn treiddio o'r tywyllwch. Clywodd fwmian generadur gerllaw – oedd hynny'n arwydd mai arweinwyr Boko Haram oedd yn llochesu yno? Cerddodd ymhellach i mewn i'r ogof ac agorodd cyrten trwm o'i flaen. Roedd yr ogof y tu hwnt i'r cyrten yn llawer mwy cyfforddus nag y gallai fod wedi dychmygu: roedd carped ar y llawr a dodrefn eitha moethus yma ac acw. Gwthiwyd Dewi i gyfeiriad soffa hir a disgynnodd arni'n drwm. O'i flaen roedd bwrdd ac arno bowlen fawr aur ac ynddi amrywiaeth o ffrwythau. Amneidiodd un o'r dynion arno i helpu ei hun iddynt, ac fe'i gadawyd yno ar ei ben ei hun.

Ymhen ychydig funudau clywodd sŵn o gyfeiriad y cyrten ac fe'i agorwyd gan ddau ddyn. Cerddodd dyn gweddol fyr mewn dillad a phenwisg draddodiadol Islamaidd i mewn – yr unig un i Dewi ei weld hyd yma nad oedd yn cario gwn. Yn hytrach, roedd cleddyf mewn gwain yn hongian oddi ar ei felt, gyda cherrig a gemau amryliw ar yr handlen oedd yn disgleirio yn y golau. Gwyrodd y ddau ddyn arall eu pennau'n barchus wrth iddo eu pasio.

Roedd y dyn yn agos at ei hanner cant, ei wyneb yn fain a'i farf ddu yn weddol hir a blêr heb fod yn drwchus. Fel y dynion eraill, edrychai fel petai o dras Ethiopaidd yn hytrach nag Affricanaidd, a cherddai yn araf a hyderus i gyfeiriad y soffa lle eisteddai Dewi. Tynnodd y cleddyf o'i wain a'i bwyntio at y Cymro, yn arwydd iddo godi ar ei draed. Yn ansicr, ufuddhaodd Dewi. Eisteddodd y gŵr i lawr gyferbyn â fo a syllu'n hir ar y tatŵ. Defnyddiodd flaen llafn y cleddyf i ddilyn amlinell y llun, cyn gorffen yn ei fotwm bol. Dechreuodd Dewi deimlo'n sâl.

Amneidiodd y dyn ar Dewi i eistedd wrth ei ochr. A'r cleddyf bellach ar y soffa, symudodd y dyn yn anghyfforddus o agos ato a dechrau mwytho'i wallt. Estynnodd ei law dde i gyfeiriad y tatŵ, a chrynodd Dewi pan symudodd y llaw yn is i lawr ei fol, at dop ei drowsus. Trodd Dewi yn sydyn a gafael yng ngarddwrn y dyn mor

333

gadarn ag y medrai, a'i daro ar ganol ei drwyn nes ei fod yn gwaedu'n drwm. Gwaeddodd hwnnw, a rhedodd hanner dwsin o ddynion arfog i mewn i'r ystafell. Cyfarthodd y pennaeth orchmynion gwyllt ar y dynion wrth iddynt ymladd â Dewi, a tharodd un ohonynt ef â rhywbeth caled ar gefn ei ben.

Pan ddihunodd Dewi, roedd yn ôl yn y cwt tywyll ac wedi'i rwymo drachefn, ond nid yn yr un modd ag o'r blaen. Roedd y dynion wedi ei roi ar ei fol dros ochr y drwm olew mawr, a rhwymwyd ei arddyrnau ar wahân a'u clymu o'i flaen. Roedd rhwymau am ei fferau hefyd, yn sicrhau fod ei goesau yn aros ar led. Sylweddolodd ei fod yn noeth.

Agorwyd y drws. Cerddodd rhywun tuag ato a theimlodd Dewi fysedd yn chwarae efo'i wallt unwaith eto. Trwy gongl ei lygad gallai weld y cerrig yn sgleinio ar garn y cleddyf cyfarwydd. Symudodd y dwylo'n ysgafn yn is i lawr ei gefn, cyn llithro'n ôl i fyny i'w ysgwyddau. Tynhaodd corff Dewi pan deimlodd y dyn yn ei dreiddio'n giaidd. Roedd y boen yn annioddefol. Ceisiodd weddïo, ond methodd. Gyda phob pwniad creulon, yr unig beth a ddaeth i'w feddwl oedd yr hyn a'i harweiniodd i'r fath le: y fyddin, y tatŵ a'r rhai oedd yn gyfrifol am ei argraffu arno. Anghofiodd am ei awydd i faddau a throdd ei feddwl at ddial. Dial, dial, dial. Gyda phob pwniad, dial oedd yr unig air a lenwai ei ben. Wedi i'r dyn fodloni ei hun, llifodd dagrau i lawr bochau Dewi.

Ymhen peth amser, agorodd y drws unwaith eto a daeth nifer o ddynion i mewn, dwsin neu fwy. Roedd hi'n dywyll erbyn hynny, ac roedd un neu ddau ohonynt yn cario ffaglau o dân i oleuo'r cwt. Clywodd chwerthin creulon tu ôl iddo, ac am yr oriau nesaf cafodd ei dreisio dro ar ôl tro gan bob un o'r dynion, fwy nag unwaith gan rai, fel petai'n gystadleuaeth rhyngddyn nhw. Erbyn iddynt orffen, ni wyddai Dewi ai hylif y dynion neu ei waed ei hun a redai i lawr ei goesau.

Pennod 38

Trodd yr wythnosau yn fisoedd, er bod Dewi wedi llwyr golli trac o amser. Rhoddwyd digon o fwyd iddo er mwyn ei gadw'n fyw i ddiwallu chwantau rhywiol ciwed Boko Haram, ond dim mymryn mwy. Roedd y Cymro yn wan a diobaith, yn llawn o gasineb at bob copa walltog a gyfrannodd at ei sefyllfa dorcalonnus.

Doedd ei ffydd yn golygu dim iddo bellach. Sut fath o dduw fyddai'n ei adael fel hyn?

Deffrowyd Dewi gan sŵn gynnau awtomatig, ffrwydradau a gweiddi un noson, ond roedd yn rhy wan i falio beth oedd yn digwydd y tu allan i'r cwt. Yna, yn sydyn, clywodd ffrwydrad llawer iawn nes – roedd yn ddigon agos i'w fyddaru ac i ysgwyd y ddaear o'i amgylch, a gwelodd fflamau'n llyfu waliau pren y cwt. Fel yr oedd yn dod i dderbyn bod ei fywyd o ddioddefaint ar ben, ciciwyd y drws yn agored a dallwyd ef gan olau llachar. Synhwyrodd fod rhywrai yn rhuthro tuag ato i'w ryddhau o'r rhaffau, ond doedd ganddo mo'r nerth i ymateb. Cariwyd ef allan o'r cwt cyn iddo losgi'n ulw.

Roedd y ddau ddyn bob ochr iddo yn gwisgo iwnifform filwrol ac yn siarad Saesneg.

'Ti'n iawn rŵan. Ti'n saff. Ty'd efo ni. Ti'n saff!'

Rhoddwyd Dewi i orwedd mewn blancedi yng nghefn tryc o eiddo byddin Nigeria a cheisiodd y milwyr ei wneud mor gyfforddus ag y gallent. Yn ystod y deuddydd canlynol rhoddwyd triniaeth feddygol ofalus iddo, a chafodd ei fwydo – diodydd llawn maeth i ddechrau, a phan welsant ei fod yn cryfhau, cafodd fwyd mwy amrywiol, ychydig ar y tro. Roedd yn dal i fod mewn gwely dros dro yng nghefn y tryc, ond ymhen ychydig ddyddiau roedd yn eistedd i fyny ac yn bwydo ei hun.

Un bore daeth milwr o reng uchel i gefn y tryc a chyflwyno'i hun.

'Prif Uwch-gapten Murtala Gowon,' meddai, gan ysgwyd llaw Dewi. 'Peidiwch â chodi,' ychwanegodd wrth weld Dewi'n ymbalfalu am y plancedi.

'Wrth gwrs fy mod i'n mynd i godi,' atebodd Dewi. 'Sut fedra i ddangos fy niolch a 'ngwerthfawrogiad i chi a'ch dynion, a finnau'n gorweddian fel hyn?'

'Fel y mynnoch chi,' atebodd y Prif Uwch-gapten. 'Wedi dod yma i esbonio'r sefyllfa i chi ydw i. Pwy ydan ni, a'r rheswm pam, yn anffodus, na fedrwn ni eich hebrwng chi'n ôl i wareiddiad yn syth.' Roedd ei Saesneg yn berffaith a'i acen yn goeth.

'Saesneg da ganddoch chi, os ga i fod mor hy â deud hynny,' meddai Dewi.

'Mi ges i fy addysg mewn ysgol breifat ym Mhrydain ac yna yn Sandhurst,' esboniodd y swyddog. 'Ond gwrandewch, Mr Jenkins. Rydan ni ymhell iawn o bob pentref, heb sôn am dref. Rydw i a'r dynion yn chwilio am y merched a herwgipiwyd o Chibok y llynedd, a does gen i ddim digon o adnoddau i fynd â chi yn ôl i Chibok yn saff. Felly, bydd yn rhaid i chi ddod efo ni. Gobeithio eich bod chi'n deall.'

'Dwi'n deall yn iawn, Brif Uwch-gapten,' cadarnhaodd

Dewi. 'Mae gen innau chydig o brofiad o fod yn y fyddin, syr, ac wedi i mi gryfhau tipyn mwy, hoffwn fod yn rhan o'ch ymgyrch. Mae'n rhaid i gythreuliaid Boko Haram dalu am be sydd wedi digwydd i minnau hefyd.'

'Gawn ni weld,' oedd ateb Gowon. 'Yn anffodus, mae nifer o'r terfysgwyr a'ch caethiwodd chi wedi llwyddo i ddianc, ac mae'r gweddill wedi'u lladd. Oherwydd hynny, ni alla i fod yn siŵr pa gangen yn union o Boko Haram fu'n gyfrifol am eich caethiwo. Mi fyddai unrhyw wybodaeth y gallwch chi ei roi i mi yn werthfawr iawn.'

'Mi fedra i roi disgrifiad o'r dyn dwi'n meddwl oedd yn bennaeth arnyn nhw,' meddai Dewi ar ôl meddwl am ennyd, a threuliodd funud neu ddau yn rhoi disgrifiad mor fanwl ag y gallai o'r dyn a'i treisiodd gyntaf. Sylwodd fod Prif Uwch-gapten yn nodio'i ben.

'Y cleddyf yma, yr un roedd o'n ei gario. Oedd 'na gerrig tebyg i berlau ar yr handlen? Ac oedd o'n ei gario mewn gwain ar ei ochr chwith?'

'Oedd, dyna chi,' cadarnhaodd Dewi, a gwelodd y milwr yn nodio'i ben unwaith eto.

'Abu Bakr Tawheed ydi ei enw fo. Mae rhai yn ei adnabod o yn ôl ei ffugenw: y Gwrywgydiwr.' Doedd Dewi ddim yn synnu. 'Mae Tawheed yn ddyn peryglus ofnadwy,' parhaodd y swyddog, 'rydach chi'n lwcus iawn i fod yn fyw. Mae o wedi bod yn gyfrifol am erchyllterau lu, ac rydan ni wedi bod ar ei ôl o ers blynyddoedd. Mae ganddo obsesiwn â gemau o bob math, yn enwedig diemwntau.'

'Rhowch wn i mi,' meddai Dewi, 'ac mi wna i bopeth o fewn fy ngallu i'ch helpu.'

Gwenodd y Prif Uwch-gapten a throi i adael.

'Cyn i chi fynd, os gwelwch yn dda, syr,' meddai Dewi.

'Efallai eich bod chi wedi clywed bod gen i datŵ hyll ar fy mol.'

'Wel ... do,' atebodd Gowon, ei lais yn llawn embaras.

'Wel, dwi isio i chi gael gwybod ei fod wedi cael ei argraffu ar fy nghorff pan oeddwn i'n anymwybodol. Gwnaethpwyd hynny'n fwriadol er mwyn achosi niwed seicolegol i mi.'

Edrychodd Gowon i fyw ei lygaid. 'Tydan ni ddim yn adnabod ein gilydd yn dda, Mr Jenkins, ond mi alla i ddweud ar ôl siarad efo chi am ychydig funudau nad ydach chi'r math o ddyn a fyddai'n gofyn am datŵ fel'na.'

Roedd dros hanner cant o filwyr dan awdurdod y Prif Uwch-gapten Gowon, a synnodd pob un ohonynt pa mor gyflym y cryfhaodd Dewi dros yr wythnos ganlynol. Rhoddwyd iwnifform byddin Nigeria iddo i'w gwisgo, ac esgidiau cryfion.

O fewn pythefnos daethant ar draws nifer o grwpiau bychain o aelodau Boko Haram, ac yn ystod y brwydrau yn eu herbyn dangosodd y Cymro ei ddewrder ochr yn ochr â'i gymdeithion newydd. Un tro, llwyddodd Dewi i feddiannu gwn un o aelodau Boko Haram a'i ddefnyddio i saethu ymladdwr a oedd ar fin lladd un o filwyr byddin Nigeria. Roedd nifer o dystion i'r digwyddiad hwnnw a daeth Dewi yn arwr i'r gweddill o hynny allan.

Dyna'r tro cyntaf i Dewi ladd dyn arall. Ychydig fisoedd ynghynt fyddai o ddim wedi dychmygu gallu gwneud y fath beth, ond sylweddolodd pa mor hawdd oedd y weithred. Doedd o ddim yn edifar chwaith – a cheisiodd berswadio'i hun mai ymateb greddfol oedd y digwyddiad, er mwyn achub bywyd dyn arall. Yn ddiweddarach y diwrnod hwnnw, rhoddodd y Prif Uwch-gapten Gowon wn llaw awtomatig i Dewi – Heckler and Koch HK45, gan ddweud ei fod wedi ei haeddu.

Ymhen amser cawsant gudd-wybodaeth yn datgan fod gwersyll mawr yn perthyn i Boko Haram gerllaw, a rhoddwyd y cyfeirnod map perthnasol iddynt. Cynlluniwyd yr ymosodiad yn fanwl, ac un bore, wrth iddi wawrio, symudodd y Prif Uwch-gapten Gowon a'i filwyr yn gyflym i ymosod ar y terfysgwyr cyn iddynt ddeffro. Lladdwyd nifer a rhedodd eraill ymaith i'r goedwig. Yn agos i ffin y gwersyll sylwodd Dewi fod darn o'r llystyfiant ar y ddaear wedi gwywo, a defnyddiodd ei droed i'w chwalu ymaith. Datgelwyd ceuddrws pren yn mesur tua llathen sgwâr, ac yn araf, fe'i hagorodd.

Dim ond tywyllwch a welodd i ddechrau, ond roedd ysgol bren yn arwain i lawr i'r fagddu islaw. Cydiodd Dewi mewn lamp, a chan ddewis anwybyddu'r perygl, dringodd i lawr yr ysgol yn wyliadwrus. Doedd y twnnel ddim yn ddwfn ond gwelodd ei fod yn lledu yn nes ymlaen. Cerddodd yn ei flaen a daeth at ystafell danddaearol a oedd yn amlwg yn cael ei defnyddio ar gyfer cyfarfodydd cynllunio strategol, ymysg pethau eraill. Byddai'n rhaid iddo fod yn ofalus. Clywodd sŵn yn dod o'r tu ôl i focsys pren yn y gornel bellaf, ac anelodd olau'r lamp i'r cyfeiriad hwnnw. Gwelodd ddyn yn codi ar ei draed – roedd ei fys ar glicied gwn oedd yn cael ei anelu'n syth at Dewi a'r golau llachar. Clywodd Dewi glic morthwyl, a gwyddai ar unwaith fod y gwn yn wag. Rhoddodd ochenaid dawel o ryddhad a pharatôdd i danio ei wn ei hun. Yng ngolau cryf y lamp sylweddolodd ei fod yn adnabod y dyn – Tawheed, y Gwrywgydiwr, a oedd yn sefyll yn llonydd gyda'r gwn gwag yn un llaw a'r llaw arall yn byseddu ei gleddyf gwerthfawr. Chwyddodd y casineb yng nghrombil Dewi. Roedd am i'r treisiwr weld ei wyneb cyn iddo'i ladd. Roedd bwlb golau trydan uwch ei ben, ac ar ôl edrych o'i gwmpas gwelodd Dewi y switsh ar y wal wrth ei ochr. Rhoddodd y golau ymlaen. Er ei fod yn wan, roedd yn ddigon i alluogi Tawheed i adnabod y gŵr ifanc penfelyn. Ymhyfrydodd Dewi yn y braw a ymddangosodd yn ei lygaid, a chododd yr HK45 yn araf nes bod Tawheed yn syllu i lawr y faril ddu agored. Dim ond chwe throedfedd oedd rhyngddynt, a gallai Tawheed weld y casineb yn llygaid ei gyn-garcharor.

Estynnodd Tawheed ei law yn araf i gyfeiriad bocs pren oedd wrth ei ochr ac estyn bag bychan ohono. Yn ofalus, datglymodd y cortyn oedd yn cau ceg y bag, a'i droi ar ei ben i lawr. Disgynnodd llond llaw o gerrig mân allan ohono – edrychent fel diemwntau yn pefrio'n ddisglair, hyd yn oed yn y golau gwan. Amneidiodd Tawheed tuag atynt a gwneud arwydd i ddynodi y dylai Dewi eu codi, mewn ymgais i fargeinio am ei fywyd. Dim perygl, meddyliodd Dewi wrth wasgu'r glicied unwaith, ddwywaith, hanner dwsin o weithiau. Chwalodd y fwled olaf dalcen Tawheed, a syllodd Dewi Anwyl Jenkins ar y corff llonydd heb fath o edifeirwch na phiti. Dim y tro hwn. Rhoddodd y diemwntau yn ôl yn y bag bychan a'u rhoi yn ei boced. Chwiliodd drwy bocedi Tawheed rhag ofn bod mwy yno, ond yn ofer. Trodd i adael, ond wedi cymryd cam neu ddau aeth yn ei ôl i gyfeiriad y corff gwaedlyd. Tynnodd y belt, y wain a'r cleddyf, a'u cario allan i'r awyr agored.

Roedd mab y gweinidog wedi lladd am yr eilwaith, ond nid lladd er mwyn achub bywyd dyn arall a wnaeth y tro hwn, ond lladd er mwyn lladd, lladd er mwyn dial, lladd am fod Tawheed yn haeddu marw. Ac oedd, cyfaddefodd iddo'i hun, roedd wedi mwynhau'r gorchwyl.

Roedd y milwyr eraill wrthi'n clirio pan ddringodd Dewi allan o'r pydew cudd.

'Lle fuest ti?' gofynnodd y Prif Uwch-gapten Gowon.

Cododd Dewi'r cleddyf uwch ei ben mewn eglurhad.

'Ydi o'n medru siarad?' gofynnodd. 'Dwi angen gwybodaeth ganddo fo.'

'Nac'di. Wnaiff o byth siarad eto, mae gen i ofn,' atebodd Dewi. 'Roedd ganddo yntau wn,' meddai, gan ddewis bod yn gynnil efo'r gwir. 'Ond dwi'n sicr y bydd faint fynnir o wybodaeth yn y papurau sy i lawr yn fanna. Mi gadwa i hwn, os ydi hynny'n iawn efo chi,' ychwanegodd, gan anwesu'r cleddyf.

Gwenodd Gowon arno a cherdded yn ôl at ei filwyr.

Ni ddaeth Gowon a'i ddynion o hyd i'r merched a herwgipiwyd o Chibok, ac ar ôl pedwar mis arall gwnaethpwyd y penderfyniad i adael coedwigoedd Sambisa. Aed â Dewi i Ysbyty Kelina yn Abuja, prifddinas Nigeria, er mwyn rhoi archwiliad meddygol trylwyr iddo ar ôl ei garchariad erchyll. Teimlodd y dylai esbonio hanes y tatŵ i'r meddygon, ac roedd un yn arbennig yn cydymdeimlo'n fawr ag o, gan egluro'n fanwl pa driniaethau oedd yn bosib i gael gwared ohono. Addawodd y byddai'n trefnu llawdriniaeth i'w dynnu, un a fyddai'n gadael cyn lleied o greithiau â phosib. Derbyniodd Dewi'r cynnig, gan ddweud y byddai'n dychwelyd i wneud y trefniadau ar ôl teithio'n gyntaf yn ôl i Brydain lle'r oedd ganddo waith i'w wneud.

Ymhen deuddydd, daeth y meddyg yn ei ôl.

'Bore da, doc,' meddai Dewi o'i gadair wrth y ffenestr, gan wenu arno'n groesawgar. Roedd y ddau wedi dod yn dipyn o ffrindiau ers i Dewi gyrraedd yno.

Wnaeth y meddyg ddim gwenu'n ôl arno. 'Mae gen i newyddion,' meddai, 'a dydi o ddim yn newyddion da, mae gen i ofn,' ychwanegodd.

'O? Peidiwch â deud nad ydi'r llawdriniaeth i gael gwared â'r tatŵ 'ma'n bosib wedi'r cwbwl?'

'Na, nid dyna ydi o.' Roedd ei wyneb yn hynod ddifrifol. 'Eich profion gwaed chi, Dewi. Does 'run ffordd hawdd o ddeud hyn. Mae gen i ofn eich bod chi'n HIV positif. Math un.'

Diflannodd y wên oddi ar wyneb Dewi. 'Be yn union mae hynny'n ei olygu, Doc?'

'Teip un ydi'r teip mwyaf difrifol,' atebodd. 'Mae siawns cryf y byddwch chi'n datblygu AIDS, mae gen i ofn. Bydd yn rhaid i chi aros yma am sbel, ac mi wnawn ni ein gorau i chi, coeliwch fi.'

Pennod 39

Cyrhaeddodd yr awyren faes awyr Heathrow ychydig cyn chwarter i dri y prynhawn, ar ôl cychwyn ar ei thaith o Abuja chwe awr a hanner ynghynt. Cenhadaeth y Methodistiaid drefnodd y daith ar ran Dewi, ac ar y chweched o Ragfyr 2016 rhoddodd ei draed ar dir Prydain am y tro cyntaf ers ychydig dros bedair blynedd. Roedd wedi rhybuddio penaethiaid y Genhadaeth i beidio â gadael i'w rieni wybod ei fod wedi dychwelyd adref. Roedd staff y Genhadaeth dan yr argraff mai am roi syrpréis i'w rieni oedd o, ond y gwir oedd ei fod angen ystyried a fyddai'n dychwelyd i'w gartref byth eto. Nid y bachgen a adawodd cartref Anwyl a Morfudd Jenkins oedd o bellach, ond dyn caled, cas; un a oedd yn gyfrifol am ladd dau ddyn ac a oedd wedi profi erchyllterau na allai ei rieni fyth eu hamgyffred. Roedd yr awydd i ddial wedi meddiannu ei fywyd bellach – efallai, ar ôl iddo wneud hynny, y byddai'n gallu dychwelyd.

Gwnaethpwyd trefniadau i'w hebrwng yn ddi-lol drwy'r maes awyr, o ganlyniad i'w waith yn Nigeria a'r hyn a ddioddefodd dan law Boko Haram. Cafodd drwydded arbennig i ddod â'r cleddyf seremonïol, fel y galwodd Dewi o, i mewn i'r wlad, ond doedd neb yn ddim callach am y diemwntau a oedd wedi'u lapio mewn dwy haen o gondomau a'u stwffio'n boenus i fyny ei ben-ôl. Roedd ganddo ddigon o arian parod i'w gynnal nes byddai wedi cael amser i'w gwerthu, ond byddai'n rhaid iddo fod yn ofalus wrth wneud hynny, a cheisio peidio â thynnu gormod o sylw ato'i hun.

Cafodd hyd i westy gwely a brecwast bychan yng nghanol Llundain, a phrynodd gyfrifiadur tabled er mwyn gwneud yr ymholiadau angenrheidiol. O fewn dyddiau roedd wedi darganfod nifer o lefydd yn y brifddinas a oedd yn prynu diemwntau, a hynny heb ofyn gormod o gwestiynau, ond gofalodd beidio â mynd â'r cwbl at yr un deliwr.

Darganfu fod y cerrig amrwd o safon uchel, ac yn werthfawr iawn. Agorodd hanner dwsin o gyfrifon mewn gwahanol fanciau yn ei enw'i hun, a chan ddefnyddio tystlythyrau a gawsai gan Genhadaeth y Methodistiaid, ond defnyddiodd gyfeiriad Bocs Swyddfa Bost, gan esbonio i staff y banciau ei fod yn bwriadu mynd i deithio cyn hir, ac na fyddai ganddo gyfeiriad parhaol.

Ychydig wythnosau ar ôl iddo ddychwelyd i Brydain, dechreuodd ar y gwaith yr oedd wedi bod yn ei gynllunio. Yr hyn yr oedd yn meddwl amdano bob tro y tynnai ei grys, yr hyn yr oedd yn meddwl amdano pan ddeffrai oherwydd hunllefau chwyslyd a oedd yn ei atgoffa o'r cwt yng nghoedwig Sambisa. Defnyddiodd ei gyfrifiadur newydd i'w addysgu ei hun sut i argraffu tatŵs, a phrynodd offer ac inc du o'r enw Black Buddha.

Y cam nesaf oedd sicrhau cerbyd. Cafodd ei ddysgu i yrru yn Nigeria, ond hyd yma doedd o ddim wedi gyrru ar lonydd Prydain. Roedd digon o ddewis yn y brifddinas, a phenderfynodd brynu fan fawr wen – fan fyddai'n toddi i'r cefndir – a thalodd ag arian parod am fan Volkswagen dair oed.

Roedd Dewi yn ystyried mai David McBryde oedd yn bennaf cyfrifol am argraffu'r tatŵ ar ei fol, felly fo oedd y cyntaf i brofi ei ddicter. Drwyddo fo, gobeithiai gael enwau'r gweddill oedd wedi ei gefnogi y noson honno ym marics Blackstock.

Ar ddechrau Ebrill 2017, bron i bedwar mis wedi iddo ddychwelyd i Brydain, gyrrodd Dewi'r fan i Gaergybi gyda'r bwriad o hwylio drosodd i Ddulyn a theithio oddi yno i Enniskillen. Wedi i'r cwch adael porthladd Caergybi, penderfynodd fynd am bryd o fwyd. Roedd nifer o bobl yn y ciw o'i flaen yn y bwyty, ac edrychodd Dewi o'i gwmpas ar y teithwyr eraill i basio'r amser. Sylwodd ar ddynes ifanc oedd yn brysur yn clirio byrddau, ac er bod ei chefn ato, cafodd y teimlad ei fod yn ei hadnabod. Camodd allan o'r ciw a safodd wrth ei hochr.

'Hilary? Hilary Williamson?' gofynnodd.

'Dewi,' atebodd hithau, ar ôl saib byr. Yna rhoddodd ei llaw ar draws ei cheg i guddio ei chwerthiniad. 'O, mae'n ddrwg gen i, bu bron iawn i mi dy alw di'n Dewi Darling. Hyd yn oed ar ôl yr holl amser!'

Chwarddodd y ddau.

'Rwyt ti wedi gadael y fyddin felly?' gofynnodd Dewi.

'Wnes i ddim gorffen fy hyfforddiant yn Blackstock, a diolch i'r nefoedd, mi ges i ddihangfa cyn i mi brofi mwy o'u triciau nhw. Well gen i anghofio am yr holl gyfnod.'

'A finna hefyd,' atebodd Dewi. 'Yn enwedig, wel … mi wyddost ti be ddigwyddodd i mi.'

'Rwbath wnaeth i ti ymosod ar Capten Hastings os dwi'n cofio'n iawn, ond mi oedd 'na sôn fod Franklin ac Allsop wedi gwneud rwbath i ti hefyd – doeddan ni ddim yn siŵr be. Nhw oedd y drwg yn y caws yn f'achos inna hefyd.

Doedd fy mywyd i ddim gwerth ei fyw yno, y bastards uffern iddyn nhw. Ond dwi'n trio 'ngorau i anghofio am hynny rŵan, a ... wel, mae gen i swydd yn fan hyn wneith y tro.'

'Ia, trio ailddechra fy mywyd ydw inna hefyd, ar ôl Blackstock a nifer o betha eraill. Roedd 'na si yn mynd o gwmpas yr adeg honno bod Franklin ac Allsop yn dy gam-drin di, ac mi fyswn i'n lecio ymddiheuro na wnes i ddim byd ynglŷn â'r peth ar y pryd.'

'O, paid â phoeni, Dewi. Mae hynny'n hen hanes.'

'Ella y caiff y ddau eu hatgoffa o'u camweddau ryw dro.'

'Cynta'n y byd, gora'n y byd,' atebodd Hilary. 'Lle ti'n mynd, os ga i ofyn?'

'Dim ond i weld hen ffrind.'

Amneidiodd un o arolygwyr y bwyty ar Hilary i fynd yn ôl i'w gwaith, a dechreuodd ffarwelio.

'Mi hoffwn i gadw mewn cysylltiad efo chdi, Dewi. Mae ganddon ni lot yn gyffredin. Be am gyfnewid rhifau ffôn?'

Wrth ddisgwyl i'r cwch angori yn harbwr Dulyn, meddyliodd Dewi am Hilary. Roedd yn falch o fod wedi dod ar ei thraws, ac yn falch fod un peth da wedi dod o'i daith i'r Ynys Werdd.

Yn un o dafarnau mwyaf siabi canol tref Enniskillen, dechreuodd Dewi sgwrsio â dyn ifanc oedd â thatŵs yn gorchuddio'i freichiau. Dywedodd Dewi fod blys arno am gael un, a holodd am artistiaid tatŵ lleol. Cafodd wybod fod yr un gorau wedi rhoi'r gorau iddi bellach, ac yn rhedeg busnes argraffu arwyddion. Rhoddwyd y cyfeiriad i Dewi, rhag ofn.

Y noson honno, ac am dridiau wedyn, gwyliodd Dewi yr

hen garej oedd yn gartref i David McBryde. Adnabu Dewi o ar unwaith, a daeth ias oer drosto wrth wylio McBryde yn mynd a dod.

Disgwyliodd Dewi am ei gyfle. Yn hwyr un noson, wedi iddi dywyllu, cododd y bag llawn offer a dilynodd David McBryde yn ôl i'w gartref o dafarn gerllaw. Roedd o ar ei ben ei hun, ac effaith y cwrw yn amlwg ar ei gerddediad. Siglai o naill ochr y pafin i'r llall, gan ollwng ei allweddi ar lawr cyn agor y drws.

Roedd yr amgylchiadau'n siwtio Dewi i'r dim. Rhoddodd fenig rwber am ei ddwylo, a chyn i McBryde gau'r drws, gwthiodd Dewi i mewn ar ei ôl, a gafael amdano o'r cefn. Sylweddolodd yn syth nad oedd yn rhaid iddo ddefnyddio bôn braich – yn ei gwrw roedd McBryde yn meddwl bod rhywun yn ceisio'i helpu i'r tŷ, a chymerodd Dewi fantais o hynny. Rhoddodd fraich McBryde dros ei ysgwydd, hanner ei gario i'r ystafell fyw a'i roi i eistedd ar gadair galed.

Heb oedi, agorodd y cyrtens i adael mwy o olau'r stryd i mewn a dechreuodd ar ei waith. Estynnodd y tâp gludiog o'i fag a'i ddefnyddio i rwymo McBryde i'r gadair. Ymhen dim roedd ei ddwy goes wedi'u tapio, un i bob un o goesau blaen y gadair. Lapiodd ei gorff â'r un tâp fel bod breichiau'r Gwyddel wedi'u rhwymo'n sownd i weddill ei gorff a chefn y gadair. Rhoddodd fwy o'r tâp dros ei geg, ac erbyn i McBryde sylweddoli beth oedd yn digwydd iddo, roedd hi'n rhy hwyr. Roedd yn hollol ddiymadferth, a daeth yr amser i'r artist tatŵ dderbyn esiampl o'i grefft ei hun. Tynnodd Dewi'r nodwydd a'r inc du o'i fag. Doedd Dewi ddim yn arbenigwr o bell ffordd, ond doedd crefft a chywreinrwydd ddim yn bwysig heno. Brwydrodd McBryde hynny a allai, a gafaelodd Dewi yn ei wallt i'w gadw'n llonydd. Ymhen hanner awr, roedd y llythyren 'D' wedi'i hargraffu'n ddu ac yn ddwfn ac yn fawr ar ganol ei dalcen. Gwenodd Dewi wrth gamu'n ôl i edrych ar ei waith.

Erbyn gweld, roedd triniaeth o'r fath yn effeithiol iawn i sobri dyn meddw, ond er mwyn gwneud yn berffaith siŵr fod McBryde yn sylweddoli beth oedd yn digwydd iddo, taflodd Dewi lond sosban o ddŵr oer dros ei ben. Dim ond bryd hynny y sylweddolodd McBryde pwy oedd y dyn a eisteddai ar y soffa o'i flaen, yn syllu arno. Ar ôl bron i awr cododd Dewi ar ei draed.

'Wyt ti'n fy nghofio fi?' gofynnodd.

Nodiodd McBryde ei ben.

Cododd Dewi ei grys ac agor top ei drowsus i ddinoethi'r tatŵ hyll ar ei fol. 'Wyt ti'n cofio hwn?' gofynnodd.

Nodiodd McBryde ei ben eto, ei lygaid yn wyllt gan ofn.

'Os wyt ti isio byw i weld bore fory, dwi isio clywed holl hanes y noson y gwnest ti hyn. Ti'n dallt, David McBryde? Y cwbl lot.'

Nodiodd McBryde ei ben eto.

'Reit. Dwi'n mynd i dynnu'r tâp 'ma oddi ar dy geg di rŵan, ac os fydd 'na unrhyw gambihafio, unrhyw sŵn, unrhyw floedd, dyna fydd dy ddiwedd di. Iawn?'

Nodiodd y dyn unwaith yn rhagor a rhwygodd Dewi'r tâp oddi ar ei geg mewn un symudiad brwnt.

'Yli, dim fy syniad i oedd rhoi'r tatŵ 'na i chdi. Mi ges i 'ngorfodi i wneud,' meddai McBryde cyn i Dewi gael amser i ofyn y cwestiwn.

'Hisht! Cadw dy lais i lawr. Cael dy orfodi gan bwy?'

'Cynllun Franklin ac Allsop oedd o i gychwyn. Eu

syniad nhw i gyd, a nhw ddaru benderfynu be i'w argraffu hefyd. Dim ond gwneud be ddaru nhw ei orchymyn wnes i. Maddau i mi, plis. Plis, maddau i mi.'

'Pwy roddodd rwbath yn fy niod i i 'ngwneud i'n anymwybodol?'

'Pete Haynes.'

'A phwy arall oedd yn rhan o'r cynllun?'

'Neb ... neb arall, dim ond Luke Cartwright a Steve Morris, a'r cwbl wnaethon nhw oedd dy ddenu di allan am beint.'

'Er eu bod nhw, ma' siŵr, yn gwybod yn iawn be oedd yn mynd i ddigwydd i mi?'

'Oeddan, ac yn gwybod sut fath o datŵ oedd wedi'i gynllunio hefyd.'

'A finna'n meddwl mai trio bod yn gyfeillgar oeddan nhw. Alla i ddim coelio pa mor ddiniwed o'n i. Ond rŵan 'ta, David McBryde. Wyddost ti ddim sut drafferthion mae'r tatŵ hyll 'ma wedi achosi i mi, a does gen i ddim bwriad o ddeud wrthat ti chwaith. Ond mae'n rhaid i ti ddioddef am dy ran di yn nigwyddiadau'r noson honno. Mae gen tithau datŵ hyll rŵan, ac ar dy dalcen di mae hwnnw, yn glir i bawb ei weld ... ond yn anffodus, chei di mo'r cyfle i brofi peth mor annifyr ydi hynny.'

Cerddodd Dewi y tu ôl i gadair McBryde, tynnu rhaff ysgafn o'i fag a'i rhoi o amgylch gwddf y dyn arall. Tynnodd Dewi ar y rhaff â'i holl nerth heb gymryd dim sylw o wingo a gwichian McBryde. Yr unig beth ar ei feddwl oedd ei hunllef nosweithiol, yr atgof o orwedd ar ei fol ynghlwm i'r drwm olew, a'r treisio brwnt ddydd ar ôl dydd, nos ar ôl nos. Daliodd i dynnu ymhell wedi i'r corff ddistewi ac ymlacio'n llwyr, ac ar ôl sicrhau fod y gwaith wedi'i orffen, dechreuodd dwtio ar ei ôl. Gadawodd y darnau tâp gludiog i gyd yn eu lle, ond rhoddodd bopeth arall yn ôl yn ei fag. Tarodd un cipolwg olaf ar gorff McBryde cyn gadael.

Allan ar y stryd yn oriau mân y bore, doedd dim golwg o un enaid byw. 'Un i lawr a phump arall i fynd,' meddai Dewi wrtho'i hun.

Ar ei ffordd adref cadwodd lygad allan am Hilary, a daeth ar ei thraws yn y bwyty ychydig cyn i'r llong gyrraedd Caergybi. Cynigiodd Dewi ei chyfarfod yng nghaffi'r orsaf drenau ar ôl iddi orffen ei shifft.

'Sut oedd dy daith di?' gofynnodd.

'Llwyddiannus iawn, diolch,' atebodd yntau.

Eisteddodd y ddau wrth fwrdd ar eu pennau eu hunain mewn ystafell a oedd bron yn wag, yn trafod hyn a'r llall. Yna, newidiwyd y pwnc.

'Wyddost ti be, Dewi,' meddai Hilary, 'dwi ddim wedi medru siarad am yr hyn ddigwyddodd yn Blackstock efo neb o'r blaen, ond mi lwyddais i wneud hynny efo chdi ar y cwch.'

'Efallai mai'r rheswm am hynny ydi ein bod ni ein dau wedi dioddef yno,' atebodd Dewi.

'Ia, ella wir,' cytunodd hithau. 'Mae o'n rhyddhad, mewn ffordd. Ga i ofyn ffafr i ti, Dewi? Os dwi'n teimlo'r awydd i siarad efo chdi eto am Blackstock, ydi hi'n iawn i mi dy ffonio di?'

'A chroeso,' atebodd. 'Unrhyw dro. Mae fy rhif i gen ti rŵan.'

Pennod 40

Roedd ymgyrch Dewi i gael gwared â'r dynion a ddinistriodd ei fywyd wedi bod yn llwyddiannus hyd yn hyn. Bu i bob un o'i gynlluniau weithio fel y watsh a wisgai ei dad ym mhoced ei wasgod ... mewn rhyw oes arall.

Bu delio â'r ail ddihiryn, Allsop, gymaint yn haws nag yr oedd wedi'i ddychmygu. Wedi i lais y ferch ar y ffôn ei ddenu allan o'r barics i gwr y goedwig, roedd y gwaith anoddaf wedi'i gyflawni. Tasg hawdd ar ôl hynny oedd neidio arno o'r cefn a thynhau'r rhaff o amgylch ei wddf. Er iddo frwydro gymaint ag y medrai, chwarae plant oedd y gweddill.

Profodd marwolaeth Peter Haynes yn haws fyth – a phwy ar y ddaear oedd yn mynd i weld colli dyn fel hwnnw?

Roedd lladd y nesaf, Luke Cartwright, yn anoddach. Ar ôl Haynes roedd Dewi wedi dechrau amau ei hun, amau ei gymhelliad, a dechreuodd glywed llais ei dad yn ei ganmol am wneud cymaint o waith da ledled y byd. Ond *roedd* o'n gwneud gwaith da, rhesymodd â'r llais – ddeuai dim drwg o gael gwared â'r rhai a achosodd y fath boen iddo. Roedd Cartwright hefyd yn gwneud gwaith da fel nyrs yn Wrecsam ... ond doedd hynny ddim yn ddigon i'w achub, penderfynodd Dewi. Fo a Steve Morris oedd wedi'i ddenu allan y noson honno ac roedd eu bwriad yn berffaith glir, felly roedd yn rhaid iddo dalu'r pris.

Yr anhawster mwyaf oedd lleoliad y llofruddiaeth. Wrth

edrych yn ôl, sylweddolodd Dewi y byddai wedi bod yn well petai wedi dewis rhywle arall yn hytrach na'r ysbyty. Bu bron iddo gael ei ddal yn ceisio argraffu'r tatŵ pan agorwyd cyrtens ffenest gyfagos ... job wael oedd yr argraffiad hwnnw, ond ta waeth am hynny, gadawodd ei farc.

Ac yna Steve Morris – roedd y gwaith paratoi a'i ymchwil wedi dadlennu dyn mor dwyllodrus oedd o yn ei waith ... bron mor dwyllodrus â smalio bod yn gyfeillgar â chyd-recriwt er mwyn ei ddenu allan a'i fradychu.

A dyma'r olaf. Franklin. Sarjant Samuel Franklin. Y gŵr mawr ei hun. Bu iddo fwynhau argraffu'r tatŵ ar ei dalcen o yn fwy na 'run o'r lleill, er bod dial ar Allsop wedi rhoi bron gymaint o bleser iddo. Ni fyddai'r un o'r ddau yn defnyddio'u hawdurdod a'u dylanwad i gam-drin neb byth eto, yn ddynion na merched. Roedd dial arnyn nhw am dreisio Hilary Williamson yn rhan fawr o'u cosb.

Pan ddechreuodd ei ymgyrch i ddial ar y chwe dyn, ni wyddai faint roedd Hilary wedi'i ddioddef yn ystod ei chyfnod yn Blackstock. Prin roedd o'n ei hadnabod hi bryd hynny, a si yn unig a glywodd yn ei chylch cyn iddo adael Blackstock. Ond ers hynny roedd wedi clywed y cwbl, yn ei geiriau ei hun, trwy ei dagrau. Roedd siarad â Hilary wedi gwneud iddo benderfynu bod angen i Franklin ddioddef lawer mwy na'r gweddill, ac ar ôl cadarnhad McBryde mai syniad Franklin oedd y tatŵ a'i gynllun, seliwyd y penderfyniad hwnnw. Byddai'n rhaid i Franklin gael byw ar ôl cael y tatŵ, er mwyn iddo brofi, yn ystod dyddiau olaf ei fywyd, y cywilydd o arddangos tatŵ hyll yn gyhoeddus. Dim ond wedyn y byddai Dewi'n ei ladd.

Daeth Dewi Anwyl Jenkins i fwynhau ei alwedigaeth newydd yn llofrudd cyfresol, a thyfodd ei hyder. Ond roedd un broblem fach – roedd yr heddlu yn ymwybodol ei fod ar ôl Franklin bellach, a gallai hynny wneud pethau'n anoddach; a chafodd Hilary druan ei thynnu i mewn i'r achos gan dditectif o'r enw Jeff Evans. Ni welai fai ar hwnnw. Ceisio, yn ei ffordd ei hun, i roi terfyn ar y drwg a wnaeth Franklin oedd y plismon wedi'r cyfan, ond ei ddull o'i hun oedd yr opsiwn gorau, ym marn Dewi, i sicrhau na fyddai angen i Hilary roi tystiolaeth mewn llys barn. Addawodd gymaint â hynny iddi. Byddai rhoi tystiolaeth yn erbyn Franklin ac ail-fyw'r holl drais yn gyhoeddus yn greulon. Dyna'r peth olaf roedd o eisiau, yn enwedig ac yntau wedi dod i feddwl cymaint ohoni dros y ddwy flynedd ddiwethaf. Addawodd iddo'i hun hefyd y byddai'n gorffen ei waith. Doedd dim lle i fethiant, yn enwedig ac yntau wedi dod mor bell.

Gwaith y diafol a ddechreuodd y cyfan, a dan law'r diafol byddai'r cyfan yn darfod. Wedi'r cyfan, doedd ganddo ddim i'w golli. Doedd ganddo ddim arall i lenwi'r misoedd tan y byddai AIDS yn rhoi terfyn ar y cyfan.

Wedi i'r Is-gapten Richard Farquarson ddiffodd ei ffôn symudol ar ôl siarad â Hilary Williamson y bore hwnnw gwyddai nad oedd ganddo ddewis ond trosglwyddo'r neges i'w gyfaill, Sam Franklin.

'Lle dwi'n mynd i gael gafael ar gan mil o bunnau?' gofynnodd Franklin yn syn. 'Be ma' hi'n ddisgwyl i mi wneud – dwyn o fanc? Mae'r arfau gen i ... mi fyddai'n haws o lawer i mi gael gwared arni hi.'

'A sut wyt ti'n meddwl gwneud hynny?' gofynnodd Farquarson. 'Sut ddoi di o hyd iddi?'

'Defnyddia dy ben, Richie. Mi wyt ti'n uwch-swyddog

yn heddlu'r fyddin hefo adnoddau rif y gwlith ar flaenau dy fysedd. Gwna drefniadau i dracio'i ffôn hi, a gad i mi wybod yn union lle mae hi, ddydd a nos … ac mi gei di adael y gweddill i mi.'

'Ond Sam, fedra i ddim gwneud hynny. Dychmyga'r gwaith papur, a'r dystiolaeth sydd ei hangen i mi ei chyflwyno er mwyn gallu gwneud cais o'r fath.'

'Gwranda, Richie, mi wn i dy fod ti wedi gwneud y math yma o beth lawer gwaith o'r blaen, yn enwedig pan oeddat ti'n cydweithio â'r Gwasanaethau Diogelwch. Doedd neb yn gofyn cwestiynau bryd hynny, a does dim angen i neb wybod dim rŵan chwaith.'

'Ond, Sam …'

'Paid ag "ond Sam" fi. Rydan ni wedi bod trwy ormod efo'n gilydd, a phaid ag anghofio bod gen i ddigon o faw arnat ti i dy gladdu di.'

'A finna'n meddwl ein bod ni'n ffrindiau.'

'Dim cyfeillgarwch ydi'r cwbwl, Richie. Mae'r amser wedi dod i ti feddwl am dy yrfa dy hun. Cofia faint o weithiau dwi wedi gwneud ambell ffafr i ti, a be fysa'n digwydd petai pobl yn dod i wybod am y rheiny.'

'Reit,' cytunodd. 'Mi wna i'r trefniadau. Mae ganddon ni tan naw o'r gloch bore fory cyn iddi ffonio eto. Mi fydd yn rhaid i mi ofyn iddi am fwy o amser … egluro dy fod ti'n cael trafferth ffendio'r arian.'

'Na,' atebodd Franklin. 'Deud wrthi 'mod i wedi cael y pres, ac yn barod i'w drosglwyddo iddi. Gawn ni weld be ddeudith hi wedyn.'

Am naw o'r gloch y bore canlynol, eisteddai Jeff mewn car yng nghwmni Hilary Williamson ar gyrion Caergybi. Bu'n ffodus i allu perswadio Roy Glwyddog i dynnu ei gŵyn yn ei erbyn yn ôl, a gwyddai y gallai pethau fod wedi mynd ar chwâl yn hawdd iawn. Meddyliodd sut y buasai wedi teimlo petai wedi gorfod gollwng awenau'r achos hwn – fyddai o ddim wedi medru maddau iddo'i hun.

Dal i fyfyrio oedd Jeff pan dorrwyd ar y distawrwydd gan gân y ffôn symudol a roddwyd i Hilary. Farquarson oedd yn galw, efo neges gan Franklin.

'Dywedwch wrtho am ddod â'r arian i Sir Fôn,' atebodd Hilary. 'Mi fydda i'n disgwyl am ei alwad am hanner nos heno, pan fydda i'n rhoi cyfarwyddiadau iddo sut a lle i adael yr arian i mi.'

Gadawyd y ffôn ymlaen am gyfnod ar ôl i'r alwad ddod i ben, ac yna fe'i diffoddwyd. Rhoddodd hynny ddigon o amser i Farquarson ddysgu lleoliad y ffôn, a throsglwyddodd yr wybodaeth honno i Franklin yn syth. Gwnaeth Franklin ei ffordd i Ynys Môn gan obeithio y byddai Hilary yn rhoi'r ffôn ymlaen eto rywbryd yn ystod y dydd.

Edrychai'n debyg fod cynllun Jeff am weithio, ond doedd ganddo fo na Lowri ddim syniad bod Dewi Anwyl Jenkins hefyd yn tracio ffôn symudol: ffôn Franklin, a hynny ers y noson pan oedd y swyddog yn anymwybodol yng nghefn ei fan. Doedd ganddyn nhw ddim syniad lle oedd Dewi chwaith, na'r hyn yr oedd o'n ei gynllunio.

Am un ar ddeg y noson honno, rhoddwyd ffôn Hilary Williamson ymlaen, a'i osod mewn car a oedd wedi'i barcio ar draeth Cymyran. Doedd neb yn y car. Roedd cymylau'n cuddio'r lleuad a dim ond sŵn y gwynt a'r tonnau'n taro'r traeth yr ochr arall i'r twyni oedd i'w clywed. Roedd pawb yn eu llefydd priodol – plismyn arfog mewn cylch o amgylch y car a Jeff yn cuddio yng nghwmni Lowri Davies mewn adeilad yn perthyn i'r Llu Awyr yn y Fali gerllaw.

Roedd Hilary Williamson i fod yn ddigon pell, ond cafodd Lowri alwad frys. Wedi iddi orffen siarad, trodd at Jeff.

'Ella fod ganddon ni broblem,' meddai. 'Mae Hilary wedi llwyddo i golli'r hogia sy'n ei gwarchod hi lawr yn y steshion. Mi ddwedodd ei bod hi'n mynd i'r lle chwech ond ddaeth hi ddim yn ôl. Mae ei char hi wedi diflannu o'r maes parcio hefyd.'

'Damia,' ebychodd Jeff. 'Be ddiawl mae hi'n feddwl ma' hi'n wneud ar adeg fel hyn?'

'Ydi hi'n ymwybodol o'r cynllun i gyd?' gofynnodd Lowri.

'Ydi, y cwbwl, ond cofiwch mai ei chynllun hi oedd o i ddechrau. Dim ond trefnu'r manylion wnes i.' Dechreuodd dychymyg Jeff rasio.

'Ydi hi'n gwybod lle ydan ni?'

'Ydi, traeth Cymyran, ond dim yr union leoliad.'

'Wel, jyst gobeithio bod ganddi ddigon o synnwyr i beidio dod yn agos.'

'Pam fysa hi?' gofynnodd Jeff. 'Y peth dwytha ma' hi isio ydi dod ar draws Franklin.'

Yn nhywyllwch y twyni gorweddai Sarjant Samuel Franklin ar ei fol, yn gwylio'r car oedd wedi cael ei adael ar y tywod caled. Cydiai'n dynn yn ei reiffl Heckler and Koch a'r Glock 17 – roedd arfau fel hyn yn ffrindiau oes i ddyn fel fo, rhyfel neu beidio. Byddai'n rhaid iddo aros yn y fan honno tan hanner nos er mwyn darganfod ble yn union roedd y ferch wirion am iddo adael yr arian, ond doedd hynny ddim o bwys erbyn hyn. Gwyddai fod Hilary Williamson yn y car a oedd ddau gan llath oddi wrtho, ond penderfynodd ddisgwyl tan hanner nos fel y trefnwyd, er mwyn gweld beth fyddai'n datblygu.

Yn sydyn clywodd Franklin symudiad y tu ôl iddo. Rhewodd. Yna clywodd lais ... llais merch yn ebychu mewn poen, fel petai wedi troi ei throed ar dir garw yn y tywyllwch. Y bitsh wirion. Pwy arall fyddai yno? Daeth y sŵn tawel yn nes ... rhywun yn symud trwy'r llystyfiant, yn nes ac yn nes ... a phan welodd Franklin ei hamlinell o'i flaen yn y tywyllwch, cododd ar ei draed.

'Stop! Mae 'na wn yn pwyntio'n syth atat ti.'

Pwyntiodd Franklin y gwn llaw tuag ati, gan adael y reiffl, oedd yn ei law chwith wrth ei ochr, lle roedd o. Anelodd a dechreuodd wasgu'r glicied.

Rhewodd Hilary, ond ni chafodd amser i feddwl.

O'r ochr dde i Franklin ymddangosodd llafn cleddyf Abu Bakr Tawheed yn gyflym a nerthol i lawr o'r fagddu a hollti ei fraich dde yn glir oddi wrth ei gorff. Disgynnodd y gwn llaw i'r ddaear i ganlyn y fraich. Bloeddiodd Franklin yn ddigon uchel i ddeffro'r meirw, a chariodd ei lais yn ddigon pell i rybuddio pob plismon yn yr ardal fod rhywbeth o'i le. Disgynnodd ar ei bengliniau a syllu drwy niwl o boen i gyfeiriad y cysgod a safai uwch ei ben. Er na allai ei weld, gwyddai'n iawn pwy oedd yno. Daeth ail drawiad y cleddyf o'r ochr chwith i ddatgysylltu ei ben oddi wrth ei gorff mor llyfn â chyllell boeth drwy fenyn.

Trodd Dewi i wynebu Hilary. Camodd tuag ati a'i chofleidio'n dynn.

'Mae'r cwbwl wedi'i orffen rŵan, 'nghariad i. Mae fy ngwaith i ar ben.'

Llifodd dagrau Hilary ond allai hi ddim siarad. Gafaelodd hithau am Dewi i gadarnhau'r hyn oedd ar ei meddwl.

Yn sydyn, taniwyd lampau llachar i ddangos Dewi ym mreichiau Hilary, y cleddyf gwaedlyd yn dal yn ei law a chorff Franklin yn ddarnau wrth eu traed.

'Heddlu arfog! Rhowch y cleddyf i lawr ar unwaith,' gwaeddodd un o'r plismyn.

Tynnodd Dewi ei fraich chwith oddi ar ysgwydd Hilary ond ni symudodd fodfedd yn ychwanegol.

'Rŵan!' daeth y gorchymyn o'r tywyllwch eto.

Ni symudodd Dewi, na Hilary chwaith.

Roedd Jeff a Lowri eisoes wedi rhuthro ar draws y twyni o'u cuddfan, a chamodd Jeff ymlaen tuag at y ddau. Stopiodd bymtheg llath oddi wrthynt a chyflwyno'i hun mewn llais uchel.

'Dwi wedi clywed llawer amdanoch chi, Ditectif Sarjant Evans,' meddai Dewi. 'Ac mi wn fod eich calon chi yn y lle iawn. Diolch am geisio helpu Hilary ... does ganddi hi ddim byd i'w wneud efo hyn.'

'Paid â gwneud petha'n waeth, Dewi,' plediodd Jeff.

Tawelwch. Dim ond sŵn y môr oedd i'w glywed.

Ceisiodd Jeff ddyfalu beth fyddai cam nesaf y llofrudd cyfresol o'i flaen. Pa mor agos oedd ei berthynas â Hilary, a faint o'r hyn roedd hi wedi'i rannu â Jeff oedd yn wir?

'Gwranda, plis, Dewi,' rhesymodd, 'Paid â gwneud petha'n waeth i ti dy hun.' Tynnodd Jeff ei ffôn symudol o'i boced a'i ddal yn uchel uwch ei ben. 'Mi fedra i wneud trefniadau i dy fam a dy dad ddod yma atat ti.'

'Dyna'r peth dwytha dwi isio,' atebodd Dewi yn syth.

'Cadwch nhw allan o hyn. Ond mi gewch chi wneud un peth i mi, ditectif.'

'Rwbath,' atebodd Jeff.

'Gofynnwch iddyn nhw faddau i mi, dyna'r cwbwl.'

Dyna oedd geiriau olaf Dewi Anwyl Jenkins. Camodd oddi wrth Hilary a throdd y cleddyf gwaedlyd arno'i hun. Trywanodd ei hun yn syth drwy ei fotwm bol ac i fyny i gyfeiriad ei galon. Disgynnodd i'r ddaear a syrthiodd Hilary Williamson, un arall y drylliwyd ei bywyd ym marics Blackstock, ar ei gliniau wrth ei ochr, yn wylo'r glaw.

Ymhen tridiau, cyrhaeddodd llythyr i brif swyddfa Cronfa Ryngwladol Cenhadaeth y Methodistiaid yn Llundain wedi'i yrru gan gwmni o gyfreithwyr yn unol â threfniant blaenorol. Yn y llythyr roedd siec am dri chan mil o bunnau, yn rhodd ddienw.

Aeth y gweddill i gyfrif banc personol yng Nghaergybi.